FRANCOPHONIES D'AMÉRIQUE

FRANCOPHONIES D'AMÉRIQUE

1998 Numéro 8

Les Presses de l'Université d'Ottawa

FRANCOPHONIES D'AMÉRIQUE

1998 Numéro 8

Francophonies d'Amérique est indexée dans :

Klapp, *Bibliographie d'histoire littéraire française* (Stuttgart, Allemagne)

International Bibliography of Periodical Literature (IBZ) et *International Bibliography of Book Reviews (IBR)* (Osnabrück, Allemagne)

MLA International Bibliography (New York, États-Unis)

Cette revue est publiée grâce à la contribution financière des universités suivantes :

UNIVERSITÉ D'OTTAWA
UNIVERSITÉ LAURENTIENNE DE SUDBURY
UNIVERSITÉ DE MONCTON
UNIVERSITÉ DE L'ALBERTA – FACULTÉ SAINT–JEAN
UNIVERSITÉ DE REGINA

Pour tout renseignement concernant l'abonnement, veuillez consulter la page 261 en fin d'ouvrage.

ISBN 2-7603-0466-3

Imprimé au Canada

TABLE DES MATIÈRES

FRANCOPHONIES D'AMÉRIQUE

SE COMPARER POUR SE DÉSENCLAVER

Le texte de présentation du numéro 2 de *Francophonies d'Amérique* (1992) portait le titre « Une opération de maillage pour renforcer les liens entre les isolats de langue française ». Nous sommes plus convaincus que jamais de l'importance des études comparatives portant sur les différentes manifestations de la vie française, en Amérique et ailleurs, une démarche incontournable, non seulement pour mieux résister à l'acculturation, mais aussi pour renouveler et approfondir la recherche.

Nous nous connaissons de mieux en mieux et les traits distinctifs des communautés francophones du continent nous sont devenus plus familiers, notre revue ayant joué un modeste rôle dans cet apprivoisement mutuel, nous osons le croire. Aussi avons-nous pensé que le moment était venu d'imposer à nos collaborateurs et collaboratrices, pour le présent numéro, une approche comparatiste, pour peu qu'un des éléments de la comparaison soit la francophonie nord-américaine, sans autre balise imposée par les champs disciplinaires ou par des considérations d'ordre spatio-temporel, de manière à permettre les rapprochements les plus audacieux, les plus inédits.

Nous avons été servis à souhait! Qu'on en juge en parcourant l'itinéraire proposé par des chercheurs et chercheuses qui n'ont pas craint de rattacher l'Acadie et l'Ouest canadien, avec ou sans escale au Québec, de nous faire traverser un océan et une mer pour établir des liaisons sur la France, la Suisse et le Maghreb, en partance de Grand-Pré (Acadie), de Grand-Côteau (Louisiane), de Saint-Claude (Manitoba) ou d'Amos (Abitibi), sans oublier une rapide incursion chez nos voisins de partout et de presque toujours, l'autre solitude.

Le décloisonnement s'est prolongé jusque dans l'aspect matériel de notre revue. En effet, pour la première fois, les articles n'y sont plus groupés par régions, mais présentés selon un enchaînement logique ou par centres d'intérêt, dans l'ordre où nous les résumons ci-après. Cette orientation a également touché le « Portrait d'auteur », non plus individuel comme par le passé, mais sous forme de correspondance échangée entre deux écrivains majeurs de la francophonie nord-américaine. Par ailleurs, les recensions et la liste des publications récentes sont restées inchangées.

L'espace polysémique

L'étude conjointe effectuée par **James de Finney** et **Jean Morency**, sur l'« espace », est amorcée par des considérations d'ordre spatio-temporel pour déboucher sur une comparaison entre les auteures Antonine Maillet et Gabrielle Roy, mais fait pivoter l'axe est-ouest, au mitan de l'analyse, pour nous orienter dans une perspective nord-sud, proprement continentale. L'espace revêt une dimension polysémique puisque **Pamela V. Sing**, de l'Ouest canadien, provoque un renversement de perspective, à partir de l'espace littéraire découpé par un romancier québécois, Jacques Ferron, et deux romancières originaires des Prairies, Marguerite Primeau et Nancy Huston, qui ont en commun d'avoir campé trois types de Métis, *a priori* confinés aux marges, mais qui en viennent à outrepasser leur fonction identitaire et à occuper l'espace littéraire central. **Henri-Dominique Paratte** ne craint pas de sauter dans l'arène politique et de comparer deux aires francophones séparées par un océan, soit l'Acadie et le Jura, en Suisse.

Le français urbain ou rural, canadien ou américain

Simon Laflamme et **Chritiane Bernier**, en s'appuyant sur les données d'une enquête de sociolinguistique effectuée selon les règles de l'art auprès de francophones de Montréal, d'Ottawa et de Toronto, déconstruisent la corrélation selon laquelle la lecture de textes anglais s'effectuerait au détriment de la fréquentation des imprimés en langue française. Ils mettent par ailleurs en évidence un phénomène commun aux trois groupes étudiés, c'est-à-dire la distanciation vis-à-vis du français qui survient vers l'âge de quinze ans, qu'on soit Québécois ou Franco-Ontarien, la musique enregistrée en langue anglaise exerçant un attrait irrésistible auprès de ces adolescents, peu importe leur environnement linguistique. **Cynthia Fox** et **Louise Charbonneau** ont elles aussi effectué une enquête de sociolinguistique auprès d'informateurs appartenant à des communautés différentes, soit la ville de Cohoes, dans l'État de New York, et les villages de Highgate et de Franklin, dans l'État du Vermont; les auteurs de cette analyse, après avoir fait le point sur l'état de la recherche concernant le français dans les grandes régions de la franco-américanie délimitées selon les axes nord-sud et est-ouest, montrent comment le substrat québécois continue d'affecter différemment le français utilisé par ces locuteurs, en prenant en compte les points de départ des mouvements migratoires à l'origine de ces communautés francophones. **Terry Nadasdi**, quant à lui, recense un ouvrage collectif sur le français des Acadiens et s'en sert comme élément de comparaison pour présenter une étude portant sur la langue des Franco-Ontariens.

Le mythe statique, le mythe évolutif

Manon Pelletier montre comment deux Français, Maurice Constantin-Weyer et Bernard Clavel, à un demi-siècle d'intervalle, utilisent sensiblement les mêmes techniques, apparemment inusables, pour exploiter le mythe du Nouveau Monde dans leurs romans d'aventures, alors que **Mohamed Abouelouafa** fait ressortir un autre aspect du mythe, vecteur d'émancipation, de libération, autant en Acadie, sous la plume d'Antonine Maillet, qu'au Maroc, dans les romans de Tahar Ben Jelloun.

Créoles noirs, Créoles blancs, Cadiens métissés

James L. Cowan brosse un panorama de la littérature créole noire de la Louisiane au XIXe siècle en soulignant son caractère engagé. **Mathé Allain** prend le relais et montre comment les écrivains louisianais contemporains, depuis le réveil de 1968, participent à la littérarisation d'une tradition orale toujours demeurée vivante au cours d'une histoire pour le moins tumultueuse. **Yves Frenette**, tout en comparant les communautés francophones de la Nouvelle-Angleterre et de la Louisiane, aborde la question du sectarisme interethnique et du métissage des Cadiens au pays d'Évangéline.

La paille et la poutre

Claude Couture nous livre le résultat d'une véritable enquête et montre comment le monde anglo-saxon a censuré ses propres œuvres, et, de ce fait, est mal placé pour accuser les Québécois et les Canadiens français d'intolérance et d'obscurantisme en la matière.

Le « Portrait d'auteur », dans le présent numéro, se présente différemment, puisque, inspirés par les *Lettres parisiennes* de Nancy Huston et de Leïla Sebbar (Paris, Bernard Barrault, 1986), nous avons demandé à deux écrivains d'échanger une correspondance étalée sur un an afin de comparer leurs points de vue sur leur statut de littérateurs de langue française œuvrant en Amérique du Nord. **Andrée Lacelle** de l'Ontario et **Herménégilde Chiasson** de l'Acadie ont aimablement accepté notre invitation de se livrer à cet exercice et nous sommes des plus heureux de vous présenter ces deux autoportraits agrémentés d'une aura d'altérité.

Un élément qui ne change pas d'un numéro à l'autre, c'est la volumineuse section consacrée aux recensions de titres récents, persuadés que nous sommes de l'importance de ces comptes rendus, afin de désenclaver et d'exposer aux vents du large une production en langue française qui, la plupart du temps, souffre du manque d'appuis médiatiques et d'institutions littéraires dûment constituées. Dans la présente livraison, cette rubrique est inaugurée par un valeureux collaborateur depuis la fondation même de notre revue, **Pierre Karch**, qui recense et analyse avec enthousiasme un recueil de poèmes publié dans des circonstances dramatiques révélées dès les toutes premières lignes de son texte.

Une autre section très importante apparaît dans chaque numéro sous la rubrique des « Publications récentes ». **Lorraine Albert**, secondée par son collègue acadien **Gilles Chiasson**, d'une façon méticuleuse, y dresse notamment un inventaire exhaustif des titres parus en français à l'extérieur du Québec au cours de l'année écoulée.

* * *

Je me dois d'adresser des remerciements particulièrement chaleureux à notre distinguée collègue — dans tous les sens du mot — **Estelle Dansereau**, qui, de l'Université de Calgary, a coordonné avec maestria le précédent numéro thématique sur « Le(s) discours féminin(s) de la francophonie nord-américaine ».

Je tiens à remercier **Yolande Grisé**, membre d'office de notre Conseil d'administration en qualité de directrice du Centre de recherche en civilisation canadienne-française de l'Université d'Ottawa, une collègue qui nous a toujours épaulés d'une façon très efficace ; j'offre mes félicitations et mes meilleurs vœux à son successeur à la direction du CRCCF, **Robert Choquette,** tout en lui souhaitant la bienvenue au sein du Conseil d'administration de notre revue.

Gilles Cadrin de l'Université de l'Alberta a pris sa retraite en décembre dernier. Je lui ai fait parvenir un message de bons vœux assorti d'une demande instante, celle de continuer à faire partie de notre Comité de lecture afin que nous puissions encore profiter de sa compétence.

C'est avec grand plaisir que je félicite notre secrétaire de rédaction, **France Beauregard**, qui a donné naissance à la petite Catherine en avril dernier ; pendant son congé de maternité, **Sophie Archambault** a pris la relève et s'est acquittée de sa tâche comme une vraie pro.

Le prochain numéro qui portera sur « Les relations entre le Québec et la francophonie nord-américaine » sera coordonné de Moncton par **Raoul Boudreau**, un autre collaborateur de première valeur.

Jules Tessier, directeur
Francophonies d'Amérique

LA REPRÉSENTATION DE L'ESPACE DANS LES ŒUVRES DE GABRIELLE ROY ET D'ANTONINE MAILLET

Jean Morency et James de Finney[1]
Université de Moncton

L'espace est partout présent dans les littératures d'Amérique, comme le souligne François Paré dans *Les Littératures de l'exiguïté* (1992). Dans l'imaginaire littéraire des francophones du Canada, toutefois, c'est moins l'omniprésence de l'espace qui retient l'attention que sa diversité et son aspect problématique. Le rêve d'une Amérique française puis celui d'un Canada français unitaire se sont effondrés tour à tour. L'esprit pionnier des explorateurs s'est transformé en projets de colonisation de l'Ouest, et l'aventure des coureurs de bois, en migrations de travailleurs vers les usines de la Nouvelle-Angleterre. Sans parler de l'Acadie déterritorialisée qui n'en finit plus d'en venir aux prises avec les séquelles de 1755. Deux écrivains, Antonine Maillet et Gabrielle Roy, celle-ci marquée par l'esprit des pionniers québécois venus s'installer au Manitoba, celle-là par l'exil des Acadiens, reflètent à la fois ces fluctuations dans la perception de l'espace des francophones en Amérique et la façon dont, symboliquement, ils ont tenté de se le représenter. Nous examinerons la représentation de l'espace, d'abord en fonction des contextes socio-historiques de l'Acadie et du Canada français, puis à travers l'œuvre des deux auteurs, avant d'examiner plus attentivement deux textes clés, *Pélagie-la-Charrette* (1979), d'Antonine Maillet, et *De quoi t'ennuies-tu, Éveline ?* (1982), de Gabrielle Roy.

Le contexte canadien-français

L'espace américain occupe une place de premier plan dans l'imaginaire romanesque canadien-français puis québécois. Depuis la publication de *L'Influence d'un livre* de Philippe Ignace Aubert de Gaspé (1837), les romanciers québécois n'ont eu de cesse de projeter et d'interpréter l'espace américain dans leurs écrits, et, selon toutes les apparences, le phénomène ne fait que s'amplifier depuis les années soixante et surtout depuis les années quatre-vingt. Cette présence obsédante de l'espace continental dénote à coup sûr la pérennité d'un trait culturel au fond assez normal pour une société dont l'histoire même est intimement liée à l'expérience de l'espace, mais assez peu compatible avec l'idée reçue qui voulait, du moins jusqu'à ces dernières années, que le Québec formât une société fermée et à toutes fins pratiques imperméable, non seulement aux influences étrangères, mais aussi à la connaissance de l'ailleurs et à sa représentation. D'un point de vue historique, les habitants de la Nouvelle-France, puis ceux du Canada, du Canada français et enfin du Québec ont toujours eu maille à partir avec une destinée continentale dont témoigne l'organisation de l'espace colonial (la maîtrise de l'*hinterland* américain grâce à la haute main sur les voies d'eau au moyen d'un chapelet d'établissements militaires) et qu'on peut retracer grâce aux récits des premiers découvreurs, des explorateurs et des missionnaires, des coureurs de bois et des « voyageurs », l'image de ces derniers formant bientôt tout un pan de la mythologie populaire et des représentations collectives. Au XIXe siècle, ce sont des écrivains comme Faucher de Saint-Maurice ou Arthur Buies qui ont livré leurs impressions de voyage aux États-Unis, tandis que les récits des émigrés se sont faits de plus en plus nombreux, tant sous forme écrite (échanges épistolaires, relations entre intellectuels, œuvres littéraires comme *Le Journal d'un exilé* de Louis Fréchette) que de façon orale, résultat direct de la mobilité de la population entre 1870 et 1930[2]. Le mouvement va encore s'accélérer au XXe siècle, notamment au lendemain de la Deuxième Guerre mondiale, avec l'avènement de la télévision et l'établissement progressif du règne des médias d'information qui vont se conjuguer avec l'essor du tourisme de masse et bientôt de l'autoroute de l'information pour amplifier ce qui apparaissait déjà, au XVIIe et au XVIIIe siècles, comme un trait distinctif de la société canadienne. Dans *Genèse de la société québécoise*, Fernand Dumont écrit ainsi : « Au cours des siècles à venir, dans des milieux agricoles souvent confinés, l'appel des grands espaces ne cessera pas de fasciner une partie de la jeunesse ; ce qui explique sans doute cette alternance de l'enracinement et du voyage qui restera un trait de la société québécoise[3]. »

Cette tradition historique de l'espace rejaillira donc naturellement dans la tradition romanesque qu'elle marquera profondément de son empreinte, en dépit des pressions de nature idéologique destinées à recentrer l'espace romanesque autour du terroir laurentien. Réjean Beaudoin a raison de s'interroger : « À considérer le développement de la Nouvelle-France et la fragilité constante de sa colonisation, on s'explique mal la place que tient l'agriculture sédentaire dans la littérature canadienne-française : comment l'imaginaire nomade des Pays-d'en-Haut a-t-il abouti au roman paysan de l'enracinement, qui s'élabore au milieu du siècle dernier pour se survivre jusqu'après la Deuxième Guerre mondiale ? Tel est le véritable sujet d'étonnement[4]. » Au XIXe siècle, l'espace du continent américain apparaît déjà en filigrane dans *La Terre paternelle* de Patrice Lacombe (1846), roman qu'on considère souvent comme le prototype des romans de la terre au Québec. Ce court récit raconte les déboires d'une famille qui a délaissé la campagne pour la ville et qui ne sera sauvée du naufrage que par le retour providentiel du fils aîné, un aventurier ayant fait la traite des fourrures dans les plaines de l'Ouest. L'espace américain s'avère aussi omniprésent dans les romans historiques, comme dans *Les Fiancés de 1812* de Joseph Doutre (1844), *Une de perdue, deux de trouvées* de Charles Boucher de Boucherville (1849-1851) ou encore dans *Jacques et Marie* (1865-1866) de Napoléon Bourassa. Dans *Jean Rivard, le défricheur canadien* (1862) et *Jean Rivard, économiste* (1864), Antoine Gérin-Lajoie transpose dans les Cantons de l'Est l'espace de la « frontière » américaine, comme l'a démontré brillamment Robert Major[5]. À vrai dire, contrairement aux idées reçues, il semble que c'est tout un pan de la littérature romanesque de l'époque qui est marqué d'une profonde américanité[6].

En fait, c'est dans la première moitié du XXe siècle que l'espace américain va se faire plus discret dans le roman québécois. Des romans comme *Marie Calumet* de Rodolphe Girard (1905), *La Scouine* d'Albert Laberge (1918), *Un homme et son péché* de Claude-Henri Grignon (1933) se déroulent dans des lieux clos, en marge des grands espaces continentaux; la mythologie de l'Ouest s'estompe. Dans les premières décennies du XXe siècle, c'est toute la Nouvelle-Angleterre qui se trouve dévalorisée du point de vue idéologique, surtout dans le roman du terroir. Dans *Trente arpents* de Ringuet (1938), l'espace américain devient le lieu de la dépossession et de la perte identitaire. On est loin de *Jeanne la fileuse* (1869), dans lequel Honoré Beaugrand s'ingéniait à réhabiliter les émigrés partis pour la Nouvelle-Angleterre. Un roman comme *Maria Chapdelaine* de Louis Hémon (1916) serait symptomatique de ce même discours idéologique s'il ne faisait du choix de Maria de rester au pays un symbole de résignation; en effet, le romancier français donne une voix aux émigrés, sous les traits de Lorenzo Surprenant, tout en réactivant les grands mythes continentaux sous la figure de François Paradis. *Maria Chapdelaine* joue par conséquent un rôle catalyseur dans l'histoire du roman québécois en y réintroduisant l'espace américain, autant sur un axe nord-sud (la Nouvelle-Angleterre) que sur un autre axe, est-ouest celui-là (l'*hinterland* américain). Le regard français de Louis Hémon vient en quelque sorte surdéterminer une tradition canadienne-française déjà bien établie historiquement, mais qui semblait battre de l'aile d'un point de vue littéraire. Plusieurs romans importants de l'époque vont d'ailleurs se situer dans la lignée de *Maria Chapdelaine*: *Menaud, maître-draveur* de Félix-Antoine Savard (1937), *Nord-Sud* (1933) et *Les Engagés du grand portage* (1938) de Léo-Paul Desrosiers, de même que *Le Survenant* (1945) de Germaine Guèvremont. Ces romans réintroduisent et revalorisent la figure du nomade continental, ce qui va contribuer à réactiver une vieille tradition culturelle et à préparer la voie à une plus grande ouverture du roman québécois sur l'espace américain.

Le contexte acadien

L'espace physique est relativement peu présent dans la littérature acadienne, et l'espace américain y est encore moins représenté avant *Pélagie-la-Charrette*. La minceur du corpus romanesque acadien y est pour quelque chose, mais il faut interroger le contexte historique, géopolitique et littéraire pour découvrir les dessous de cette anomalie.

Dès sa fondation, l'Acadie est un espace instable, mal défini, isolé, coincé entre l'Atlantique, la Nouvelle-France et les colonies anglo-américaines. Déjà à la fin du XVIIe siècle, par exemple, l'actuelle Nouvelle-Écosse porte les deux noms de Nova Scotia et Acadie ! La colonie acadienne se distingue très tôt de la Nouvelle-France : les terres relativement riches y favorisent l'agriculture, l'attachement au sol et à la vie communautaire, tandis que la Nouvelle-France est vouée à l'aventure de la traite des fourrures dans les espaces ouverts du Nord et de l'Ouest ; l'Acadie est d'ailleurs délaissée tôt par la France au profit du Canada. Enfin l'Acadie, peu peuplée, moins structurée que la Nouvelle-France, est située en pleine zone de friction entre la France et l'Angleterre. Convoitée pour ses terres par les puissantes colonies anglaises, elle sert aussi de monnaie d'échange lors des guerres qui secouent l'Europe, de sorte qu'elle sera ballottée sans cesse entre des administrations françaises et anglaises. Aussi l'imaginaire acadien est-il marqué par un mélange d'attachement à la terre et de sens aigu de la fragilité de cet espace. D'où, par exemple, la stratégie de la neutralité politique que les Acadiens développent très tôt afin de survivre dans ce contexte. On ne s'étonne donc pas de ce que les images liées à la stabilité et à la terre maternelle protectrice occupent ici la place dévolue aux rêves nomades dans l'imaginaire de la Nouvelle-France.

L'impact de ces facteurs sera, bien sûr, décuplé par la déportation de la population acadienne en 1755. Les conséquences du Grand Dérangement seront à leur tour aggravées par le fait qu'il s'agit en réalité d'un démembrement et d'une dispersion de la communauté. Et comme la « terre d'accueil » est en réalité une Amérique encore anglaise et protestante, donc hostile, la déportation se prolongera par des migrations incessantes en Amérique, vers l'Acadie, le Québec, la France et jusqu'en Corse et aux îles Malouines. Sans parler de la réinsertion fort problématique des Acadiens, après 1763, dans des provinces maritimes « occupées » par des colons anglais et loyalistes. Aussi le spectre de la déportation réapparaît-il dans le discours social acadien chaque fois que la fragile situation économique des Acadiens provoque des déplacements forcés, que ce soit vers les États-Unis à la fin du XIXe et au début du XXe siècle, ou encore, plus récemment, vers les centres du Canada français et du Canada anglais.

La représentation écrite de l'Acadie qui s'impose d'abord est le fait d'auteurs étrangers. De nombreux historiens — les Français Guillaume Raynal et Edme Rameau de Saint-Père, le Néo-Écossais Thomas Haliburton et le Québécois Henri-Raymond Casgrain, entre autres — sont engagés dans un débat que résume bien la formule de Naomi Griffiths : « *The Acadian deportation: deliberate perfidy or cruel necessity*[7] *?* » Les écrivains, notamment les Américains Catherine Read Williams et Henry Wadsworth Longfellow et le Québécois Napoléon Bourassa, sont attirés d'abord par les thèmes romantiques de l'exil et de la mort, mais aussi par le drame collectif de ce « petit peuple ».

Les historiens commencent à écrire au sujet de la déportation dès 1756, mais, bien qu'ils traitent en principe de faits historiques, ils contribuent en réalité à façonner l'image mythique d'une Acadie/Arcadie peuplée de paysans vertueux, proches de la terre, et surtout de victimes innocentes des plans machiavéliques des autorités coloniales. L'Amérique est peu présente dans cette vision de l'Acadie, sauf comme lieu d'exil. Dans son *Pèlerinage au pays d'Évangéline* (1887), par exemple, Henri-Raymond Casgrain parcourt l'Acadie à la recherche de traces vivantes du poème de Longfellow (lequel n'avait jamais visité la région!), mais laisse dans l'ombre l'hymne à l'Amérique que contient aussi le poème. Edme Rameau de Saint-Père, dans *La France aux colonies* (1859), déplace l'attention de l'exil vers le « retour », renouvelant ainsi la perception de l'Acadie. En parcourant les villages acadiens, il recueille des témoignages et note soigneusement les efforts de reconstruction, ce qui lui permet de tracer les contours d'un espace acadien en train de se recréer. Quant à l'Amérique, il la fait entrer en scène en reprenant le récit, tiré de la tradition orale, de la « caravane héroïque » de 200 familles acadiennes revenues à travers les forêts et les collines de la Nouvelle-Angleterre jusqu'en Acadie. C'est ce récit qui servira par la suite de leitmotiv au récit acadien. L'Église greffera à cette vision historique un intertexte biblique qui transforme l'Acadie en « terre promise » et assimile l'Amérique à l'Égypte[8].

Les poètes et romanciers étrangers reconstruisent l'espace acadien en fonction à la fois d'impératifs littéraires et de leur engagement idéologique. Longfellow et Read Williams, par exemple, font mourir l'Acadie, mais afin de mieux la faire renaître dans une jeune Amérique républicaine: les Acadiens de Longfellow (*Evangeline or A Tale of Acadie*, 1847) retrouvent leur paradis perdu en Louisiane, alors que Pauline, l'héroïne de Read Williams (*The Neutral French or The Exiles of Nova Scotia*, 1841), oublie son passé acadien pour embrasser le projet révolutionnaire américain. Bourassa, pour sa part, transpose le « souvenir d'un peuple dispersé » (c'est le sous-titre de *Jacques et Marie*) dans la *Petite-Cadie* sur les bords d'une rivière québécoise, poursuivant la réflexion des *Anciens Canadiens* (1863) sur l'attitude du Québec face à la Conquête: « [...] la Providence, qui a laissé les Acadiens disparaître, nous a conservés au milieu de circonstances analogues; elle a eu ses intentions secrètes[9]. » En somme la disparition/renaissance de l'Acadie, en même temps qu'elle nourrit un imaginaire romantique fasciné par la mort, sert aussi à consolider les récits fondateurs d'autres sociétés d'Amérique. L'Acadie renaît de ses cendres, certes, mais dispersée dans l'espace du continent.

Presque tous les textes littéraires acadiens des débuts, à l'image des requêtes des déportés[10] et de la première œuvre acadienne, « Les Acadiens à Philadelphie », de Pascal Poirier (1875, inédit), conçoivent l'espace à partir du Grand Dérangement et en fonction de celui-ci : pour les déportés comme pour leurs descendants, l'Amérique n'est qu'une terre d'exil, alors que l'Acadie, espace d'abord mythifié par la nostalgie et l'espoir des exilés, reste à l'état de « projet », donc de rêve, à la fin du XIXe siècle. Dès la fondation du *Moniteur acadien* en 1867 et pendant de nombreuses décennies, les journaux acadiens regorgent de poèmes, de récits et de feuilletons qui reprennent ces thèmes. *Elle et lui*, roman d'Antoine-J. Léger (1940), développe pour sa part le récit du retour, mais en y ajoutant un surcroît de connotations bibliques — il présente son héros comme un nouveau Moïse — et un ton nettement revanchard.

L'Émigrant acadien de James Branch (1929) regarde l'émigration vers les États-Unis des travailleurs acadiens comme un nouvel exil, accentuant lui aussi la perception de l'Amérique comme lieu de perdition morale et d'assimilation culturelle.

La littérature acadienne contemporaine, bien qu'ouverte sur le monde, n'est pas à l'abri de cet héritage. Pierre L'Hérault dit de la poésie d'Herménégilde Chiasson et de Gérald Leblanc que « c'est au moment où l'on fait son deuil de l'Acadie territoriale que l'Acadie peut être retrouvée[11] ». Et en effet des textes comme *Les Cent Lignes de notre américanité* (1984), le film *Le Grand Jack* [Kerouac] de Chiasson ou encore l'important intertexte américain dans les poèmes de Gérald Leblanc, portent à croire que la littérature acadienne apprivoise progressivement l'Amérique. Mais, en même temps, Claude Le Bouthillier abandonne sa vision mondialisante de *L'Acadien reprend son pays* (1977) pour revenir au récit de la déportation dans ses derniers romans. Et le tout récent *Atlas de l'établissement des Acadiens aux trois rivières de Chignectou, 1660-1755* (1996) de Paul Surette propose une reconstruction nostalgique de l'espace acadien d'avant 1755. Le deuil dont parle L'Hérault n'est donc pas chose faite.

L'espace continental dans l'œuvre de Gabrielle Roy

L'œuvre d'une romancière comme Gabrielle Roy exprime à merveille la persistance de cet imaginaire de l'espace américain dans la conscience collective. Comme le démontre François Ricard dans sa récente biographie de l'écrivain, Gabrielle Roy a été marquée par l'esprit de pionniers qui animait sa famille. Son père, Léon Roy, a quitté très jeune sa famille et son village natal de Saint-Isidore-de-Dorchester, au sud de Québec, pour se rendre en Nouvelle-Angleterre, et de là, au Manitoba. Ricard compare son parcours à « celui de l'orphelin type — bien qu'il ne fût pas orphelin à proprement parler, mais plutôt le fils exilé, ou révolté, qui a quitté père et mère pour se lancer seul à l'aventure et n'est jamais revenu dans son pays natal[12] ». Quant à la mère de Gabrielle Roy, Mélina Landry, elle est originaire de Saint-Alphonse-de-Rodriguez, au nord-est de Joliette, mais elle est aussi, par son père, d'ascendance acadienne, ce que la romancière racontera dans son autobiographie, *La Détresse et l'Enchantement* (1983). Comme Léon Roy, les Landry sont des immigrants qui ont quitté leur monde de collines pour les plaines du Manitoba. Ricard observe fort à propos qu'on oublie trop souvent, « quand on évoque l'immobilisme et le conservatisme de la société rurale du Québec de cette époque, l'élan et l'esprit d'initiative qui animaient ces émigrants et que la nécessité seule ne saurait expliquer[13] ». Pour les Landry, cette mouvance s'inscrit à la fois dans l'histoire de l'errance consécutive à la déportation de 1755, qui les a conduits de l'Acadie perdue jusqu'au Connecticut, puis au Québec, et dans le mouvement de réappropriation du continent par les Canadiens français, tel que l'encourageaient les idéologues de la colonisation à la fin du siècle dernier[14]. François Ricard parle d'ailleurs de la « saga des

Landry» pour exprimer ce qui allait devenir, pour Gabrielle Roy, «un véritable mythe: le mythe fondateur de son identité et de la conscience qu'elle aura de son propre destin» (p. 19). Au cœur de ce mythe familial, il y a le geste de l'arrachement aux collines natales, le long voyage en train jusqu'à Winnipeg, puis dans des chariots («comme dans un western» (p. 21), observe Ricard) jusqu'à la montagne Pembina, lieu du recommencement et d'une nouvelle vie. On le voit, l'essence même de la mobilité canadienne-française, surdéterminée par le motif de l'errance acadienne, se trouve reproduite dans l'histoire de la famille de Gabrielle Roy et elle exercera une influence profonde sur l'œuvre de la romancière:

> Pour Gabrielle Roy, le fait d'avoir eu pour parents des immigrants, c'est-à-dire des personnes qui ont quitté leur pays natal pour aller recommencer leur vie en territoire inconnu, revêtira avec le temps une signification de plus en plus décisive. Elle en viendra à voir dans son appartenance à cette lignée de «chercheurs d'horizons» une des clés de son caractère et de son destin. Convaincue de continuer dans sa propre vie celle de ses parents et de ses grands-parents, elle en appellera sans cesse, pour comprendre ses nostalgies, ses désirs et le sens de ses actes, de même que pour rendre compte de sa vocation d'écrivain et expliquer ses choix politiques, à ce «sang d'errants» qui coule dans ses veines, à cette fascination pour l'«horizon sans cesse appelant, sans cesse se dérobant» qu'ont éprouvée avant elle ceux et celles dont elle est issue — à ce besoin de changement et de découverte qui, elle en est sûre, était inscrit en elle à sa naissance. (p. 21-22)

Publié en 1945, soit la même année que *Le Survenant* de Germaine Guèvremont, *Bonheur d'occasion* témoigne déjà de la force de cet imaginaire de la mobilité et de l'espace américains. Selon Antoine Sirois, jusqu'à la Seconde Guerre mondiale, «l'idée de nature connote l'idée de possession du sol[15]» dans le roman canadien-français. Des romans comme *Au pied de la pente douce* (1944) de Roger Lemelin et *Bonheur d'occasion* vont contribuer à renverser cette perspective en introduisant le thème d'« une nostalgie de grande nature appelée à combler un besoin intérieur, sans considération de retour pour la survivance collective[16]». Gabrielle Roy rompt ainsi avec la tradition des romans du terroir et du territoire, non seulement en situant le cadre de son roman dans la grande ville, mais en associant à la nature des qualités d'émancipation et de liberté individuelles, plus conformes à la tradition nomade canadienne-française et à l'esprit des pionniers. Néanmoins, c'est surtout dans *La Petite Poule d'eau* (1950), son deuxième roman, que Gabrielle Roy commence à exprimer clairement cette sensibilité qui va bientôt marquer toute son œuvre. Tout se passe comme si Gabrielle Roy, après avoir schématisé, au moyen de l'esthétique réaliste, la condition de l'est du continent (industrialisation, urbanisation, misère du prolétariat), s'était tournée vers la mythologie de l'Ouest canadien, en se fondant sur une nouvelle esthétique, plus intime et plus personnelle, propre à exprimer cette saga des Landry dont parle François Ricard. Ce dernier souligne d'ailleurs ce changement dans son étude de *La Petite Poule d'eau*: «On est en présence non seulement de deux décors distincts, mais aussi de deux univers diamétralement opposés, tant par leurs configurations thématiques respectives que par l'atmosphère morale qu'ils incarnent l'un et l'autre[17]. » Tandis que *Bonheur d'occasion* traduit la faillite du rêve américain, *La Petite Poule d'eau* est construite autour du grand mythe de l'Éden, que la romancière transpose dans l'espace infini du nord du Manitoba où habite la famille Tousignant. Rien d'abstrait, pourtant, dans cet espace: le pays est décrit avec une grande puissance d'évocation qui propulse le lecteur aux premiers jours du monde[18]. Le roman semble ainsi opérer la fusion entre la représentation canadienne-française de l'espace continental, fondée sur le mouvement et l'attrait ressenti pour le décor, et la thématique « acadienne » de la quête du pays perdu et de l'aboutissement de l'errance: « *La Petite Poule d'eau* offre une vision édénique de l'existence, où l'être, échappant soudain au bannissement et à la nostalgie, retourne à son foyer paisible, lieu de délices et de sécurité, et renoue ainsi avec les origines de la vie[19]. »

L'espace américain va ensuite rejaillir avec force dans *Alexandre Chenevert* (1954), dans *Rue Deschambault* (1955) et surtout dans *La Montagne secrète* (1961), roman où s'opère la fusion entre la mythologie de l'artiste et celle du coureur de bois, sous les traits de Pierre Cadorai, un peintre qui essaie de saisir l'essence fuyante de la réalité. Ce roman exprime sans doute mieux que tout autre l'immensité du pays et l'errance de l'homme dans un continent énigmatique, voire indéchiffrable. L'espace américain s'y révèle en effet omniprésent, non pas en tant que simple toile de fond ou qu'élément pittoresque, mais bien comme participant de la quête désespérée de l'artiste[20].

C'est toutefois dans *La Route d'Altamont* (1966) que les liens entre l'univers imaginaire de Gabrielle Roy et l'espace américain vont se trouver démontrés avec le plus de clarté et d'évidence. Trois des quatre nouvelles qui composent le recueil gravitent d'ailleurs autour de la thématique de l'espace: « Le vieillard et l'enfant », « Le déménagement » et « La route d'Altamont » ; par ailleurs, dans une certaine mesure, la première nouvelle, intitulée « Ma grand-mère toute-puissante », est structurée par l'espace puisqu'elle est construite contre ce dernier, en ceci que le personnage de la grand-mère incarne, en marge de ses pouvoirs démiurgiques, l'esprit sédentaire et annonce en creux le nomadisme qui caractérise non seulement les autres nouvelles, mais aussi la famille de Christine, la narratrice, que la grand-mère accuse d'être « des indépendants, des indifférents, des voyageurs[21] ». Dans « Le vieillard et l'enfant », Christine revit l'odyssée des premiers explorateurs (« La Vérendrye. Je suis La Vérendrye », p. 41) avant de se rendre au lac Winnipeg dont elle admire l'immensité. Dans « Le déménagement », elle essaie de revivre, quelques décennies plus tard, la saga familiale, de réintégrer l'état d'esprit de sa mère en route dans la solitude de la prairie (« J'étais attirée, avouait maman [...] Attirée par l'espace, le grand ciel nu, le moindre petit arbre qui se voyait à des milles en cette solitude », p. 100). Quant à « La route d'Altamont », elle constitue une des clefs de l'œuvre de Gabrielle Roy et de sa conception singulière de l'espace. Toute la nouvelle est structurée autour du conflit entre l'immensité et l'intimité, entre la prairie et les collines, qui symbolisent respectivement l'appel de l'Ouest et la nostalgie du Québec originel:

> Pourtant, de ce paysage laissé en arrière à l'origine de notre famille, il fut grandement question toujours, comme si persistait entre nous et les collines abandonnées une sorte de relation mystérieuse, troublante, jamais tirée au clair... Tout ce que j'en savais était peu de chose: un jour, grand-père avait aperçu en imagination — à cause des collines fermées peut-être? — une immense plaine ouverte; sur-le-champ il avait été prêt à partir; tel il était. Grand-mère, elle, aussi stable que ses collines, avait longtemps résisté. En fin de compte elle avait été vaincue. C'est presque toujours, dans une famille, le rêveur qui l'emporte. Voilà donc ce que je comprenais au sujet des collines perdues. (p. 117-118)

À la veille de son départ pour l'Europe, Christine vit de façon très aiguë ce déchirement qui caractérise sa famille maternelle, déchirement qui n'est peut-être que le résultat de la fracture qui divise depuis l'origine la famille canadienne-française en deux clans, les nomades et les sédentaires, et qui définit deux types de rapports au continent américain. Gabrielle Roy l'exprime de façon remarquable dans *La Route d'Altamont*, et notamment dans le passage suivant:

> Ce soir-là, je me souviens, j'étais sortie pour respirer pendant quelques minutes l'air embaumé. À deux pas de la maison si chaude, si vivante, commençait une sorte de nuit impénétrable telle qu'en ces temps tant de fois décrits par maman. J'allai jusqu'au bout du petit chemin de ferme, au bord de l'immense plateau sombre à cette heure, et qui bruissait comme un grand manteau tendu au vent. Qu'il était facile, l'obscurité y effaçant toute trace d'occupation, d'imaginer ces lieux dans leur songerie primitive qui avait tant exalté mon grand-père, mais à jamais rebuté ma grand-mère. Par ces nuits de vent tiède et vaguement plaintif, je prenais conscience de ces deux âmes profondément divisées. Et mon cœur aventureux les divisait peut-être davantage encore en penchant si fortement pour celui qui avait tant aimé l'aventure. (p. 133)

Le contraste entre l'intimité de la maison et la sauvagerie de la plaine souligne de façon éloquente le déchirement vécu par Christine, qui n'a qu'à parcourir quelques pas pour pénétrer dans la nuit et remonter le cours du temps, dans un mouvement de réintégration symbolique du temps des pionniers. On peut donc comprendre que Christine incarne le pôle nomade de la famille; elle appartient à la lignée canadienne-française des «chercheurs d'horizons», comme en témoigne d'ailleurs ce passage:

> Moi, j'aimais passionnément nos plaines ouvertes; je ne pensais pas avoir de patience pour ces petits pays fermés qui nous tirent en avant de ruse en ruse. Cette absence de secret, c'était sans doute ce qui me ravissait le plus dans la plaine, ce noble visage à découvert ou, si l'on veut, tout l'infini en lui reflété, lui-même plus secret que tout autre. Je ne concevais pas, entre moi et ce rappel de l'énigme entière, ni collines, ni accident passager contre lequel eût peu buter mon regard. Il me semblait qu'eût été contrarié, diminué, l'appel imprécis mais puissant que mon être en recevait vers mille possibilités du destin. (p. 118-119)

L'espace dans l'œuvre d'Antonine Maillet

Antonine Maillet incarne un moment clef de l'évolution de l'imaginaire acadien, soit la transition entre l'Acadie traditionnelle et l'Acadie moderne. Contrairement à Gabrielle Roy, elle choisit de s'inscrire d'emblée dans le contexte plus large d'une société, voire d'une « nation » acadienne : « J'ai créé un monde imaginaire, sorti de mon inconscient profond, qui est l'inconscient immémorial et collectif de l'Acadie[22]. » Le père de la narratrice de *Pointe-aux-Coques*, comme celui de Gabrielle Roy, avait quitté son village pour se lancer à l'aventure. Mais, avoue-t-il, « [p]lus d'une fois j'eus envie de retourner [...] au début, je me répétais que des temps meilleurs viendraient, que je n'avais pas encore parcouru toute l'Amérique et que je finirais par me rendre en ce coin de la terre qui répondrait à mes rêves[23]. » L'appel du « pays » l'emporte sur le goût de l'aventure, et la narratrice accepte la mission que lui confie implicitement son père : « Sans me le formuler, [...] naquit en moi la conviction que je retournerais dans le village de mon père [...][24]. » Elle « boucle la boucle », et son projet d'écriture, comme celui de Maillet, sera désormais de recréer un paradis perdu où l'individu, la famille et la société ne font qu'un. Cet engagement se traduit chez Maillet par une formulation tout aussi claire de sa fonction d'écrivain-intermédiaire : « Je ne décide pas de faire Pélagie, c'est elle qui s'impose à moi, tout comme la Sagouine m'a choisie comme médium[25]. »

Cependant dès qu'on examine, dans ses œuvres, la représentation de l'espace, qu'il s'agisse du continent ou de l'Acadie, on rencontre le dilemme qui marque l'imaginaire acadien depuis le XVIIIe siècle. Dans une interview, elle affirme d'une part que « [l'Acadie] commence à se définir un territoire, même si elle en a déjà eu un très précis, le plus ancien en Amérique du Nord après les Amérindiens. On a beaucoup vagabondé et on est revenu aux sources. On a retrouvé la terre ancestrale » et, d'autre part, que « [l]'Acadie est beaucoup plus un peuple qu'un pays[26] ». Fusion du passé et du présent ? Territoire ou terre ancestrale imaginaire ? Quoi qu'il en soit, les hésitations de Maillet rejoignent ceux de géographes qui parlent d'une Acadie plurielle[27], tour à tour « généalogique », « historique », « prospective », etc. Ces visions très diverses de l'espace acadien et de sa place au sein du continent, dont hérite Maillet, constituent le problème avec lequel elle tentera de venir aux prises dans ses textes.

Dès ses premières œuvres, comme nous l'avons vu plus haut au sujet de *Pointe-aux-Coques*, Maillet définit son rapport à l'espace à partir du cadre familial. Mais le climat socio-politique des années 1960-1970 l'amènera, dans des œuvres comme *La Sagouine*, *Évangéline deusse* et *Mariaagélas*, à s'attaquer à la fois à la déconstruction de l'image traditionnelle de l'Acadie et à la dénonciation des contraintes qui pèsent sur l'Acadie contemporaine. C'est dans *La Sagouine* que le paradoxe de l'espace acadien trouve son expression la plus lucide et la plus poignante. Pour les Acadiens démunis du « bas de la track» de *La Sagouine*, la côte et la mer, contrairement à l'espace agricole de l'ancienne Acadie, sont à la fois fascinantes et peu hospitalières :

> Je ressemblons au pays, que je dis. Au pays, pis à la mer. C'est yelle qui nous a le plusse nourris et sauvés de la pardition. [...] Même si y a les marées hautes d'autoune qui s'en venont te qu'ri' jusque dans la place de la cuisine chus vous ; et pis les glaces qu'emportont ta dôré au large au printemps ; et pis les tempêtes de l'autre bôrd de la dune qui vous neyont des pêcheux tous les ans[28].

Le rapport ambivalent de la Sagouine à cet espace vient en partie de l'ambivalence de la nature elle-même, à la fois nourricière et dangereuse. Mais il vient surtout de ce que cet espace est imposé par des forces économiques et politiques qui sont à l'œuvre depuis la déportation, comme une sorte de fatalité, et contre lesquelles la communauté se sent impuissante : « C'est point des vraies terres, tant qu'à ça, c'est putôt ce qu'ils appelont des maniéres de terrains abandounés qu'étiont à parsoune, ça fait que nos aïeux s'y avont établis, coume ça, sans sarémonie pis sans déranger » (p. 159). Ces Acadiens sont condamnés à une nouvelle errance, dictée cette fois par l'économie :

> Ils allont tout râfler les terrains de la côte, qu'i' contont, par rapport que c'est pas eugénique et que ça fait du tort à l'écounoumie du pays. [...] je pouvons point continuer icitte tout seuls à faire du tort au pays, que j'y ai dit, à Gapi. [...] Pacte tes overhall pis tes changes de dessous, que j'y dis, pis tchens-toi paré. Oui, faut se tchendre parés deboute pour le prochain Grand Dérangement. Par rapport que c'te fois-citte, je sais point quand c'est que je reviendrons au pays. Je sais point quand c'est... quand c'es t be que j'arons un pays nous autres, pour tout de bon [...]. (p. 159-160)

Le monologue de la Sagouine intitulé « Le recensement » ajoute à ce sens de la fragilité de l'espace une dimension politique et identitaire :

> Pour l'amour de Djeu, où c'est que je vivons, nous autres ?
>
> [...] En Acadie, qu'ils nous avont dit, et je sons des Acadjens. Ça fait que j'avons entrepris de répondre à leu question de natiounalité coume ça : des Acadjens, que je leur avons dit. Ça, je sons sûrs d'une chouse, c'est que je sons les seuls à porter ce nom-là. Ben ils avont point voulu écrire ce mot-là dans leu liste, les encenseux. Parce qu'ils avont eu pour leu dire que l'Acadie, c'est point un pays, ça, pis un Acadjen c'est point une natiounalité, par rapport que c'est point écrit dans les livres de Jos Graphie. [...]
>
> Ah ! c'est malaisé de faire ta vie quand c'est que t'as pas même un pays à toi, pis que tu peux point noumer ta natiounalité. Parce que tu finis par pus saouère quoi c'est que t'es entoute. (p. 155)

Dans *Mariaagélas*, l'archétype de la mer destructrice et l'instable géographie des côtes traduisent métaphoriquement cette précarité. Profitant de la prohibition — le roman se situe dans les années trente —, Maria décide d'éviter l'exil vers les *shops* des États grâce à la contrebande de l'alcool. Mais les conflits avec les autorités finissent par entraîner la mort du garde-pêche Ferdinand, et Maria devra «s'en all[er] finir su les Madeleines» (p. 236). Le vieux Basile à Pierre Crochu constate avec amertume:

> [...] j'ai vu la baie allonger ses bras de mer insolents et carnassiers qui ébrèchent chaque année un peu plus les terres. Les hommes ne sont pas de taille pour lutter contre ça. Le monde change déjà assez vite comme c'est là, sans que la géographie et la topographie s'en mêlent.
>
> [...] Il accusait la terre, les marées, la nature qui a mal fait le monde. Il n'y aurait pas eu de chicane, ni de mort, si la côte avait été coupée au couteau comme une tranche de pain. Mais il semblait que les baleines avaient mordu dans le rivage à grosses dents. La terre était toute effilochée le long de la mer. Des pointes, des anses, des baies, une dune... ah! la dune! Celle-là, ce qu'elle avait pu en faire de dégâts[29]!

Deux ans plus tard, dans *Évangéline deusse*, Maillet met en scène un Breton, un rabbin et une nouvelle Évangéline, tous «exilés» à Montréal. Mais comme le laisse entendre le titre, l'exilée de 1975 ressemble étrangement à ceux de 1755:

> Ils m'avont tout pris, morceau par morceau. La terre, qu'allait de la mer au chemin du roi, trois milles et trois-quart et un demi-quart, que le défunt beau-père avait carculé. Une terre de sable blanc le long de la côte, et tout le reste en beaux champs déboisés. Ils nous l'avont grignotée, bouchée par bouchée, pis ils y avont replanté du pruce pour leu moulin à scie. Ce que dix générations de géants avont défricheté, ç'a pris rien qu'un petit homme en chemise fine pour y replanter une forêt. Pis i' m'avont pris Cyprien, pis Noré, pis mes garçons, l'un après l'autre: les *shops*, les États, Saint-Jean, Moncton, et asteur Mâtréal où c'est que j'ai fini par atterrir moi-même, avec tous les exilés[30].

La façon douloureuse dont la nouvelle dépossession est ressentie par Évangéline est accentuée ici par la conscience qu'elle a du poids de l'histoire et des enjeux économiques.

Après ces années de contestation socio-économique et politique, Maillet se tourne davantage vers l'histoire des Acadiens et entreprend de réécrire les mythes fondateurs de l'Acadie. *Cent ans dans les bois* (1981), mais surtout *Pélagie-la-Charrette* (1979), représentent l'aboutissement d'un vaste projet de réappropriation de l'intertexte étranger et de réinterpétation de l'histoire «officielle». Elle cherche à la fois à rapatrier une Acadie dispersée à travers le continent et à redonner au «peuple» sa juste place dans l'histoire. Par la suite, Maillet renoue avec l'inspiration de ses premières œuvres, mais sur un mode à la fois autobiographique et symbolique. Radegonde, dans *Le Chemin Saint-Jacques*, par exemple, entreprend un voyage initiatique «en Norvège d'abord, patrie des géants ancestraux, ascendants de Gargantua et de Pantagruel; en Grèce, foyer de la civilisation occidentale, où [elle] découvre dans l'Antique Arcadie comme une porte sur l'Éden et une patrie ancestrale de l'Acadie [...][31]».

Deux imaginaires distincts

Le contraste entre *Pélagie-la-Charrette* (1979) et *De quoi t'ennuies-tu, Éveline?* (1982)[32], deux œuvres inscrites sur l'axe nord-sud de l'Amérique mais que tout oppose, permet de mesurer la distance entre l'imagination de l'espace continental chez nos deux auteurs. Roy raconte un voyage dans l'Ouest américain mais aussi au cœur de l'écriture, qui constitue en quelque sorte la synthèse de son imaginaire continental et de son esthétique littéraire. Avec *Pélagie-la-Charrette*, Maillet veut remplacer le récit de l'exil des Acadiens en racontant sur le mode épique « la seule histoire qui compte, [...] celle de la charrette qui ramenait un peuple à son pays[33] ».

Éveline, en obéissant à l'appel de son frère Majorique qui la presse de le rejoindre en Californie, où il réside depuis trente ans, répond surtout au goût de l'aventure qui l'habite depuis toujours, héritage de l'esprit nomade des pionniers : « Dans sa vieillesse, quand elle n'attendait plus grande surprise ni pour le cœur ni pour l'esprit, maman eut une aventure. Elle lui arriva par Majorique, le frère qu'elle n'avait jamais cessé de chérir tendrement, peut-être parce qu'il menait la vie qu'elle eût aimée pour elle-même : partir, connaître autant que possible les merveilles de ce monde, traverser la vie en voyageur[34]. »

Le projet de Pélagie, par contre, prend d'abord les allures d'une mission sacrée — elle « avait juré aux aïeux de ramener au moins un berceau au pays » —, puis d'un projet collectif : la charrette transporte en réalité « une génération de rescapés. Rescapés de la vie sauvage, rescapés de l'exil, rescapés de l'Histoire » (p. 326). Maillet cherche à mettre un terme à l'errance américaine de l'héroïne de Longfellow, développant tantôt l'image d'une « ligne acadienne d'Amérique, qui va de la Louisiane à la Gaspésie » (p. 313), ligne que les Acadiens suivent obstinément, tantôt la figure circulaire de la boucle : « un long voyage dans le Sud, eh oui, mais la boucle se refermait » (p. 326). Cette inversion/négation du parcours nord-sud s'accompagne également d'une volonté de refaire le temps, d'annuler le hiatus douloureux de quinze ans d'exil : « L'exil, c'est un dur moment à passer pour l'Histoire. Hormis qu'elle en sorte » (p. 15).

Pour se rendre en Californie, Éveline n'emprunte pas l'avion, moyen de transport trop rapide et trop moderne qui ne fait que réduire l'espace à une abstraction, mais l'autocar, sorte d'ersatz du wagon des premiers pionniers, qui lui permet de prendre la mesure du paysage. Un peu comme dans *Volkswagen Blues* de Jacques Poulin (1984), l'image du véhicule-refuge condense ici les valeurs du mouvement et de l'intimité : dans un voyage immobile, les paysages défilent derrière la vitre, dépouillés de leurs impressions sensibles autres que visuelles. Le personnage d'Éveline devient ainsi un pur regard, et l'immensité de l'espace s'en trouve du même coup valorisée. Dans ce parcours qui correspond à une redécouverte de l'Amérique, l'ouverture d'esprit du personnage, sa curiosité de tous les instants et l'innocence de son regard contribuent à une vision phénoménologique de la réalité américaine.

La charrette de Pélagie, «qui lui avait coûté quinze ans de champs de coton» (p. 15), est à la fois réelle et symbolique. Dès les premières pages du roman, elle est associée à la lutte de la vie contre la mort. Mais surtout la charrette permet de se colleter avec l'espace hostile de l'Amérique et d'affronter une série d'épreuves purificatrices: «toutes les calamités qui s'étaient acharnées contre sa charrette depuis la Georgie: la famine, la sécheresse, les pluies, les épidémies, les chamailles, les défections [...]» (p. 208-209). Pélagie résistera d'ailleurs à la tentation de rentrer en Acadie par la mer, le navire de Beausoleil-Broussard étant associé à l'amour, à l'aventure et au sud. Enfin, c'est la charrette qui permet d'affronter l'épreuve ultime, celle des forêts et de l'hiver du nord, cette «porte étroite» symbolique qui doit mener à l'Acadie.

Certes, le voyage d'Éveline est lui aussi de nature initiatique et comporte des épisodes qui évoquent une descente aux enfers, mais ceux-ci sont toujours suivis d'une remontée à l'air libre. L'odyssée, qui se termine sous le soleil de la Californie, commence d'ailleurs dans une tempête de neige qui abolit le paysage: «De toutes parts, on entendait hurler la nuit. Puis renaissait la plainte du moteur, comme s'il eût remonté d'un gouffre, avec peine et courage» (p. 16). Mais bientôt, le monde se trouve miraculeusement recréé, sous l'action conjuguée des récits d'Éveline et des autres voyageurs, qui scandent le trajet de l'autocar vers le sud-ouest pour l'inscrire du même coup dans une mémoire collective: «Et c'est ainsi, dans cet autobus roulant à toute vitesse au milieu de la plaine enneigée, que revécut en songe toute une famille du Manitoba d'antan [...]» (p. 22). L'apparition de nouveaux paysages et la narration d'histoires multiples formant une mosaïque se font ainsi de concert. Éveline raconte l'histoire de sa famille mais écoute aussi les récits de ses compagnons de voyage, récits toujours neufs qui contribuent, au même titre que le paysage, à la découverte d'une réalité neuve qui la renvoie au fond à sa propre expérience.

Maillet raconte simultanément le retour des Acadiens et la construction de leur propre récit: au fur et à mesure que les exilés rejoignent la «caravane du retour», ils racontent *leur* version de l'exil et de l'Amérique. Seuls les exilés de la Louisiane véhiculent une vision positive de l'Amérique, une Amérique transformée en «[u]ne Acadie du Sud, plus proche et plus chaude que l'Acadie du Nord, peut-être plus riche, sûrement plus accueillante par les temps qui vont» (p. 120). L'auteur ne peut pas rejeter cette Amérique acadianisée, mais elle confie néanmoins à Pélagie un discours destiné à en contrecarrer l'effet sur les exilés:

> Faudrait vous souvenir itou de la saison des métives avec ses pommiers tant chargés que les nouques des branches en craquiont; et la saison des sucres avec sa sève d'érable qui dégouttait dans les timbales; et la saison des petites fraises des bois... Ils avont-i' des fraises des bois et du sirop d'érable dans votre Louisiane? qu'elle demanda en plein dans les yeux du capitaine, la Pélagie. (p. 120)

La vision positive du sud est mise en évidence, dans *De quoi t'ennuies-tu, Éveline?*, par l'épisode de la traversée de la frontière américaine. Dans cet épisode, Éveline s'étonne qu'on puisse passer aussi facilement d'un pays à l'autre et que le paysage demeure le même de part et d'autre de la frontière : « Rien n'était changé. C'était exactement comme au Canada [...] Elle en fut un peu étonnée, un peu déçue même, sans savoir au juste pourquoi, peut-être parce qu'elle avait imaginé qu'un changement radical accompagnerait ce passage d'un pays à l'autre » (p. 25). L'image des États-Unis se trouve ainsi dépouillée de ce caractère d'étrangeté, voire d'hostilité, qu'on peut observer dans certains romans québécois parus à la même époque, comme dans *Volkswagen blues, Une histoire américaine* (1986) de Jacques Godbout, ou *La Première Personne* (1982) de Pierre Turgeon. Dans le récit de Gabrielle Roy, la réalité étatsunienne est valorisée, autant par la toponymie des lieux qu'elle traverse (qui rappelle à la mémoire d'Éveline les voyages de son mari Édouard) que par la splendeur des paysages qu'elle découvre : « Le cœur d'Éveline s'exaltait de cette sauvagerie. C'était son amour des espaces infinis, de ces grands espaces qu'on disait inutiles, qui revivait ici » (p. 38). Plus importante encore est la gentillesse des gens qu'il lui est donné de côtoyer : « Quelles braves gens, ces Américains, se dit-elle, comme ils ont le cœur sur la main, on dirait des enfants, des enfants généreux qui voudraient partager tout ce qu'ils ont » (p. 34).

Dans le roman de Maillet, le paysage américain s'estompe devant les souffrances vécues par les exilés : « Un reste de peuple errait à travers plaines et vallées, grignotant les dernières racines pourries, les derniers brins de plantes surgies par hasard entre les failles des rochers. Un peuple en lambeaux, fourbu, semait sur la terre d'Amérique des enfants en bas âge et des vieillards épuisés » (p. 23). Au mieux, les toponymes américains servent à baliser le retour : la Virginie est « une terre de passage, un lieu d'arrête en cours de route » (p. 162) ; au pire, les villes sont vues comme des obstacles aussi formidables que l'espace naturel : « [...] ces Bostonnais à la mémoire perverse et à l'esprit vindicatif. Après tant de misère pour s'arracher aux griffes des vents et des marées, personne ne pouvait imaginer les hommes plus cruels que les éléments. Pourtant... » (p. 261).

Chez Gabrielle Roy, au contraire, la valorisation des paysages américains rejoint l'imaginaire du mouvement pur, du voyageur perpétuel : pourquoi s'arrêter en Californie alors que le Pacifique est une invitation à aller toujours plus loin ? Le récit se termine d'ailleurs par la vision quasiment extatique qu'aura Éveline de l'océan : « De nouveau elle regarda briller ce lointain uni, immense, sans rides, plus exaltant dans son mystère que tout ce qui l'avait saisie d'émotion pendant sa vie entière. Et cependant ce n'était rien ; non, rien que de l'uni, de l'infini, le calme parfait » (p. 94). Comme le remarque Gaston Bachelard, « la première image de l'immensité est une image *terrestre* [...] La Mer c'est la terre encore, une Terre simplifiée, et, pour une méditation quasi élémentaire, une Terre résumée dans son attribut d'immensité[35] ». Le personnage de Roberto, surnommé Celui-qui-marche, qui habite une île du Pacifique, s'inscrit dans cette méditation de l'immensité et du mouvement, de même que le personnage du petit Edwin, qui rêve de construire une fusée pour visiter les espaces interstellaires. On le voit, le parcours d'Éveline n'est pas orienté : en dernier recours, il tend vers l'infini.

La Californie et encore plus précisément le verger de Majorique sont présentés à la fois comme un nouveau jardin d'Éden et comme une tour de Babel réussie où tous les habitants, même s'ils parlent plusieurs langues, vivent en harmonie. L'arrivée en Californie correspond à une réintégration du paradis primordial, dont l'image est suggérée par les descriptions d'une nature somptueuse (p. 59-60), d'un climat idéal qui contribue à la beauté des êtres (p. 67) et de la bonne entente entre les peuples (p. 65). Le voyage d'Éveline se termine ainsi sur l'accession au « paradis en ce monde », à un Éden non pas imaginaire mais concret, où même l'aspect redoutable de la mort se trouve euphémisé et remis en perspective, comme en témoigne l'épisode final de l'enterrement de Majorique au sommet d'une colline :

> L'air devint encore plus léger. La montagne verdoyante, les fleurs exquises, ce ciel d'été quand ce devait être l'hiver, c'en était trop sans doute pour Éveline. Elle pensa un moment : « Majorique n'est pas mort. Il s'amuse à nous réunir de tous les coins du monde pour cette promenade magnifique. » (p. 93)

La fin de *Pélagie-la-Charrette* remet le lecteur en face du conflit permanent entre rêve et réalité qui agite l'imaginaire acadien. Bien que le roman soit construit sur le modèle épique et héroïque — le rêve —, l'histoire reprend ses droits à la fin, interdisant à Pélagie l'accès au paradis perdu. Comme l'aventure d'Éveline, celle de Pélagie se termine sur une sorte de vision extatique, mais celle de Pélagie marque la fin, ou du moins l'interruption, du rêve du retour au paradis. Curieusement, Maillet entretient l'espoir de Pélagie et des Acadiens jusqu'à la fin, ce qui rend sa mort et celle du rêve collectif encore plus poignantes :

> Moins d'une centaine de lieues avant le bassin des Mines. Montez, tout le monde, et prenez une grande respiration. Vous mangerez les fraises des bois à la Grand' Prée. [...] Les fraises des bois, les pommiers en fleurs, la morue fraîche et le hareng fumé... le printemps qu'on lui avait volé, à la Pélagie, vingt-cinq ans auparavant, l'attendait sur les rives de la baie Française. (p. 331)

Les portes de l'Éden se referment brusquement. Le rêve de l'Acadie-phénix renaissant de ses cendres est remis à plus tard, après le purgatoire supplémentaire des « cent ans dans les bois ».

On peut donc conclure que la représentation de l'espace diffère radicalement chez les deux écrivains. Dans l'œuvre d'Antonine Maillet, l'espace se trouve exprimé sur le mode de la névrose, du moins dans la mesure où, jusqu'à *Pélagie-la-Charrette*, le lieu originel, évanoui à tout jamais, est remplacé par un espace qui est synonyme de douleur, d'angoisse et de souffrance ; chez Gabrielle Roy, au contraire, l'espace est vécu comme une expérience exaltante, tendue vers le futur et l'infini, ce qui confine presque à la psychose. Doit-on y voir l'expression de deux imaginaires collectifs distincts, fortement contrastés, débouchant au fond, par des moyens différents, sur un même sentiment de dépossession et de perdition? À cet égard, une œuvre comme celle de Jacques Ferron, ce « cartographe de l'imaginaire » qui tente de recentrer l'espace collectif sur les pays québécois, formerait l'exact contrepoint des romans de Gabrielle Roy et d'Antonine Maillet. Entre la frénésie canadienne-française et l'éternelle complainte acadienne devant l'espace continental, les œuvres de Ferron, de Jacques Godbout, de Jacques Poulin, d'Herménégilde Chiasson et de Gérald Leblanc proposent une autre avenue, visant à ancrer l'espace dans la réalité concrète, fût-elle problématique et contradictoire.

NOTES

1. Cette étude comparative a été conçue et rédigée sous forme de dialogue à deux voix, d'où les ruptures de ton que les lecteurs ne manqueront pas de percevoir.

2. Yves Roby, « Émigrés canadiens-français, Franco-Américains de la Nouvelle-Angleterre et images de la société américaine », dans *Québécois et Américains. La culture québécoise aux XIX*e *et XX*e *siècles*, sous la direction de Gérard Bouchard et Yvan Lamonde, Montréal, Fides, 1995, p. 131-156.

3. Fernand Dumont, *Genèse de la société québécoise*, Montréal, Boréal, 1993, p. 69.

4. Réjean Beaudoin, *Le Roman québécois*, Montréal, Boréal, 1991, p. 43-44.

5. Robert Major, *Jean Rivard ou l'art de réussir. Idéologies et utopies dans l'œuvre d'Antoine Gérin-Lajoie*, Québec, Presses de l'Université Laval, 1991.

6. Certes, dans les romans mentionnés, l'espace américain apparaît souvent de façon un peu abstraite et désincarnée, comme une simple toile de fond, en conformité avec les canons esthétiques de l'époque, du moins dans le contexte canadien-français et nord-américain. Dans le roman québécois du XIXe siècle, la conception de l'espace tient plus de l'héritage du XVIIIe siècle (romans de Diderot, Prévost, etc.) que de l'art des romanciers contemporains, comme Balzac et Stendhal, qui font de l'espace un outil essentiel d'interprétation du texte narratif. Au fond, les romanciers québécois sont plus proches de leurs confrères américains, comme James Fenimore Cooper, que des romanciers français de la même époque. Chez Cooper, le pittoresque ne se situe jamais dans le détail, mais s'incrit dans le caractère abstrait du décor, comme dans son célèbre roman *The Prairie*, prototype d'une américanité qui fonde l'espace sur un grand vide, et dont le *Moby Dick* de Herman Melville constitue l'aboutissement.

7. Naomi Griffiths, *The Acadian Deportation: Deliberate Perfidy or Cruel Necessity?*, Toronto, Copp Clark, 1969.

8. « Mandement de Mgr l'Archevêque d'Halifax aux Acadiens », *L'Évangéline*, 5 mars 1896, p. 2.

9. Napoléon Bourassa, *Jacques et Marie. Souvenir d'un peuple dispersé*, Montréal, Sénécal, 1866, p. 30.

10. James de Finney, « Archéologie du récit commun acadien: requêtes et pétitions des exilés », *Présence francophone*, no 49, 1996, p. 7-22.

11. Pierre L'Hérault, « Pour une cartographie de l'hétérogène: dérives identitaires des années 1980 », dans Shirley Simon *et al.*, *Fictions de l'identitaire québécois*, Montréal, XYZ, 1991, p. 91.

12. François Ricard, *Gabrielle Roy. Une vie. Biographie*, Montréal, Boréal, 1996, p. 15.

13. *Ibid.*, p. 20.

14. À la lumière d'un extrait de *La Détresse et l'Enchantement*, Pierre L'Hérault insiste sur cette double appartenance (acadienne et québécoise) de Gabrielle Roy, en émettant l'hypothèse que la romancière s'est toujours sentie plus solidaire de l'errance acadienne que de l'exil québécois: « Tout semble se passer comme si Gabrielle Roy, consciemment ou pas, explicitement ou pas, établissait une différence fondamentale entre l'exil québécois (de l'Ouest) et l'errance acadienne » (Pierre L'Hérault, 1991, p. 100). Le récit de l'exil québécois appartiendrait au discours patriarcal, tandis que le récit acadien définirait la filiation maternelle. L'hypothèse est séduisante, mais elle fait abstraction de l'attrait dont témoigne la romancière dans ses écrits pour les figures, plus masculines et patriarcales, de l'exploration sous toutes ses formes (artistique, géographique, historique, etc.). En fait, la filiation maternelle renvoie peut-être davantage, chez Gabrielle Roy, à l'univers de la sédentarité, du repli dans les terres, les jardins, les collines, qu'à celui de l'errance, comme on le verra

plus bas dans l'analyse de *La Route d'Altamont*.

15. Antoine Sirois, « De l'idéologie au mythe : la nature chez Gabrielle Roy », *Voix et images*, n° 42 (printemps 1984), p. 380.

16. *Ibid.*

17. François Ricard, *Gabrielle Roy*, Montréal, Fides, 1975, p. 66.

18. Dans un texte datant de 1956 et ayant servi de préface à une édition de *La Petite Poule d'eau*, Gabrielle Roy écrit : « En Europe, au lendemain de la guerre, j'avais vu les traces des grandes souffrances, du mal profond que s'infligent les vieilles nations. Et, pour se détendre, pour espérer, sans doute mon imagination se plaisait-elle à retourner au pays de *La Petite Poule d'eau*, intact, comme à peine sorti des songes du Créateur. Là, me dis-je, les chances de l'espèce humaine sont presque entières encore ; là, les hommes pourraient peut-être, s'ils le voulaient, recommencer à neuf. Mais, hélas ! ai-je aussi pensé avec une certaine tristesse, ce n'est que très loin, au bout du monde, dans une très petite communauté humaine, que l'espoir est encore vraiment libre. » (Reproduit en annexe dans la nouvelle édition de *La Petite Poule d'eau*, Montréal, Boréal, 1993, p. 263-264.)

19. François Ricard, *Gabrielle Roy*, Montréal, Fides, 1975, p. 69.

20. Jean Morency, *Le Mythe américain dans les fictions d'Amérique. De Washington Irving à Jacques Poulin*, Québec, Nuit blanche éditeur, 1994, p. 154-167.

21. Gabrielle Roy, *La Route d'Altamont*, nouvelle édition, Montréal, Boréal, 1993, p. 20. Pour les références subséquentes, la pagination sera directement incluse dans le texte.

22. Antonine Maillet, « L'Acadie multipliée », propos recueillis par Myriame El Yamani, *Continuité*, n° 61, été 1994, p. 17.

23. Antonine Maillet, *Pointe-aux-Coques* suivi de *On a mangé la dune*, Verviers, Marabout, 1980 (1958), p. 17.

24. *Ibid.*, p. 19.

25. Antonine Maillet, « L'Acadie multipliée », propos recueillis par Myriame El Yamani, *Continuité*, n° 61, été 1994, p. 16-17.

26. *Ibid.*

27. Cécyle Trépanier, « À la recherche de l'Acadie et des perceptions identitaires des Acadiens des provinces maritimes du Canada », *Études canadiennes/Canadian Studies*, n° 37, 1994, p. 181-187.

28. Antonine Maillet, *La Sagouine*, Montréal, Leméac, 1974, p. 138.

29. Antonine Maillet, *Mariaagélas*, Montréal, Leméac, 1973, p. 233-234.

30. Antonine Maillet, *Évangéline deusse*, Montréal, Leméac, 1975, p. 97-98.

31. Denis Bourque, « Antonine Maillet, *Le Chemin Saint-Jacques* » [compte rendu], *Revue de l'Université de Moncton*, vol. 30, n° 1, 1997.

32. Ce récit aurait été composé au début des années soixante, dans le sillage de la « Saga d'Éveline », pour être publié pour la première fois en 1982 aux Éditions du Sentier, dans un tirage limité à deux cents exemplaires. Les circonstances de la publication de ce récit méritent d'être mentionnées. Dans sa biographie de Gabrielle Roy, François Ricard explique que c'est lui-même qui a revu et récrit le premier jet du manuscrit que lui avait remis la romancière : « [J]'ai entrepris de tout récrire moi-même, afin de faire du brouillon un texte achevé dont le style et le tons soient aussi fidèles que possible à la manière de Gabrielle Roy. Lorsque je lui ai soumis ce travail en juillet 1982, elle s'est dite enchantée du résultat ; l'idée de publier sous son nom un texte récrit par moi, et donc de confondre les critiques, lui paraissait amusante » (*Gabrielle Roy. Une vie. Biographie*, p. 515).

33. Antonine Maillet, *Pélagie-la-Charrette*, Montréal, Leméac, 1979, p. 100. Pour les références subséquentes, la pagination sera incluse dans le texte.

34. Gabrielle Roy, *De quoi t'ennuies-tu, Éveline ?* suivi de *Ély ! Ély ! Ély !*, Montréal, Boréal, 1988, p. 11. Pour les références subséquentes, la pagination sera directement incluse dans le texte.

35. Gaston Bachelard, *La Terre et les Rêveries de la volonté*, Paris, Librairie José Corti, 1980, p. 379.

LA VOIX MÉTISSE DANS LE « ROMAN DE L'INFIDÉLITÉ » CHEZ JACQUES FERRON, NANCY HUSTON ET MARGUERITE-A. PRIMEAU

Pamela V. Sing
Faculté Saint-Jean
Université de l'Alberta (Edmonton)

Le « roman de la fidélité[1] », le genre prédominant dans la littérature canadienne-française depuis le XIXe siècle jusqu'à la veille de la Révolution tranquille, entérine la fidélité exclusive au pays, à l'histoire et aux traditions françaises. À titre d'exemple, citons *Maria Chapdelaine*, modèle canonique du genre, dont les protagonistes sont des pères et des fils canadiens-français « pure laine », c'est-à-dire de souche française, que le destin appelle à posséder la terre, moyen unique de la survivance de la « race ». Dans leur lutte pour conserver un mode de vie et une manière d'être considérés comme authentiques, lutte qui revêt le caractère d'une mission divine, ils sont appuyés par des mères et des épouses à qui revient le rôle de subalternes obéissantes et muettes. L'univers romanesque, conçu sur le mode manichéen, valorise l'*ici-chez nous* en le transformant en territoire mythique, pour dévaloriser l'ailleurs, l'altérité et le devenir. Qui peut oublier le dénouement du roman de Hémon, où il est dit impérieusement qu'au pays de Québec, rien ne doit mourir et rien ne doit changer ?

> [I]ci toutes les choses que nous avons apportées avec nous, notre culte, notre langue, nos vertus et jusqu'à nos faiblesses deviennent des choses sacrées, intangibles et qui devront demeurer jusqu'à la fin [...] De nous-mêmes et de nos destinées nous n'avons compris clairement que ce devoir-là : persister... nous maintenir[2]...

Force est d'y reconnaître l'expression du besoin de croire au caractère originel, statique, homogène d'un des peuples fondateurs du pays, en l'occurrence, le peuple français. Il en découle l'objectif que nous nous sommes donné dans cet article et qui consiste à comparer la manière dont trois romans, *Le Ciel de Québec* de Jacques Ferron, *Dans le muskeg* de Marguerite-A. Primeau et *Cantique des plaines* de Nancy Huston, remettent en cause le discours traditionnel sur la question identitaire. *Le Ciel de Québec*, publié en 1969 et conçu dans l'esprit réformateur de la Révolution tranquille, soit lorsque la « province » *canadienne-française* du Québec s'est redéfinie et renommée pour devenir l'État-nation *québécois*, pose la question de l'« enquébecquoisement » (c'est Ferron qui orthographie le mot ainsi). Comment renouveler l'entité socio-culturelle québécoise afin de favoriser un état constant de (r)évolution? En répondant à cette question, le roman de Ferron préconise une « dialectique de l'ancien et du nouveau[3] », dont la mise en texte révise la représentation québécoise officielle du « peuple ». Pour les *Franco-Canadiens* ou les *Canadiens français* ou encore les *Canadiens francophones/francophiles* qui n'habitent pas ou n'habitent plus le Québec, la question est autrement problématique. S'identifiant culturellement, du moins de manière partielle, aux Québécois, mais habitant, par exemple, ailleurs au Canada ou en France, c'est-à-dire au sein d'une majorité anglophone ou française, comme c'est le cas de Marguerite-A. Primeau et de Nancy Huston respectivement, ces gens occupent non pas un territoire mais un espace *entre-deux*, de sorte qu'ils se disent *à la fois* tel *et* tel autre tout en se sachant *ni* tel *ni* tel autre. Pour eux, la question se pose de savoir comment penser la polarisation de manière à s'empêcher de se sentir inexistant. Nous verrons que, chez Primeau et chez Huston, la textualisation du problème vient troubler la représentation officielle des choses.

Or, si nous avons choisi d'étudier la question socio-identico-culturelle chez Ferron, Primeau et Huston et dans les romans spécifiés, c'est qu'il s'agit là d'un corpus où la problématique s'articule autour d'un personnage métis albertain. Postulant que la présence d'un tel personnage dans un ouvrage à la thématique fondatrice conduit à la subversion du « roman de la fidélité », nous nommons « romans de l'*infidélité* » les ouvrages de notre corpus, sous-catégorie d'une littérature du décentrement qui exprime le désir d'un rapport nouveau au monde. Axant ainsi notre étude sur la relation entre un « centre » et ses « marges », nous commencerons par l'analyse du roman de Ferron pour ensuite lui comparer ceux de Primeau et de Huston. Le premier, publié en 1960, a pour objet la fondation d'un village francophone dans le nord de l'Alberta ; le second, publié en 1993, celle de l'Alberta anglophone. Trois décennies séparent les deux ouvrages, mais chacun intègre, à sa manière, un personnage secondaire métis dont la caractérisation approfondit, du point de vue psychologique, celle que reçoit son homologue dans le roman de Ferron.

Au moment de la publication du *Ciel de Québec*, le Québec est engagé depuis presque une décennie[4] dans la Révolution tranquille, soit assez longtemps pour que commence à tomber l'enthousiasme global initialement ressenti pour le mouvement de réformes. Certains secteurs de la population se sentent exclus du mouvement tandis que d'autres souhaitent des transformations plus radicales. La question se pose alors de savoir comment conserver l'élan « révolutionnaire » tandis que l'ordre établi, imbu de sa supériorité, ne se renouvelle plus. Se constituant en centre officiel, il marginalise des secteurs de la population au point de les cantonner dans un non-lieu. Chez Ferron, la représentation de la situation consiste à opposer le grand village notable de Saint-Magloire au petit village ignoble des Chiquettes, « de braves gens, mais tout ce qu'il y a de plus bas dans la société[5] ». Celui-ci ne figure sur aucune carte géographique, mais, parmi ceux qui connaissent son existence, d'aucuns voudraient l'éliminer du paysage, d'autres, le laisser dépérir. Par une série d'événements qui sont, du point de vue narratologique et sur le plan des images, des renversements carnavalesques[6], l'élite socio-politico-religieuse est cependant forcée de prendre contact et de composer avec les Chiquettes. Désormais, tout ignobles qu'ils sont, les petits villageois sont dotés d'une réalité reconnue. Il ne leur reste alors qu'à s'ériger en paroisse pour accéder à un statut nouveau, après quoi le pays devra assumer sa nature foncièrement contradictoire, conflictuelle, et accepter de s'engager dans d'infinies négociations. Ce sont là les principales conditions de sa modernité.

Or le petit village jusqu'alors ignoré par le grand village est censé réunir des « émancipés » (p. 23) des nations abénaquise, etchemine, malécyte aussi bien que québécoise, possibilité que conteste violemment Mgr Cyrille dont la vision du monde correspond à celle qu'on trouve exprimée dans le roman de la fidélité. Aux yeux du prélat, « [i]l n'y a jamais eu de métissage en notre pays, Dieu merci ! Les registres paroissiaux sont là pour le prouver » (p. 23). Mais deux autres personnages déconstruisent ce point de vue traditionnel en contredisant le prélat fanatique : l'homologue « humain » de celui-ci, Mgr Camille, dit que « le métissage a été interdit, il y a près de deux siècles. Le respect de l'autorité civile aura empêché nos curés de distinguer un seul métis parmi leurs fidèles » (p. 23). Et le brigadier Campbell d'ajouter :

> [Les Québécois sont] un peuple amical qui, dans le passé, avait droit de passage sur le territoire des nations, plus libres de circuler que les Jantoux, les Jantonnais, les Assiniboines, les Cris et les Sioux. En retour il a été accueillant, plus métissé que ne le seront jamais tous les pays de l'Ouest et de l'Ontario. (p. 161)

De plus, dans le processus de sa transformation en paroisse, le village des Chiquettes assimile des éléments humains et animaliers venus d'autres marges, notamment du Québec anglophone en passant par le Grand Nord esquimau et Edmonton et l'Ouest métis, anglophone ou francophone. Un métissage extrême s'ensuit, et ce dans un espace d'emblée hybride. Or c'est cet espace-là que le roman valorise comme le lieu où se trouve la « sève de la vie » (p. 261).

Les Chiquettes, par conséquent, sont représentés sous l'angle de leur vitalité, de leur énergie libératrice, qui permet de réaliser le projet de modernisation qui définit la Révolution tranquille. Si les villageois traditionnels sont discrets, dignes, sages, ceux-là sont bruyants, désordonnés[7]. On ne peut entrer en relation avec eux sans subir des transformations. En témoignent les notables politiques qui, en quittant le petit village, s'arrêtent pour se soulager dans un ruisseau[8]. Aussitôt engagés dans l'acte, les trois hommes disputent à qui « pissera » le plus longuement ; le concours devient alors une épreuve de force dont le dénouement oblige l'hospitalisation du « p'tit sénateur ». Le cardinal-archevêque de Québec se comporte lui aussi d'une manière inédite[9], lorsqu'il arrive dans les environs du petit village. De plus, pour annoncer aux Chiquettes que leur village mérite « une nouvelle destinée » (p. 73), il adopte un langage qui pousse Mgr Cyrille à « subodore[r] l'hérésie majeure » et à se dire que son supérieur parle « en amérindien ».

Valorisés pour la manière dont leur « impureté » aux plans ethnique, physionomique et discursif, entre autres, déstabilise les représentants de l'ordre établi, les Chiquettes ont un pouvoir transformateur qui atteint la forme du roman. Nous ne signalons ici que trois innovations formelles qui témoignent de la transgression du code romanesque traditionnel : la non-linéarité du récit, celui-ci s'organisant de manière à faire ressortir la succession de rabaissements et de rehaussements qui conduisent à la rénovation du pays entier[10] ; la subversion de la voix autoritaire du narrateur omniscient par celle de François-Anacharcis Scot, Québécois anglophone francophile, ex-missionnaire itinérant en rupture avec l'Église d'Angleterre, qui assume le récit de la conclusion à la première personne ; et l'hétérogénéité spatiale de l'univers romanesque, qui représente des lieux variés allant des confins ruraux du Québec jusqu'au purgatoire, en passant par Edmonton ! En dehors d'une vitalité innée qui empêche de demeurer en deçà des frontières de toutes sortes, cependant, le village des Chiquettes est peu individualisé, décrit uniquement en tant que collectivité indivisible. C'est l'étude d'un Métis de l'Ouest, Henry Scott ou Sicotte, de sa représentation et de sa fonction dans le roman qui permet de caractériser la valeur d'altérité attribuée à la voix spécifiquement métisse.

« Vieil ivrogne, pilier de taverne [en réalité, l'établissement auquel il s'identifie est "moitié taverne, moitié bordel"], grand parleur devant l'éternel » si on lui paie un verre, Henry se prétend d'ascendance paternelle tantôt écossaise, tantôt québécoise. Occupant un espace hybride excentrique protéiforme, sans état civil, l'homme dit avoir une seule certitude dans la vie : « chose certaine, il [est] fils de Sauvagesse et métis de profession » (p. 124). Ce qui a pour conséquence de l'inscrire sous le signe du féminin : tenant uniquement à ce qu'il a hérité de sa mère et à ce qu'elle lui a appris ou continue de lui apprendre — car, morte, elle « lui parle encore à l'oreille et [...] ne cesse de [l]'instruire » (p. 159) —, il véhicule des valeurs et des leçons qu'on pourrait qualifier de « féminines ». Aussi son discours vient-il assouplir, sinon contester, le discours de l'ordre établi. Conteur de la grande saga de l'Ouest[11], il révèle en effet dans son discours les « fissures » du discours officiel. À Edmonton, les notables traitent sa version de l'histoire d'« inventions [ajoutées] à la réalité » (p. 125), mais non sans reconnaître son utilité psycho-spirituelle[12] pour la population en général. On laisse ainsi entendre que les caractéristiques qu'il tient de sa mère et que les Blancs considèrent comme des faiblesses ou des défauts, ont, elles aussi, une certaine valeur. En citant sa mère, Henry nuance en effet les jugements prononcés par les détenteurs du pouvoir : si les Blancs disciplinent leurs enfants « comme des machines à faire la guerre », les Amérindiens, eux, « cajolent » les leurs, d'où leur nature capricieuse ; d'une volonté ferme, les premiers sont cependant stupides, tandis que les seconds sont sensibles et humains, et, finalement, efficaces ; ceux-là sont sans honneur et cruels, tandis que les enfants métis sont courageux (même s'il s'agit d'un courage qui «se montre trop par l'apparat») et séduits, non par la valeur monétaire d'un écu, mais par sa beauté (p. 160). Or, le jour où Henry raconte cela au brigadier, il se nomme Sicotte, c'est-à-dire qu'il se veut francophone. Ainsi, une fois son récit terminé, il se fait prier d'accompagner François-Anacharcis Scot dans l'Est, au pays de son père. Lié, par sa saga, à l'étalon mandan légendaire Étoile Noire, il est chargé de s'occuper d'une horde de chevaux des Plaines destinés à y passer l'hiver. En se déplaçant jusqu'au Québec, Henry apporte au pays ce qui pourrait le renouveler psychiquement.

Parmi les chevaux se trouve le descendant d'Étoile Noire, Étoile Blanche, avec qui le Métis, considéré comme son «compatriote», se lie d'amitié, et ce grâce à «la langue inconnue, modulée et quasi amoureuse» (p. 266) qu'il tient auprès de l'étalon. C'est ainsi, non pas par le contenu intellectuel de sa communication mais par une qualité de la voix, que Sicotte s'associe à une bête inscrite sous le signe de l'irréel et du fantastique[13]. Lorsque ensuite, rendu au Québec, l'étalon mène à sa mort une Eurydice déçue par son Orphée poète, Sicotte offre d'accompagner ce dernier «vers le pays des âmes qui se trouve loin à l'Ouest» (p. 273), lui expliquant comment faire pour «capturer» l'âme de la jeune femme. Cette séquence narrative suggère une littérature renouvelée par l'intégration d'une sensibilité traditionnellement considérée comme féminine et associée à un ailleurs géographique et temporel amérindien. Dès lors, le texte décrit le palefrenier métis en soulignant sa pauvreté[14] et son rapport à la mort[15]. Au point de vue carnavalesque, il est ainsi peu étonnant de le voir participer à la transformation du village des Chiquettes en paroisse nouvelle officielle.

En route pour sa province natale dans l'Ouest, Henry Sicotte conduit les chevaux au petit village. Là, après avoir aidé à transporter les matériaux nécessaires à la construction d'une nouvelle église, tous les chevaux sauf Étoile Blanche et six pouliches servent de nourriture aux villageois lors de la disette. Leur assimilation matérielle, comme l'assimilation symbolique des représentants des ordres politique et religieux et l'assimilation linguistico-culturelle de François-Anacharcis Scot, contribuera à «contaminer» davantage les Chiquettes : en mangeant des bêtes menées jusque-là par un étalon de sang mandan, ils réaffirment leurs origines amérindiennes et redeviennent ainsi les propriétaires originels de l'espace québécois.

Dans le roman de l'infidélité écrit par Ferron, le Métis de l'Ouest canadien joue un rôle catalyseur. Par sa langue placée sous le signe de l'affectivité communicative, il s'oppose au discours dogmatique de ceux qui désirent maintenir l'ordre établi. Grâce à lui, le Québec reconnaît et retrouve ses antécédents métis : la poésie promet de se doter d'une «âme» féminine sensible, et le texte terroiriste mono-référentiel se nourrit d'un grand mythe fondateur autochtone. En d'autres termes, les marges s'incorporent au centre sur le mode fraternel et humaniste[16]: le pays entier se métisse et se rénove dans la joie. Henry Sicotte, lui, retournera à Edmonton où il continuera de raconter la grande saga de l'Ouest.

Or qu'arrive-t-il à la voix métisse francophone une fois celle-ci rapatriée, pour ainsi dire, dans l'Ouest albertain? Car, en Alberta, province majoritairement anglophone, le francophone occupe non pas un territoire mais un espace, fragmenté de surcroît. Comme il s'agit là d'une communauté marginalisée, minoritaire, le Métis, pour figurer la question identitaire, devra situer autrement le rapport du centre et des marges.

Nées en Alberta, Nancy Huston et Marguerite-A. Primeau vivent ailleurs, mais retournent au lieu de l'enfance par et dans l'écriture. Toutes les deux pratiquent un art inscrit sous le signe du métissage, un art qui porte les traces de leur appartenance double sinon multiple. Nous interrogerons leur Alberta imaginaire en comparant leur province respective, afin de découvrir quelles frontières les auteurs transgressent pour qu'il y ait métissage et de déterminer si le passage se fait du centre aux marges ou dans le sens inverse. Nous nous demonderons également s'il s'agit là d'une traversée valorisée ou dévalorisée.

Très consciente de l'essentielle impression d'étrangeté dans l'entreprise créatrice, Nancy Huston s'exerce à toujours attiser ce sentiment en elle. Après avoir quitté l'Alberta à l'âge de 15 ans et avoir passé quelques années aux États-Unis, elle s'établit en France, où elle vit depuis plus de vingt ans. Elle n'a pas cessé pour autant d'être Canadienne de l'Ouest; elle dit toutefois sentir qu'il s'agit d'un acte indécent lorsqu'en France, un anglophone s'adresse à elle dans sa langue maternelle. On comprend bien qu'un des leitmotive de son discours est qu'elle ne se sent ni Canadienne, ni Française, ni Canadienne française. En effet, on entend souvent dire au sujet de Nancy Huston que son anglais a quelque chose de français, son français, quelque chose d'anglais. Toujours est-il qu'après avoir longtemps refusé ses racines albertaines, elle ressent un jour le besoin d'écrire sa province natale. Mais comment y retourner d'une façon créative? Car, comme elle l'avoue dans *Lettres parisiennes*[17] et *Désirs et réalités*[18], pour elle, l'Alberta incarne l'ennui, la monotonie, l'insipidité. Sans histoire, sans culture, l'Alberta n'a apporté une seule chose au monde qu'une seule contribution: le mot *yippi*, crié avec enthousiasme par des cow-boys lors du factice et macho Calgary Stampede. «Chaque fois que je pense à l'Alberta, dit-elle, j'ai envie de m'endormir» (p. 202).

Pour Huston, l'Alberta imaginaire devait donc compenser les manques qu'elle accuse dans le portrait que nous venons de résumer. Et l'auteure de féminiser l'histoire albertaine en y réintégrant ce qu'on y avait étouffé: «le chant des délicats plis et replis [d']entre [les] cuisses[19]» des ancêtres de sa narratrice.

Cantique des plaines est effectivement censé être un texte reconstitué par une femme, Paula, à partir de fragments d'un manuscrit en majeure partie illisible que lui a légué son grand-père maternel, Paddon. Au début du roman, celui-ci est sur son lit de mort. Au fur et à mesure que se déroule le récit, Paula remonte dans le passé jusqu'à la naissance du grand-père qui est en même temps celle du sujet écrivant. Car, tout en réinventant le « tu » qu'elle adresse à son grand-père, la narratrice qui dit « je » s'invente également, en tant que détentrice du Verbe conjugué au féminin. Si Paula vante son statut de bâtarde, c'est qu'en hors-la-loi, elle est libre de déterminer son propre langage, une identité qui serait sienne. C'est pourquoi le manuscrit de Paddon, qui devait être un traité intellectuel sur le temps, se transforme en un chant/cri sensible, sinueux et non linéaire, où priment l'espace et les formes intérieures.

Ainsi inscrit sous le triple signe de la femme, de l'amour et de la création littéraire, le texte s'emploie à retracer l'existence « parfaitement ordinaire » (p. 232) d'un homme qui mérite l'« amour gigantesque » de deux femmes : Marinda, une Métisse, et Paula elle-même. Et le récit de tisser une trame qui consiste en différents aspects et moments de l'existence ordonnée albertaine que viennent ponctuer, déranger, d'autres moments, d'oppression violente, ceux-là : l'oppression que les ancêtres de Paddon exerçaient sur leurs femmes ; les missionnaires chrétiens sur les Haïtiens qu'ils voulaient convertir ; le gouvernement canadien sur des Japonais de la Colombie-Britannique après Pearl Harbour ; les nazis sur les Juifs. Mais surtout, l'oppression qu'ont exercée les Blancs sur les Indiens (et non, précise Huston, les « Amérindiens » ou les « autochtones »), depuis l'intendant de la Compagnie de la baie d'Hudson, qui s'occupait de la défloraison des jeunes Indiennes ayant atteint l'âge de la puberté, jusqu'au père Lacombe, qui prenait la part du Canadian Pacific Railway dans ses efforts pour acquérir le territoire jusque-là occupé par le chef Crowfoot et son peuple. Se désignent là deux paradigmes, l'un autour d'un pouvoir central, le second, autour d'une altérité considérée comme menaçante, ou bien comme inférieure, car sauvage ou indésirable. Dans les premiers cas, l'oppression s'exerce au nom de la pureté et sous forme de mise à l'écart ou de destruction, tandis qu'avec les Indiens, l'extérieur surgit dans un intérieur, les Blancs se mêlant aux indigènes pour améliorer une race : au nom du progrès et dans un esprit de possession. Dans un premier temps, le métissage est donc dévalorisé puisqu'il s'accomplit dans la violence.

Paddon apprend les particularités de ce métissage forcé à travers le rire et le corps d'une Métisse, Miranda, alias Étoile Filante, alias Étoile Scintillante, elle-même produit du viol de sa mère Sarci par un Blanc. Paddon, professeur d'histoire pour qui l'esprit l'emporte sur le corps — illustration par excellence de son éducation puritaine —, apprend à l'âge de 18 ans que « le sexe d'une fille n'est pas lisse comme sur les statues, mais une série de plis et de pleins » (p. 247). Après cela et avant son mariage avec sa femme suédoise très bonne, blanche et blonde, très dévouée et très chrétienne, il ne cède aux exigences sexuelles de son corps que lorsqu'il est ivre et, encore, seulement auprès de prostituées indiennes. L'expérience est alors vécue sur le mode d'une humiliation à subir, d'un dégoût dont il se débarrasse en vomissant le lendemain matin. Avec Karen, son épouse, les relations sexuelles revêtent ensuite principalement le caractère d'un devoir conjugal. Paddon n'aime pas son corps. Et puis, un jour, à l'âge de 36 ans, au marché, son regard et celui de Miranda se rencontrent, s'agrippent pour ne plus se lâcher jusqu'à ce que, une dizaine d'années plus tard, une maladie mystérieuse paralyse petit à petit le corps de la femme pour enfin lui fermer définitivement les yeux. Jusque-là, cependant, « c'était comme si Miranda [l]e fécondait » (p. 152): entré en contact avec cette figure carnavalesque — au corps mouvant, aimant et fertile, peintre, menuisier, conteuse, rieuse, ironique, protectrice de chats laissés pour compte, amoureuse de la bêtise, Miranda incarne le principe vital —, Paddon renaît à son propre corps et apprend à « habiter l'ici et le maintenant » (p. 115). Dans un deuxième temps, il y a donc valorisation du *devenir métissé*. Un élément des marges, inscrit forcément sous le signe de la *différence*, vient éduquer le centre. Auprès de la Métisse, Paddon apprend ce qui manque non seulement à sa vie à lui, mais aussi, à l'Histoire albertaine, avec un grand « H », qu'il connaît et enseigne.

Introduite dans le roman au cinquième du récit et occupant encore le roman cinq pages avant la fin (soit dit en passant, l'histoire s'étend sur un siècle), la Métisse de nature charnelle et hybride joue un rôle singulièrement significatif dans ce roman, puisqu'il va jusqu'à influer sur la conception du récit en lui imposant des perspectives, un ordre, un tempo et une tonalité autres. Ainsi, elle incarne le projet d'écriture visant à déconstruire le Sens imposé par la loi patriarcale dont les effets ont donné au paysage albertain le visage qu'il a.

Sa sexualité, d'abord, féminise et sensualise les plaines, comme dans ce moment où Paddon et Miranda font l'amour pour la première fois :

> Elle te conduit jusqu'à son lit [...], il n'y a pas d'autre endroit au monde où aller et tu n'as jamais voulu être ailleurs que là, connaître autre chose que ça, cette chaleur à l'intérieur de ses lèvres et cette humidité de son sexe sous tes doigts, ce resserrement de ses lèvres sur ta verge et cette force de ses mains sur tes fesses, ce parfum musqué entre ses seins et ces aisselles brunes et lisses sans poils, cette rondeur de son ventre alors qu'elle te chevauche, le visage invisible derrière ses cheveux emmêlés peinturlurés, ces plaintes basses de joie réitérées [...] (p. 59)

Sexualisation joyeuse mais illégitime des plaines, donc, puisque Paddon est marié. En outre, l'initiation a lieu grâce à un corps qui, surgi des marges, s'actualise ailleurs dans le texte : dans les passages où le récit de la petite histoire remet en question l'histoire officielle des plaines et met en cause les gestes de ses actants dominants. Nous nous référons à la manière dont Miranda, en racontant la petite histoire des plaines, fait percer ce que Barthes nomme le « grain de la voix[20] », c'est-à-dire les aspects sonores, rythmiques ou tonaux d'une communication. Pour Barthes, cela dit « quelque chose du corps » de celui ou de celle qui écrit, parle ou chante, et cette corporéité appelle celle du lecteur ou de l'auditeur. Chez Huston, ce « grain de la voix » prend une valeur contestataire, car l'irruption du corps métis dans le texte rappelle que le discours dominant l'avait évacué. En témoignent des passages comme celui où, pour raconter la légende indienne au sujet d'une fille qui chante sur un éclat de vertèbre du corps de son père mort pour le ranimer, « la voix de Miranda coulait grave et sombre de sa gorge » (p. 149). Elle voudrait avoir pu faire pareillement pour son père à elle, qu'un groupe de Blancs a battu jusqu'à ce qu'il soit méconnaissable.

Or, comme cette sorte de contestation passe par la réinscription dans l'histoire d'un corps « oublié », la critique dépasse le seul cadre des plaines canadiennes. Un jour, Paddon demande à Marinda si les Blackfeet « avaient cru aux histoires qu'ils racontaient » (p. 151), question à laquelle elle répond en s'exclamant que son peuple ne *croit* pas en sa religion, il la *danse*, ce qui veut dire que le corps et l'esprit sont indivisibles, contrairement à ce qu'enseignent les missionnaires chrétiens. La Métisse essaie alors d'enseigner cela au corps de Paddon, qu'elle invite à danser tandis qu'elle,

> [e]lle se pench[e] en avant jusqu'à ce que ses longs cheveux mouillés retombent des deux côtés de sa tête et lui cachent le visage, puis elle se m[e]t à se balancer à droite à gauche avec de lourds pas rythmés tout en fredonnant et en tapant dans les mains. (p. 152)

La leçon est effectivement assimilée et, désormais, Paddon ricane chaque fois que sa sœur missionnaire parle avec indignation du comportement « scandaleux » des Haïtiens. Ceux-ci confondent catholicisme et vaudou. Ils persistent également à voir en la Vierge Marie une ancêtre à qui il faut servir à boire ; pendant le carême, période d'abstinence et de privation, ils « font la bringue » — mettent des costumes « barbares », chantent des « chansons ordurières », dansent des « danses licencieuses » (p. 190), « n'arrêtent pas de sourire, de blaguer et de forniquer ! » (p. 184). Ces constatations nous amènent à réfléchir sur l'adultère particulier de Paddon, ce qui est en même temps une réflexion sur l'esthétique et l'éthique de l'« impureté », pour reprendre l'expression de Scarpetta. Adultérer quelque chose, le rendre impur « en y ajoutant une substance étrangère ou inférieure » (p. 60), est-ce mal si cela produit du nouveau qui permet d'embrasser (aux sens figuratif et littéral) l'univers ?

Et le texte de métisser d'autres formes discursives parmi lesquelles se trouvent notamment la juxtaposition de bribes de cantiques et de sermons en français et leur transcription, entre parenthèses, en blackfoot, la mise en cause du vrai sens des paroles de l'hymne national canadien, que vient souligner une version violente de la chanson enfantine anglo-canadienne, « Le fermier dans le vallon ». Toutes sont des mises en abyme d'événements qui ont transformé le Far West sauvage en une plaine sans passion : la mise entre parenthèses des Indiens et de leur culture que le Blanc a métissés, dégradés et marginalisés pour enfin les faire réapparaître seulement à la période du Calgary Stampede.

La Métisse chez Huston, une alter ego de la narratrice qui exerce une influence certaine sur la structure et le langage du roman, exprime une positivisation du métissage lorsqu'on le considère du point de vue du centre. Sous son influence, le discours patriarcal et les pratiques socio-culturelles et interpersonnelles rigides, sans passion, qu'il a produits sont «féminisés», dans le sens que nous avons fait ressortir chez Ferron, c'est-à-dire pour réintégrer quelque chose de charnel qui est en même temps spirituel, irréel, mystérieux, quelque chose d'étranger qui est en même temps familier. En opérant un décentrement qui signifie une vision du monde nouvelle, moins partiale et partielle, plus humaine, car respectueuse de la différence, le métissage exprime le désir de réinscrire une différence par rapport à la société dominante. Il ne faut pas oublier cependant que si Miranda est métisse, c'est la conséquence du viol de sa mère. La violence physique inscrit celle, psychique, que ressent Huston: habitée par deux cultures, l'auteure n'est ni purement l'une (canadienne-anglaise) ni purement l'autre (française). Selon les pratiques dans lesquelles elle s'investit, elle aliène l'une ou l'autre des cultures ou s'ouvre à l'une ou à l'autre. Mais il s'agit sans cesse d'une double aliénation. (Au Canada anglais, elle se sent française; en France, canadienne-anglaise. Et le terme «Canadienne française» n'est pas une acception qui s'applique à elle non plus.) Elle peut penser l'identité seulement à force de maintenir une tension composite entre son *moi* semblable aux Canadiens anglais, son *moi* semblable aux Français et son *moi* différent de l'un et de l'autre.

Pour Marguerite-A. Primeau, Canadienne de langue française qui habite au sein d'une société majoritairement anglophone, la question identitaire est autrement complexe. Le métissage aura chez elle une signification et sur le plan personnel, comme c'est le cas chez Huston, et sur le plan ethno-nationaliste, comme c'est le cas chez Ferron.

Née à Saint-Paul, un village francophone du nord de l'Alberta, Primeau vit depuis plus de quarante ans en Colombie-Britannique, province où la «communauté» francophone, si tant est qu'on puisse l'appeler ainsi, est la plus minoritaire de l'Ouest canadien. Pour Primeau, l'Alberta, c'est le village natal qui n'a pas su garder sa famille. C'est également un certain nombre de petites communautés francophones où, comme institutrice, elle vivait parmi des gens avec qui elle avait peu en commun. Et c'est là où vivent actuellement un certain nombre de ses neveux et nièces qui ne s'intéressent guère aux cinq livres qu'elle a publiés jusqu'ici. Elle-même réside à Vancouver où, après avoir étudié et vécu en France, elle a été professeur de langue et de littérature françaises à l'Université de la Colombie-Britannique. Depuis qu'elle a pris sa retraite, elle vit en anglais mais écrit en français.

Au début de sa carrière universitaire à Vancouver dans les années cinquante, son identité de «Canadienne française» des Prairies devait lui valoir peu de prestige. Ce n'était pas en Colombie-Britannique qu'on se préoccupait de savoir si son père venait du Québec et ses ancêtres de France. Maintenant, elle se dit francophone de l'Ouest, refusant ainsi l'étiquette de «Franco-Albertaine» que la critique lui attribue. Récemment, à la radio manitobaine, cependant, on l'a dite originaire du Manitoba et elle a ri jaune en pensant que, selon le discours des autres, elle n'était attachée nulle part.

Dans la nouvelle «Une veille de Noël», la protagoniste, dont la mémoire commence à défaillir, ne se souvient peut-être plus du nom de son village natal, mais elle proteste avec véhémence lorsqu'on croit que «chez elle», c'est le Québec:

> Mais je ne suis pas du Québec! Je viens d'un petit village de l'Alberta. Pourquoi est-ce que tout le monde croit que je suis Québécoise? Parce que je réponds en français quand je ne trouve pas les mots anglais? Et pourquoi est-ce qu'on m'appelle *Frenchie*? C'est pas mon nom[21].

Voilà la voix minoritaire qui pose la question du problème identitaire et que vient textualiser la figure de la jeune Métisse, femme belle au «teint café au lait et aux yeux de velours noir[22]» et inscrite sous le signe de l'amour sexuel dans deux des livres que Primeau a publiés jusqu'ici. Notamment *Dans le muskeg*, généralement considéré par la critique littéraire, et ce aussi récemment qu'en 1994[23], comme un «roman du terroir». L'analyse du rôle attribué à un personnage féminin métis permettra de déterminer qu'il n'en est rien, cependant.

Dans le muskeg raconte l'histoire de Lormier, un jeune institueur qui quitte le Québec pour fonder une petite colonie canadienne-française — dans son esprit, ce sera une «petite ville française[24]» —, Avenir, dans le nord de l'Alberta. Désireux de conserver l'homogénéité française du village, Lormier prendra des décisions qui lui vaudront le respect et l'appui des autres villageois, puisqu'il ne cédera pas à l'amour qu'il éprouve pour une jeune Métisse blonde, préférant épouser une Québécoise «pure laine». Par contre, il connaîtra un mariage sans amour et perdra son fils tant désiré, en privant le nouveau-né des services de l'unique médecin du village, chassé parce qu'il était anglophone.

Par la féminité sensuelle qu'elle exhibe initialement d'une manière vulgaire, et par son langage «à la fois fluide et léger» (p. 17), Antoinette Beauregard exerce une fascination troublante sur Lormier. Pour elle, lui aussi est «différent». À leur première rencontre, elle voit bien qu'il représente un monde dont elle voudrait faire partie. Petit à petit, elle se transforme, se raffine, se rapproche de l'instituteur du point de vue socio-culturel jusqu'à ce que Lormier voie en elle «un monde nouveau s'ouvr[ir] devant lui» (p. 81). Mais, un jour, il choisit de croire la médisance selon laquelle elle correspondrait à tous les lieux communs abjects énoncés au sujet des «sauvages». Et c'est parce qu'il veut «à tout prix oublier Antoinette» (p. 96) qu'il épouse Lucienne, une Québécoise.

Abandonnée par lui vers la fin du premier tiers du récit, Antoinette quitte Avenir. À mesure que progresse le récit, cependant, elle se rapproche du village, semblant chaque fois de plus en plus «blanche» par ses vêtements et ses manières. Six ans après l'abandon, elle réapparaît pour la première fois à la gare, lieu de leur première rencontre, «l'air d'une rose tout épanouie» et la voix «claire et musicale comme autrefois» (p. 101). Il lui tend la main «en signe de bienvenue », mais, accompagnée de son mari, un « homme au teint bistre », et de son jeune fils, un « gamin blond en costume marin », elle ne semble pas le voir. L'instituteur garde de la rencontre inattendue le souvenir « d'une jeune femme élégante, sûre d'elle-même, dont n'importe qui eût été fier » (p. 102) et cette « silhouette blonde rev[iendra] lui hanter l'esprit » (p. 105), d'autant plus souvent qu'il en veut à sa femme de ne pas lui avoir donné « son dû » (p. 132), un héritier.

Jusqu'au jour où la Métisse se prépare à mener son fils aîné à l'école. Survient alors un fait nouveau :

> Antoinette LaViolette, la femme du Grand-Louis qui savait prendre soin de sa famille aussi bien qu'un blanc, n'aurait pas à rougir devant le maître d'école. Comme les blancs aussi, les LaViolette avaient maintenant leur ferme à eux. (p. 164)

On assiste à un renversement dans la mesure où la jeune femme est incontestablement valorisée par ce passage, et avec elle, par association, le métissage. À l'école, l'instituteur voit « cette mince silhouette en tailleur gris et ces cheveux blonds relevés sous un chapeau de paille » (p. 164), et l'appelle « Madame ». Se reconnaissant l'un l'autre, ils rient. Puis le passage suivant, au style indirect libre, nous fait entendre à la fois le narrateur et le personnage. Après avoir valorisé la Métisse dans l'avant-dernier passage cité, le narrateur se livre à une critique sans équivoque de l'« homme le plus instruit de la région[25] » (p. 165) :

> Ce visage fatigué, ces traits trop tendus, déjà sillonnés par le temps, c'était celui qu'elle avait gardé si longtemps au fond de son cœur ? C'était pour cet homme vieilli, désillusionné, qu'elle avait voulu se faire belle ? Pour ce pli désabusé des lèvres, pour ce regard entêté ? Mais cela non plus n'en valait pas la peine. (p. 165)

Arrive la crise ; c'est un marchand irlandais qui sauve le village. Lormier se raidit d'animosité contre l'étranger qui le lui rend bien. Après la Seconde Guerre, le fils du marchand, Tommy O'Malley, francophile et amoureux de la fille de Lormier, rentre à Avenir et les répliques en français s'émaillent d'expressions irlandaises du genre : « Voyons, *me darlin' Mother* » (p. 186). Les deux patriarches « ennemis » enragent d'apprendre que leurs enfants veulent s'épouser et refusent tous deux de donner leur consentement. Et le texte de raconter alors un incident qui a eu lieu dix ans plus tôt.

Un jour de mai, le hasard envoie Lormier vers la rivière. Il y voit Antoinette, assise au bord de la rivière, « auréolée de lumière comme en ce jour lointain de leur jeunesse » :

> Avant qu'elle eût le temps de s'échapper, il la prit dans ses bras et la couvrit de baisers. La tristesse de son âme depuis qu'il l'avait quittée tant d'années auparavant, la maison silencieuse qui ne savait plus ce que c'était que le rire, tout cela était oublié. Les mots d'amour qu'il n'avait jamais su dire à sa femme, cette tendresse qu'il avait toujours tenue cachée, remontait à la surface et menaçait de les perdre tous deux. (p. 207)

Cependant, Antoinette le repousse violemment. Qu'en est-il alors de la fin de la dernière phrase, de cette tendresse qui «menaçait de les perdre tous deux»; est-elle ironique? Toujours est-il que l'instituteur, à la suite de cet incident, demeure «seul avec ses regrets». L'analepse souligne que c'est par la Métisse que Primeau conteste l'idéologie patriarcale, car, quelques pages plus loin, au dénouement du roman, l'instituteur et le marchand assistent au mariage de leurs enfants. En entendant la douceur avec laquelle sa fille dit: «Oui, je le veux», Lormier voit «pass[er] devant ses yeux l'image de la métisse blonde qu'il avait aimée comme il n'avait jamais pu aimer depuis». Puis, lorsque Tommy passe un anneau au doigt de Lucette, «Lormier [sort] son mouchoir pour retenir une larme» (p. 218). Bonheur de savoir que sa fille n'aura pas le même sort que lui-même? Ou apitoiement sur son sort? Nous penchons pour la seconde hypothèse et trouvons qu'une ombre plane sur l'union d'un Irlandais avec une Canadienne française.

Nous serions prête à dire que le roman se termine sur une note d'espoir, mais ne saurions dire avec le critique Paul Dubé que ce roman fait apparaître «les premiers germes d'une identité bilingue à la fois innocente et heureuse[26]». Principalement parce que la positivisation du métissage arrive d'un côté inattendu. C'est la Métisse blonde qui se métisse, se canadianisant au point de trouver sa place au sein d'une communauté dominante et, de façon plus large, de la société canadienne. S'étant ouverte à l'altérité canadienne-française pour en adopter non seulement les signes extérieurs (les vêtements, les manières), mais aussi les valeurs (stabilité, sens de la responsabilité, sens de la communauté, croyance au progrès, d'où l'importance de l'instruction), et, de plus, ayant mis au monde un fils, Antoinette serait celle qui aurait permis que la culture francophone de l'Ouest évolue en perpétuant la langue et la culture canadiennes-françaises[27]. Le mariage entre un jeune homme d'ascendance irlandaise et la fille de celui qui a refusé le métissage pour devenir aigri, désabusé, n'est pas représenté d'une manière incontestablement néfaste pour la francophonie, mais il ne faut pas oublier le cas de Blueberry Lake, cité vers le milieu du roman. Dans ce village ouvert aux Anglais, aux Ukrainiens et aux Polonais, situé de l'autre côté du *muskeg*, mais qu'une route «large et droite» (p. 131), construite par le gouvernement provincial, relie à Avenir, «le français a disparu pour faire place à l'anglais [même si] les fondateurs étaient bien canadiens-français» (p. 138). Le roman comporte un paradigme explicite consistant à attribuer à Avenir un sort autre, parce que le village est bilingue: selon la femme de l'instituteur, « [l]es nôtres parleront anglais, ou peut-être même ukrainien ou polonais, mais les autres apprendront aussi le français» (p. 138). Mais la positivisation de la Métisse blonde vient troubler cette première positivisation, inscrivant dans le texte un lieu de résistance au discours officiel.

Inscription implicite de la remise en question et de la transformation d'une canadianité/québécité déjà constituée et définie en rapport avec un des deux peuples fondateurs, la voix métisse plaide en faveur du projet d'une identité différente[28]. Le fait que, dans les romans étudiés ici, la voix soit celle d'un personnage secondaire qui jouit d'une autonomie incontestable auprès des protagonistes porte à croire à la valeur subversive du projet, mais dit en même temps le besoin de le réaliser d'une manière collaborative. Car il s'agit pour l'Autre non pas d'usurper les droits des uns ou des autres, mais d'obtenir d'être accepté comme celui ou celle qu'il est à la fois impossible de connaître et indispensable de reconnaître. Or cela joue autant sur le plan personnel, individuel, que socio-collectif, car «on» est investi de plusieurs «autres». En littérature, c'est fort probablement en écrivant l'autre en soi que l'on réussit à produire un texte intéressant. Ainsi, en inscrivant une ouverture à l'altérité inassimilable, irréductible, à celui ou à celle qui est à la fois semblable et étranger ou étrangère, soit semblable dans la différence et avec des différences, la voix métisse nous rappelle que l'altérité est la condition *sine qua non* de l'expérience non seulement identitaire mais aussi littéraire.

NOTES

1. Henri Tuchmaier, dans sa thèse de doctorat inédite, «L'évolution de la technique du roman canadien-français», Université Laval, 1958, qualifie ainsi tous les romans d'avant 1930.

2. Louis Hémon, *Maria Chapdelaine*, Montréal, Bibliothèque québécoise, 1990 [Fides, 1946], p. 194.

3. Je reprends ici le titre d'une étude signée par Gilles Marcotte, «La dialectique de l'ancien et du nouveau chez M.-C. Blais, J. Ferron et R. Ducharme», *Voix et images*, automne 1980, vol. VI, n° 1, p. 64-72.

4. D'un point de vue historiographique traditionnel, le début de la période des réformes correspond à l'élection au pouvoir, en juin 1960, du Parti libéral.

5. Jacques Ferron, *Le Ciel de Québec*, Montréal, VLB Éditeur, 1979 [Éditions du Jour, 1969], p. 258. Désormais, les références à cet ouvrage se rapporteront à cette édition et seront indiquées dans le texte par la pagination.

6. Dans une autre étude, nous avons analysé en profondeur *Le Ciel de Québec* en tant que roman carnavalesque. Voir P.V. Sing, *Villages imaginaires. Édouard Montpetit, Jacques Ferron et Jacques Poulin*, Montréal, Fides, 1995.

7. Les contraintes d'espace nous obligent ici à schématiser cette question que nous avons examinée de manière détaillée dans *Villages imaginaires*, notamment aux pages 111 à 118.

8. Dans *Villages imaginaires* (p. 99-100), nous analysons le comportement et le langage comiquement altérés des notables politiques, après leur prise de contact avec les Chiquettes.

9. Pour une analyse de la manière dont le cardinal se transforme de manière «grotesque» (entendu au sens carnavalesque) au point de se «féminiser», voir les pages 120-123 de *Villages imaginaires*.

10. Transposée dans le roman, la sensation carnavalesque devient une vision qui informe les images et les conduites mises en texte et qui vise à dessiner, progressivement, un corps grotesque engagé dans des fonctions reliées au bas corporel et terrestre. C'est par conséquent cet objectif qui dicte l'ordre des événements ainsi que la perspective dans laquelle ceux-ci se racontent. Cf. Mikhaïl Bakhtine, *L'Œuvre de François Rabelais et la culture populaire au Moyen Âge et sous la Renaissance*, trad. du russe par Andrée Robel, Paris, Gallimard, 1970.

11. Il s'agit de l'histoire des Premières Nations, notamment de la grande nation des Mandans.

12. L'Ouest traversant une longue période de sécheresse, Henry accepte de collaborer avec les notables pour faire croire aux agriculteurs désespérés qu'un certain cavalier qui passe par la grand-rue d'Edmonton serait le chef de la grande nation des Mandans, que le discours officiel tient pour exterminée. Assurant à qui veut l'entendre que le passage du chef monté sur «un étalon blanc superbe» favorise l'arrivée de la pluie, Henry «contribua de la sorte [...] à garder les gens de la ville et de la plaine dans l'attente d'un événement heureux» (p. 126).

13. Pour Jean LeMoyne, Étoile Blanche semble «presque irréel comme s'il eut été une sorte d'hallucination, une représentation fantastique de l'angoisse» (p. 268).

14. Le texte se réfère à trois reprises au «p'tit Henry [...], nu-pieds, en corps de laine et en bretelles, décoré du scapulaire de l'Union St-Joseph des Métis». Voir p. 306, 314, 322.

15. Eurydice morte, Étoile Blanche refuse de quitter le cimetière jusqu'à ce que le Métis aille l'en persuader; ensuite, il achève l'ouvrage du père d'Eurydice, qui, fou d'angoisse, blesse quatre chevaux.

16. Les origines métissées de Marguerite dans un autre « roman de l'infidélité » de Ferron, *Le Saint-Élias*, dotent ce personnage-là d'un pouvoir de revitalisation proche de celui que nous venons de faire ressortir chez Henry Scott/Sicotte.

17. Leïla Sebbar et Nancy Huston, *Lettres parisiennes*, Paris, Éditions Bernard Barrault, 1986.

18. Nancy Huston, *Désirs et réalités. Textes choisis 1978-1994*, Montréal, Leméac, 1995. Désormais, les références à cet ouvrage se rapporteront à cette édition et seront indiquées dans le texte par la pagination.

19. Nancy Huston, *Cantique des plaines*, [Arles], Actes Sud, et [Montréal], Leméac, 1993, p. 21. Désormais, les références à cet ouvrage se rapporteront à cette édition et seront indiquées dans le texte par la pagination.

20. Roland Barthes, *Le Grain de la voix. Entretiens 1962-1980*, Paris, Seuil, 1981, notamment les p. 9-13 et 175-178. Signalons que la voix de Miranda rappelle celle de Sicotte pour souligner chez celui-ci son appartenance au féminin et à l'amour-passion. Dans le sens inverse, la comparaison souligne ce que Miranda a d'irréel et de fantastique.

21. Marguerite-A. Primeau, « Une veille de Noël » dans *Ol' Man, Ol' Dog et l'enfant et autres nouvelles*, Saint-Boniface, Éditions du Blé, 1996, p. 64.

22. Marguerite-A. Primeau, *Sauvage sauvageon*, Éditions des Plaines, Saint-Boniface, 1984, p. 51. Soit dit en passant, dans ce roman, la description de la relation entre les jeunes Métisses et les gens « de bonne famille » est faite sur un mode critique qui n'est pas sans rappeler l'opposition grand village-petit village représentée dans *Le Ciel de Québec*: « Elles n'étaient sûrement pas plus méprisables que celles qui les regardaient de haut, que ceux qui les évitaient avec ostentation pendant la journée mais qui s'empressaient de les retrouver le soir. Les sépulcres blanchis ne devaient pas manquer dans notre village » (p. 51).

23. Paul Dubé, « Je est un autre... et l'autre est moi », Jocelyn Létourneau (dir.), *La Question identitaire au Canada francophone. Récits, parcours, enjeux, hors-lieux*, Sainte-Foy, Presses de l'Université Laval, 1994, p. 88.

24. Marguerite-A. Primeau, *Dans le muskeg*, Montréal, Fides, 1960, p. 104. Désormais, les références à cet ouvrage se rapporteront à cette édition et seront indiquées dans le texte par la pagination.

25. Écoutons le mépris dans cette voix qui est à la fois celle du narrateur et celle d'Antoinette : « Lui, le Blanc, l'homme le plus instruit de la région, s'était laissé aveugler par des soupçons sans fondement, et il l'avait rejetée parce qu'il ne l'avait pas crue digne de lui. »

26. Paul Dubé, « Je est un autre... et l'autre est moi », *La Question identitaire...*, p. 88.

27. Soit dit en passant, les nombreux personnages et figurants métis du roman forment un groupe à part des Canadiens français, mais tous sont valorisés pour leur fidélité à la cause française lors des élections : exauçant les vœux de l'instituteur, un ex-étudiant métis va chercher des Métis dont les votes assurent que le village demeurera sans « alliage », c'est-à-dire fermé aux immigrants. Malgré lui, Lormier reconnaît qu'il s'agit là d'alliés indispensables : « Sans les Métis, murmura[-t-il], sans les Métis... » (p. 105). Cette prise de conscience évoque immédiatement dans son esprit l'image de la Métisse blonde, comme s'il comprenait peut-être qu'en n'ayant pas su voir en elle une compagne de vie et une alliée de la cause française, il se condamnait à une sécheresse improductive.

28. Nicolas van Schendel étudie le problème au point de vue historique dans « L'identité métisse ou l'histoire oubliée de la canadianité », Jocelyn Létourneau (dir.), *La Question identitaire au Canada francophone*, p. 101-121.

ENTRE TRADITION ET MODERNITÉ, NATIONALISME ET OUVERTURE : JURA-ACADIE, RÉFLEXIONS 1997

Henri-Dominique Paratte
Université Acadia (Wolfville, N.-É.)

Dynamismes communs, parentés profondes

Au début de juillet 1983, René Lévesque, alors premier ministre du Québec, effectuait une visite de quelques jours en Suisse romande, visite dont le moment le plus marquant fut une réception à la fois officielle et fort chaleureuse le samedi 2 juillet, dans le Canton et République du Jura.

Cette visite faisait clairement ressortir trois tendances: un profond optimisme; la reconnaissance d'une parenté profonde, dont la langue était un élément clé; et enfin, la volonté de remodeler, au besoin, des structures politiques fédérales qui pouvaient se révéler inadaptées aux besoins des communautés francophones, particulièrement lorsque ces communautés étaient minoritaires. « Québec Libre », « Jura Libre », ce n'était pas vraiment le même combat, loin de là ; ce n'était pas vraiment la même échelle non plus ; il y avait pourtant une dynamique similaire, celle de populations voulant avant tout s'assurer d'avoir un espace qui leur soit propre et dont la gestion leur appartienne, dans la géographie comme dans la durée.

Roland Béguelin et René Lévesque à la tribune du balcon de l'hôtel de ville, Delémont, samedi 2 juillet 1983.

Les paroles de René Lévesque sur le balcon de l'hôtel de ville de Delémont, désormais capitale d'un canton suisse comme Québec l'était d'une province canadienne, témoignaient d'une véritable foi en l'incontournable cheminement de la conscience collective: «Je ne connais pas de cas au monde où, une fois que l'idée de s'appartenir convenablement est enracinée, quoi que ce soit puisse la déraciner[1].» Cette vision optimiste — celle du pays magique, en quelque sorte — était bien aussi celle du nationalisme acadien, animant les rêves d'un nationaliste acadien comme Alexandre Boudreau pour le XXIe siècle:

> Attirés par la prospérité, des milliers d'Acadiens dispersés à travers le Canada et les États-Unis reviendront chez eux. Ils seront plus du tiers de la population totale, et s'épanouiront merveilleusement dans leur pays d'origine. Petit à petit ils reprendront la vallée d'Annapolis... Et enfin, après plus de 350 ans, les Acadiens seront heureux[2].

Une image similaire figurait dans un texte du poète jurassien Alexandre Voisard, repris dans le volume *Jura: écriture-identité en 1981*:

> [...] en m'enracinant de plus en plus profondément dans ce Jura natal, je crois que je n'ai cessé de me battre pour préserver ce pays d'enfance, justement parce qu'il intègre, symbolise et exalte à la fois tout ce qui le constitue et le prolonge, terre, faune, paysage, amitiés, communauté d'hommes rivés à leur sol. La conscience absolue de participer à une harmonie majeure, d'appartenir pleinement à une entité qui, au nom même de la poésie et de son exigence, ne se met pas une seconde en question[3].

Le sens de l'intégration à une communauté trace donc un chemin plus profond et plus durable que les analyses économiques ou les combines politiques: même les États-Unis s'en rendent compte aujourd'hui, dans leur tentative de juguler des espaces urbains littéralement sans foi ni loi. Lorsque la communauté est disloquée (comme une partie importante de la collectivité acadienne) s'impose un retour au pays natal; lorsque la communauté est limitée, s'impose par contre une ouverture qui ne remet pourtant pas l'harmonie du monde et de la création en question.

Au sein de celle-ci, l'individu ne peut manquer de se sentir porté par un ensemble de traditions — ces lieux communs que nous appelons culture — qui empêche sa conscience de se fragmenter au contact d'une modernité dont la vitesse et les contradictions, déjà affolantes en 1983, n'ont fait que devenir plus intenses et plus déroutantes en 1997.

Les contacts avec le Québec n'étaient pas les seuls contacts des Jurassiens, engagés dans un combat pour l'autonomie de 1947 à 1974. Lors de la quatrième conférence des Communautés ethniques de langue française, tenue à Québec du 31 mars au 2 avril 1978, l'Acadie était pour la première fois venue se joindre à la Wallonie, au Val d'Aoste, au Québec et, bien entendu, au Jura, qui avait été l'âme de ce rassemblement (toujours actif au demeurant)[4]. J'avais eu, en 1976, avec Roland Béguelin — le maître d'œuvre de l'autonomie jurassienne, à la mémoire duquel une place est désormais consacrée à Delémont —, une conversation sur les échanges possibles entre le Jura et l'Acadie, et il m'avait confié alors que l'Acadie semblait plus proche du Jura que le Québec ne pouvait l'être, pour des raisons d'échelle évidentes : les quelque 60 000 Jurassiennes et Jurassiens ne pesaient guère dans la balance par rapport aux 6 000 000 de Québécois, alors que l'Acadie, ensemble de régions essentiellement rurales, avec une population totale (dans les Maritimes) de l'ordre de 300 000 personnes, représentait une communauté plus semblable.

À Québec, Donatien Gaudet, qui était alors l'un des responsables de la SANB, avait choisi de présenter un court texte d'ordre poétique, dont l'élément central était l'existence d'une âme acadienne à la recherche d'elle-même, miroir d'une volonté d'appartenance dont les modalités pratiques étaient diffuses, mais dont la dynamique semblait, en dépit de toutes les menaces pesant sur un pays fragmenté, incontestable. Nous étions en 1978. Les Éditions d'Acadie, dont on célèbre le vingt-cinquième anniversaire cette année, avaient été fondées au milieu d'un véritable désert de production culturelle acadienne propre en 1972. L'Université de Moncton, fusion d'anciennes institutions, était toute jeune. La Fédération acadienne de la Nouvelle-Écosse avait été fondée en 1968, permettant pour la première fois un dialogue entre Acadiens de régions différentes. La SANB hésitait sur son rôle. La vieille Société nationale des Acadiens ne savait plus quel rôle jouer. La poésie était probablement, donc, le seul moyen d'exprimer ce pays, qui se vivait indiscutablement dans ses diverses parties mais ne pouvait s'enorgueillir vraiment d'aucune infrastructure qui lui eût garanti un avenir collectif, encore bien moins d'institutions lui assurant le contrôle de cet avenir. Donatien Gaudet faisait écho à *Mourir à Scoudouc* d'Herménégilde Chiasson ou au *Cri de Terre* de Raymond Guy LeBlanc : une poésie qui n'était pas tant la poésie militante d'un pays qui voulait se faire, que le constat douloureux d'un pays en lambeaux, thème de la chanson « Les aboiteaux » de Calixte Duguay.

Dans le Jura, l'optimisme régnait : même si trois districts du Jura-Sud avaient opté majoritairement en 1975 pour ne pas rejoindre le nouveau canton, choisi par le plébiscite du 23 juin 1974, le peuple du nouveau canton avait massivement approuvé la nouvelle constitution, terminée en 1977. Deux ans plus tard, le canton deviendrait le vingt-sixième canton suisse.

Une parenté profonde : la relation à la langue

Lorsque Hubert Aquin avait décidé, dans les années soixante, de tourner un film sur la francophonie, ce qu'il en était ressorti était beaucoup plus le constat de différences saisissantes que la reconnaissance de similitudes incontestables. Il semblait difficile de faire rentrer exactement dans le même moule des situations linguistiques fort diverses. Pourtant, on devait reconnaître une parenté profonde et, pour les régions marginales, une manière particulière d'envisager la relation à la langue.

Pour le Jurassien, le français était sans doute la langue de base : pourtant, le Jura n'était pas le foyer principal de cette langue, et, exception faite de certains régionalismes phonétiques ou lexicaux ni meilleurs ni pires que ceux des régions de France, on y parlait et on y écrivait une langue conforme en tout point aux normes françaises. Auguste Viatte, ce regretté Jurassien qui fut l'un des premiers à parler de la littérature francophone de la Louisiane, semble clairement indiquer que le Jura, par rapport à la culture française, est dans une situation de demande bien plus que d'offre :

> À cette culture française, le Jura doit ainsi son âme nationale et son principe d'unité. [...] Sans elle ne subsisteraient que des antagonismes entre les terroirs, les confessions et les partis. [...]
>
> Avouons-le : les Jurassiens apportent moins à la culture française qu'ils n'en reçoivent[5].

Le fait d'être sur une marge ne peut sans doute manquer de rapprocher, en particulier, Acadiens et Jurassiens. Linguistiquement parlant, les décisions se prennent ailleurs. Et pourtant ils donnent à cette langue leur couleur. Tant dans l'espace fédéral suisse que dans le système fédéral canadien, l'enseignement dépend officiellement des instances régionales : cantons et provinces. Inévitablement, quelle que soit la pénétration de médias beaucoup plus universels venus d'ailleurs, cette organisation — fort différente de l'impérialisme linguistique propre à l'enseignement en France depuis le milieu du XIXe — permet et encourage la défense de traits linguistiques régionaux. Sans atteindre à la fragmentation dialectale que l'on trouve, par exemple, en Suisse alémanique, on s'aperçoit que le Jura, en Ajoie par exemple, veille à préserver ses coutumes locales, y compris des éléments de « patois, ce parler savoureux de nos ancêtres, héritier de la vieille langue d'oil[6] » : sociétés locales, auteurs de théâtre régionaux, tout conspire à défendre une base idiomatique incapable de communiquer modernité ou technologie, mais porteuse d'une poésie profonde rejoignant le chant des poètes les plus contemporains, comme Alexandre Voisard ou Jean Cuttat, dont les poèmes accompagnent aujourd'hui les images de l'Ajoie sur le Web.

La relation à la langue est une relation très concrète et très émotionnelle. Vouloir préserver une relation de cette nature, que ce soit pour des expressions et des tournures proprement jurassiennes (dans un français généralement fort standard), ou pour des tournures acadiennes, voire chiacs (ce mélange d'anglais et de français typique de la région de Moncton), c'est affirmer une présence de la langue au cœur du pays, et du pays au cœur même de la communication. À l'heure où les technocrates semblent parfois régir le monde, cette volonté de préserver un tel héritage est vitale : en effet, à travers cet idiome concret par lequel on cherche à affirmer la persistance du pays, c'est aussi tout un espace imaginaire qui s'affirme. Les vouivres (dragonnes ailées) jurassiennes ne sont pas présentes sur Internet sans une bonne raison. Qu'il s'agisse de la vallée du Doubs, lieu de mystères et de légendes, ou de la vieille ville de Saint-Ursanne, ou des paysages souvent surprenants des Franches-Montagnes, le pays est aussi bien le pays d'un imaginaire riche qu'une terre concrète. Entre la mer et les forêts, entre les lacs et les rivières, la fluidité de l'imaginaire acadien, lui aussi lié à un idiome qui lui est propre et qui colore un français dont les normes semblent souvent venir d'ailleurs, n'est certes pas le miroir de l'imaginaire jurassien, mais en constitue un parallèle saisissant. Dans ce grand labyrinthe où les conteurs vendéens comme les défenseurs des traditions régionales en France savent que le son [tch] se retrouve aussi bien dans le tchai acadien (un quai) que dans les Tchaits (chats) jurassiens, il est évident que la création d'un espace imaginaire est aussi essentielle au Jura qu'à l'Acadie, et qu'elle passe en grande partie par l'inscription de traditions diverses dans le folklore moderne aussi bien que dans le domaine scolaire, entre autres, ce dernier étant le lieu privilégié de la défense de l'imaginaire collectif dans les communautés qui ne disposent pas des leviers du pouvoir dans les médias qui nourrissent notre quotidien.

Relation poétique à la langue, relation à un territoire défini aussi bien qu'imaginaire, relation à l'histoire et à une identité qui ne réclame pas de métamorphose, mais un remodelage où la modernité s'intègre à l'espace traditionnel : on pourrait sans doute trouver ces traits dans diverses provinces et régions de France. Pourtant, dans le cas du Jura comme dans celui de l'Acadie, le régionalisme propre à l'organisation fédérale a permis — malgré de multiples ralentissements — de préserver et de réclamer ce type de relations comme faisant partie intégrante de la vie collective. Certes, l'Acadie ne dispose pas de son gouvernement propre : mais, avec un Acadien (Raymond Frenette) comme Premier ministre du Nouveau-Brunswick en 1997, avec un Acadien (Léopold Belliveau) comme maire de Moncton, avec un ministre des Affaires acadiennes (Alistair Surette) en Nouvelle-Écosse, on doit admettre que, dans les limites de l'action politique possible, un bon nombre de progrès ont été réalisés. Dans le contexte suisse, l'existence d'un gouvernement jurassien donne sans doute plus de pouvoir aux représentants jurassiens que ce n'aurait été le cas si le Jura tout entier avait continué de faire partie du canton de Berne : mais les solutions, ici encore, reconnaissent le besoin d'une souplesse très grande de la part d'institutions qui ne peuvent rester figées.

La modernité ou la capacité de changement

Cette souplesse, qui peut parfois ressembler à une volte-face, constitue sans doute le versant politique de la modernité que réclament par ailleurs, à d'autres niveaux, les créateurs. Dans l'ensemble, la Suisse avait réagi avec inquiétude face à la clause de la constitution jurassienne qui voulait voir le Jura se doter d'une politique extérieure de relations avec les communautés francophones — et la visite de René Lévesque, si limitée fût-elle quant à la portée concrète des développements culturels envisageables, ne faisait que renforcer cette inquiétude. Lorsque, en 1986, les institutions fédérales suisses ne voulurent pas assister au premier sommet de la francophonie, ce fut un véritable tollé des Romands, et des Jurassiens en particulier, pour qui l'appartenance à la francophonie allait de soi. Mais l'autonomie jurassienne n'était-elle pas le signe avant-coureur d'une Romandie remettant en cause tout l'équilibre fédéral ?

Malgré les souhaits et les rêves de quelques-uns, dont Clovis Lugon dans *Quand la Suisse française s'éveillera*[7], on ne peut guère concevoir d'union des différentes composantes de la Suisse romande. Malgré les dossiers où les Romands sont massivement à contre-courant de la Suisse alémanique majoritaire (dans leur volonté d'adhésion à l'ONU ou à l'Europe, par exemple), il serait difficile de considérer que la Romandie existe. Il existe des Romandies, et la désignation à Toronto d'un centre de recherches sur les littératures romandes indique bien qu'il n'y a pas d'unité entre des régions profondément attachées à leur individualité. Est-ce si différent en Acadie, pays en pointillé souvent ponctué de querelles de clocher entre régions rivales et conscientes de leurs identités distinctives ?

Il est cependant évident, dans un cas comme dans l'autre, que des éléments de coopération s'imposent. Dans le cas du canton du Jura, ces éléments de coopération sont d'autant plus surprenants qu'ils vont amener le gouvernement (essentiellement démocrate-chrétien, soit de centre droit), mais aussi le mouvement autonomiste (nettement plus à gauche), à renoncer en 1997 à l'une de leurs demandes fondamentales: la réunification du Jura. On va donc, soudain, voir un dialogue, difficile sans doute, mais nécessaire, s'instituer entre anciens Béliers (autonomistes) et Sangliers (antiséparatistes) au sein de l'assemblée transjurassienne.

La modernité consiste, précisément, à s'adapter à des circonstances différentes. Du côté du canton du Jura, les enquêtes réalisées auprès des jeunes durant les années quatre-vingt-dix prouvent que la motivation nationaliste, maintenant qu'existe une entité cantonale reconnue, ne fait plus vraiment recette. Surtout lorsque le monde dans lequel vivent ces jeunes est un monde de rock alternatif et de jazz, l'univers du groupe Brico Jardin ou du groupe Inside Out, diffusés au Québec aussi bien qu'en Suisse. Surtout dans un univers de bandes dessinées venues du monde entier (et la petite ville de Tavannes ne manque pas d'avoir son festival annuel de la BD) et, bien entendu, de cybercafés et d'Internet. Même la troupe de théâtre des Morveux, à Porrentruy, inscrit ses pièces de théâtre scolaires (Classe en crise !) sur le Web, permettant un échange d'idées au niveau non seulement du Jura, de la Suisse ou de l'Europe, mais de la francophonie tout entière.

Comme le soulignait Alexandre Voisard, le Jura a des horizons limités. L'université de Neuchâtel sert à toutes fins pratiques d'université privilégiée pour les Jurassiens, qui n'ont pas d'établissement universitaire dans le canton du Jura, et ce, d'autant plus que toute une partie du canton de Neuchâtel appartient géographiquement à l'arc jurassien. Les écrivains jurassiens et neuchâtelois sont regroupés dans la même association, et de toute manière, de la romancière Monique Laederach à la poète Mousse Boulanger, nombreux sont ceux et celles qui ont quitté le Jura pour écrire ailleurs, en Suisse ou dans le monde. Exception faite de la revue *Trou* et des Éditions de la Prévôté, à Moutier (ville qui s'achemine tout doucement vers une réunion politique avec le Canton et République), il n'y a guère d'éditeurs dans le Jura — les éditeurs sont à Lausanne (pour la Suisse), ou tout simplement en France. L'un des poètes majeurs de l'autonomie jurassienne, par ailleurs délégué à la culture du nouveau canton pendant de longues années, Alexandre Voisard, n'a-t-il d'ailleurs pas élu domicile en France, même si son inspiration reste toute jurassienne ?

La Romandie n'existe pas vraiment : le mot fait peur, car il a été dangereusement manipulé par des idéologies d'extrême droite. En 1980 pourtant, du 3 au 5 juillet, figurait parmi les communautés présentes à Caraquet, lors de la réunion des communautés ethniques de langue française, le drapeau de la Romandie, porté par une Association romande de solidarité francophone. Cette conférence réalisait, à pas de géant, ce qu'on n'aurait pu espérer deux ans plus tôt : les communautés présentes à Québec, et la France et la Romandie, venues au cœur de l'Acadie. Dans le discours d'ouverture que je fus invité à prononcer, j'insistai non seulement sur la nécessité d'adapter les structures politiques aux besoins des communautés — un combat qui n'a guère cessé en Acadie dans les vingt années qui ont suivi, au plan de la gestion scolaire, entre autres —, mais aussi sur l'importance extrême, pour une minorité se trouvant en situation marginale, de se donner un visage non seulement sur le plan institutionnel, mais aussi et surtout sur le plan des symboles, des images, bref de tout l'environnement visuel et imaginaire. Les symboles du canton du Jura, les noms de lieux rappelant l'histoire d'un territoire sur plus d'un millier d'années, le lien entre création et traditions, tout cela ne peut manquer d'exercer une influence fondamentale sur la jeunesse, qui sera le centre des préoccupations d'un sommet de la francophonie à Moncton en 1999 — auquel participe, maintenant, en tant que membre à plein temps, la Suisse. En Acadie, on a vu l'impact du Congrès mondial de 1994 sur l'ensemble des régions acadiennes du sud-est du Nouveau-Brunswick, pavoisées de drapeaux et de patronymes — et il n'est guère difficile d'imaginer l'impact du prochain congrès sur l'Acadiana louisianaise.

Lorsqu'en 1980 parut *Jura-Acadie : deux communautés francophones et leur évolution*[8], le canton du Jura, créé envers et contre tout en 1977, occupait dans l'espace francophone une place enviable. Le canton avait pris valeur de symbole multiple : symbole de ténacité, qui eût été valable pour tout groupe humain désireux d'affirmer sa volonté collective ; symbole de stratégie, car l'accession à l'autonomie, contre un bon nombre de résistances suisses (une solide partie de l'élite romande comprise) ne s'était pas faite toute seule ; symbole de renouveau, car ce canton affichait dès ses débuts une ouverture vers l'Europe et le monde francophone inhabituelle dans l'espace helvétique ; symbole d'une solidarité sociale différente, puisque le mouvement autonomiste lui-même avait été largement dominé par des intellectuels aux idées de gauche ou de centre gauche, aussi étrange que cela puisse paraître, l'une des bases du socialisme résidant précisément dans son internationalisme; symbole, enfin, d'une vision différente, puisque, dans une large mesure, les artistes et les écrivains jurassiens avaient été le moteur constant d'une volonté populaire de plus en plus vigoureusement exprimée, donnant à ce nouveau canton suisse un relief culturel inhabituel, dans un pays où les banques et les compromis politiques menaient certainement plus le bal que les intellectuels ou les poètes — encore que cette tendance change, alors que la Suisse se dirige à grands pas, sous la direction artistique d'une jeune artiste alémanique, vers une exposition nationale majeure en l'an 2001. Sans les «cultureux», le canton du Jura n'existerait probablement pas... et l'on ne parlerait d'ailleurs pas beaucoup de l'Acadie non plus.

Symbole et réalité: marginalisation et ouverture nécessaire

Or les années quatre-vingt-dix vont en quelque sorte ramener le mythe à une dimension dont la réalité ressemble fort à celle que l'on peut constater à bien d'autres endroits: réduction du secteur culturel à la part du pauvre; marginalisation croissante, d'autant plus considérable que le canton du Jura s'inscrit dans un ensemble politique suisse qui est en train de se trouver progressivement marginalisé par sa non-appartenance à l'ensemble européen; nécessité de rationaliser les dépenses, de faire face à des privatisations, bref un discours qui n'est pas distinct de l'ensemble du discours occidental. Le canton n'est pas riche, et sa volonté innovatrice est obligée, ici comme ailleurs (au Québec comme en Acadie), de se plier aux aléas de la situation économique et du discours dominant des années quatre-vingt-dix: chômage, restrictions budgétaires, recherche de nouveaux pôles de développement qui vont inévitablement, comme dans les régions françaises, au Québec ou en Acadie, tourner autour de deux axes: le tourisme (culturel et économique) et la haute technologie. Le nec plus ultra serait, bien entendu, un alliage des deux... projet en train de s'élaborer à Saint-Ursanne. Les alliances en deviennent d'autant plus essentielles: ententes avec l'espace Mittelland, où l'on retrouve les Bernois, adversaires d'hier; ententes avec la région de Montbéliard, historiquement proche du canton du Jura mais faisant partie de la France, et, plus important encore, de l'Europe; ententes avec le canton de Neuchâtel, dans lequel se retrouve une bonne part de la production culturelle jurassienne, si l'on élimine temporairement les frontières cantonales pour ne voir que l'arc jurassien dans son ensemble; ententes avec le Québec, avec le Pays basque, dans le contexte d'une Europe de plus en plus décentralisée, même si l'on n'aboutira probablement jamais tout à fait au modèle de l'Europe des Régions, proposé par Guy Héroux dans les années soixante-dix, et qui plaisait tant à Roland Béguelin.

Dans tout ceci, cependant, le Jura reste, petit canton rural, menacé de marginalisation tant qu'il n'a pas accès à un système de communications routières adéquat: l'un des dossiers majeurs de l'autonomie était celui de l'autoroute Transjurane, qui fera le lien entre les villes du Jura, l'Europe et la

Suisse — un projet majeur, dont on souhaite non seulement qu'il développe les villes concernées, mais qu'il permette aussi de créer des industries offrant aux jeunes la possibilité de rester dans la région: car l'exode, vers la région lémanique ou ailleurs, est bien une réalité. Si le Jura, comme l'indique le site Web consacré à la Transjurane, n'est que « bosses, montées et descentes », il n'y aura plus d'excuses avec des moyens de transport adéquats pour que des entreprises viennent s'installer dans cette région qui est, en définitive, au cœur même d'une Europe dont l'ensemble de la Suisse romande ne désespère pas de faire enfin partie… un jour.

En Acadie, il est difficile de ne pas voir que la marginalisation n'en continue pas moins de faire des ravages à la grandeur du territoire. Émigration des jeunes; difficultés massives de réadaptation à une économie qui ne soit plus une économie de ressources mais une économie de services; problèmes scolaires liés à la rationalisation (alors même que, dans certains cas, comme en Nouvelle-Écosse, on arrive seulement en 1996-1997 à l'obtention d'un conseil scolaire acadien provincial, géré par des Acadiens élus pour les écoles francophones de la province); difficultés de développement dans un petit milieu: on ne peut nier qu'il y ait, dans l'espace que l'Association française Les Amitiés acadiennes continue de désigner comme « ce monde rêvé de notre enfance[9] », selon la citation d'Antonine Maillet, de sérieux problèmes, des déplacements démographiques de plus en plus évidents, des problèmes de marginalisation. Pourtant il y a incontestablement, depuis vingt-cinq ans, une « Renaissance » acadienne, dont l'année 1997 aura indiqué trois orientations passablement complémentaires: celle du tourisme culturel (y compris l'année Évangéline); celle du développement économique à l'échelle internationale; celle enfin du pari international, incarné par la tenue à Moncton, en 1999, du Sommet des chefs d'État et de gouvernement de la francophonie. Dans le contexte de l'Acadie comme dans celui du Jura — et probablement celui d'autres aires francophones —, il ne faut pas s'étonner de voir la jeunesse occuper la place d'honneur de ce sommet projeté, comme le souligne le Premier ministre Raymond Frenette:

> […] l'idée même de pouvoir accueillir le sommet de la Francophonie en terre d'Acadie constitue une reconnaissance à l'égard de son dynamisme et de sa vitalité. Au-delà des mots, l'Acadie d'aujourd'hui vit au signe de l'ouverture, du partage et des échanges […] Si la Francophonie est pour se développer et assurer le rayonnement qu'elle mérite, la jeunesse doit l'embrasser et la faire sienne[10].

Acadie-Jura: voilà deux régions économiquement marginales, qui ont à un moment ou à un autre occupé dans la vision de la francophonie une place largement plus importante que ne le justifierait leur taille respective. En 1997, on se rend compte que le canton du Jura, c'est « un canton de 835 km² et de 69 300 habitants », soit moins dans sa totalité que la ville de Moncton, mêlée il est vrai d'anglais et de français malgré sa réputation internationale de « capitale de l'Acadie », réputation qui semble se justifier nettement plus aujourd'hui (avec un maire acadien comme symbole premier de renouveau) que ce n'était le cas durant les années héroïques du maire Jones à la tête de cochon et du tournage du film *L'Acadie, l'Acadie* de Pierre Perrault.

Le Jura comme l'Acadie furent minorisés par des majorités de langues différentes. Entre les villageois acadiens s'organisant en véritables municipalités dès le XVIIIe siècle et les Jurassiens considérant avec mépris les élites qui les vendirent au Congrès de Vienne pour quelques prébendes, on a déjà des visions fort proches de la volonté de se doter de structures qui assurent le contrôle de leurs propres affaires.

En 1997, la notion d'autonomie ou d'indépendance est certes toute relative, lorsque transitent par-dessus les frontières transnationales un trillion (soit mille milliards) de dollars américains sur les marchés des changes, incontrôlables et incontrôlés. Nous savons de façon croissante que toute culture est un métissage, que même les régions européennes font face à des réalités incontournables comme la présence de travailleurs étrangers (avec, dans le Jura, le vote des étrangers), et que, dans une certaine mesure, le développement d'une culture ne peut s'opérer que par le biais d'échanges culturels qui permettent de faire évoluer les modes de notre conscience — tâche d'autant plus difficile dans de petits milieux où les grands courants culturels ne sont accessibles, en définitive, que par le biais de l'audio-visuel (radio et télévision) ou de l'électronique (Internet et courriel).

« Vive(nt) les mythes ! » ou le tourisme-panacée

Dans *Pointe-aux-Coques*, en 1972, Antonine Maillet donnait au thème du retour au pays paternel de sa narratrice une fonction centrale : c'était dans ce contexte qu'elle situait l'image d'un retour au merveilleux pays de l'enfance, vu comme le paradis d'où peut surgir toute création. Cette petite phrase fait écho, entre autres, aux réflexions d'Alexandre Voisard sur le pays natal, dans son pays d'Ajoie.

Mais cette petite phrase a fait l'objet d'une récupération qui indique bien le déplacement qui s'opère au sein de nos sociétés, à partir des années quatre-vingt, entre la création proprement dite et l'inscription des « produits » de celle-ci dans un type de discours à but essentiellement récréatif et commercial — les deux allant nécessairement ensemble dans le monde moderne, comme les parcs Disney (et leurs émules) et les films hollywoodiens ne cessent de nous le rappeler.

Une analyse sémiotique succincte de son utilisation sur une couverture de revue à petit tirage destinée à la promotion de l'Acadie en France laisse penser que l'on a choisi de privilégier l'effet « carte postale » d'une Acadie idyllique et traditionnelle qui correspond fort bien — en moins luxueux — aux perspectives sur l'Acadie que l'on peut trouver dans les brochures touristiques diverses, sous forme imprimée comme sous forme vidéo[11] : l'Acadie, c'est la beauté de la nature inviolée (motif écologique) dans des paysages superbes (motif exotique), accompagnée de traces d'une histoire où le tragique le dispute au miraculeux (motif historique), mais où la générosité naturelle de la terre et de ses habitants allie toujours l'abondance des ressources naturelles (fruits de mer et de rivières tout particulièrement) à la joie de vivre, dont les violoneux, les danses et les frolics divers sont la base culturelle fondamentale. Ce n'est pas nouveau: une longue tradition française a voulu faire de l'Acadie un pays enchanteur où des paysans d'une innocence proverbiale se réunissent sous des chênes pour reprendre en chœur des complaintes ou danser au son des violons.

Le Jura n'a pas, lui non plus, été épargné par ce genre de mise en catégorie: région de moyenne montagne, de petites villes et d'industries relativement non polluantes (en comparaison d'un centre industriel comme Bâle, par exemple), l'espace jurassien se prêtait tout naturellement à une vocation touristique, qui peut cependant être exagérée, comme le rappelait le sociologue Michel Bassand en réponse à une question du magazine *L'Hebdo* en 1995, dans laquelle il se défend contre l'idée selon laquelle le Jura serait une « réserve d'Indiens[12] ».

Le Jura, comme l'Acadie, a réussi à préserver partiellement au moins un équilibre entre nature et culture. C'est l'amour du pays qui a suscité des œuvres aussi marquantes que celles d'Alexandre Voisard, de Jean Cuttat, ou d'autres poètes majeurs qui se comparent sans peine à Gaston Miron ou à Raymond LeBlanc, par exemple. Les sites Internet créés sur l'Ajoie, la région du Clos-du-Doubs ou le festival des Montgolfières de Saignelégier ont un charme envoûtant qui, dans un contexte européen, paraît certainement plus vert encore qu'il ne peut le paraître vu d'Amérique. L'ensemble de la région jurassienne présente un équilibre entre petites villes et campagne que l'on trouve dans le canton du Jura, mais aussi dans les régions du Jura neuchâtelois ou les régions du Jura français, qui fait lui aussi l'objet d'une publicité touristique intense en raison de sa richesse écologique. Il n'est pas surprenant que la nature jurassienne affleure dans les œuvres littéraires: on pense aux carnets de promenades d'Alexandre Voisard, par exemple. Pas plus qu'il n'est surprenant de voir dans la poésie acadienne, de *La Mer en feu* de Raymond LeBlanc à *Brun marine* d'Huguette Légaré, une tendance très marquée à inscrire les images les plus concrètes et des sensations les plus vives du pays dans l'espace imaginaire qui se définit de façon plus littéraire à partir des années soixante-dix.

Ouverture et modernité

Parallèlement, cependant, s'affiche une volonté très nette de contrebalancer cette tendance — qui pourrait aisément être récupérée par le lobby touristico-culturel — par une recherche de la modernité en art, qu'il s'agisse d'arts visuels, de littérature, ou de formes encore moins définies mais faisant souvent appel à une composante collective ou électronique, voire les deux. On parle pour la ville de Porrentruy d'un projet d'Espace d'art contemporain, par exemple. Mais le projet jurassien le plus fascinant à cet égard est celui des galeries HO à Saint-Ursanne, petite ville médiévale qui a toujours fait montre d'une intense activité artistique: Nicolas Koller et Daniel Métille, gagnants du prix du concours de la promotion touristique suisse, envisagent d'installer pour 2001 — date de l'exposition nationale suisse —, dans les galeries à chaux de Saint-Ursanne (lieu de décharge), un centre multimédia non sans analogies avec le Futuroscope de Poitiers. Rôle culturel, lieux d'expositions, rôles touristiques, usage innovateur de la technologie, richesse du design qui a toujours été l'une des forces de ce petit pays qu'est la Suisse, liens avec l'Europe comme avec l'ensemble de la planète : on ne pourrait mieux associer histoire (une collégiale du XIIe siècle), histoire symbolique (l'une des réunions essentielles de l'Assemblée constituante du Jura a eu lieu à Saint-Ursanne), transformation de l'industrie en culture (un peu à la manière de la vieille pulperie de Chicoutimi au Saguenay), lien entre culture, tourisme et économie : le projet, ambitieux, est bien l'indication d'une ouverture sur la modernité, comme possibilité de choix et comme désir de prendre en mains l'innovation culturelle dans le pays même.

L'Acadie dispose, à de nombreux égards et malgré son extrême fragilité linguistique et sa marginalité économique préoccupante, d'une ouverture beaucoup plus grande que le Jura (en dépit de l'existence, d'ailleurs peu utilisée, des Jurassiens de l'extérieur, en Suisse et dans le vaste monde). Le film de Monique Leblanc, *Le Lien acadien* (1995), témoigne sans nul doute de la capacité de cette communauté éclatée de se donner une conscience très internationale par les liens qui, génétiquement, historiquement, culturellement, rapprochent des « Acadiens » de milieux fort divers par une même appartenance à un concept d'Acadie familiale ou historique qui est aussi bien la base des retrouvailles familiales (comme au Congrès mondial de 1994) que des multiples recherches d'ordre généalogique qui rassemblent dans une même vision des individus appartenant par ailleurs à des espaces civils et politiques fort différents.

Si l'on suit une classification proposée par Michel Bassand et François Hainard dans *Dynamique socio-culturelle régionale*[13], on peut certainement considérer que le Jura et l'Acadie disposent certes de traditionalistes et de régionalistes, mais aussi de ces modernisateurs qui sont incontestablement les dirigeants actuels du développement régional. Le défi ? Réduire le nombre d'apathiques et de résignés... par la surabondance de festivals en tous genres, de fêtes du peuple jurassien comme de fêtes du 15 août, de semaines de lecture comme de semaines de la francophonie. Même si les compressions budgétaires ont amené la décision — hélas trop universelle — du canton du Jura de supprimer le poste, pourtant symbolique, de délégué aux affaires culturelles (la tâche incombant désormais au responsable du patrimoine et des musées), il serait exagéré de considérer que ce canton, qui a secoué en profondeur la conscience helvétique, n'a plus de nouveautés à proposer : avec pour la première fois une femme, Anita Rion, à la barre de son gouvernement, il a entre autres pour tâches de gérer avec imagination les liens qui peuvent être les siens, non seulement entre régions parentes d'Europe, mais aussi entre régions parentes du monde francophone, dans le double mouvement de gestion de la tradition et de la modernité, de l'enracinement et de l'ouverture.

Ententes avec l'Autre : pas de cavaliers seuls

Plus que jamais, aucune minorité francophone ne peut se permettre d'envisager de faire cavalier seul, économiquement parlant — pas plus que d'envisager la défense illusoire d'une quelconque pureté, fût-elle « ethnique » (quoique l'on englobe dans ce terme, qui n'a, semble-t-il, guère de sens pour un généticien comme Albert Jacquard, invité d'honneur du Congrès mondial acadien de 1994) ou culturelle.

Lorsque lui fut remis en 1991 le prix des Arts, des Lettres et des Sciences de la République et Canton du Jura, Alexandre Voisard, écrivain, militant autonomiste de la première heure et premier délégué à la culture du nouveau canton, avait ceci à dire :

> [...] je m'aperçus bientôt que l'identité n'est pas une armoirie homologuée pour toujours. Au contraire, elle se modifie jour après jour sous l'action politique, économique et artistique des hommes. L'identité est mouvement et sa fille la culture ne saurait que lui ressembler. [...] Nous avons une culture parce que nous avons appris à vivre ensemble, à nous exprimer en tant qu'individus et que nous jouissons des intérêts d'un patrimoine commun [...].
>
> Mais voilà que le temps s'accélère et que le monde change profondément. Les phénomènes modernes de communication fendillent, justement, des identités qu'on croyait d'inaltérable granit. Nos belles certitudes ancestrales font le rond dos. Nos espaces s'amplifient en perspectives vertigineuses. Les peuples se rencontrent. Les langues se frottent l'une contre l'autre. Le vieux continent et l'Orient se rapprochent sous la poussée d'une lente et irrésistible marée. Le nègre en nous a déjà accordé ses rythmes et son tam-tam bougonne à journée faite dans la camionnette du facteur. Déjà des petits Voisard à la paupière bridée nous incitent à voir la vie d'un œil neuf et gourmand. Nous n'échapperons pas au métissage: là est notre avenir car notre chance est planétaire[14].

Quelque part en Acadie, sur les bords de la baie Sainte-Marie, les réflexions de Paul-Émile Comeau, essayiste et enseignant, sur le métissage dans la culture acadienne, dans la musique comme dans les autres arts, lui font écho...

NOTES

1. « Le credo de René », cité dans *24 Heures*, Lausanne, 4 juillet 1983, p. 40.

2. Alexandre J. Boudreau, *À l'assaut des défis*, Moncton, Éditions d'Acadie, 1994, p. 122. Ce texte de rêves pour le XXIe siècle date de 1978, et, fidèle à sa prédiction, Alexandre Boudreau n'est plus là pour en voir la réalisation ou non, puisqu'il nous a quittés en 1997.

3. Alexandre Voisard, « Passion du pays natal », dans *Jura : écriture-identité*, Lausanne, Éditions L'Âge d'Homme, et Zurich, Pro Helvetia, 1981, p. 111.

4. L'organisme, qui regroupe entre autres le Rassemblement jurassien, la Société des Acadiens et Acadiennes du Nouveau-Brunswick et le Mouvement national des Québécois, est toujours actif, et a tenu ses assises récentes en Wallonie. On peut obtenir toute la documentation sur cette dernière conférence sur un site Internet. Curieusement, le contact Internet pour la communauté acadienne

était, à l'automne 1996... un Québécois.

5. Auguste Viatte, «Jura et culture française», dans *Jura: écriture-identité*, p. 15-16.

6. On consultera sur Internet l'introduction à l'Ajoie, sur le site <http://www.juranet.ch/Communes/Ajoie/ajoie.htm>

7. Clovis Lugon, *Quand la Suisse française s'éveillera*, Genève, Éditions Perret-Gentil, 1983.

8. Henri-Dominique Paratte, *Jura-Acadie, deux communautés francophones et leur évolution*, Delémont, 1980, 44 p. Édité par le Rassemblement jurassien et le Comité permanent des communautés ethniques de langue française.

9. La phrase «ce monde rêvé de notre enfance, voilà qu'on nous dit qu'il est réellement quelque part...», qui figure sur la couverture de la petite revue trimestrielle des Amitiés acadiennes, est tirée de *Pointe-aux-Coques*, le premier roman d'Antonine Maillet (1972).

10. Raymond Frenette, discours prononcé à Hanoi lors du septième Sommet de la francophonie, le 16 novembre 1997. Disponible sur Internet, sous <http://www.sommet97.org/communique/frenette.htm>

11. Je pense en particulier à une cassette promotionnelle réalisée par Tours Acadie et intitulée *Acadie, pays enchanteur*, dans lequel la dimension carte postale est particulièrement évidente.

12. Michel Bassand, «L'arc jurassien ne peut risquer l'Alleingang», *L'Hebdo*, Lausanne, 14 septembre 1995, p. 36.

13. Michel Bassand et François Hainard, *Dynamique socio-culturelle régionale*, Lausanne, Presses Polytechniques romandes, 1985, p. 71-73.

14. Alexandre Voisard, «Pas à pas, mot par mot», dans Gaston Brahier et André Wyss, *Alexandre L'Ajoulot*, Société jurassienne d'émulation, Porrentruy, 1991, p. 63-66.

STATUT DE LA LANGUE ET RELATION AUX MÉDIAS[1]

Simon Laflamme et Christiane Bernier
Université Laurentienne (Sudbury)

Depuis Innis[2] et McLuhan[3], on sait que les médias sont des éléments de la définition même des sociétés, c'est-à-dire qu'ils ne sont pas de simples instruments de la transmission de l'information, d'une information qui pourrait être produite indépendamment d'eux, indépendamment de leur rôle dans l'ensemble de la société. Ce n'est pas que toute information soit immédiatement et intégralement produite dans son seul rapport aux moyens de communication, c'est que les moyens de communication font partie de la structure de la société et que, en tant que tels, ils constituent l'une des conditions de possibilité de la production de l'information. Il ne s'agit pas ici d'un rapport de nécessité en ce que quelque média que ce soit, quelle que soit la société où il intervient dans l'espace et dans le temps, façonnera toujours les messages de la même manière. Breton et Proulx[4] l'ont bien montré en relevant certains contre-exemples qui minimisent la portée de la thèse de l'équivalence du médium et du message aussi bien que de celle de la détermination inconditionnelle du média. Mais ce n'est pas parce qu'on ne peut pas parler d'homologie absolue qu'il n'est pas permis d'avancer que les médias ne sont pas des traits fondamentaux des sociétés.

Les médias déterminent les sociétés, l'organisation sociale et les formes de la production et de la circulation de l'information. Et il s'agit moins d'une influence des messages sur la conscience des individus ou des populations, ainsi que l'ont soutenu et le soutiennent encore trop d'écrits en psychologie sociale et en sociologie des communications notamment[5], que d'une intervention dans le cadre global des facteurs à partir desquels s'établissent les relations sociales. Dans la contemporanéité, la reproduction et la production même des rapports sociaux, d'une culture, dépendent dans une large mesure de l'action des médias. La relation entre les médias et les consciences collectives ou les rapports sociaux est donc moins celle d'une persuasion unilatérale que celle d'une dialectique. Une culture qui ne dispose pas de messages médiatiques, qui n'en produit pas ou ne s'y donne pas accès, est une culture fortement menacée[6].

Les médias ne sont pas tous les mêmes. Ils n'agissent pas tous pareillement dans et sur les populations. Certains sont plus prestigieux que d'autres, mais leur réputation varie selon la situation : la télévision jouit d'une grande considération parce que son audience est potentiellement vaste ; l'imprimé est lui aussi estimé puisqu'on lui associe la pensée et qu'on lui reconnaît une forte aptitude à éveiller l'imaginaire. Dans les faits, une culture bénéficie fortement de la capacité de ses membres à s'exposer à toutes les formes de messages, qu'ils soient imprimés, télévisuels ou radiophoniques. Mais la société de communication de masse, malgré la qualité et la diversité des documents imprimés qui y circulent, et probablement à cause de la place que la télévision occupe dans le champ de la diffusion de l'information, produit bon nombre d'analphabètes ou, en tout cas, ne fait pas de la lecture une activité aussi habituelle que celle qui consiste à regarder la télévision.

Dans le cas de la francophonie minoritaire au Canada, la question du rapport aux médias se pose avec gravité. D'abord, parce que, dans bien des circonstances, la situation du destinataire des messages est celle d'un minoritaire et que le majoritaire, l'anglophone, n'est rien de moins que le plus puissant des producteurs et des diffuseurs de messages mass-médiatisés ; or, le destin de la francophonie, comme culture, dépend de la manière dont elle fait usage des moyens de communication de masse, de la manière dont elle s'expose aux médias de langue française[7]. Ensuite, parce que l'analphabétisme des populations d'expression française au Canada a atteint d'énormes proportions[8]. Tout cela nuit de nombreuses façons à la fois aux individus et à toute la culture canadienne-française.

Dans ce cadre de préoccupations, des recherches ont été effectuées pour découvrir la manière dont les francophones de l'Ontario utilisent les moyens de communication. Un premier rapport, *Souvent en français*[9], a déjà été publié. Il relève huit phénomènes majeurs :

1) on lit peu dans l'ensemble ;
2) plus on lit d'une façon générale, plus on lit aussi en français ; donc le fait de lire en anglais n'est pas en lui-même un facteur d'assimilation ;
3) ce sont les jeunes de la 10e année qui manifestent le moins d'intérêt pour le français[10] ;
4) l'instruction, après la 10e année, augmente l'inclination vers le français ;
5) il y a peu de variation selon le lieu de résidence : on ne peut pas dire que plus une région offre de documents en français, plus les individus tendent à lire en français ; les francophones qui lisent se procurent de la documentation en français, où qu'ils soient ;
6) plus on est instruit, plus on s'adonne aux activités de lecture *en général* et *en français* ;
7) la langue parlée à la maison a une influence sur la langue de lecture : plus on parle français au foyer, plus on tend à lire en français ;
8) plus on est instruit, moins on regarde la télévision.

Un second texte paraîtra sous peu : « Interrelations des médias et lecture en contexte francophone minoritaire[11] ». Il note cinq points importants :

1) le rapport à un média particulier est relativement indépendant du rapport aux autres médias : on ne peut pas dire, par exemple, que plus on regarde la télévision, moins on lit ;

2) la relation aux médias dans leur ensemble tend à avoir lieu en anglais ; l'exposition au français est néanmoins importante ;
3) le niveau d'éducation et l'occupation sont les principaux déterminants de la relation aux médias ; ils dépassent la variable région ; de sorte qu'on peut affirmer que ce n'est pas la disponibilité du canal qui détermine l'exposition, mais les qualités sociales des destinataires, c'est-à-dire la façon dont la région fabrique ses destinataires de médias ;
4) l'âge est un facteur déterminant : les enfants et les adultes s'exposent davantage au français que les adolescents, et les adultes plus que tout le monde ;
5) le Nord-Ouest et le Sud-Ouest s'exposent davantage aux messages télévisuels, mais c'est parce que la population francophone y est moins instruite.

Ces études laissent quelques questions sans réponse. On ne trouve pas de différence entre les régions qui soit attribuable à autre chose qu'aux caractéristiques des destinataires de l'ensemble de la population du milieu, caractéristiques dont les traits dépassent les régions. Et cela vaut aussi bien pour l'exposition *en général* que pour l'exposition *en français*. Mais cette conclusion vaut-elle pour des milieux où le français n'est pas minoritaire, notamment en ce qui a trait à l'exposition au français ? Obtiendrait-on les mêmes conclusions si l'on étudiait le cas des francophones au Québec ? En outre, observerait-on au Québec la résistance au français, qu'on trouve partout en Ontario chez les adolescents ? Pour répondre à ces questions, on pourrait comparer des populations en fonction de la situation démographique de la langue française, par exemple, dans des villes de taille importante.

Rappel méthodologique

Il importe ici de rappeler que les analyses ont porté sur un échantillon de 2 917 individus. Cet échantillon était composé d'élèves des niveaux de 2e, 4e, 7e, 10e et 12e années, de parents et de grands-parents de ces jeunes, répartis dans les cinq régions de l'Ontario ; il comprenait aussi une sélection d'étudiants des institutions postsecondaires francophones de la province ; en faisaient également partie des élèves des niveaux de 7e (première secondaire) et de 10e (troisième secondaire) années d'une école de la région de Montréal, de même qu'une certaine proportion de leurs parents et grands-parents. Cette composante québécoise de l'échantillon n'a servi que dans quelques analyses sommaires de *Souvent en français* ; elle n'a pas été utilisée, bien entendu, dans l'étude comparée des régions de l'Ontario. On recourt ici à elle pour vérifier s'il y a des différences dans le rapport aux médias des populations selon la situation de la langue française dans l'environnement de la personne qui habite un grand centre urbain ; l'échantillon montréalais permet d'observer les attitudes des francophones quand la langue majoritaire est le français ; on peut comparer l'attitude de ces personnes à celle des individus de Toronto, où la langue française est nettement minoritaire, et à celle des gens d'Ottawa, où la langue française est moins nettement dominée.

Cette comparaison repose sur un échantillon de 405 individus distribués comme l'indique le tableau 1.

Tableau 1
Répartition des individus de l'échantillon selon la ville et le statut pour l'analyse

Ville	7e	10e	Parents et grands-parents	Total
Montréal	25	36	90	151
Ottawa	28	41	104	173
Toronto	10	21	50	81
Total	63	98	244	405

Le rapport à la lecture

Pour observer l'inclination à la lecture, on a énuméré diverses activités et l'on a demandé aux personnes qui répondaient au questionnaire d'indiquer sur une échelle de Likert à quatre niveaux (1 = « jamais », 2 = « parfois », 3 = « souvent », 4 = « très souvent ») leur rapport à chacune d'elles. Une première énumération présentait les activités de lecture *en général*. Une deuxième série s'enquérait de la tendance à s'adonner à ces activités *en français*. Pour diverses raisons théoriques et statistiques[12], on a retenu cinq activités *en général* dont on a pour chacune le pendant *en français* :

Tableau 2
Activités de lecture *en général* et *en français*

1) Je lis dans le cadre de mes études et de mon travail.	1) Je lis en français dans le cadre de mes études et de mon travail.
2) Je lis des journaux.	2) Je lis des journaux en français.
3) Je lis des revues ou des magazines.	3) Je lis des revues ou des magazines en français.
4) Je lis des bandes dessinées.	4) Je lis des bandes dessinées en français.
5) Je lis des livres.	5) Je lis des livres en français.

Les activités qui correspondent à chacune de ces séries ont ensuite été additionnées puis divisées par cinq de sorte que, pour chacune d'elles, on obtient un score moyen dont la valeur se situe nécessairement entre un et quatre.

On a procédé à une analyse de variance à deux facteurs pour examiner s'il y avait une différence selon la région et selon le statut du répondant, et ce pour les deux séries d'activités de lecture.

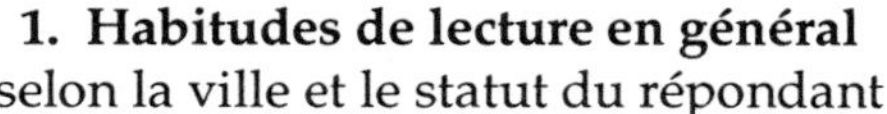

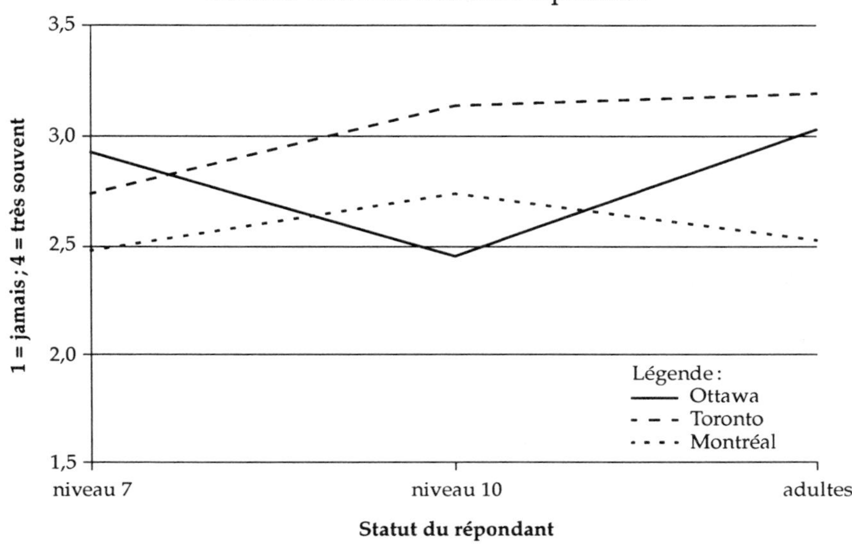

L'analyse révèle pour la lecture *en général* un effet d'environnement[13], un effet de statut[14] et un effet d'interaction[15]. C'est à Montréal que les personnes estiment, dans l'ensemble, lire le moins souvent ($\bar{x}$ = 2,57) ; c'est à Toronto que la moyenne est la plus élevée (3,10) ; à Ottawa, on trouve une valeur intermédiaire ($\bar{x}$ = 2,85). La variation selon le statut du répondant est moins nette : chez les élèves de 7e, la moyenne est de 2,73, elle descend quelque peu à 2,68 chez les élèves de 10e puis remonte à 2,88 chez les parents et les grands-parents. Mais chaque environnement a son originalité si l'on prend en considération le statut du répondant, ainsi que l'illustre le premier graphique. Les élèves de 7e année lisent moins à Montréal qu'ailleurs. Comme les élèves de Toronto, en 10e, ils lisent plus qu'ils ne le font en 7e mais leur moyenne reste en dessous de celle des Torontois. À Ottawa, les élèves de 10e année lisent moins que ceux de 7e et moins que ceux qui sont à leur niveau à Montréal et à Toronto. À Toronto et à Montréal, on note peu de différences entre le rapport à la lecture des adultes et celui des étudiants de 10e. À Ottawa, les adultes affichent une moyenne plus élevée que celle des élèves de 10e. On peut subdiviser le groupe des parents et des grands-parents en fonction de l'âge. Cela permettra de vérifier si les adultes de l'Ontario qui n'ont probablement pas fait d'études secondaires — puisque le système d'éducation n'offrait pas, quand ils étaient jeunes, un enseignement public à ce niveau — lisent moins que les plus jeunes. On distinguera alors parmi ces adultes les gens qui ont moins de 45 ans et ceux qui sont âgés de 45 ans ou plus. Si l'on prend toujours en considération la région, l'analyse de variance bifactorielle détecte encore deux effets principaux et un effet d'interaction. L'effet seul de la ville est celui que présente le premier graphique[16], où il apparaît que les adultes de Montréal ($\bar{x} = 2{,}51$) estiment lire moins fréquemment que ne le considèrent pour eux-mêmes ceux d'Ottawa ($\bar{x} = 3{,}01$) et de Toronto ($\bar{x} = 3{,}18$). L'effet de l'âge[17], dans l'ensemble, se manifeste par le fait que la moyenne des plus jeunes ($\bar{x} = 2{,}80$) est inférieure à celle des plus vieux ($\bar{x} = 2{,}97$). Mais la différence est faible. L'interaction[18], quant à elle, se justifie par une diminution de la moyenne si l'on va des adultes de moins de 45 ans ($\bar{x} = 2{,}56$) à ceux de 45 ans et plus ($\bar{x} = 2{,}44$) à Montréal alors que, à Ottawa et à Toronto, ce sont les plus vieux ($\bar{x} = 3{,}23$ et 3,26 respectivement) qui lisent davantage que les plus jeunes ($\bar{x} = 2{,}80$ et 3,15 respectivement). L'hypothèse d'une moins forte inclination à la lecture chez les adultes les plus âgés de l'Ontario ne trouve donc pas sa confirmation.

Pour ce qui est de la lecture *en français*, on découvre un effet d'environnement très marqué[19] mais aucun effet de statut[20] ni d'interaction[21]. À Montréal, les moyennes de l'autoestimation de la lecture en français sont plus élevées qu'ailleurs, qu'il s'agisse des jeunes de 7e, de ceux de 10e ou des adultes. La différence entre la lecture *en général* et la lecture *en français* est partout significative mais le rapport est inversé à Montréal. À Ottawa, on estime, pour l'ensemble des individus[22], lire *en général* à une moyenne de 2,88, mais, *en français*, à une moyenne de 2,07. À Toronto, bien que les scores soient supérieurs, le rapport entre les deux types d'activités[23] est comparable à celui qu'on observe à Ottawa : des moyennes de 3,13 *en général* et de 2,51 *en français*. À Montréal, la moyenne pour la lecture *en général* est de 2,61 et celle de la lecture *en français* de 3,02 ; ainsi, même si le Montréalais tend à lire un peu moins que les citoyens des deux autres centres urbains, quand il le fait, cela a lieu plus normalement qu'ailleurs *en français*[24].

L'effet de l'environnement se manifeste donc de deux façons : la ville détermine la propension à lire *en général* aussi bien que la tendance à le faire *en français*. Dans le grand centre urbain où la majorité est francophone, les personnes liront plus communément *en français* que dans celui où l'anglais domine, mais on ne peut pas dire que la probabilité de lire *en français* dépend simplement de la proportion de francophones dans la communauté urbaine puisque, dans ce cas, le francophone qui habite Ottawa devrait davantage s'adonner à la lecture *en français* que ne le fait celui de Toronto, contrairement à ce que donnent à observer les données. Il importe aussi de souligner que ces analyses valent pour les grands centres urbains. De petites villes en région, même si le français y est nettement dominant, ne présenteraient pas des résultats tout à fait semblables : à Hearst, par exemple, on ne détecte pas de différence significative entre les deux types d'activités pour une configuration « échantillonnale » comparable[25] ; on note tout de même que la lecture *en français* est là plus probable qu'à Ottawa. Dans les sociétés contemporaines, le statut d'une langue pour une communauté globale dépend beaucoup plus de la place que la langue occupe dans un grand centre urbain que de sa position dans une petite ville excentrée, même pour cette petite agglomération. Si, par

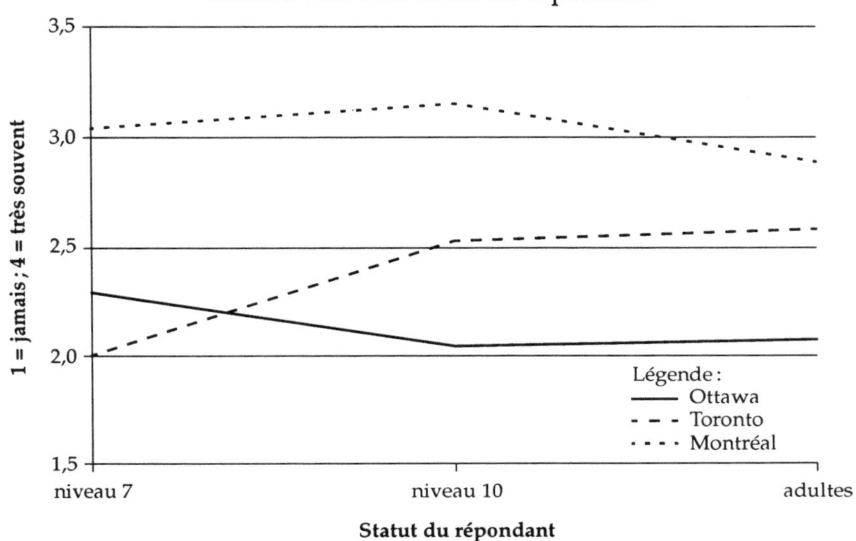

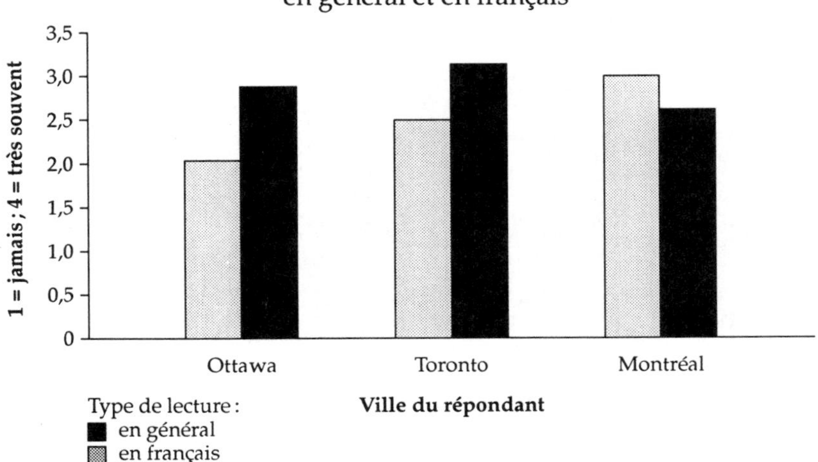

ailleurs, on n'est pas pareillement interpellé par la lecture *en général* dans les trois centres, cela tient beaucoup moins au statut démographique de la langue du lecteur qu'aux caractéristiques des lecteurs qu'un milieu produit globalement, et non pas dans les simples relations interpersonnelles : par exemple, dans la société mass-médiatisée, il ne suffit pas que le parent soit instruit pour que son enfant lise, mais plus une région produira d'individus dont les caractéristiques sont celles d'un lecteur, en l'occurrence, ici, plus elle produira en grand nombre des personnes instruites, plus il sera probable que l'enfant s'adonnera à la lecture[26]. Dans notre échantillon, on note que la moyenne des rangs pour la scolarité est plus élevée à Toronto (153,86) qu'à Ottawa (123,59) et qu'à Montréal (66,84) ; et les différences sont significatives[27] ; c'est là un indice du type de milieu à l'intérieur duquel évoluent les répondants.

Le rapport à la télévision

Les manifestations du rapport à la télévision ne sont pas identiques à celles de la relation à l'imprimé.

On ne trouve pas d'effet significatif de l'environnement pour ce qui est du temps qui est consacré à regarder la télévision[28]: dans les trois centres urbains, les populations écoutent à peu près également la télévision. On remarque cependant une variation en fonction du statut du répondant[29]: les enfants de 7e année ($\bar{x}$ = 15,86 heures par semaine) sont plus longtemps devant le petit écran que ceux de 10e ($\bar{x}$ = 10,84 heures par semaine) et que les adultes pris dans l'ensemble ($\bar{x}$ = 10,63 heures par semaine). Si l'on examine maintenant la tendance à regarder la télévision *en français*, on trouve une variation selon l'environnement[30] et selon le statut[31], mais sans interaction des variables[32]. Pour le vérifier, on compare les positions des répondants sur une échelle de Likert à quatre niveaux dont les extrémités sont 1 = « jamais en français » et 4 = « toujours en français » ; donc, plus la moyenne est élevée, plus le groupe tend à regarder la télévision en français. À Ottawa, la moyenne est de 2,13 ; à Toronto, elle est de 2,21 ; à Montréal, elle est de 3,37. À nouveau, si l'on tend davantage à s'adonner à une activité en français à Montréal que dans les deux autres villes, ce n'est pas là où l'anglais est le plus dominant qu'on s'expose le moins au français. Les jeunes de 7e ($\bar{x}$ = 2,50) et les adultes ($\bar{x}$ = 2,77) sont ceux qui, dans l'ensemble, penchent le plus pour le français ; les adolescents de 10e ($\bar{x}$ = 2,29) témoignent d'une certaine résistance à l'égard du français, phénomène qu'on a maintes fois observé en Ontario français. Or, on trouve le même phénomène à Montréal, quoique les scores pour le français soient, pour chacun des statuts, supérieurs à ceux des deux villes de l'Ontario. En effet, dans la métropole québécoise même, on constate[33] que les jeunes, autour de la quinzaine, ont moins d'inclination pour le français que les autres : leur moyenne est de 3,09 alors que les enfants de 7e année ont là une moyenne de 3,39 et que les adultes affichent un score de 3,48.

Le rapport à la radio

Les attitudes à l'égard de la radio s'apparentent à celles qui sont relatives à la télévision.

En ce qui a trait au temps d'écoute, on ne découvre pas de variation significative selon la ville[34] : les moyennes en heures par semaine sont de 8,81, 8,37 et 9,57 respectivement pour Ottawa, Toronto et Montréal. La non-inférabilité des différences est attribuable à la faiblesse des écarts entre les moyennes et surtout à l'importance des variations individuelles. Les moyennes ne sont toutefois pas les mêmes pour chacun des statuts[35]: elles sont de 8,34 heures par semaine pour les jeunes de 7e, de 5,29 pour ceux de 10e et de 10,68 pour les adultes, tous âges confondus. Encore ici, les différences individuelles sont importantes, plus que pour la télévision, ce qui montre bien que le rapport à la radio est moins bien défini que la relation à la télévision. La force de ces particularités rend l'interaction de la ville et du statut non significative[36], malgré certaines différences relativement importantes. En ce qui concerne la propension à écouter la radio en français, l'environnement, ici encore, a une nette influence[37]: à Montréal, la moyenne s'élève à 3,35 sur l'échelle de Likert ; à Ottawa, elle est à 2,11 et, à Toronto, elle s'abaisse à 1,85. L'hypothèse selon laquelle plus la proportion de francophones dans une région est importante, plus l'inclination à s'adonner à des activités en français est grande trouve ici quelque confirmation. Le statut du répondant fait aussi varier les moyennes[38]: dans l'ensemble, les adultes ($\bar{x}$ = 2,80) préfèrent le français, se différenciant ainsi des plus jeunes ($\bar{x}$ = 2,13 et 2,06 respectivement pour les jeunes de 7e et de 10e).

Le rapport à la musique enregistrée

Les résultats pour l'écoute de la musique enregistrée s'apparentent quelque peu à ceux qui valent pour la télévision et la radio, mais ils sont moins nets.

On ne note pas d'influence de la région[39] : les moyennes en temps d'écoute par semaine, pour Ottawa, Toronto et Montréal, sont dans le même ordre de 5,33, 7,29 et 5,25 ; il importe une nouvelle fois de souligner l'importance des différences entre les individus à l'intérieur même de chacune de ces moyennes, ce sont elles qui, principalement, rendent non inférable la distance entre les groupes ; on ne peut nier, cependant, qu'Ottawa et Montréal présentent des moyennes équivalentes. Les plus jeunes écoutent davantage de musique que les plus vieux : en 7e et en 10e, les moyennes sont de 8,02 et de 7,55 ; chez les adultes, la moyenne diminue à 4,33 heures par semaine. La musique en français a la préférence dans un environnement à dominance française[40], mais la moyenne de Montréal est ici beaucoup moins élevée qu'elle ne l'était dans les autres cas d'exposition aux médias non imprimés : elle ne se situe plus qu'à 2,46 sur l'échelle de Likert ; les moyennes d'Ottawa et de Toronto, elles, sont de 1,57 et de 1,72. On notera encore une fois l'inclination plus grande vers le français à Toronto qu'à Ottawa. Il n'y a pas d'effet d'interaction de l'environnement et du statut du répondant[41] : les scores de Montréal suivent à peu près la même tendance que ceux d'Ottawa et de Toronto, à cela près que, à Montréal, les jeunes écoutent beaucoup moins de musique en français par rapport aux adultes que les jeunes d'Ottawa et de Toronto par rapport aux adultes de leur ville respective ; Montréal n'échappe pas vraiment à la préférence des jeunes pour la musique anglaise. Sur l'échelle de Likert, les moyennes pour les élèves de 7e et de 10e sont en deçà de deux, à 1,91 et 1,89 respectivement; pour les adultes, la moyenne est de 2,83; ces différences sont significatives[42].

Conclusion

Ces analyses ne révèlent une différence entre les villes, pour ce qui est de l'exposition aux médias *en général*, que dans le cas des activités de lecture: à Montréal, on semble lire un peu moins que dans les deux autres centres urbains. On peut en conclure que la réticence à lire est liée davantage à la mass-médiatisation ou, plus généralement, à la postmodernisation — dont les médias sont le corollaire — qu'à la situation démographique ou aux cas particuliers de la situation du francophone. Cependant, pour ce qui est du rapport aux messages médiatiques *en français*, les analyses montrent dans tous les cas des moyennes pour Montréal supérieures à celles qu'on trouve pour les deux autres villes. La thèse de l'influence de la démographie n'est donc pas dénuée de fondement. On ne saurait, toutefois, en faire l'ultime facteur de détermination de l'exposition au français. Car, sauf dans le cas de la radio, l'inclination pour le français est plus marquée à Toronto qu'à Ottawa. Par delà la démographie interviennent des déterminants qui animent la francité et assurent la reproduction de la culture au moins en faisant, d'une part, que les messages médiatiques qu'elle produit trouvent une audience et, d'autre part, que les destinataires se produisent eux-mêmes comme nécessaire finalité des messages. Or, ces déterminants parviennent à contourner les contraintes de la minoritude de telle manière que le français finit, dans la masse des messages, par se frayer une voie pour atteindre des destinataires mathématiquement peu probables mais néanmoins certains. Il faut donc que ces déterminants soient de taille à produire une vision qui ne se laisse pas happer par la symbolique dominante, et il ne semble pas que la démographie soit la seule apte à obtenir ou, au contraire, à compromettre ce résultat. Le cas de Toronto en est une belle illustration. La reproduction de la culture française au Canada et au Québec, on le voit, n'est pas qu'affaire de nombre. On sait déjà qu'elle est aussi affaire d'éducation, qu'elle est liée à la puissance du français dans l'univers global des messages de masse.

Les jeunes Franco-Ontariens, au cœur de l'adolescence, prennent leur distance par rapport au français. Le phénomène est aussi perceptible à Montréal, bien que dans de moindres proportions. Il y a bien encore là la preuve que la reproduction et la production d'une culture ne dépendent pas seulement du jeu des nombres. Même dans des situations nettement majoritaires, les francophones, vers l'âge de 15 ans, sont quelque peu tentés de délaisser leur propre culture. Le cas de la musique enregistrée est en cela des plus éloquents. L'unilinguisme contribue certainement à freiner le déplacement vers l'anglais chez les adolescents de Montréal; cet unilinguisme sert aussi probablement à créer une symbolique favorable au français. Mais dans la mesure où le passage vers l'anglais est possible, par l'acquisition de la langue qui y donne accès dans le discours ou par la reconnaissance de signes non linguistiques qui le rendent intériorisable dans la postmodernité, le cas franco-ontarien montre bien à quel point, au Canada et au Québec, le devenir de la francophonie transite par l'éducation, par l'aptitude à lire, même en anglais, mais surtout par l'acquisition des symboliques qui rendent le français nécessaire où qu'on soit.

BIBLIOGRAPHIE

Breton, Philippe et Serge Proulx, *L'Explosion de la communication: la naissance d'une nouvelle idéologie*, Paris, La Découverte et Montréal, Boréal, 1989.

Harvey, Fernand (dir.), *Médias francophones hors Québec et identité*, Québec, Institut québécois de recherche sur la culture, 1992.

Innis, Harold, *Empire and Communication*, Oxford, Clarendon Press, 1950.

_____, *The Bias of Communication*, Toronto, University of Toronto Press, 1951.

Jones, Stan, *Capables de lire, mais pas très bien. Les lecteurs de niveau 3. Un rapport de l'enquête sur les capacités de lecture et d'écriture utilisée quotidiennement*, Ottawa (Ontario), Secrétariat national de l'alphabétisation, 1993.

_____, *Enquête sur l'alphabétisation des adultes en Ontario*, Toronto (Ontario), Ministère de l'Éducation et de la Formation, 1992.

Laflamme, Simon, « Les médias en milieu minoritaire: les rapports entre l'économie et la culture », dans Fernand Harvey (dir.), *Médias francophones hors Québec et identité*, Québec, Institut québécois de recherche sur la culture, 1992, p. 25-35.

Laflamme, Simon et Christiane Bernier, *Souvent en français. Rapport de l'enquête sur les habitudes de lecture et d'écriture des francophones de l'Ontario*, Sudbury, Centre FORA, 1996.

Laflamme, Simon, Christiane Bernier, Pierre Bouchard et Nicole Mailloux, «Interrelation des médias et lecture en contexte francophone minoritaire», *Communication information*, à paraître.

Laflamme, Simon et Donald Dennie, *L'Ambition démesurée. Enquête sur les aspirations et les représentations des étudiants et des étudiantes francophones du Nord-Est de l'Ontario*, Sudbury, Institut franco-ontarien, Prise de Parole, Collection universitaire, Série Études, 1990.

Learning — That's Life! Conference Report and Recommendations. A National Conference on Literacy and Older Canadians, Ottawa (Ontario), Secretary of State, National Literacy Secretariat, Ontario Department of Education, 1990.

McLuhan, Marshall, *The Gutenberg Galaxy*, Toronto, Toronto University Press, 1962.

_____, *Understanding Media*, London, Routledge and Kegan Paul, 1964.

Montigny G. *et al.*, *Adult Literacy in Canada: Results of a National Study*, Ottawa (Ontario), Statistics Canada, 1991.

Ouellette, Bruno, *L'Analphabétisme chez les Franco-Albertains*, Edmonton, Université de l'Alberta, 1990. *Les Recommandations du Groupe de travail sur l'alphabétisation*, Winnipeg (Manitoba), Manitoba Literacy Office, 1989.

Pacom, Diane et André Thibault, « L'analphabétisme chez les jeunes Franco-Ontariens; une aberration tragique », *Sociologie et sociétés*, vol. 26, n° 1, printemps 1994, p. 117-131.

Wagner, Serge, « L'alphabétisation et la refrancisation », *Éducation et francophonie*, vol. 20, n° 2, août 1992, p. 30-33.

Wagner, Serge et Pierre Grenier, *Alphabétisme de minorité et alphabétisme d'affirmation nationale. À propos de l'Ontario français.* Vol. I : *Synthèse théorique et historique*, Toronto, Ministère de l'Éducation, 1991.

NOTES

1. Nous tenons à remercier Yves Lefier pour l'attention qu'il a accordée à ce texte. Les données sur lesquelles reposent les analyses de cet article proviennent d'une enquête qui a été parrainée par le Centre franco-ontarien de ressources en alphabétisation (FORA) et par le Regroupement des groupes

francophones d'alphabétisation populaire de l'Ontario (RGFAPO).

2. Harold Innis, *Empire and Communication*, Oxford, Clarendon Press, 1950; *The Bias of Communication*, Toronto, University of Toronto Press, 1951.

3. Marshall McLuhan, *The Gutenberg Galaxy*, Toronto, Toronto University Press, 1962; *Understanding Media*, London, Routledge and Kegan Paul, 1964.

4. Philippe Breton et Serge Proulx, *L'Explosion de la communication: la naissance d'une nouvelle idéologie*, Paris, La Découverte, et Montréal, Boréal, 1989.

5. Depuis les travaux de l'École de Francfort jusqu'à la récente théorie des industries culturelles.

6. Simon Laflamme, « Les médias en milieu minoritaire: les rapports entre l'économie et la culture », dans Fernand Harvey (dir.), *Médias francophones hors Québec et identité*, Québec, Institut québécois de recherche sur la culture, 1992, p. 25-35.

7. Sur cette question, on lira avec intérêt les analyses, les essais et les témoignages parus dans l'ouvrage publié sous la direction de Fernand Harvey, *Médias francophones hors Québec et identité*, Québec, Institut québécois de recherche sur la culture, 1992.

8. G. Montigny *et al.*, *Adult Literacy in Canada: Results of a National Study*, Ottawa (Ontario), Statistics Canada, 1991; Stan Jones, *Capables de lire, mais pas très bien. Les lecteurs de niveau 3. Un rapport de l'enquête sur les capacités de lecture et d'écriture utilisée quotidiennement*, Ottawa (Ontario), Secrétariat national de l'alphabétisation, 1993; Stan Jones, *Enquête sur l'alphabétisation des adultes en Ontario*, Toronto (Ontario), Ministère de l'Éducation et de la Formation, 1992; *Learning — That's Life! Conference Report and Recommendations. A National Conference on Literacy and Older Canadians*, Ottawa (Ontario), Secretary of State, National Literacy Secretariat, Ontario Department of Education, 1990; Bruno Ouellette, *L'Analphabétisme chez les Franco-Albertains*, Edmonton, Université de l'Alberta, 1990; *Les Recommandations du Groupe de travail sur l'alphabétisation*, Winnipeg (Manitoba), Manitoba Literacy Office, 1989; Diane Pacom et André Thibault, « L'analphabétisme chez les jeunes Franco-Ontariens; une aberration tragique », *Sociologie et sociétés*, vol. 26, n° 1, printemps 1994, p. 117-131; Serge Wagner, « L'alphabétisation et la refrancisation », *Éducation et francophonie*, vol. 20, n° 2, août 1992, p. 30-33; Serge Wagner et Pierre Grenier, *Alphabétisme de minorité et alphabétisme d'affirmation nationale. À propos de l'Ontario français*. Vol. I: *Synthèse théorique et historique*, Toronto, Ministère de l'Éducation, 1991.

9. Le sous-titre en est: *Rapport de l'enquête sur les habitudes de lecture et d'écriture des francophones de l'Ontario* (Simon Laflamme et Christiane Bernier, Sudbury, Centre FORA, 1996).

10. Réalité bien connue depuis *L'Ambition démesurée. Enquête sur les aspirations et les représentations des étudiants et des étudiantes francophones du Nord-Est de l'Ontario* (Simon Laflamme et Donald Dennie, Sudbury, Institut franco-ontarien, Prise de Parole, Collection universitaire, Série Études, 1990).

11. Simon Laflamme, Christiane Bernier, Pierre Bouchard et Nicole Mailloux, « Interrelation des médias et lecture en contexte francophone minoritaire », *Communication information*, à paraître.

12. Voir à ce sujet « Interrelation des médias et lecture en contexte francophone minoritaire », *loc. cit.*

13. $F_{(3;322)} = 19{,}44$; $p < 0{,}001$.

14. $F_{(2;322)} = 3{,}43$; $p < 0{,}05$.

15. $F_{(4;322)} = 7{,}22$; $p < 0{,}001$.

16. $F_{(2;184)} = 19{,}40$; $p < 0{,}001$.

17. $F_{(1;184)} = 3{,}97$; $p < 0{,}05$.

18. $F_{(2;184)} = 3{,}86$; $p < 0{,}05$.

19. $F_{(2;282)} = 41{,}61$; $p < 0{,}001$.

20. $F_{(2;282)} = 0{,}37$; $p = 0{,}69$.

21. $F_{(4;282)} = 2{,}12$; $p = 0{,}08$.

22. $t = 12{,}29$; $D = 115$; $p < 0{,}001$.

23. $t = 6{,}87$; $D = 57$; $p < 0{,}001$.

24. $t = -6{,}40$; $D = 85$; $p < 0{,}001$.

25. Pour la lecture *en général*, la moyenne est de 2,75 et, pour la lecture *en français*, elle est de 2,80 ; $t = -0{,}63$; $D = 52$; $p = 0{,}53$.

26. Voir sur cette question les analyses de « Interrelation des médias et lecture en contexte francophone minoritaire », *loc. cit.*

27. Corrigé pour les résultats égaux, le test Kruskal-Wallis donne $\chi^2 = 69{,}57$; $p < 0{,}001$.

28. $F_{(2;397)} = 0{,}61$; $p = 0{,}55$.

29. $F_{(2;397)} = 6{,}62$; $p < 0{,}01$.

30. $F_{(2;383)} = 106{,}87$; $p < 0{,}001$.

31. $F_{(2;383)} = 12{,}32$; $p < 0{,}01$.

32. $F_{(4;383)} = 0{,}73$; $p = 0{,}57$.

33. Bien que les différences ne soient pas tout à fait significatives dans une analyse de variance à un seul facteur: $F_{(2;144)} = 2{,}91$; $p = 0{,}06$.

34. $F_{(2;394)} = 0{,}22$; $p = 0{,}80$.

35. $F_{(2;394)} = 5{,}50$; $p < 0{,}01$.

36. $F_{(4;394)} = 2{,}08$; $p = 0{,}08$.

37. $F_{(2;388)} = 99{,}91$; $p < 0{,}001$.

38. $F_{(2;388)} = 28{,}96$; $p < 0{,}001$.

39. $F_{(2;389)} = 1{,}44$; $p = 0{,}24$.

40. $F_{(2;372)} = 19{,}58$; $p < 0{,}001$.

41. $F_{(4;372)} = 0{,}77$; $p = 0{,}55$.

42. $F_{(2;140)} = 18{,}13$; $p < 0{,}001$.

LE FRANÇAIS FRANCO-AMÉRICAIN : NOUVELLES PERSPECTIVES SUR LES COMMUNAUTÉS LINGUISTIQUES

Cynthia A. Fox et Louise Charbonneau
Université de l'État de New York à Albany

Lors du premier colloque de l'Institut français du Collège de l'Assomption (Worcester, Massachusetts) tenu en 1980, le linguiste Robert A. Fischer avait été invité à donner un aperçu de l'état de la recherche sur le français franco-américain. C'est en des termes encourageants qu'il a parlé d'un « renouvellement d'intérêt pour la langue franco-américaine » (1980, p. 38). En considérant ces propos presque vingt ans plus tard, l'optimisme mesuré de l'auteur semble avoir été prématuré, bien que de mise pour l'époque. Antérieurement, la recherche avait consisté principalement en des travaux isolés, effectués par des chercheurs travaillant seuls et à des époques éloignées les unes des autres. Par exemple, plus de quarante ans se sont écoulés entre la publication de l'article « Some Specimens of a Canadian French Dialect Spoken in Maine » de Sheldon, en 1887, et la monographie de Pousland sur les anglicismes dans le français de Salem (Massachusetts), en 1933. De même, quinze autres années ont passé avant qu'une troisième étude ne soit publiée, soit l'analyse de la prononciation du français de Brunswick (Maine) par Locke, en 1949.

En 1958, les *Essais de philologie franco-américaine* de Gérard Brault ont marqué un changement dans la nature sporadique de ces publications. Toujours selon Fischer, cette parution a inauguré une « époque particulièrement brillante pour les études de la langue franco-américaine » (37). C'est à cette même époque qu'avec le soutien du *National Defense Education Act*, Brault a mis en place au cours des étés de 1961 et 1962 les « Institutes at Bowdoin College for French Teachers of Canadian Descent », lesquels ont inspiré de nombreux articles et rapports. Néanmoins, cette période d'effervescence a été de courte durée et s'est terminée avec la publication en 1965 du *Cours de langue française destiné aux jeunes Franco-Américains* (Brault, 1965).

Malheureusement, le « renouvellement d'intérêt » que Fischer a noté en 1980 s'est avéré tout aussi bref et a marqué un retour aux travaux laissés sans suite. L'ouvrage *Oral and Nasal Vowel Diphthongization of a New England French Dialect* de Poulin (1973), dont les données ont été recueillies à Manchester (New Hampshire), et l'étude de Martin et Martel sur la phonologie du français de Lewiston dans le Maine (1978) représentent les deux publications datant de cette période basées sur des données empiriques. Quatre thèses de doctorat ont été menées à bien; elles incluent l'étude de Fischer (1976) sur la phonologie du français de Lewiston, une analyse de l'usage du français dans la vallée de la rivière Saint-Jean (Schweda, 1979), une autre étude sur la phonologie du français de Manchester (Kelley, 1980), puis une étude du vocabulaire de Lewiston (Mailhot-Bernard, 1982).

Avec l'achèvement de cette dernière thèse, à peine deux ans après les observations de Fischer, l'intérêt pour le français franco-américain semble s'être évanoui de nouveau. En effet, Fischer lui-même a tourné son attention vers le domaine de la didactique des langues étrangères, où il jouit d'une solide réputation. La publication suivante — l'étude de Fox (1993) sur Cohoes — est venue encore une fois d'une source tout à fait nouvelle et n'est parue qu'en 1993.

Le but de la présentation de Fischer à Worcester n'était pas seulement de retracer l'histoire de la recherche sur le français franco-américain, mais aussi d'indiquer les avenues que la recherche à venir pourrait suivre. En général, le linguiste a noté que beaucoup avait déjà été fait au plan de la phonologie, mais que les connaissances étaient toujours assez limitées dans les domaines du lexique et de la syntaxe. De façon précise, il a suggéré que les chercheurs travaillent à l'établissement d'un glossaire franco-américain, à l'analyse détaillée de diverses structures syntaxiques et à la réalisation d'études en sociolinguistique, lesquelles pourraient mener à une meilleure compréhension de la relation entre les formes linguistiques et les caractéristiques sociales des locuteurs qui les utilisent.

Étant donné le nombre limité de travaux qui ont été effectués depuis 1980, les lacunes relevées par Fischer continuent d'être les mêmes. Qui plus est, il est important de souligner que, jusqu'à maintenant, les études portant sur cette variété sont loin d'être représentatives de l'ensemble de la communauté franco-américaine. Par exemple, notre travail à Cohoes constitue la seule recherche portant sur le français de l'État de New York qui ait été publiée, et il n'est toujours rien paru sur le français parlé au Connecticut, au Massachusetts, au Rhode Island, ou au Vermont[1]. Pour ce qui est du Maine et du New Hampshire, nos connaissances demeurent limitées à quelques communautés seulement, à savoir Lewiston et Brunswick dans le Maine et Manchester dans le New Hampshire. Finalement, la notion d'échantillon représentatif d'une communauté donnée varie selon les époques et selon l'orientation théorique adoptée par le chercheur. Par conséquent, il n'est pas toujours possible d'établir des comparaisons directes entre les résultats des différentes recherches réalisées jusqu'à maintenant.

Dans le présent article, nous soutenons que la nature fragmentaire des études sur le français franco-américain a voilé la contribution qu'une étude comparative des différentes communautés linguistiques et de leur français pourrait apporter à la compréhension du français nord-américain en situation minoritaire. Dans la première partie, nous abordons la question de l'hétérogénéité des communautés franco-américaines. Nous y proposons un modèle de variation intercommunautaire pour l'étude comparative de la variété dialectale qu'on y parle et de la place qu'y occupe le français. Dans la deuxième partie, nous appliquons ce modèle à la comparaison sommaire de deux communautés linguistiques, lesquelles illustrent la pertinence du modèle.

MODÈLE DE VARIATION INTERCOMMUNAUTAIRE

L'axe est-ouest

Les études portant sur le français franco-américain effectuées avant 1990 sont limitées en nombre et couvrent peu de communautés. Prises dans leur ensemble, ces études décrivent une variété de français parlé relativement homogène. Cette homogénéité résulte du fait que les communautés étudiées se trouvent sur un territoire restreint et ne sont donc pas représentatives de l'ensemble de l'espace franco-américain. L'examen de la composition des communautés franco-américaines, du point de vue de l'origine géographique des immigrants qui les ont peuplées, indique que, contrairement à ce que les études existantes laissent apparaître, on peut s'attendre à retrouver au nord-est des États-Unis une variation linguistique intercommunautaire, laquelle reflète l'hétérogénéité dialectale du français canadien.

Le mouvement migratoire qui a donné naissance à la franco-américanie se caractérise de deux façons. D'abord, il comprend des francophones provenant de deux sources : le Québec et l'Acadie. Ces deux groupes d'immigrants se sont établis dans des régions précises du nord-est des États-Unis. Les Acadiens se sont retrouvés surtout dans le nord de l'État du Maine et, dans une moindre mesure, le long de la côte. Autrement dit, c'est à l'extrême est de la Nouvelle-Angleterre que l'on rencontre la plus forte concentration de Franco-Américains de provenance acadienne :

> Un certain nombre de migrants, en provenance du Nouveau-Brunswick, rejoignent leurs compatriotes déjà installés dans les vallées de Madawaska et de l'Aroostock, puis essaiment jusqu'à Portland, Lewiston, et Biddeford. D'autres partent de l'Île du Prince-Édouard [...] et gagnent Boston et ses environs. [...] Les difficultés que connaissent les pêcheurs acadiens de la Nouvelle-Écosse [...] en poussent plusieurs vers Boston, Gloucester, Lynn, Salem et Waltham. (Roby, 1990, p. 45-46)

De leur côté, les Québécois ont privilégié les États de l'ouest de la Nouvelle-Angleterre, l'État de New York, de même que la côte, où ils sont plus nombreux que les Acadiens.

La deuxième caractéristique du mouvement de ces populations est ce qu'on pourrait qualifier de « migration en chaîne ». Nous entendons par là que les immigrants préféraient s'installer dans les endroits où se trouvaient sinon d'autres membres de leur famille, du moins d'autres membres de leur ville ou village d'origine :

> C'est par grappes familiales qu'on essaime armes et bagages pour les États-Unis, soit toute la famille (72 % des émigrants), soit quelques membres seulement (18 %). Et de ceux qui, en apparence, partent seuls, beaucoup vont rejoindre des parents déjà installés aux États-Unis ou devancent simplement leur famille. La paroisse qui se vide au pays va souvent se reconstituer outre-frontière. (Lavoie, 1981, p. 41)

Ce mode particulier de migration a fait en sorte que certaines régions du Québec, par exemple, sont représentées dans des endroits spécifiques. Ainsi, l'est du Québec a contribué au peuplement de l'est de la Nouvelle-Angleterre, tandis que les Québécois de l'ouest de la province se sont surtout établis à l'ouest et dans l'État de New York :

> Le Maine est peuplé de Beaucerons et de Rimouskois ; les résidents de Woonsocket et de Southbridge sont en majorité originaires de Saint-Ours et de Sorel ; ceux de Worcester viennent de Richelieu, de Montréal et de Saint-Hyacinthe ; leurs compatriotes de Salem et de Fall River sont des natifs de Rimouski et de Sainte-Flavie ; les cultivateurs des comtés de Joliette, Berthier, Maskinongé se retrouvent à Warren et ceux de Nicolet, Yamaska, Lotbinière à Manchester. (Roby, p. 53)

On observe ainsi que l'espace franco-américain est divisé le long d'un axe est-ouest. Cet axe fait écho aux grandes divisions dialectales franco-canadiennes :

> On pourrait invoquer [...] un grand nombre d'exemples, phonétiques et lexicaux, pour illustrer la réalité de grandes régions linguistiques au Canada français. [...] il existe deux grands domaines, le québécois et l'acadien, [...] le français du Québec se divise lui-même en deux variétés géographiques, celle de l'Est et celle de l'Ouest, avec une zone de transition qui se situe dans la grande région de Trois-Rivières [...]. (Poirier 1994, p. 73)

En abordant cette question, Mougeon et Beniak (1994) remarquent :

> On pourrait ajouter à cette dichotomie [entre l'est et l'ouest du Québec] le français de Gaspésie et celui du Saguenay-Lac-Saint-Jean qui, d'après différentes études dialectologiques (Dulong et Bergeron, 1980 ; Lavoie, Bergeron et Côté, 1985), présentent aussi des particularismes. (p. 44)

De ce qui précède, il est raisonnable de supposer qu'il existe en Nouvelle-Angleterre une dimension géographique de la variation linguistique.

L'axe nord-sud

Les communautés franco-américaines qui ont été étudiées avant 1990 sont parmi les plus vigoureuses de la Nouvelle-Angleterre quant au maintien de la langue minoritaire. Ainsi, le choix de ces communautés a eu pour conséquence fortuite de voiler la diversité que l'on retrouve sur ce territoire en ce qui concerne le progrès de l'assimilation à l'anglais. De nombreuses études ont révélé que le degré d'assimilation à la langue majoritaire avait des conséquences linguistiques sur la langue minoritaire (Thomason et Kaufman 1988 ;

Dorian, 1989 ; McMahon, 1995). Il est donc raisonnable de s'attendre à retrouver une variation linguistique intercommunautaire dans le français franco-américain, laquelle serait le résultat de la situation particulière du français dans les différentes communautés.

L'étude approfondie des données contenues dans trois enquêtes démographiques datant respectivement de 1975, 1976 et 1979 a amené Veltman (1987) à regrouper les six États de la Nouvelle-Angleterre en deux parties : le Nord (le Vermont, le Maine et le New Hampshire) et le Sud (le Massachusetts, le Connecticut et le Rhode Island). En tenant compte de facteurs tels que le poids démographique des Franco-Américains dans la collectivité où ils habitent, le taux d'unilinguisme anglais parmi eux et l'utilisation du français à la maison, Veltman a observé que la Nouvelle-Angleterre-Sud est plus avancée que la Nouvelle-Angleterre-Nord dans le processus d'assimilation à l'anglais.

La division de l'espace franco-américain par un axe nord-sud se reflète également dans le dépouillement des données du recensement de 1990 effectué récemment par Giguère (1996).

Le tableau 1 présente le pourcentage de personnes de souche franco-canadienne dans les six États de la Nouvelle-Angleterre[2]. On observe que, comparativement aux Franco-Américains du Sud, les Franco-Américains habitant le Nord représentent une proportion plus élevée de la population totale, soit 23 %. Dans le Sud, une région beaucoup plus peuplée, cette proportion est ramenée à 11 %.

Tableau 1
Représentation démographique des Franco-Américains

Nord	Maine	22,6 %
	New Hampshire	23,7 %
	Vermont	23,7 %
Sud	Massachusetts	11,4 %
	Connecticut	8,0 %
	Rhode Island	15,7 %

En ce qui concerne l'utilisation du français à la maison, il y a encore ici un écart entre les deux régions. De façon générale, les habitants du Nord ont maintenu l'usage du français plus que ceux du Sud (5 % contre 2,4 %) :

Tableau 2
Pourcentage de résidants qui parlent français à la maison

Nord	Maine	7,1 %
	New Hampshire	5,0 %
	Vermont	3,3 %
Sud	Massachusetts	2,2 %
	Connecticut	1,8 %
	Rhode Island	3,4 %

Nous avons vu que les Franco-Américains se sont établis dans des localités très précises. Par conséquent, l'examen des statistiques touchant ces localités nous permet de saisir la réalité de façon plus fidèle que celui des statistiques relatives à l'ensemble d'un État. Ainsi, si l'on ne tient compte que des communautés où au moins 1 000 personnes parlent français à la maison, les pourcentages pour les six États s'établissent comme suit[3]:

Tableau 3
Pourcentage de résidants qui parlent français à la maison dans les localités où ils sont plus de 1 000 à le faire

Nord	Maine	29,3 %
	New Hampshire	19,9 %
	Vermont	4,0 %
Sud	Massachusetts	4,6 %
	Connecticut	2,8 %
	Rhode Island	8,8 %

Il est difficile de déterminer de façon certaine les causes de la disparité entre le Nord et le Sud. Cependant, certains facteurs souvent évoqués comme étant déterminants pour le maintien d'une langue minoritaire font en sorte que les États du Nord constituent un milieu moins hostile au maintien du français que les États du Sud. En plus du poids démographique du groupe minoritaire, ajoutons que la séparation entre le Nord et le Sud correspond, dans une certaine mesure, à un contraste entre des populations rurales au Nord et des populations urbaines au Sud. Or, il a été noté que, dans le cas de nombreuses minorités linguistiques, l'urbanisation et l'assimilation linguistique vont de pair (Fasold, 1984; Romaine, 1989). De plus, les États du Nord sont aussi des États limitrophes entre le Canada et les États-Unis, ce qui peut favoriser des contacts plus fréquents entre les Franco-Américains et les francophones d'outre-frontière, et ainsi contribuer au maintien du français chez certains individus.

À la lumière de ce qui précède, nous avançons qu'en ce qui concerne la variation linguistique intercommunautaire, l'espace franco-américain est divisé le long de deux axes géographiques. Le long de l'axe est-ouest, la variation linguistique résulterait de la diversité dialectale. Le long de l'axe nord-sud, elle serait le fruit de la diversité des situations du français.

LA VARIATION INTERCOMMUNAUTAIRE ENTRE COHOES (NY) ET HIGHGATE-FRANKLIN (VT)

Dans cette section, nous appliquons le modèle de variation intercommunautaire que nous venons d'esquisser à la comparaison de deux communautés franco-américaines: la ville de Cohoes, dans l'État de New York, et la communauté formée par les villages de Highgate et de Franklin dans le Vermont[4].

La discussion s'appuie sur des entretiens sociolinguistiques effectués par Fox (1993) à Cohoes en 1991 auprès de 15 personnes, et par Charbonneau à Highgate-Franklin en 1995 auprès de 23 personnes. L'analyse comparative des résultats de l'étude du vocabulaire emprunté à l'anglais dans le français parlé à Cohoes (Fox et Charbonneau, 1995) avec ceux d'une étude de la même nature à Highgate-Franklin montre que les différences qui existent entre ces deux communautés concernant le degré d'assimilation à l'anglais ont des conséquences proprement linguistiques.

La ville de Cohoes se situe aux confluents de la rivière Mohawk et du fleuve Hudson, à mi-chemin entre Montréal et New York. Son histoire est en plusieurs points semblable à celle des autres villes industrielles de la Nouvelle-Angleterre. L'arrivée des premiers immigrants canadiens-français à la recherche de travail dans les usines textiles a commencé assez lentement vers 1840. En 1880, 25 % des travailleurs de la ville étaient d'origine canadienne-française. Ces immigrants formaient une communauté très serrée où les institutions favorisaient le maintien du français. Au cours du dernier quart du XIXe siècle, la ville était en mesure de maintenir au moins cinq journaux et trois compagnies théâtrales de langue française. Au tournant du siècle, on y trouvait quatre paroisses de langue française, chacune ayant une école primaire bilingue. Frappée de plein fouet par la crise de 1929, Cohoes est depuis la fin des années trente une ville dont l'économie est en déclin. L'immigration a cessé et les institutions de langue française ont graduellement disparu. Dans les années soixante, les paroisses ont fermé les portes de leurs écoles bilingues.

Les villages de Highgate et de Franklin se situent à l'extrême nord du comté de Franklin, lequel se trouve en bordure de la frontière entre le Vermont et le Québec. Comme ailleurs dans la région du lac Champlain, la présence des Québécois s'y est manifestée dès le XVIIe siècle avec l'arrivée des premiers colons. Cependant, à Highgate-Franklin, les Franco-Américains bilingues actuels sont issus de familles venues s'établir en nombre très important dans les deux premières décennies du XXe siècle. Les terres québécoises souffrant d'épuisement et de surpopulation, ces immigrants ont été attirés par les terres fertiles du Vermont et par les prix élevés que les fermiers américains recevaient pour leurs produits. Considéré comme une des meilleures régions laitières du monde, le comté de Franklin a absorbé la plus grande partie de cette immigration agricole. Cependant, après la Deuxième Guerre mondiale, il est devenu de plus en plus difficile pour les Québécois d'acheter une ferme au Vermont, ce qui a mis un frein à l'immigration. Depuis, le poids démographique des Franco-Américains dans cette région continue à décroître.

La division est-ouest

De façon générale, les Franco-Américains de Cohoes et de Highgate-Franklin sont originaires de la même région du Québec, c'est-à-dire le sud de Montréal, à l'ouest de la province. Le peuplement des deux communautés se distingue toutefois de trois façons. D'abord, certains ancêtres des Franco-Américains de Cohoes sont venus de la ville de Montréal, tandis que les ancêtres des informateurs de Highgate-Franklin étaient des gens de la campagne. Ensuite, les endroits où habitaient les ancêtres des informateurs de Cohoes — Saint-Rémi, Saint-Constant, Châteauguay, Napierville, Sainte-Marie-Salomé et Saint-Jean-d'Iberville — se trouvent à l'ouest de la rivière Richelieu, c'est-à-dire à l'ouest du lac Champlain, vis-à-vis de l'État de New York. Par contre, les villages d'origine des informateurs de Highgate-Franklin — Clarenceville, Farnham, Notre-Dame-de-Stanbridge, Saint-Grégoire, Saint-Sébastien, Sainte-Angèle, Sainte-Sabine, Stanstead — se situent à l'est du Richelieu, donc à l'est du lac Champlain et vis-à-vis du Vermont. Enfin, Cohoes recevait certains immigrants par le biais d'autres villes industrielles de la Nouvelle-Angleterre, ce qui était assez rare à Highgate-Franklin.

En dépit de ces différences, lesquelles s'expliquent par le fait que Cohoes était un centre industriel important où le besoin en main-d'œuvre était très grand, la migration en chaîne qui a caractérisé le peuplement de ces deux communautés est en accord avec nos observations au sujet de l'axe est-ouest qui divise l'espace franco-américain et nous amène à situer les deux communautés du côté ouest de cet axe.

L'analyse systématique de la phonologie, de la morphologie et de la syntaxe du français parlé à Cohoes et à Highgate-Franklin reste à faire. Toutefois, on peut noter la présence dans ces deux communautés de certains traits de prononciation typiques de la variété québécoise du français et qui la distinguent du français acadien. Par exemple, on y rencontre l'assibilation de [t] et [d] (« tu dis » est prononcé [tsydzi]) et l'ouverture de la voyelle [ɛ] qui devient [a] en final accentuée libre (« jamais » est prononcé [ʒama]).

De plus, l'absence à Cohoes et à Highgate-Franklin de deux traits phonologiques rencontrés dans les communautés franco-américaines de l'est de la Nouvelle-Angleterre nous fournit un premier indice des résultats qu'une étude comparative de l'Est et de l'Ouest pourrait révéler. Ainsi, nous n'avons trouvé dans nos corpus aucun exemple de la palatalisation de [k] et [g] devant les voyelles antérieures. Ce trait associé aux Acadiens et aux Beaucerons (Dumas, 1987) est attesté à Brunswick (Locke, 1949), à Lewiston (Martel et Martin, 1978) et à Manchester (Kelly, 1980). De même, il n'y a aucune occurrence de la semi-voyelle [j] réalisée par l'occlusive palatale [ɡ] en position finale ([fɨ'ɡ], [ɛ'ɡɥɨ'ɡ], [grənʌɡ] pour [fij] « fille », [egɥij] « aiguille », [grənuj] « grenouille »). Cette prononciation est attestée à Brunswick (Locke, 1949) et à Manchester (Kelley 1980) et est caractéristique du français parlé dans la Beauce (Morgan, 1975).

La division nord-sud

Alors que le mode de peuplement des communautés de Highgate-Franklin et de Cohoes les situe du même côté de l'axe est-ouest, les différences entre ces deux communautés quant à la situation du français démontrent la pertinence d'une division nord-sud reflétant le degré d'assimilation à l'anglais et ses conséquences linguistiques.

Dans cette section, nous décrivons d'abord les locuteurs bilingues de Highgate-Franklin en ce qui a trait à la place qu'occupe le français dans la communauté. À partir de cette description, nous abordons un certain nombre de constrastes entre ces villages et Cohoes, lesquels illustrent clairement que le processus de transfert à l'anglais est plus avancé à Cohoes. Nous montrerons par la suite comment le degré de transfert à l'anglais se reflète dans le rôle que joue l'emprunt lexical à l'anglais dans le français de ces communautés linguistiques.

De plusieurs façons, les deux communautés examinées ici sont des exemples types des régions nord et sud : Highgate-Franklin (3 023 habitants) est situé en milieu rural alors que Cohoes (16 000 habitants) se trouve en milieu urbain. Même si, selon le recensement américain de 1990, les deux communautés ont à peu près la même proportion d'habitants de souche franco-canadienne — 40 % à Highgate-Franklin et 37 % à Cohoes —, seulement 3 % de la population de Cohoes déclare parler français à la maison alors que ce pourcentage atteint 10 % à Highgate-Franklin.

Le transfert linguistique à Highgate-Franklin (Vt)

On retrouve à Highgate-Franklin des Franco-Américains bilingues dans tous les groupes d'âge. Afin de refléter cette réalité, le corpus de Highgate-Franklin est stratifié selon l'âge, en plus d'être stratifié selon le sexe[5] (voir tableau 4).

Les informateurs qui ont été rencontrés lors de l'enquête représentent deux générations de Franco-Américains : les enfants des immigrants québécois — soit la deuxième génération — et leurs enfants — soit la troisième génération. Les informateurs de la deuxième génération ont plus de 50 ans, alors que ceux de la troisième génération ont entre 30 et 50 ans. Les informateurs de moins de 30 ans n'appartiennent cependant pas à une quatrième génération. En général, ce sont les enfants de Franco-Américains ayant immigré au Vermont plus récemment. Ceci explique pourquoi, en dépit de leur jeune âge et contrairement à la plupart des autres Franco-Américains du même âge, ces jeunes parlent français.

Les Franco-Américains de la quatrième génération ne sont pas représentés dans le corpus. La raison en est que cette génération est constituée de Franco-Américains unilingues anglophones. En effet, notre enquête a révélé que c'est à la troisième génération que l'on observe une interruption de la transmission du français : les Franco-Américains de moins de 50 ans n'ont pas transmis le français à leurs enfants, alors que cette transmission était quasiment systématique pour la génération précédente[6]. Il s'agit ici d'un des nombreux contrastes qui existent entre les deuxième et troisième générations.

Tableau 4
Antécédents familiaux des informateurs de Highgate-Franklin

Groupe d'âge	Informateurs	Lieu de naissance	Nombre de générations aux États-Unis: côté maternel	côté paternel	Langue du foyer durant l'enfance
I 65 ans +	F73*	Highgate	• •	• •	français
	M73	Highgate	• •	• •	français
	M70	Franklin	• •	• •	français
	F68	Highgate	• •	• •	français
II 55-64 ans	F64	Franklin	• •	• •	français
	M63	Highgate	• •	• •	français
	F62	Highgate	• •	• • •	français
	M55	Highgate	• •	• •	français
III 45-54 ans	F52	Stanstead (Qué.)	• •	• •	français
	F51	Highgate	• •	• • •	français
	M51	Franklin	• •	• • •	français
	M45	Franklin	• • •	• • •	français et anglais
IV 35-44 ans	F44	Highgate	• • •	• • •	français et anglais
	M43	Highgate	• • •	• • •	français et anglais
	F42	Highgate	• • •	• • •	français et anglais
	M40	Franklin	• •	• •	français
V 25-34 ans	M34	Highgate	• • •	• • •	français et anglais
	F32	Highgate	• • •	• • •	français et anglais
	M29	Highgate	• • •	• • •	français et anglais
VI 15-24 ans	M24	Franklin	• • •	• • •	français et anglais
	M24	Franklin	• •	• •	français
	F21	Franklin	• •	• • • •	français
	F18	Burlington	• •	• •	français et anglais

* L'identification des informateurs reflète leur sexe et leur âge. Ainsi, l'informatrice F73 est une femme de 73 ans.

Comme nous le verrons, ces contrastes intergénérationnels sont révélateurs de la progression du transfert linguistique dans la communauté.

Tous les informateurs sont issus de familles où les deux parents étaient d'ethnie franco-américaine et parlaient français. Ils ont tous le français comme langue maternelle et cette langue est demeurée leur langue principale jusqu'à leur arrivée à l'école. Cependant, alors qu'aucun des informateurs de plus de 55 ans n'a parlé anglais à l'âge préscolaire, la majorité des informateurs de la troisième génération ont appris à parler un peu l'anglais à cet âge. L'introduction graduelle d'anglophones dans les familles par l'intermédiaire des mariages exogamiques ainsi que la socialisation croissante au-delà du cercle familial sont à l'origine de cette exposition grandissante des jeunes enfants à la langue dominante.

Ce n'est qu'à la suite de leur entrée à l'école que les informateurs sont devenus bilingues, et cela est vrai pour tous les groupes d'âge[7]. Là où les deux générations se distinguent l'une de l'autre, c'est dans les choix linguistiques qui ont résulté de cette apprentissage. Ainsi, pour plusieurs Franco-Américains de la troisième génération, l'intégration scolaire s'est traduite par une modification du comportement linguistique à la maison, laquelle témoigne de la force assimilatrice de l'école. En effet, plusieurs d'entre eux ont cessé graduellement de parler français entre frères et sœurs après avoir fait l'acquisition de l'anglais. Certains ont même commencé à adresser la parole à leurs parents en anglais, même si ces derniers persistaient souvent à utiliser le français avec leurs enfants. Ce comportement linguistique est en contraste dramatique avec celui des Franco-Américains de la deuxième génération, lesquels n'ont jamais cessé de parler français à la maison en raison du fait qu'un des parents était souvent unilingue francophone. De plus, ils ont maintenu l'usage du français entre frères et sœurs.

Une des manifestations les plus importantes de l'acculturation d'une minorité linguistique à la société dominante est la croissance de l'exogamie au sein du groupe (Romaine, 1989 ; Dorian, 1989 ; Mougeon et Beniak, 1991). Étant donné la relation causale qui existe entre l'exogamie et le transfert linguistique, ce facteur est particulièrement important pour la présente étude. Une comparaison des deux générations de Franco-Américains fait apparaître une augmentation notable du nombre de mariages exogames à mesure que l'âge décroît (voir tableau 5). Tandis que tous les informateurs de 55 ans et plus sont mariés à une personne d'ethnie franco-américaine parlant français, plus du quart des informateurs de moins de 55 ans sont engagés dans un mariage exogame. Qui plus est, dans le cas de ces Franco-Américains de la troisième génération, même lorsque le conjoint est d'ethnie franco-américaine, cela ne signifie pas nécessairement qu'il peut s'exprimer en français. En effet, plus de la moitié des gens de moins de 55 ans ont épousé une personne anglophone unilingue. Dans le cas de tels mariages, c'est toujours l'anglais qui est parlé à la maison.

Dans la vie quotidienne des Franco-Américains de Highgate-Franklin, l'emploi du français n'est réservé à aucun domaine particulier (la religion, le travail, la vie domestique, etc). Ce qui détermine le choix de la langue de communication d'une personne bilingue, c'est d'abord et avant tout l'identité de l'interlocuteur, plus particulièrement son âge et son identité ethnolinguistique. Encore ici, il existe des différences importantes entre les groupes d'âge. D'abord, les gens appartenant à la deuxième génération ont le réseau le plus étendu d'interlocuteurs avec qui ils parlent français : leurs frères et sœurs et les gens de la même génération qu'eux, de même que leurs aînés. Par contre, les Franco-Américains de moins de 55 ans ont un réseau assez limité d'interlocuteurs, lequel se limite le plus souvent à leurs parents et aux gens plus âgés qu'eux. Leur fréquence d'utilisation du français est ainsi limitée par le fait que les locuteurs appartenant à cette troisième génération ont cessé très tôt d'utiliser le français de façon exclusive avec les gens de leur âge. Enfin, pour les Franco-Américains de moins de 35 ans, les interactions en

Tableau 5
Types de mariages et langue parlée à la maison par les informateurs de Highgate-Franklin

Groupe d'âge	Informateurs	Types de mariage: endo-game	exo-game	endolin-guistique	exolin-guistique*	Langue parlée à la maison
I 65 ans +	F73	√		√		français et anglais
	M73	√		√		français et anglais
	M70	√		√		français et anglais
	F68	√		√		français et anglais
II 55-64 ans	F64	√		√		français et anglais
	M63	√		√		français et anglais
	F62	√		√		français et anglais
	M55	√		√		anglais
III 45-54 ans	F52		√		√	anglais
	F51	√		√		français et anglais
	M51	√		√		français
	M45	√			√	anglais
IV 35-44 ans	F44	√		√		anglais
	M43		√		√	anglais
	F42	√		√		anglais
	M40	√			√	anglais
V 25-34 ans	M34	√		√		français et anglais
	F32		√		√	anglais
	M29	√			√	anglais
VI 15-24 ans	M24	—		—	—	—
	M24	√			√	anglais
	F21		√		√	anglais
	F18	—	—	—	—	---

* Un mariage est dit «exolinguistique» lorsque le conjoint de l'informateur ne peut pas parler français.

français prennent place surtout avec des interlocuteurs unilingues francophones, c'est-à-dire avec des personnes dont l'identité ethnolinguistique est étroitement associée au français: les grands-parents et les voisins québécois. Pour ces jeunes, la proximité du Québec joue un rôle dans le maintien du français.

En raison de cette proximité du Québec, l'apport d'immigrants québécois n'a jamais complètement cessé au nord du Vermont, ce qui explique la présence à Highgate-Franklin de jeunes bilingues âgés de moins de 25 ans, lesquels sont des Franco-Américains de la deuxième génération. Il faut cependant se garder de voir en leur présence un espoir de regain de l'usage du français dans la communauté. En effet, ils ne sont pas suffisamment nombreux pour modifier le paysage linguistique de la communauté de façon significative.

Le transfert linguistique à Cohoes (NY)

La population franco-américaine bilingue de Cohoes est une population vieillissante. Au moment d'entreprendre l'enquête de terrain, les informateurs vers lesquels Fox a été dirigée par la communauté avaient tous plus de 55 ans. Par conséquent, le corpus de Cohoes ne contient aucun locuteur correspondant aux groupes d'âge III à VI de Highgate-Franklin. Il s'agit d'un premier indice qu'il existe d'importants contrastes entre ces deux groupes quant à la place qu'occupe le français dans la communauté.

Tableau 6
Antécédents familiaux des informateurs de Cohoes

Informateurs	Lieu de naissance	Nombre de générations aux États-Unis: côté maternel	Nombre de générations aux États-Unis: côté paternel	Langue parlée au foyer
M56	Waterford	• • •*	• • •*	français
M61	Cohoes	• •	• •	français et anglais
M61	Detroit	• •**	• •**	anglais
M63	Cohoes	• • • •	Irlandais	anglais
F67	Cohoes	• •	• • •	français
M67	Cohoes	• • • •		anglais
M69	Québec	• •	• •	français
F69	Cohoes	• • •	Irlandais	français et anglais
F69	Cohoes	• • •**	• • •**	anglais
F70	Cohoes	• • •**	• •	français
F70	Québec	• •	• •	français
M71	Cohoes	• •	• • •*	français
F71	Québec	• •*	• •*	français
F7?	Cohoes	• • •	• • •	français
F75	Cohoes	• • •	• • •*	français et anglais

* Le père ou la mère est arrivé à Cohoes durant l'enfance.

** Avant cette génération, l'informateur ignore les antécédents de l'ancêtre en question. Il est donc possible que l'informateur appartienne à une génération plus avancée qu'il n'apparaît sur ce tableau.

Comme le tableau 6 l'indique, la majorité des informateurs de Cohoes sont des Américains de la troisième génération, que ce soit du côté paternel ou maternel. On remarque également que trois des informateurs ne sont pas nés aux États-Unis. L'histoire personnelle de ces individus reflète la complexité de l'implantation de la communauté franco-américaine à Cohoes — particulièrement si on compare avec Highgate-Franklin — et illustre bien comment le va-et-vient de certaines familles entre Cohoes et le Québec complique la description de cette communauté. Prenons par exemple le cas de l'informatrice F71. Ses parents sont venus à Cohoes lorsqu'ils étaient très jeunes et ont reçu une éducation bilingue dans les écoles paroissiales de la ville. Ils se sont mariés, ont eu trois enfants puis ont décidé de repartir pour le Canada. Vingt ans plus tard, ils sont revenus à Cohoes pour s'y installer de façon permanente. Cette famille comprend donc des enfants nés à Cohoes et d'autres nés au Québec.

Un autre contraste pertinent entre les deux communautés est que l'on trouve dans le corpus de Cohoes trois informateurs dont un des parents n'était pas d'ethnie franco-américaine et ne parlait pas français. Rappelons qu'à Highgate-Franklin, peu importe le groupe d'âge, tous les informateurs sont issus de familles endogames et endolinguistiques. Les mariages exogamiques se sont donc manifestés plus tôt à Cohoes qu'à Highgate-Franklin. Cependant, un mariage exolinguistique n'entraînait pas nécessairement d'interruption dans l'usage du français à la maison. Dans certains cas, les enfants parlaient français avec un des parents et anglais avec l'autre. Dans le cas des 12 informateurs issus d'un mariage endogame et endolinguistique, le lien entre la capacité de parler français et l'utilisation de cette langue à la maison n'allait pas de soi. Alors que neuf informateurs ont employé cette langue avec les parents durant leur enfance, les autres ont parlé soit le français et l'anglais, soit l'anglais exclusivement. En bref, on rencontre à Cohoes une dynamique familiale beaucoup plus diversifiée qu'à Highgate-Franklin quant à l'usage linguistique au foyer.

Peu importe le type de mariage, les foyers où l'on parlait français uniquement ou en conjonction avec l'anglais se distinguent des foyers où l'anglais était la seule langue employée à la maison. Dans le premier cas, à en croire les informateurs, la présence du français aurait été renforcée par la présence d'une grand-mère ou d'un grand-père à la maison ou par celle de la parenté dans le voisinage immédiat. Dans le deuxième cas, les informateurs attribuent l'usage exclusif de l'anglais à la maison au fait qu'ils vivaient dans un quartier situé à l'écart de la communauté franco-américaine et à proximité d'autres groupes ethniques tels que les Irlandais, les Polonais et les Italiens. L'affaiblissement des réseaux familiaux à Cohoes s'oppose à la situation observée à Highgate-Franklin où les liens de parenté entre les Franco-Américains demeurent toujours très serrés, ce qui tient en partie au fait que la majorité d'entre eux vivent dans des fermes familiales (à une exception près). En outre, contrairement à nos informateurs de Cohoes, tous ceux de Highgate-Franklin sont apparentés.

Le contraste entre les communautés de Cohoes et de Highgate-Franklin au niveau familial s'étend aux institutions scolaires. Comme nous l'avons mentionné, il y avait à Cohoes quatre écoles primaires paroissiales qui offraient un enseignement bilingue, ce qui n'était pas le cas à Highgate-Franklin. À la différence de ceux du Vermont, tous les informateurs de Cohoes ont été scolarisés en français jusqu'à la huitième année. Alors qu'à Highgate-Franklin l'école a joué un rôle important dans le processus d'assimilation à l'anglais, à Cohoes, cette institution a ralenti l'assimilation pendant un certain temps. C'est ainsi que les parents des informateurs dont l'anglais était la langue d'usage au foyer ont compté sur l'école pour enseigner le français à leurs enfants.

Le tableau 7 rapporte certaines caractéristiques des informateurs de Cohoes à l'âge adulte, lesquelles illustrent l'affaiblissement progressif du rôle du français dans la communauté. Par exemple, parmi les douze informateurs qui se sont mariés, seulement six ont épousé une personne de souche franco-canadienne. Cette augmentation du nombre des mariages exogames représente un gain de 30 % par rapport à la génération précédente. Plus révélateur encore est le fait que seulement trois des mariages rapportés dans le tableau 7 sont endolinguistiques. De plus, le lien entre la capacité de parler français et l'emploi de cette langue à la maison — déjà faible à l'époque des parents — se voit complètement brisé dans le cas de cette génération. En effet, même si les informateurs démontrent de fortes capacités en français et même s'il y a trois cas où le conjoint peut parler la langue, tous déclarent avoir toujours parlé anglais avec ce conjoint.

Tableau 7
Types de mariage et langue parlée à la maison par les informateurs de Cohoes

	Type de mariage				
Informateurs	**endogame**	**exogame**	**endolinguistique**	**exolinguistique**	**Langue parlée à la maison**
M56	—	—	—	—	anglais
M61	√		√		anglais
M61	√			√	anglais
M63	√		√		anglais
F67		√		√	anglais
M67		√		√	anglais
M69		√		√	anglais
F69		√		√	anglais
F69	√		√		anglais
F70	√			√	anglais
F70		√		√	anglais
M71	—	—	—	—	anglais
F71	√			√	anglais
F7?	—	—	—	—	anglais
F75		√		√	anglais

L'examen de l'emploi du français par les informateurs avec leurs enfants indique qu'il y a eu affaiblissement progressif du rôle de la famille dans le maintien de la langue minoritaire à Cohoes. Bien que certains informateurs aient utilisé le français avec leurs enfants lorsque ces derniers étaient petits, cette langue n'était pas employée exclusivement ou systématiquement. En effet, les informateurs ont départi à l'école paroissiale la tâche de transmettre le français. La plupart ont envoyé leurs enfants dans les écoles bilingues et, pour ces enfants, le français ne s'apprenait et ne s'employait qu'à l'école. Aux dires de leurs parents, les capacités en français de ces enfants sont limitées et l'insécurité linguistique vis-à-vis du français est grande.

À la lumière de ce qui précède, on peut affirmer que les informateurs du corpus de Cohoes représentent la dernière génération de Franco-Américains pour qui le français a déjà été une langue parlée quotidiennement. Malgré l'appui considérable des institutions de langue française, la communauté n'a pas été en mesure de freiner le transfert à l'anglais. Désormais, il n'y a aucun domaine fonctionnel qui soit associé au français. Mis à part les visites de la parenté québécoise ou les voyages au Québec et en France, les occasions de parler français sont très rares. Plusieurs informateurs déclarent ne plus se servir de leur français parce qu'ils n'ont plus personne dans la communauté avec qui ils peuvent le parler.

L'emprunt lexical

Dans les situations de transfert linguistique décrites ici, on s'attend à trouver dans la production verbale des locuteurs des indices de l'influence de la langue majoritaire sur la langue minoritaire. Parmi les traits linguistiques révélateurs de l'ampleur et de la nature de cette influence, les emprunts lexicaux occupent une place privilégiée, car, à la différence des traits phonologiques ou morphologiques par exemple, il y a relativement peu d'ambiguïté quant à leur origine[8].

Dans le cas du français nord-américain, où la question de l'« anglicisation » a fait couler beaucoup d'encre, les études démontrent que le taux des emprunts à l'anglais dans une communauté donnée augmente avec l'intensité du contact entre le français et l'anglais. Ainsi, les travaux de Poplack, Sankoff et Miller (1988) à Ottawa-Hull indiquent que le taux d'anglicismes varie selon les quartiers étudiés. Les taux les moins élevés ont été rencontrés dans les quartiers de Hull, où les emprunts représentent de 0,51 % à 0,72 % de la production verbale des locuteurs. Dans les quartiers d'Ottawa, où le contact avec l'anglais est plus important qu'à Hull, les taux s'échelonnent de 0,85 % à 1,20 %. Le dépouillement de nos corpus a révélé des taux d'emprunts de 0,5 % à Highgate-Franklin et de 0,8 % à Cohoes. Ces résultats confirment que l'influence lexicale de la langue majoritaire sur la langue minoritaire se fait davantage sentir là où le transfert linguistique à l'anglais est le plus avancé.

Afin de saisir le rôle que joue la langue minoritaire dans une communauté linguistique donnée, il est nécessaire d'aller au-delà du simple taux d'emprunts et d'examiner la distribution de ces emprunts dans la production verbale des locuteurs. Pour ce faire, nous avons catégorisé les emprunts des corpus de Highgate-Franklin et de Cohoes selon le nombre de locuteurs qui les emploient. Un emprunt est dit « idiosyncrasique » lorsqu'il n'est employé que par une seule personne. À l'opposé, un emprunt est dit « partagé » lorsqu'il est utilisé par au moins deux locuteurs. Dans le cas d'une communauté linguistique où la langue minoritaire est utilisée de façon quotidienne, les membres de cette communauté partagent un lexique commun, lequel se renouvelle continuellement et inclut un certain nombre d'emprunts à la langue majoritaire. On peut donc s'attendre à retrouver dans ce type de communauté une majorité d'emprunts du type « partagé ». C'est le cas d'Ottawa-Hull où le locuteur typique est décrit par Poplack et ses collègues comme un individu qui emploie les emprunts fréquemment, favorisant ceux qui sont également employés par plusieurs autres personnes dans la communauté (Poplack *et al.*, 1988).

Les résultats des analyses que nous avons effectuées à Highgate-Franklin et à Cohoes sont présentés au tableau 8. Ils démontrent qu'en plus de l'écart en ce qui concerne le taux relatif d'emprunts, il y a des différences significatives entre les communautés quant à la diffusion des emprunts chez les locuteurs. Par exemple, à Highgate-Franklin, la majorité des emprunts sont partagés, alors que ce type d'emprunts ne représente que 41 % chez les locuteurs de Cohoes. De même, le pourcentage des emprunts idiosyncrasiques que l'on trouve à Cohoes est de 59 % comparativement à 46 % à Highgate-Franklin, une différence de 13 %.

Tableau 8
Répartition des emprunts idiosyncrasiques et partagés

Corpus	Emprunts idiosyncrasiques	Emprunts partagés
Cohoes (N.Y.)	59 %	41 %
Highgate-Franklin (Vt)	46 %	54 %

On observe donc qu'il y a toujours une certaine vigueur de la langue minoritaire à Highgate-Franklin — les emprunts étant intégrés au lexique commun — comparativement à Cohoes, où les emprunts sont utilisés par les locuteurs surtout de manière idiosyncrasique, vraisemblablement pour remplir des lacunes momentanées ou permanentes dans leur lexique français, lesquelles seraient la conséquence de la restriction dans l'usage du français chez les membres de la communauté.

Conclusion

Dans cet article, nous avons tenté de démontrer qu'en dépit de sa longue tradition, la recherche sur le français franco-américain est lacunaire en ce qui concerne le nombre de communautés étudiées et leur représentativité. Après avoir examiné la composition des communautés franco-américaines à partir de ce que l'on sait de l'origine géographique de leurs habitants et de l'usage actuel du français, nous avons laissé entendre que l'espace franco-américain était divisé par deux axes majeurs et nous avons posé comme hypothèse que ces divisions devraient se refléter dans les pratiques linguistiques des francophones. Nous avons ensuite appliqué le modèle de variation intercommunautaire à la comparaison de deux communautés franco-américaines.

Nos recherches sur Cohoes et Highgate-Franklin sont les premières études sur le français franco-américain qui soient directement comparables. Comme ces populations proviennent de la même région du Québec, elles ne nous permettent pas d'étudier les manifestations linguistiques de la division est-ouest en tant que reflet de l'hétérogénéité dialectale franco-canadienne. Par contre, nos recherches montrent que ces communautés se distinguent clairement l'une de l'autre en ce qui a trait au transfert linguistique à l'anglais. Sur le plan linguistique, ce contraste se traduit dans le pourcentage du vocabulaire attribuable à l'influence directe de l'anglais et par la diffusion des emprunts chez les locuteurs. À Highgate-Franklin, l'analyse de l'emprunt lexical a révélé que les Franco-Américains bilingues y forment une communauté linguistique manifestant une certaine cohésion. À Cohoes, cependant, la même analyse a démontré qu'il y a perte de cohésion de la communauté linguistique bilingue.

Afin d'atteindre un minimum de compréhension de l'hérérogénéité des communautés franco-américaines, il faudrait que des enquêtes comparables soient réalisées dans d'autres communautés : l'une située dans la région nord-est, l'autre dans la région sud-est de la Nouvelle-Angleterre, par exemple. Des études sociolinguistiques portant sur une diversité de communautés franco-américaines pourraient combler les lacunes qui existent actuellement dans la recherche sur cette variété et permettraient ainsi au français des Franco-Américains de contribuer à l'étude générale du français d'Amérique du Nord en situation minoritaire.

BIBLIOGRAPHIE

Brault, Gérard-J. (dir.), *Essais de philologie franco-américaine*, Worcester (Massachusetts), Collège de l'Assomption, 1958.

Brault, Gérard-J. *et al.*, *Cours de langue française destiné aux jeunes Franco-Américains (« Bowdoin Materials »)*, Manchester (New Hampshire), Association des professeurs franco-américains, 1965.

Dorian, Nancy (dir.), *Investigating Obsolescence. Studies in Lan-*

guage Contact and Death, Cambridge, Cambridge University Press, 1989.

Dumas, Denis, *Nos façons de parler. Les prononciations en français québécois*, Québec, Les Presses de l'Université du Québec, 1987.

Fasold, Ralph, *The Sociolinguistics of Society*, Londres, Basil Blackwell, 1984.

Fischer, Robert. A., « A Generative Phonological Description of Selected Idiolects of Canadian French in Lewiston, Maine », thèse de doctorat, Pennsylvania State University, 1976.

_____, « La langue franco-américaine », *Vie française*, numéro spécial, 1980, p. 37-60.

Fox, Cynthia A., « Une communauté franco-américaine dans l'État de New York : une étude préliminaire sur le français à Cohoes », *Francophonies d'Amérique*, n° 3, 1993, p. 181-192.

Fox, Cynthia A. et Louise Charbonneau, « Le français en contact avec l'anglais : analyse des anglicismes dans le français parlé à Cohoes », *Revue québécoise de linguistique théorique et appliquée*, n° 12, 1995, p. 35-63.

Giguère, Madeleine, « New England's Francophone Population Based Upon the 1990 Census », dans Claire Quintal (dir.), *Steeples and Smokestakes. A Collection of Essays on the Franco-American Experience*, Worcester (Massachusetts), Institut français, Assumption College, 1996, p. 567-594.

Kapuscinscki, Gisèle, « Ressemblances et divergences phonétiques entre le patois des Mauges et les parlers d'Amérique du Nord », dans Georges Cesbron (dir.), *L'Ouest français et la francophonie nord-américaine*, Angers, Presses de l'Université d'Angers, 1996.

Kelley, Henry Edward, « Phonological Variables in a New England French Speech Community », thèse de doctorat, Cornell University, 1980.

Lavoie, Yolande, *L'Émigration des Québécois aux États-Unis de 1840 à 1930*, Québec, Conseil de la langue française, 1981.

Locke, William, *The Pronunciation of the French Spoken at Brunswick, Maine*, Publication of the American Dialect Society 13, Greensboro (Caroline du Nord), American Dialect Society, 1949.

McMahon, April M.S., *Understanding Language Change*, Cambridge, Cambridge University Press, 1994.

Mailhot-Bernard, Irène, « Some Social Factors Affecting the French Spoken in Lewiston, Maine », thèse de doctorat, Pennsylvania State University, 1982.

Martel, Richard et Pierre Martin, « Le système phonologique du français de Lewiston, Maine », *Travaux de linguistique québécoise* 2, Québec, Presses de l'Université Laval, 1978.

Morgan, Raleigh, *The Regional French of County Beauce, Quebec*, The Hague, Mouton, 1975.

Mougeon, Raymond et Édouard Beniak, *Linguistic Consequences of Language Contact and Restriction. The Case of French in Ontario, Canada*, Oxford, Clarendon Press, 1991.

Mougeon, Raymond et Édouard Beniak (dir.), *Les Origines du français québécois*, Québec, Presses de l'Université Laval, 1994.

Poirier, Claude, « Les causes de la variation géolinguistique du français », dans Claude Poirier (dir.), *Langue, espace, société. Les variétés du français en Amérique du Nord*, Québec, Presses de l'Université Laval, 1994, p. 69-95.

Poplack, S., « Statut de langue et accommodation langagière le long d'une frontière linguistique », dans R. Mougeon et É. Beniak (dir.), *Le Français canadien parlé hors Québec : aperçu sociolinguistique*, Québec, Presses de l'Université Laval, 1989, p. 127-151.

Poplack, Shana, David Sankoff et Christopher Miller, « The Social Correlates and Linguistic Processes of Lexical Borrowing and Assimilation », *Linguistics*, n° 26, 1988, p. 47-104.

Poulin, N., *Oral and Nasal Vowel Diphthongization of a New England French Dialect*, Paris, Didier, 1973.

Pousland, Edward, *Étude sémantique de l'anglicisme dans le parler franco-américain de Salem (Nouvelle-Angleterre)*, Liège, G. Thone, 1933.

Roby, Yves, *Les Franco-Américains de la Nouvelle-Angleterre 1776-1930*, Sillery, Éditions du Septentrion, 1990.

Romaine, Suzanne, *Bilingualism*, Oxford, Basil Blackwell, 1989.

Sheldon, E.S., « Some Specimens of a Canadian French Dialect Spoken in Maine », *Publications of the Modern Language Association (PMLA)*, n° 3, 1987, p. 210-218.

Schweda, Nancy Lee, « Goal Oriented Interaction in the French-Speaking St-John River Valley of Northern Maine : A Sociolinguistic and Ethnomethodological Study of the Use of Verbal Strategies by Professional Members Living in a Bilingual Society With a French-English Speech Continuum », thèse de doctorat, Georgetown University, 1979.

Thomason, Sarah Grey et Terrence Kaufman, *Language Contact, Creolization and Genetic Linguistics*, Berkeley, University of California Press, 1988.

Veltman, Calvin, *L'Avenir du français aux États-Unis*, Québec, Éditeur Officiel, 1987.

NOTES

1. C'est avec plaisir que nous venons de prendre connaissance d'un premier article où l'on traite du français parlé à Lowell (Massachusetts). Il s'agit d'une étude comparative (Kapuscinski, 1996)

de cette variété avec le français des Mauges (France).

2. Malgré la présence de communautés franco-américaines dans cet État, New York n'est pas inclus dans les statistiques, lesquelles ne tiennent souvent compte que de la Nouvelle-Angleterre.

3. Au Vermont, les communautés linguistiques franco-américaines se retrouvent le plus souvent en milieu rural où la population est très peu nombreuse. En fait, les données pour le Vermont se rapportent uniquement à la ville de Burlington et ne tiennent pas compte des communautés où un pourcentage élevé de personnes parlent français à la maison, mais dont le nombre total est inférieur à 1 000. Dans le cas du Rhode Island, il y a cinq localités où plus de 1 000 personnes parlent français à la maison, dont Woonsocket. Si l'on ne tient pas compte de cette ville où 21 % des gens utilisent le français à la maison, le pourcentage pour le Rhode Island est de 5 %, ce qui est comparable aux autres États du sud de la Nouvelle-Angleterre.

4. Traditionnellement, l'État de New York n'est pas inclus dans la description de la Franco-Américanie. Pourtant, on y retrouve des communautés franco-américaines qui sont en plusieurs points semblables à celles de la Nouvelle-Angleterre. Par exemple, Cohoes s'apparente aux villes industrielles du sud de la Nouvelle-Angleterre.

5. Le corpus comprend six groupes d'âge : I (65 ans et plus) ; II (55-64 ans) ; III (45-54 ans) ; IV (35-44 ans) ; V (25-34 ans) ; VI (18-24 ans).

6. Il s'agit, bien sûr, d'une généralisation, des cas exceptionnels pouvant se présenter.

7. Dans les villages de Highgate et de Franklin, il n'existait pas d'écoles primaires confessionnelles bilingues comme dans d'autres communautés franco-américaines. Pour recevoir une éducation en français, les élèves devaient se rendre soit au Québec, soit au village de Swanton.

8. Nous adoptons la définition de l'emprunt lexical proposée par Poplack (1989, p. 142) selon laquelle « l'emprunt lexical implique une incorporation de mots individuels d'une L_2 en L_1 (ou langue réceptrice), ces incorporations subissant d'ordinaire des adaptations les rendant conformes aux patrons phonologique, morphologique et syntaxique de la langue réceptrice ».

DU FRANÇAIS DES ACADIENS À CELUI DES ONTARIENS
LES ACADIENS ET LEUR(S) LANGUE(S) : QUAND LE FRANÇAIS EST MINORITAIRE : ACTES DU COLLOQUE

de LISE DUBOIS et ANNETTE BOUDREAU (dir.)
(Moncton, Centre de recherche en linguistique appliquée, Éditions d'Acadie, 1997, 324 p.)
Recension-article

Terry Nadasdi
Université de l'Alberta (Edmonton)

Les Acadiens et leur(s) langue(s) : quand le français est minoritaire réunit 20 articles, issus d'un congrès portant sur la langue des Acadiens et des Acadiennes. C'est évidemment un domaine très vaste qui peut être abordé de bien des façons, et c'est effectivement ce qu'on trouve dans cet ouvrage. Cette variété d'approches mène parfois à un manque de cohésion entre les articles, qui ne tiennent pas compte les uns des autres. Aucune division thématique explicite n'est faite et il est impossible d'y chercher des informations précises, faute d'index. Notons aussi que bon nombre des résultats présentés sont provisoires et de nature exploratoire. Cela dit, l'ouvrage demeure très utile pour ceux et celles qui veulent se mettre au courant de la recherche actuelle sur le français acadien.

Même si les articles ne sont pas présentés selon les thèmes traités, il est possible de les regrouper en plusieurs grandes catégories : *a*) l'histoire du français acadien ; *b*) la variation linguistique en français acadien ; *c*) le lexique du français acadien ; et *d*) les autres variétés de français minoritaire. Le volume contient également des articles qui n'ont aucun rapport explicite avec le titre et dont je ne traiterai pas ici. Si l'on devait dégager un grand thème qui recouvre la majorité des articles, ce serait sans doute le statut minoritaire de la langue et le bilinguisme qui découle de cette situation. Cela dit, il est étonnant qu'aucun des articles ne traite de l'effet des variations dans l'emploi du français sur le parler des Acadiens et des Acadiennes. Même dans une seule communauté linguistique, il faut s'attendre à ce que les locuteurs aient des taux d'emploi du français variables, ce qui a des retombées importantes sur les structures employées et la fréquence d'emploi de ces structures. Afin de rendre compte des effets de ce type, je présenterai des analyses de la variation grammaticale en français ontarien qui permettent de voir de façon concrète le rapport qui existe entre l'emploi variable de la langue et les structures utilisées. Faisons d'abord le bilan des articles présentés dans cet ouvrage collectif.

Les Acadiens et leur(s) langue(s)

L'ouvrage commence par plusieurs articles portant sur l'histoire du français acadien (Jean-Michel Charpentier, Pierre M. Gérin et Charles Castonguay). L'article de Charpentier considère les variétés dialectales françaises et leur influence sur les parlers acadiens en se concentrant sur le problème des archaïsmes et des dialectalismes. L'auteur rejette le point de vue de Pascal Poirier d'après lequel les traits du français sont ceux du « bon français » du XVIIe siècle. En se basant sur des exemples tirés du lexique, Charpentier conclut que l'existence de véritables *dialectalismes* (qu'il distingue des *archaïsmes*) en français acadien contemporain nous oblige à reconnaître avec Massignon le rôle important qu'avaient joué les anciens dialectes dans la création de l'Acadie. L'étude de P. Gérin nous renseigne sur les efforts faits par Pascal Poirier afin de sauvegarder le français acadien par le truchement d'une entente avec l'Alliance française. D'après Poirier, la meilleure manière d'assurer la survie du français en Acadie, c'était d'améliorer l'enseignement en français. L'entente conclue entre Poirier et les représentants de l'Alliance française a contribué à la réalisation de cet objectif, en raison de l'appui financier fourni par celle-ci. Toutefois, cela ne s'est pas réalisé sans difficulté. L'entente entre Poirier et l'Alliance française a été fortement critiquée par des journaux religieux québécois qui y voyaient un geste antireligieux. Mais Poirier a répondu à ces critiques en soulignant qu'un tel appui permettait d'améliorer l'enseignement du français en Acadie par la formation des maîtres d'école, notamment dans les régions où la survie du français était le plus menacée.

« Évolution de l'anglicisation des francophones au Nouveau-Brunswick, 1971-1991 » de Charles Castonguay retrace l'histoire récente de l'assimilation des francophones du Nouveau-Brunswick, qui a pour cause principale l'exogamie linguistique des locuteurs. À cette fin, l'auteur considère la reproduction linguistique intergénérationnelle et cherche à savoir dans quelle mesure un groupe linguistique renouvelle son effectif d'une génération à l'autre. Les résultats présentés démontrent que depuis la fin des années soixante-dix, le nombre d'enfants de langue maternelle française est inférieur à celui des adultes de la génération précédente, ce qu'il attribue notamment à l'effondrement de la fécondité francophone. On y lit que le Nouveau-Brunswick comptait près de 60 000 enfants francophones en 1961, mais qu'il n'y en avait que 31 000 en 1991. Castonguay se penche également sur les problèmes de comparabilité des recensements de 1981, de 1986 et de 1991, mais il arrive tout de même à conclure que l'assimilation des francophones au Nouveau-Brunswick demeure non négligeable.

La catégorie d'articles suivante qu'on peut distinguer, et qui est de loin la plus importante de l'ouvrage, est celle de la variation linguistique. L'article de Wladyslaw Cichocki présente une analyse acoustique du français dans le but de mieux comprendre l'impression auditive d'après laquelle cette variété posséderait une accentuation « hachée ». Cette étude, qui bénéficie d'outils théoriques comme le syntagme intonatif et la hiérarchie prosodique, traite de plusieurs types de syllabes dans le parler d'une seule locutrice du Nouveau-Brunswick. Ses résultats démontrent que la syllabe finale d'un groupe rythmique est plus brève en français acadien qu'en français européen et que cette différence est perceptible. L'auteur note également que, bien que la dernière syllabe d'un groupe rythmique soit deux fois plus longue que les autres syllabes en français européen, elle ne l'est que de 75 % en français acadien. Il vérifie ensuite l'hypothèse selon laquelle la syllabe finale varie en fonction du type de frontière qu'elle précède. En effet, l'analyse acoustique révèle que la dernière syllabe d'un syntagme intonatif est nettement plus longue que celle d'un groupe rythmique, ce qui constitue un argument en faveur de la représentation de la phonologie prosodique.

Gisèle Chevalier se penche sur l'emploi des formes du futur dans le parler acadien du sud-est du Nouveau-Brunswick. L'auteure analyse d'un point de vue fonctionnel l'alternance entre le futur simple (ex. : *je parlerai*) et le futur périphrastique (ex. : *je vais parler*) afin de vérifier son intuition d'après laquelle il y a plus de verbes au futur simple en français néo-brunswickois qu'en français québécois. Son hypothèse de départ est que ces deux types de futur sont en concurrence en français québécois alors qu'ils se spécialisent en français néo-brunswickois. Elle présente d'abord des pourcentages généraux sur l'emploi du futur simple en français néo-brunswickois, en français québécois et en français du sud de la France (français néo-brunswickois = 25 % ; français québécois = 17 % ; français du sud de la France = 48 %). Toutefois, elle souligne qu'il y a beaucoup de variations chez les Néo-Brunswickois. Le taux d'emploi du futur simple est de 7,9 % dans le Nord-Ouest, de 20,2 % dans le Nord-Est et de 37,1 % dans le Sud-Est ! Chevalier passe ensuite au rôle du contexte syntaxique dans le sud-est du Nouveau-Brunswick. Premier résultat : dans les contextes négatifs, le futur s'emploie plus librement dans le sud-est du Nouveau-Brunswick qu'au Québec, quoique ce contexte favorise toujours le futur simple en français néo-brunswickois du Sud-Est. Ensuite, elle constate que dans cette variété, la subordonnée temporelle favorise très majoritairement le futur simple, ce qui l'amène à considérer une spécialisation éventuelle des variantes dans le français néo-brunswickois du Sud-Est. Ses données laissent entendre que, dans cette variété, le futur périphrastique tend à avoir une valeur temporelle, alors que le futur simple tend à favoriser une interprétation modale.

Vient ensuite l'analyse sociolinguistique de la variable *si/si que* de Louise Beaulieu qui cherche à élucider la fonction sociale de ces variantes ainsi que les contextes linguistiques qui conditionnent l'emploi de ces formes. Son étude commence par une analyse de la structure de la forme *si que*, une locution qui aurait été amputée de la copule (c'est-à-dire *si c'est que* > *si que*). La prise en considération du contexte linguistique révèle qu'il n'y a qu'un seul facteur qui conditionne la variable, à savoir l'environnement phonologique: une voyelle après la variante favorise la présence de *si que*, alors qu'une consonne favorise la forme *si*. À propos des facteurs sociaux, elle note que c'est surtout le réseau social des locuteurs qui est pertinent, et donc que la norme linguistique n'est pas unidimensionnelle. Beaulieu va jusqu'à affirmer que «certaines formes sont des marqueurs de solidarité ou de prestige pour un groupe, mais n'ont aucune signification pour d'autres» (p. 107).

L'ouvrage contient également un article de Patricia Balcom portant sur la variation actuelle du point de vue de la langue d'acquisition. L'auteure s'intéresse à la représentation de la structure d'argument de certaines classes de verbes anglais chez les locuteurs avancés de langue maternelle française, en se basant sur la théorie de Grimshaw qui définit la structure d'argument comme «une représentation lexicale des renseignements grammaticaux d'un prédicat». Deux types de données sont utilisés: l'évaluation de la grammaticalité et les tests clos. Son étude porte plus précisément sur la structure fautive *be + en*, par exemple: «**This soup was tasted good after the cook had added some salt.*» Son premier résultat est qu'il n'y a pas de différence significative entre les apprenants et les anglophones dans l'utilisation de cette structure. Toutefois, l'examen des données issues des évaluations de la grammaticalité révèle qu'il existe des différences significatives, mais seulement dans le cas des verbes dont le sujet grammatical porte le rôle thématique de thème. La conclusion qu'elle en tire, c'est que les apprenants francophones n'ont pas les mêmes intuitions grammaticales que les anglophones, même si leur performance langagière est similaire.

L'article d'Annette Boudreau, «Les mots des jeunes Acadiens et Acadiennes du Nouveau-Brunswick», porte sur la variation lexicale et notamment sur les attitudes linguistiques des jeunes francophones du Nouveau-Brunswick vis-à-vis des formes vernaculaires et anglaises. L'étude des anglicismes se limite aux ponctuants du discours anglais retrouvés dans un corpus recueilli auprès d'adolescents du Nouveau-Brunswick, tandis que celle des formes du vernaculaire tient surtout compte des formes verbales traditionnelles en *-ont*. Les attitudes par rapport à ces formes sont examinées séparément pour le nord-est, le nord-ouest et le sud-est du Nouveau-Brunswick. L'auteure constate que les ponctuants anglais se trouvent principalement dans le Sud-Est, c'est-à-dire là où le contact avec l'anglais est le plus intense. Dans les deux régions du Nord, qui sont majoritairement francophones, l'anglais exerce très peu d'influence sur le comportement langagier des locuteurs. En ce qui concerne les formes du vernaculaire, là encore, c'est dans le Sud-Est qu'on trouve le plus grand nombre de formes verbales acadiennes. Lorsqu'ils font leur auto-évaluation des locuteurs, la grande majorité des répondants du Sud-Est disent utiliser beaucoup plus de mots anglais que n'en compte le corpus. Dans le Nord-Est, où l'on trouve moins d'anglicismes, ceux qui s'en servent disent utiliser l'anglais afin de faire partie du groupe. Il en va de même dans le Nord-Ouest, mais tout comme dans le Sud-Est, les répondants semblent exagérer l'emploi qu'ils font réellement des mots anglais. Quant aux archaïsmes, ils suscitent nettement moins de commentaires que les anglicismes, et les gens demeurent ambivalents à propos de l'emploi de ces formes. En somme, il est important de parler le vernaculaire communautaire avec les amis, mais il est nécessaire de maîtriser les variantes standard dans les situations formelles, autrement on risque de faire rire de soi. L'auteure décrit cette situation comme un dilemme, mais il faut dire que la nécessité de maîtriser plusieurs niveaux de langue caractérise toutes les communautés linguistiques.

Les autres études qui tiennent compte de la variation (plus ou moins) actuelle en français acadien sont de nature qualitative. Le premier de cette série d'articles est « Le franco-acadien endimanché » de Pierre Gérin. Il s'agit d'une étude qui porte sur le français soigné des Acadiens, tel qu'on le trouve dans les journaux comme *L'Évangéline* et *Le Moniteur acadien*. Étant donné que la variété de langue qui est souvent prisée par les institutions acadiennes est celle de l'élite française, Gérin signale les écarts qui séparent le « bon acadien » du « bon français » européen. L'article contient bon nombre d'exemples de tous les niveaux linguistiques, mais l'auteur note que ce sont les écarts syntaxiques (notamment les constructions verbales) qui sont les plus considérables en français acadien endimanché. L'article reste assez descriptif, mais, malheureusement, il ne donne pas d'information sur la fréquence des différentes formes. Il constitue toutefois une bonne source d'information à propos du style soutenu du français acadien écrit.

Dans « Nouvelles variétés de français parlé en Acadie du Nouveau-Brunswick » de Louise Péronnet, on trouve une analyse des structures morphosyntaxiques qui ne font pas partie du français acadien traditionnel et qui résultent soit d'une influence anglaise, soit d'une influence du français standard. La prise en compte de ces deux sources de renouvellement démontre à quel point l'acadien du Nouveau-Brunswick est en train d'évoluer. D'après Péronnet, l'acadien traditionnel peut évoluer dans deux sens différents : soit vers le français standard, soit vers le français non standard. Elle note que chaque dimension se divise à son tour pour constituer des sous-types, chaque sous-type étant caractérisé par des traits différents. Dans le cas des sous-types issus d'une influence anglaise, Péronnet distingue les variétés qui ont recours au transfert linguistique, celles qui ont recours à des simplifications structurales et celles dont les locuteurs font montre d'une réduction stylistique. Dans les variétés qui tendent vers le français standard, les sous-types impliquent l'introduction de traits super-régionaux, un mélange des variétés régionales et standard ou bien un emploi approximatif de la variété standard.

Passons aux articles qui portent sur le lexique acadien. Le premier de cette catégorie est « Le lexique identitaire de l'acadianité dans les différentes régions de l'Acadie » de Paul Wijnands. L'auteur nous rappelle que le lexique identaire d'un groupe de locuteurs relève de leur identité culturelle ; celle-ci est nécessairement de nature idéologique et surgit dans les discours portant sur le mythe fondateur, le territoire, la minorisation politique et sociale et la crainte de la disparition. Ce lexique comprend notamment les vocabulaires de l'appartenance ethnique, de la localisation géographique, de l'interrogation identitaire sur la langue, de l'histoire, du folklore et de la solidarisation/désolidarisation communautaire. Cette première catégorie de mots est particulièrement riche; on y retrouve pas moins de onze termes différents pour renvoyer à la notion d'« Acadien » (*acadien, cadien, cadjun, cayen*, etc.). Il note aussi que l'existence de termes d'appartenance acadienne dissociée du type *brayon* et *madawaskaïen* met en relief les différences régionales aux dépens de l'appartenance acadienne.

Viennent ensuite deux articles d'ordre lexicographique. Dans le premier, « La prise en compte de l'Acadie dans les nouveaux dictionnaires québécois », Gabrielle Saint-Yves cherche à savoir à quel point le parler des minorités francophones hors Québec est représenté dans les dictionnaires conçus par les lexicographes québécois. À cette fin, elle examine trois dictionnaires français (le *Nouveau Petit Robert*, 1993; le *Dictionnaire Hachette encyclopédique*, 1994, et le *Petit Larousse*, 1993) et deux dictionnaires québécois (le *Dictionnaire du français plus*, 1988, et le *Dictionnaire québécois d'aujourd'hui*, 1992). Il ressort de cette comparaison que les dictionnaires français ne traitent que des mots « acadien » et « sagouin », alors que les dictionnaires québécois accordent une place importante aux vocables acadiens. Pour appuyer ce résultat, l'auteure dresse une liste des références explicites et implicites à l'Acadie. Elle conclut tout de même qu'il serait toujours souhaitable d'avoir des dictionnaires spécifiques pour les différents groupes minoritaires francophones au Canada, dans le but de valoriser la variété de langue parlée dans chaque région.

Le rôle des mots acadiens dans les dictionnaires québécois est aussi traité dans l'article de Claude Poirier (« L'apport du *Dictionnaire du français québécois* à la description du français acadien »). L'auteur rappelle que les premiers lexicographes québécois s'intéressaient déjà aux particularités du français acadien; cette tradition se poursuit avec le *Trésor de la langue française au Québec*, dont le but initial était de rassembler tous les traits linguistiques qui caractérisent le français au Québec par rapport au français de France, en tenant compte aussi des particularités du français acadien et ontarien. Toutefois, Poirier précise que l'envergure de la tâche s'est révélée trop grande étant donné les contraintes du financement. La nomenclature a donc été restreinte à 5 000 mots. Cela dit, le dictionnaire continue à accueillir un certain nombre de mots qui caractérisent le français acadien. D'après Poirier, l'acadien doit occuper une place importante dans un dictionnaire comme le DLQ[1], en raison de l'apport du français acadien à la connaissance de l'histoire du français en Amérique du Nord.

Deux articles traitent du français de la Louisiane. « Les archaïsmes lexicaux et phonologiques en français cadien de la Louisiane » de Catherine Bodin adopte une approche traditionnelle, soit celle de l'atlas linguistique, pour rassembler des données relatives au français acadien de la Louisiane. L'auteure se sert d'un questionnaire dont les réponses sont indiquées sur une série de cartes. Son étude comprend aussi un résumé des principaux traits lexicaux et phonologiques qui caractérisent les locuteurs de son étude. C'est une approche qui privilégie le parler du passé au détriment du parler actuel des locuteurs et va à l'encontre de ce que l'auteure dit être un des avantages des atlas linguistiques : montrer « les réalisations multiples de la réalité communicative » (p. 225). Les répondants, dont le nombre n'est pas précisé, sont âgés de 60 à 70 ans. Leur concentration dans ce groupe d'âge provient en partie du fait que les jeunes sont moins nombreux à s'exprimer en français. Il aurait été intéressant cependant d'avoir des données précises sur l'état actuel de cette variété de langue, issues d'une méthodologie sociolinguistique qui rend compte de toute la communauté. L'absence d'une telle approche se voit dans le jugement de valeur porté par l'auteure vers la fin de son article où elle parle d'« appauvrissement de l'expression » (p. 232).

Dans, « Le français cadjin du bassin Lafourche : sa situation sociolinguistique et son système pronominal », Robert A. Pape et Kevin J. Rottet présentent des données à propos des pronoms personnels et des pronoms adverbiaux *y* et *en* du français cadjin de Terrebonne et de Lafourche. Dans le cas des pronoms sujets, c'est la première personne qui est le plus variable. Les auteurs rendent compte de cette variation en termes sociologiques, mais ne donnent que peu d'information sur le contexte linguistique. Du côté des pronoms objets, on trouve surtout des syncrétismes par rapport aux formes du français standard. Les pronoms *y* et *en* sont peu fréquents et sont souvent remplacés par des formes postposées aux verbes.

Un seul article a pour objet d'étude le français du Maine. L'auteur constate que les Franco-Américains cherchent à faire accepter leur rôle dans l'histoire américaine et qu'ils ont un sentiment d'incertitude quant à leurs origines. D'après Robert N. Rioux, cela est en grande partie attribuable aux professeurs de français des niveaux secondaire et universitaire qui parlent et qui enseignent une langue qui n'a rien de pratique et qui critiquent fortement le parler local. Afin de remédier à cette situation, Rioux a créé des cours portant sur la langue française du Maine, sur la civilisation franco-américaine et sur l'évolution phonétique du français. C'est ainsi que les étudiants franco-américains se sont rendu compte que leur variété régionale est historiquement valable, orale et fonctionnelle. Mais finalement, ce sont les professeurs de français qui auraient pu profiter le plus de ce genre de cours. L'information présentée dans l'article demeure subjective. Notons aussi qu'il y a longtemps que les linguistes essaient de faire comprendre à ceux qui se cachent derrière le cachet du français standard que les variétés régionales sont tout aussi valables. Mais, tant que des cours portant sur ces variétés ne feront pas partie de tout programme de français universitaire, il vaut la peine de continuer à le répéter.

Dans le dernier article portant sur le français régional, « Problématique de l'emprunt (Sudbury, Ontario) », Natalie Melanson, Denise Deshaies et Claude Poirier se concentrent sur la distinction entre *emprunt* et *alternance de code*. Ces auteurs soulignent le fait que lorsqu'une forme d'origine anglaise n'a pas de marque morphologique et ne se trouve qu'une seule fois dans le corpus, on peut difficilement décider à quelle catégorie elle appartient. De plus, si elles ne sont pas des mots uniques, les expressions récurrentes comme *that's right, never mind* ou les séquences verbales du type *swinger back and forth* ne sont pas tout à fait des alternances de code non plus. Les auteurs procèdent ensuite à une analyse quantitative de données qui proviennent de locuteurs francophones de Sudbury. Leurs résultats démontrent que 79,1 % des formes anglaises sont des emprunts (elles présentent une marque d'intégration au français), que 7 % sont des alternances lexicales et que 20,4 % représentent des cas dont le classement est problématique.

Variation et restriction linguistiques en français minoritaire

Comme nous l'avons déjà laissé entendre, toute communauté linguistique minoritaire se définit en partie par le fait que les locuteurs n'utilisent pas la langue minoritaire avec la même fréquence. Certains l'emploient dans la plupart des situations quotidiennes; d'autres ne l'utilisent que très rarement. Toutefois, *Les Acadiens et leur(s) langue(s)* ne contiennent aucun article qui mesure de façon objective le rôle de la restriction linguistique en français minoritaire. Dans la deuxième partie de cette recension-article, nous nous proposons de combler cette lacune en examinant quelques variables grammaticales dans une variété de français minoritaire, à savoir le français ontarien, afin de rendre compte de l'influence de ce paramètre social sur la variation linguistique dans une communauté linguistique minoritaire.

Corpus du français ontarien

Le corpus sur lequel nos analyses sont basées a été établi vers la fin des années soixante-dix à partir d'une centaine d'adolescents inscrits dans les écoles françaises de l'Ontario. Ces locuteurs proviennent de quatre localités (Hawkesbury, Cornwall, North Bay et Pembroke), où la concentration des francophones est variable, comme l'indiquent les chiffres du tableau 1, qui ont été calculés à partir des données du recensement canadien de 1981.

Tableau 1
Taux de concentration des francophones dans les quatre localités retenues pour l'étude

Ville	Nombre de francophones	Pourcentage
Hawkesbury	8 355	85 %
Cornwall	15 965	35 %
North Bay	8 545	17 %
Pembroke	1 185	8 %

Étant donné que les francophones n'ont pas la même force démographique dans chacune de ces localités, on devrait s'attendre à ce que le taux d'emploi du français soit aussi variable. Dans une ville comme Pembroke, les possibilités d'employer le français sont assez limitées, ce qui engendre une restriction élevée dans l'emploi du français. Par contre, les locuteurs qui résident à Hawkesbury auront fort probablement plus d'occasions d'utiliser leur langue maternelle et feront montre d'une restriction linguistique beaucoup moins prononcée.

Indices de restriction linguistique

Afin de mesurer la restriction dans l'emploi du français, on a posé aux locuteurs de l'échantillon plusieurs questions portant sur la fréquence de l'emploi qu'ils font du français et sur leur exposition à cette langue dans la communication de tous les jours. Ces questions avaient trait à onze situations de communication différentes (voir Raymond Mougeon et Édouard Beniak, 1991, p. 79) et cherchaient à savoir quelle est la langue employée :

a) quand l'informateur parle à ses camarades en classe ;
b) quand la mère de l'informateur lui parle ;
c) quand le père de l'informateur lui parle ;
d) quand les parents de l'informateur parlent entre eux ;
e) quand l'informateur parle à sa mère ;
f) quand l'informateur parle à son père ;
g) quand l'informateur parle à ses frères et à ses sœurs à la maison ;
h) quand l'informateur parle à ses frères et à ses sœurs à l'extérieur de la maison ;
i) quand l'informateur parle à ses amis dans les corridors de l'école ;
j) quand l'informateur parle à ses amis à la maison ;
k) quand l'informateur parle à ses amis à l'extérieur de la maison.

À partir des réponses à ces questions, des indices numériques ont été établis pour chaque locuteur afin de tenir compte de la fréquence avec laquelle ils utilisent le français. La valeur la plus forte de cet indice est de 1,00 (emploi exclusif du français ou absence de restriction linguistique) et la valeur la plus faible est de 0,05 (emploi minimal du français ou restriction linguistique forte). À l'instar de Mougeon et Beniak, nous avons regroupé les locuteurs en trois groupes distincts, selon leur niveau de restriction linguistique :

Usage non restreint du français (UNRF) : 0,78-1,0.

Usage moyennement restreint du français (UMRF) : 0,45-0,77.

Usage fortement restreint du français (UFRF) : 0,05-0,44.

Il est à noter que même les locuteurs dont l'indice est très faible sont capables de s'exprimer en français, certes avec moins d'aisance que ceux dont l'indice est élevé, mais avec assez de facilité pour tenir une conversation en français. Cela tient sans doute largement au fait que tous ont bénéficié d'au moins neuf années de scolarité dans une école de langue française. Les locuteurs à faible indice de fréquence d'emploi font donc montre d'une restriction dans l'emploi de la langue minoritaire moins prononcée que les locuteurs ayant fait l'objet d'autres études sur les langues minoritaires (voir Nancy Dorian, 1981 ; King, 1989).

L'examen des indices de restriction, tout comme les données sur la concentration des francophones dans les quatre localités, révèle que Hawkesbury est la seule communauté franco-ontarienne où la restriction dans l'emploi du français est minimale. Afin de rendre compte des retombées linguistiques de la restriction dans l'emploi du français, nous examinerons trois variables grammaticales dont l'emploi varie en fonction du degré de restriction linguistique.

Le redoublement du sujet

La première variable que nous nous proposons d'examiner est l'emploi d'un sujet redoublé, c'est-à-dire l'alternance entre la présence et l'absence d'un clitique sujet dans une proposition qui contient déjà un sujet lexical. La variante avec clitique, appelée *redoublement du sujet*, caractérise le français vernaculaire[2], tandis que la variante sans clitique fait partie de la langue standard. Voici des exemples de chaque variante :

(1) *a*) Sandy __ est partie avec un autre gars.

b) Bobby Hull il a dû donner sa démission.

L'hypothèse à la base de l'étude de cette alternance est que les locuteurs qui font un usage restreint du français devraient employer moins de variantes redoublées, et cela pour deux raisons principales : *a*) la variante redoublée fait partie du français vernaculaire, les variantes vernaculaires étant moins fréquentes chez les locuteurs qui utilisent peu le français (voir Mougeon et Nadasdi, 1996 ; Nadasdi, 1995) ; et *b*) la variante redoublée contient un morphème lié, les formes liées étant employées moins souvent par les locuteurs qui font un usage restreint du français (voir Andersen, 1982).

Passons donc aux résultats concernant l'alternance en cause qui se trouvent au tableau 2.

Tableau 2
Redoublement d'un sujet lexical par un clitique sujet selon le niveau de restriction linguistique

Niveau de restriction	Poids relatifs	Pourcentage
UNRF	0,662	41 %
UMRF	0,499	25 %
UFRF	0,346	17 %

Les données de ce tableau indiquent que la restriction dans l'emploi du français a une influence importante sur le parler des locuteurs. Plus l'usage du français est restreint, moins on trouve de redoublement de sujet. La prise en compte de la restriction révèle que ce n'est qu'une sous-partie de la communauté franco-ontarienne qui emploie peu de variantes vernaculaires.

L'absence totale de représentation pronominale d'un objet direct

La deuxième variable que nous examinerons concerne l'omission du pronom objet direct là où il serait obligatoire dans d'autres variétés de français. Dans les exemples qui suivent, l'absence d'un pronom est indiquée par le symbole ø :

(2) ils ont pris *la fille* pis ils étaient pour le donner à, à *King Kong* puis après il a venu ø chercher mais il n'ø a pas mangée, il ø (?) a gardée avec lui et puis après les autres hommes sur le bateau ont revenu puis ils ø ont capturé puis ils ø ont mis dans une cage.

Ce passage compte au moins trois exemples où le locuteur n'emploie aucun pronom, même si un pronom serait de rigueur en français standard aussi bien qu'en français québécois. L'omission du pronom est évidente dans les deux derniers exemples (*ils ont capturé ... ils ont mis dans une cage*), étant donné qu'il y a une liaison entre le pronom sujet et l'auxiliaire *avoir*. Comme les exemples d'absence totale d'un pronom sont le fruit uniquement de locuteurs qui font un usage limité du français, on ne saurait affirmer qu'il s'agit de cas d'effacement de la consonne /l/, étant donné que ces locuteurs sont ceux qui effacent le moins[3] (voir Mougeon et Nadasdi, 1996). De plus, dans les exemples sans pronom, aucune voyelle n'est perceptible.

Il est à noter que cet emploi n'existe pas dans le parler des locuteurs de Hawkesbury et ne se retrouve pas non plus chez les locuteurs à UNRF des autres régions. Les seuls exemples qui se rapprochent des cas d'omission présentés en (2) et qu'on trouve chez les locuteurs à UNRF sont ceux qui comportent un verbe dont l'objet direct est facultatif. Il s'agit de verbes comme *regarder, entendre, écouter, parler,* etc., comme on peut le constater ci-dessous :

(3) *a*) je parle *anglais* ... mais je ø parle pas pire.

b) *le hockey* ... parce que l'ami de ma sœur l'écoutait ... je m'assisais avec elle pis j' ø écoutais.

c) *Highway Patrol* ... la semaine passée ... j' ø ai pas regardé.

Nous avons inclus ce type d'exemples dans les calculs de l'absence totale d'un pronom, étant donné que l'emploi d'un pronom clitique aurait été possible.

Examinons l'effet de la restriction linguistique sur l'alternance entre les clitiques et les structures sans pronom objet. Ces résultats sont présentés au tableau 3.

Tableau 3
Absence de pronom objet
selon le niveau de restriction linguistique

Niveau de restriction	Poids relatif	Pourcentage	Occurrences
UNRF	0,713	97 %	762/785
UMRF	0,578	96 %	951/991
UFRF	0,183	83 %	578/698

Comme on peut le voir dans ce tableau, la restriction linguistique chez les locuteurs exerce une très forte influence sur l'absence de pronom objet. Les seuls cas d'omission qu'on trouve chez les locuteurs à UNRF sont ceux qui comportent un verbe dont l'objet direct est facultatif. Donc, les exemples sans pronom objet des verbes qui exigent un objet direct se trouvent exclusivement chez les locuteurs qui font un usage limité du français. Il semble donc que l'emploi réduit de cette langue soit une condition nécessaire pour qu'un locuteur évite entièrement la représentation pronominale d'un objet direct obligatoire.

Le syncrétisme des pronoms objets

L'inventaire des clitiques de la troisième personne pouvant représenter un objet indirect du type *à X* ou *de X* en français ontarien ne se limite pas aux clitiques objets indirects *lui*, *leur* et *en* ; la représentation de ces objets peut aussi se faire par les formes *le* et *les*. Autrement dit, il y a syncrétisme entre les clitiques de la troisième personne accusatif et datif. Par exemple :

(4) *a*) les profs ... des fois après la classe on va *les* demander des questions.

b) parler de l'école ... je pourrais *le* parler le mieux en anglais.

c) La maîtresse ... ça *le* fait du peine.

Signalons que lorsqu'ils sont suivis d'un syntagme nominal datif, ces verbes appellent toujours une préposition, par exemple : *Marie parle à Jean*. Les pronoms clitiques accusatifs employés avec ces verbes ne renvoient donc pas à des objets directs.

Comme le démontrent les exemples présentés en (4), les formes « accusatives » peuvent renvoyer à des objets indirects du type *de X* et *à X*. Toutefois, ce syncrétisme n'est pas attesté pour les locatives ni pour les clitiques objets indirects du type *à X* dont le référent est [-animé], par exemple, *penser, réfléchir,* etc. Signalons finalement que même lorsqu'il s'agit d'un référent féminin, la forme syncrétisée qu'on emploie normalement est *le*.

On pourrait se demander si le syncrétisme de l'accusatif et du datif va aussi dans le sens « datif pour accusatif ». En d'autres termes, est-ce qu'on trouve aussi des cas où *lui* et *leur* sont employés au lieu de *le* et *les*? C'est effectivement le cas dans notre corpus où l'on trouve des exemples, comme celui-ci :

(5) ils me d'mandent de *leurs* aider avec leur français.

Toutefois, dans presque toutes les occurrences de ce type, il s'agit d'un verbe qui, en français ontarien et généralement en français vernaculaire, appelle un objet indirect. Par exemple :

(6) J'attends pis j'aide *à ma mère*.

Dans la plupart des cas, c'est le verbe *aider* qui est employé. Ainsi, nous avons exclu ces alternances de notre étude du syncrétisme. Nous présentons au tableau 4 les résultats concernant cette variable.

Tableau 4
Corrélation entre le niveau de restriction linguistique et le syncrétisme entre les clitiques datifs et accusatifs

Niveau de restriction	Poids relatif	Pourcentage	Occurrences
UNRF	0,746	97 %	234/241
UMRF	0,404	89 %	148/166
UFRF	0,114	57 %	54/95

Encore une fois, on constate que le taux d'emploi du syncrétisme est très différent selon le niveau de restriction linguistique. Alors que les locuteurs à UNRF n'y ont presque jamais recours, les locuteurs à UFRF l'emploient dans presque la moitié des occurrences !

Conclusion

Les trois variables traitées ci-dessus témoignent du rôle important que joue la restriction linguistique dans le parler des locuteurs d'une variété minoritaire. Comme on l'a vu, elle entraîne une distribution différentielle des variantes au sein de la communauté minoritaire et se traduit par un inventaire de formes différentes selon le niveau de restriction linguistique. En fait, l'effet variable de la restriction linguistique est déjà bien documenté dans de nombreuses recherches portant sur les langues minoritaires (voir Nancy Dorian, 1981 ; Gal, 1979 ; Silva-Corvalán, 1994 ; Mougeon et Beniak, 1991 ; Nadasdi, 1995). De plus, comme le laissent entendre Mougeon et Nadasdi (1996, p. 24), on peut considérer les différences qui découlent de cette restriction comme un trait fondamental des communautés minoritaires : « *they should be expected in minority language speech communities and even perhaps considered to be one of their defining sociolinguistic characteristics.* » Cela dit, il est regrettable que cet aspect important des communautés minoritaires soit passé sous silence dans *Les Acadiens et leur(s) langue(s): quand le français est minoritaire*. Si l'on ne tient pas compte de tous les locuteurs du français acadien, y compris de ceux qui font un usage restreint du français, on ne saurait présenter qu'une vision incomplète de la communauté linguistique actuelle. Mettre tous les locuteurs dans une même catégorie, c'est donner une fausse impression de la réalité linguistique. L'étude de toute communauté linguistique minoritaire nécessite des analyses plus fines, qui tiennent compte de la complexité sociolinguistique de ces communautés.

BIBLIOGRAPHIE

Beniak, É., R. Mougeon et N. Côté, « Acquisition of French Pronominal Verbs by Groups of Monolingual and Bilingual Canadian Students », *The Sixth LACUS Forum*, W. McCormack et H. Izzo (dir.), Columbia, South Carolina, Hornbeam Press, 1980, p. 355-368.

Dorian, Nancy, *Language Death: The Life Cycle of a Scottish Gaelic Dialect*, Philadelphia, University of Pennsylvania Press, 1981.

Gal, Susan, *Language Shift. Social Determinants of Linguistic Change in Bilingual Austria*, New York, Academic Press, 1979.

King, Ruth et Terry Nadasdi, « Left Dislocation, Number Marking and Canadian French », *Probus* 9.2, 1997, p. 1-18.

Mougeon, Raymond et Terry Nadasdi, « Discontinuités sociolinguistiques inter-/intra-communautaires en Ontario français », *Revue du Nouvel Ontario*, n° 20, 1996, p. 51-76.

Mougeon, Raymond et Édouard Beniak, *The Linguistic Consequences of Language Contact and Restriction: The Case of French in Ontario, Canada*, Oxford, Oxford University Press, 1991.

Nadasdi, Terry, « Variation morphosyntaxique et langues minoritaires: le cas du français ontarien », thèse de doctorat, University of Toronto, 1995.

Silva-Corvalán, Carmen, *Language Contact and Change: Spanish in Los Angeles*, Oxford, Oxford University Press, 1994.

NOTES

1. Dictionnaire de la langue québécoise (projet non publié).

2. Voir King et Nadasdi, 1997, p. 1-18.

3. Cette structure rappelle l'omission d'un clitique réfléchi, par exemple *Ils ont baigné* pour *Ils se sont baignés*, analysée par Beniak, Mougeon et Côté (1980, p. 363-365).

LA PÉRENNITÉ DU MYTHE DU NOUVEAU MONDE : DE MAURICE CONSTANTIN-WEYER À BERNARD CLAVEL

Manon Pelletier
Université d'Ottawa

> On m'a dit la vie au Far West et les Prairies,
> Et mon sang a gémi : « Que voilà ma patrie ! »
> Déclassé du vieux monde, être sans foi ni loi,
> Desperado ! Là-bas, là-bas, je serai roi !...
> Oh ! Là-bas, là-bas ! M'y scalper de mon cerveau d'Europe !
> Piaffer ! Redevenir une vierge antilope [...][1].
>
> Jules Laforgue, *Rêve du Far West.*

Qui n'a pas souhaité découvrir une terre vierge, un bout du monde inexploré, un paradis terrestre où il serait possible de tout recommencer ? Pour plusieurs Européens, le Nouveau Monde, l'Amérique, a représenté et représente encore cette terre promise.

Les écrivains de toutes les époques ont utilisé le mythe du Nouveau Monde afin de créer leurs univers romanesques. Et, ce faisant, ils ont contribué à le réactiver ou encore à le transposer dans un espace bien précis. Parmi eux, deux Français qui ont puisé au Canada une bonne partie de leur inspiration : Maurice Constantin-Weyer et Bernard Clavel. Le premier, qui a séjourné au Canada entre 1904 et 1914, a écrit plus de dix récits dont l'action se passe dans l'Ouest canadien et dans le Grand Nord. Pour sa part, Bernard Clavel a découvert la route du Nord au-delà de soixante ans plus tard, vers 1977-1978. Il s'est intéressé plus particulièrement à l'Abitibi-Témiscamingue et au Grand Nord québécois dans lesquels il a situé l'action des quatre romans composant le cycle *Le Royaume du Nord*.

La comparaison des œuvres de ces deux auteurs permet de constater la pérennité du mythe du Nouveau Monde, ainsi que la récurrence de certains procédés visant à combler le désir d'exotisme des lecteurs français. Constantin-Weyer et Clavel entraînent le lecteur dans un monde mythique composé d'un espace immense et vierge que la civilisation n'a pas encore corrompu. Un endroit où vivent des hommes «naturels», les Indiens. En outre, ils multiplient les détails exotiques sur la faune, la flore, l'alimentation, les vêtements, etc. Par conséquent, ils placent leurs personnages dans un environnement qui diffère énormément du paysage quotidien du lecteur. Il s'agit d'un monde qui a ses propres lois et où la nature, à la fois sublime et cruelle, offre à l'homme une série d'épreuves qui le poussent à se dépasser. Les héros de Constantin-Weyer et de Clavel sont donc des espèces de surhommes, au courage et à la force sans défaillance. En fait, tous les éléments romanesques, personnages, espace, temps, convergent afin de créer un climat de liberté, d'aventure et d'exotisme propre à séduire le public français.

Ce sont ces similitudes qui seront explorées dans la présente étude. Ainsi, les différences entre les œuvres des deux auteurs, au niveau de la voix narrative par exemple, ne seront pas abordées. Deux romans de chaque auteur ont été choisis, soit: *Un homme se penche sur son passé* (1928), qui a valu le prix Goncourt à son auteur, et *Un sourire dans la tempête* (1934). Du côté de Clavel, deux volumes de la série *Le Royaume du Nord* ont été retenus: le premier, *Harricana*, paru en 1983, ainsi qu'*Amarok*, publié en 1987[2] . Le choix de ce dernier s'est imposé en raison de la présence du Grand Nord, qu'on retrouve aussi chez Constantin-Weyer et qui tient une place importante dans la constitution du mythe du Nouveau Monde. Au besoin, des exemples seront puisés dans d'autres romans des auteurs.

À première vue, les espaces géographiques choisis par les deux auteurs diffèrent considérablement. Mais, en fait, des valeurs similaires sont attribuées à tous les espaces, puisque les images mythiques dont usent Constantin-Weyer et Clavel ont été puisées à la même source: la découverte du Nouveau Monde. « Dans l'histoire de l'Occident, la découverte de l'Amérique apparaît en effet comme l'occasion rêvée de favoriser, dans un Moyen Âge qui se meurt dans les convulsions des guerres, de la peste et de la famine, la "renaissance" de l'homme, le "recommencement" de l'aventure humaine[3]. » Qualifié par certains explorateurs de paradis, par d'autres d'enfer, le nouveau continent a surtout l'immense avantage d'être pratiquement vierge. Il faut se rappeler qu'à cette époque, on croyait fermement que la fin du monde était proche. Christophe Colomb avait dit au prince Jean: « Dieu m'a fait le messager d'un nouveau ciel et d'une nouvelle terre, dont il avait parlé dans l'Apocalypse de Saint Jean [...] Et il m'a montré le lieu où le trouver[4]. »

Depuis ce temps, les Français rêvent du Nouveau Monde. En effet, l'Amérique du Nord occupe une place à part dans l'imaginaire des Français, ce qui peut s'expliquer par le fait que « [...] les récits des voyageurs d'Amérique du Nord, les "Relations des Jésuites" et Cartier et Champlain et Rousseau et Chateaubriand [...] ont comblé le vieux besoin d'un monde paradisiaque[5] ». En plus, certains explorateurs ont quelque peu enjolivé la réalité dans le but d'attirer des colons au Canada. Lescarbot est de ceux-là avec son *Histoire de la Nouvelle France*, publiée en 1609, qui est « un ouvrage de propagande [..] aussi, sans trop farder la vérité, aura-t-il soin de l'accommoder, et laissant de côté toutes les ombres, tracera-t-il du Canada une peinture qui fait pâlir toutes les descriptions du Paradis Terrestre[6] ».

Puis, au fil des ans, beaucoup d'autres ont écrit sur le Canada et en particulier sur les régions décrites par Constantin-Weyer et Clavel. Ainsi, quelques auteurs ont abordé l'Ouest et le Grand Nord avant Constantin-Weyer: Louis-Frédéric Rouquette, par exemple, qui a publié en 1921 *Le Grand Silence blanc* ou encore un auteur américain, Fenimore Cooper, qui a écrit sur la prairie [*La Prairie* (1825), *Le Dernier des Mohicans* (1826)]. Mentionnons aussi Jack London, un autre Américain, qui a contribué pour beaucoup à la vision mythique du Grand Nord avec un roman comme *Croc-Blanc* (1907). Pour sa part, l'Abitibi, la région la plus jeune du Québec, demeure peu exploitée par les écrivains. Il y a tout de même Félix-Antoine Savard qui, dans *L'Abatis*, en a tracé un portrait plutôt idyllique dans le but d'y attirer des colons[7].

Les deux auteurs étudiés font donc partie d'une lignée. Ils puisent dans un matériel qui existe déjà, en le renouvelant et en l'ancrant dans un espace bien particulier.

> Il est évident que les quatre romans qui forment le cycle abitibien de Clavel confortent auprès des lecteurs français les mythes tenaces des espaces illimités du pays, de ses froids sibériens et de "ma-cabane-au-Canada". Mais ce sont ces mythes, et le type de vie de nature primitive et sauvage qu'ils présupposent, qui continuent de fasciner les Français[8].

D'ailleurs, Clavel, quoique déjà connu en France, «s'impose définitivement avec sa fresque *Le Royaume du Nord*[9]». Même phénomène pour Constantin-Weyer, qui a accédé à la notoriété grâce à *Un homme se penche sur son passé* et aux autres œuvres dont l'action se situe au Canada.

Le mythe du Nouveau Monde, loin d'être disparu, a traversé les époques et demeure bien vivant aujourd'hui. À preuve, le nombre de touristes français qui visitent le Québec chaque année, au point de constituer la «[...] principale importation de la France (avant le vin)[10]». Ainsi, en 1995, 366 200 Français sont venus au Québec et ce nombre augmente toujours. «Ils viennent [...] pour les grands espaces et les petits cousins, pour l'Amérique en français et les bons Indiens, pour les grands froids et "l'été indien"[11].» Ils paient pour des forfaits qui s'appellent «Danse avec les loups», «L'aventure sauvage» et «Sur les sentiers des chercheurs d'or».

À la base des succès du tourisme d'aventure et des romans de Constantin-Weyer et de Clavel se trouve l'envie d'un ailleurs.

> [...] L'exotisme répond donc à un besoin d'évasion: tous les hommes, à un moment de leur vie, éprouvent le désir confus d'un départ, souvent impossible: retour à une vie primitive ou découverte d'une autre civilisation. Las d'une existence implacablement réglée, ils souhaitent changer de cadre et de condition, connaître un sort meilleur, un destin moins banal. L'exotisme c'est toujours la volonté de découvrir un autre monde[12].

Constantin-Weyer et Clavel ont eu accès à cet autre monde. Afin d'établir solidement leur crédibilité, ils racontent avec beaucoup de verve les expériences qu'ils ont vécues au Canada. Constantin-Weyer a même un peu exagéré ses exploits qui ont été rapportés par des journalistes français, dont Valery Larbaud qui décrit ainsi l'auteur:

> Enter Maurice Constantin-Weyer, [...]. Ce sont les hivers du Manitoba qui ont tanné ces joues et les vents du cercle polaire qui ont fixé cette teinte de feuille d'érable à l'automne sur le grain de peau [...]. Il s'assied lentement avec un plaisir plus ou moins visible selon la qualité du fauteuil qu'il est capable mieux que nous d'apprécier, parce qu'il a passé beaucoup d'années aux déserts et dans les solitudes, et qu'il s'est plus souvent assis sur la terre ou sur le roc que sur une chaise [...][13].

Il a donc créé son propre mythe: celui «[...] de l'aventurier inlassable qui a roulé sa bosse du Mexique au Cercle polaire[14]». Le Canada constitue d'ailleurs à ses yeux le véritable pays de l'épopée. Quant à Clavel, quoique moins légendaire que son prédécesseur, il décrit avec abondance et emphase ses séjours en Abitibi, parlant à son tour de l'épopée des défricheurs:

> Le Témiscamingue, l'Abitibi, le fleuve[15] Harricana... J'ai fait je ne sais combien de périples, j'ai marché, roulé, volé durant des heures et des heures. Sans voir âme qui vive. [...] Où que j'aille désormais je retrouverai, en face de moi, le visage marqué par la fatigue et le regard noyé d'émotion de Florida Cailler, [...] le souvenir de l'honorable Garon Pratte me parlant des années encore proches où le couteau faisait souvent la loi, sur les sentiers de bois [...][16].

Du coup, les auteurs, en plus de garantir la véracité de leurs récits, deviennent partie intégrante de l'exotisme.

Puis, tout au long du roman, plusieurs procédés permettent de créer un cadre exotique. Tout d'abord, les auteurs ancrent leurs récits dans la réalité, c'est-à-dire dans l'espace et l'époque qu'ils ont choisis. Pour ce faire, ils utilisent de véritables toponymes, ils multiplient les détails relatifs aux activités quotidiennes des personnages et ils font appel à un vocabulaire empreint d'oralité. «Grâce au mot précis, au mot de métier, à la description détaillée du geste concret du colon qui construit son "campe", du mineur qui s'enfonce dans l'étroite galerie sous terre ou du trappeur qui conduit à un train d'enfer son attelage de chiens, le texte donne vie et vraisemblance à ce monde qu'il fait naître[17].» Les personnages de Constantin-Weyer se déplacent de la «Coulée des Sioux» (HPSP, p. 30) aux «Barren Lands» (HPSP, p. 99), tandis que ceux de Clavel vont du «Témiscamingue» (HAR, p. 31) au «Poste de la baleine» (AMA, p. 250). Puis, il est question de voyages en «raquettes» (HPSP, p. 97), de chasse à l'oie sauvage (SOU, p. 38) ou encore de différents métiers relatifs à la forêt: «Forestiers, bûcherons, scieurs, équarrisseurs, pontonniers ou charpentiers [...]» (HAR, p. 237). Les personnages mangent de «l'ataca» (SOU, p. 38), du «pemmican» (HPSP, p. 124), des «fèves aux lards» (HAR, p. 17) et boivent de «l'alcool de bleuet» (AMA, p. 130). Ils s'habillent avec de la «peau d'ours» (HAR, p. 88) ou encore avec des «vêtements en peau de phoque, doublés de ventre de cygne [...]» (SOU, p. 183)[18].

Parfois, toujours dans le but d'ancrer le récit dans le réel et d'en assurer l'exotisme, les auteurs insèrent dans l'histoire des chansons ou des légendes, comme la chanson du chercheur d'or (SOU, p. 169) et la légende du fleuve Abitibi (HAR, p. 122). De plus, afin de rendre encore plus la réalité des personnages, ils utilisent des mots issus de dialectes locaux. Ce procédé est plus marqué chez Constantin-Weyer, mais Clavel y a aussi recours. Le premier rédige des passages complets en patois comme: « Et Sâpré Moses ! ar'garde ben ! J'vas les faire passer que l'déable » (HPSP, p. 23). Clavel, lui, va plutôt utiliser des termes isolés tels que: « cookerie » (HAR, p. 139) ou « pancakes » (HAR, p. 140).

Pour créer l'effet de dépaysement, l'immensité du territoire est mise à profit. En effet, les grands espaces du Canada sont un objet de fascination depuis l'époque des découvertes. Il n'est pas inutile de rappeler que le Canada a une superficie de 9 975 000 km^2 comparativement à 549 000 km^2 pour la France. De plus, la densité de population était, en 1995, de 3 hab./km^2 au Canada contre 106,9 hab./km^2 en France. Par conséquent, il est dans la nature des choses que les Français soient séduits par les univers immenses décrits par Constantin-Weyer et Clavel, et répartis en trois aires principales: la prairie, la forêt et le Grand Nord. De fait, le substantif *immensité* revient à de nombreuses occasions. « Dès octobre, la neige s'étendit à perte de vue. Sur cette immensité, le vent courut » (SOU, p. 165). « Au nord du Témiscamingue, l'immensité du plateau s'incline [...]. Certains lacs sont pareils à des mers [...] » (HAR, p. 11). Cet élément est si important pour les protagonistes, qu'il surpasse pour certains l'amour d'une femme: « À chaque retour des expéditions, les rameurs rencontrent des filles. Ils les prennent. Ils les couvrent de cadeaux puis ils les laissent pour repartir. Pas une qui vaille la première qui les a séduits: l'immensité » (HAR, p. 64).

En fait, l'immensité attire parce qu'elle connote un espace vierge, sans entraves, où il est possible de vivre en toute liberté et où la civilisation n'a pas encore laissé sa marque. D'ailleurs, pour Monge, le héros d'*Un homme se penche sur son passé*, la prairie meurt à l'arrivée des colons qui posent des clôtures. Heureusement pour lui, la forêt et le Grand Nord prendront la relève: « La Prairie était morte en moi, mais la Forêt y naquit ! La concession que j'avais choisie s'adossait à l'immensité bleue et bistre de bois quasi inviolés » (HPSP, p. 68). Les romans de Clavel présentent aussi un espace intact puisqu'ils racontent l'histoire de la colonisation d'une région: « [...] personne encore n'était venu bûcher sur cette terre et ce sentiment d'être les premiers leur donnait une force terrible » (HAR, p. 131). La virginité de l'espace est intimement liée à l'espoir d'une vie meilleure. Ainsi, la première partie d'*Harricana* s'intitule *Le Voyage d'espérance*. « [...] qu'il soit imaginé ou vécu, le sentiment exotique s'associe toujours à un rêve de bonheur. Il aboutit à la création ou à la découverte d'une contrée, de conditions d'existence, de rapports humains qui donnent au moins l'illusion d'un paradis retrouvé[19]. » Tout est possible dans cet univers.

L'immensité s'accommode mal des espaces clos et étroits. C'est pourquoi l'action des romans se déroule la plupart du temps à l'extérieur, dans un espace ouvert qui évoque la liberté. Les héros aiment dormir dehors, au bivouac ou à la belle étoile. D'ailleurs, chez Constantin-Weyer, la maison n'est pas un endroit très bénéfique. « L'espace clos, étouffant, oppressant de la maison le sépare de l'espace ouvert, l'empêche de vivre pleinement comme il le souhaite[20]. » Par conséquent, l'espace intérieur est négligé, comme chez Jean Lengrand : « [...] le reste de l'ameublement consistait principalement en caisses qui servaient à la fois d'armoires, de sièges, ou, à l'occasion, de tables supplémentaires » (SOU, p. 42). On retrouve sensiblement la même image dans *Harricana* : « Assis sur une vieille caisse branlante, le dos plaqué au mur de planches rêches [...] » (HAR, p. 12). Plus loin, Clavel ajoute : « Dans leurs maisons chaudes qui les isolaient des vérités profondes, [...] les humains dormaient » (HAR, p. 87). L'espace extérieur est donc en tout temps valorisé. C'est le lieu de la véritable aventure et même, le lieu de la vie.

Impossible d'étudier l'espace dans les romans de Constantin-Weyer et de Clavel sans parler de la nature qui y joue un rôle capital pour renforcer l'impression d'exotisme, qu'il s'agisse de la faune, de la flore, des saisons ou des phénomènes naturels. « Paysages, faune, hommes, détails de mœurs, la fonction première de l'exotisme est, nous semble-t-il, de "donner à voir". Il s'ensuit que les écrivains exotiques ne peuvent jamais éluder la description[21]. » Par ce procédé, ils dépeignent la dualité de la nature ainsi que sa démesure. Elle s'avère à la fois extrêmement belle et incroyablement cruelle. De nombreux détails sont donnés afin que le lecteur soit vraiment transporté dans l'univers du roman. De fait, plusieurs techniques, dont la métaphore et l'énumération, sont utilisées pour décrire la nature. Ainsi, afin de bien montrer la valeur accordée à la nature, pour la magnifier, les auteurs font appel à des métaphores inspirées par les métaux. L'or, en particulier, revient fréquemment dans les récits. « L'août canadien, c'est le mois où commence la richesse de la terre. Or sur or, les blés ondulent. Oui ! mer liquide, mais mer d'or. L'or blond et l'or fauve mêlent leurs vagues » (HPSP, p. 76). Le procédé est repris par Clavel : « [...] une ample nuit claire avait hissé sa toile rivetée d'or » (HAR, p. 91) ou encore : « La neige en poussière d'or [...] » (AMA, p. 169).

Les deux auteurs ont aussi recours à l'énumération, qui permet de bien rendre la vitalité des espaces. Les lieux sont tout d'abord peuplés d'animaux divers : « [...] la rencontre grave d'une gélinotte, avec sa queue en éventail, ou la traversée affairée d'une hermine assoiffée de sang, ou la vision fugitive d'un chevreuil effarouché, ou l'envol d'un geai bleu, ou le son d'un pivert [...] » (HPSP, p. 153). Aussi, ils regorgent d'arbres de toutes sortes : « Les épinettes, les thuyas, les sapins baumiers et les mélèzes [...] » (AMA, p. 210).

Non seulement la nature est-elle omniprésente dans les romans de Constantin-Weyer et de Clavel, mais par le biais de la personnification, les auteurs en font un personnage à part entière qui tient un rôle actif dans l'élaboration du récit. De fait, elle joue un rôle crucial. C'est l'hiver rigoureux qui entraîne la mort de Paul Durand dans *Un homme se penche sur son passé* et c'est à cause de la terrible sécheresse qu'un incendie a détruit la magasin des Robillard dans *Harricana*. Ce procédé contribue de plus à faire ressortir la force et la puissance de la nature. Plusieurs éléments naturels sont ainsi personnifiés. Le vent, par exemple, accomplit diverses actions habituellement réservées aux humains, autant chez Constantin-Weyer que chez Clavel: « Déjà le vent travaillait comme un ouvrier accroupi à râper la neige... » (HPSP, p. 110), « [...] le vent menait des travaux d'hommes. Il piétinait. Il remuait des planches, écrasait des fagots, arrachait des clous rouillés, chassait à coups de fouet des bêtes inconnues [...] » (HAR, p. 187).

Comme le démontrent les exemples précédents, l'espace de la nature n'est pas qu'idyllique, contrairement à la présentation qu'en donnent Lescarbot et Félix-Antoine Savard. La nature y est un lieu de délices, mais aussi un lieu d'épreuves. Les difficultés y sont nombreuses: moustiques et animaux affamés, chaleur torride et écrasante et, surtout, un vent et un froid redoutables. « La grande soufflerie du nord fit voler une poudre impalpable, dure, comme de la limaille d'acier. Il arrivait avec une vitesse terrifiante. Il y a des tempêtes qui font cent trente kilomètres à l'heure. On dirait qu'elles soulèvent avec elles le tapis de l'horizon. [...] En un instant on est enveloppé, aveuglé » (SOU, p. 165). « L'hiver abitibien est l'un des plus féroces du monde. L'Hudsonie tout entière lui insuffle sa force sauvage » (HAR, p. 154). Le pays est si dur qu'il peut tuer: « C'est le pays qui va te tuer. C'est le Nord qui va te fusiller! » (AMA, p. 239). Les auteurs n'hésitent pas à démontrer la rigueur de la vie et à multiplier les détails scabreux qui vont capter l'attention du lecteur. « Je bus le sang qui lui coulait, mêlé de poils, de débris d'os, à l'endroit où la balle était ressortie par la nuque. Puis je mangeai de la neige imbibée de sang. Ensuite, je l'éventrai, et je mordis à même le foie chaud » (HPSP, p. 128). Du côté de Clavel, rien d'aussi cru, mais les personnages sont quand même placés dans des situations extrêmes. Ainsi, un Sibérien meurt gelé et ses compagnons l'enterrent debout (HAR, p. 236). Quant au chien, Amarok, il tire sur sa chaîne « à se déchirer les oreilles » (AMA, p. 252). Enfin, Clavel reprend l'idée du cercueil de glace déjà évoqué lors de la mort de Paul Durand (HPSP, p. 122). Le petit Georges doit lui aussi être conservé au froid, mais cette fois-ci, dans le grenier de la maison (HAR, p. 182).

Il est par ailleurs intéressant de noter la récurrence de mots qui se rattachent au champ sémantique de la violence. C'est ainsi que l'aube est « déchirée par le soleil! » (HPSP, p. 78), que les brouillards de la baie d'Hudson « [...] vous mordent les mains, jusqu'aux os. [...], vous brisent les phalanges » (HPSP, p. 236), et que « [...] le vent vous scie le visage » (HAR, p. 103). Les deux romanciers ont parfois recours aux mêmes vocables pour exprimer l'antagonisme, l'agressivité. Ainsi, le mot « griffe » qui est associé à plusieurs reprises à la nature. Chez Constantin-Weyer, la nature devient un « monstre aux griffes rougies de sang! » (HPSP, p. 78) alors que, chez Clavel, c'est le gel qui serre « ses griffes » (HAR, p. 154) et la tempête qui « griffe le sol » (AMA, p. 261). Dans le même esprit, plusieurs expressions rappellent la guerre: « [...] le lourd boulet du froid» (HPSP, p. 105), «[...] l'incessante canonnade de gel» (HPSP, p. 226), «Entre les phénomènes du gel et du regel qui engendrent une musique de champ de bataille [...]» (SOU, p. 187), «À soixante degrés sous zéro, on entendait les arbres éclater [...] comme des coups de fusil» (HAR, p. 154).

La mort guette sans cesse les personnages. Pour Constantin-Weyer, comme pour Clavel, la mort côtoie constamment la vie. «Il y a une minute qui est celle de la mort, et la minute d'après est celle de la vie» (HPSP, p. 85), «Le cycle avait l'âge de la vie, il la perpétuait en tuant. Une hirondelle sur deux parmi celles qui volaient n'atteindrait pas le terme du voyage, mais sans ce départ, toutes seraient mortes» (HAR, p. 86). Ce combat perpétuel pousse l'homme à se révéler, à se dépasser.

> L'aventure dans les grands espaces sauvages, l'affrontement permanent du danger permet à l'homme de donner toute sa mesure, de révéler le meilleur (ou le pire) de lui-même, de transgresser même les frontières de la civilisation, en fuyant son emprise rassurante mais répressive. Quelle exaltation pour l'homme moderne, limité dans son espace quotidien et ses espoirs, écrasé par le poids des convenances et des contraintes[22]!

Les personnages, placés dans de telles conditions, se doivent d'être plus grands que nature. En effet, seuls des surhommes peuvent survivre dans des lieux pareils. «Pour mieux mettre en valeur Monge, il [Constantin-Weyer] plante le décor à l'intérieur duquel Monge se meut, un décor inhumain pour un personnage qui doit se montrer surhumain s'il veut survivre[23].» Il y a donc cette idée d'adéquation entre le pays et l'homme. «Ce sont les terres qui façonnent les hommes. [...] Celles du nord ont taillé les coureurs des bois dans la carcasse des émigrés à grands coups d'air glacial et de soleil brûlant» (HAR, p. 61). Monge, Lengrand et Raoul font tous les trois partie d'une race d'hommes supérieurs. «Seuls les costauds, les tenaces, les acharnés, ceux qui ne craignent ni le froid, ni le vent, ni la peine peuvent tenir» (HAR, p. 63). Confrontés aux pires situations, ils demeurent inébranlables. L'action est leur mot d'ordre, et la liberté leur bien le plus précieux. Par conséquent, l'accent sera mis sur la force physique des héros. Monge est musclé et infatigable: «[...] nous avions franchi à cheval depuis six semaines, des centaines de milles, dédaigneux de la fatigue, dédaigneux de la faim, dédaigneux de la soif, dédaigneux du vent, de la foudre et de l'orage» (HPSP, p. 36). Raoul aussi est musclé. Même à 61 ans, dans *Amarok*, il demeure le plus fort: «Sur son large dos, les muscles roulent» (AMA, p. 15). Son chien Amarok, qui représente en quelque sorte son *alter ego*, s'avère supérieur à tous les autres chiens. Il comprend quatre langues: «[...] celle des chiens, l'eskimo, l'anglais et le français» (AMA, p. 81).

Leur résistance est connue de tous. On fait appel à eux dans les moments difficiles. Ainsi, Lengrand veille sur Ragnar comme Raoul sur la famille Robillard. Dans les deux cas, les maris ne peuvent pas jouer ce rôle, car ils ne possèdent pas les qualités requises. Ils sont à ranger du côté des faibles. D'ailleurs, Mercier mourra à la fin du roman, tout comme Paul Durand, incapable de résister aux affres de l'hiver. Alban survit, mais il est cloué dans un fauteuil roulant. Spenlow et Raoul mourront aussi ; dans leur cas, cependant, il s'agit d'une preuve ultime de courage. Spenlow s'en va mourir de froid, seul, parce qu'il n'a plus assez d'énergie pour continuer et qu'il pourrait mettre en péril la vie de ses compagnons. « Il avait calculé sa direction afin que nous ne risquions pas d'aller dans son cadavre. Et, pour un homme à bout de forces et d'espérance, cette trace était très droite. Décidément, Spenlow était parti comme un gentleman » (SOU, p. 220). Même chose pour Raoul qui se laisse mourir de froid à la fin d'*Amarok*, puisqu'il considère qu'il n'a pas bien protégé Ti-Max.

Fait intéressant, les plus faibles sont, la plupart du temps, les plus sédentaires. Si Paul Durand accompagne Monge dans le Nord, c'est d'abord pour gagner de l'argent, ce qui lui permettra d'épouser Magd et de s'établir. Pour sa part, Alban rêve de cultiver la terre, contrairement aux héros qui sont avant tout des aventuriers, des nomades, bref, des hommes d'action qui, en menant une vie extrêmement différente du lecteur moyen, sont plus susceptibles de le faire rêver. Pour les protagonistes de Constantin-Weyer et de Clavel « [l]'action est la plus haute poésie » (SOU, p. 44). Les quatre romans retenus se rattachent d'ailleurs à la catégorie du roman d'aventures dans lequel l'action prime. Par ailleurs, la psychologie des personnages n'est pas très élaborée. Ils constituent plutôt des types : « [...] les personnages se caractérisent massivement par un trait majeur [...] et par un type de comportement auquel, une fois exhibé, ils ne dérogeront plus[24]. » Le nomade peut être chercheur d'or, coureur des bois ou cow-boy. Il s'agit d'une même figure archétypale, qui peut même être rattachée à la figure mythique du chevalier.

> Avec les révolutions américaine et française, le grand principe de l'égalité des hommes va s'imposer partout, transformant les mentalités. L'idéal romanesque du western vient à point nommé se substituer à un mythe par trop élitiste. La dignité et la liberté du cavalier sont désormais à la portée de l'imaginaire de chacun, hors de toute distinction de caste ou de rang social. Un personnage du Nouveau Monde, le cow-boy, se greffe ainsi sur un mythe ancien et s'apprête à fasciner la terre entière[25].

Le nomade peut aussi être rapproché du personnage de l'Indien, figure quasi indispensable dans un roman destiné aux Français, qui demeurent toujours fascinés par cet homme « naturel ». D'ailleurs, les héros connaissent les Amérindiens et parlent leurs langues (chippewa, cri, algonquin). Plusieurs peuples autochtones sont dépeints dans les romans de Constantin-Weyer. Des Métis seront même les personnages principaux de *Vers l'Ouest* (1921) et de *La Bourrasque* (1925). Toutefois, très souvent, l'auteur, avec son habituelle condescendance, en trace un portrait peu reluisant. Chez Clavel, signe des temps, les Indiens sont presque toujours décrits de façon positive. Ils sont les amis de Raoul. Ainsi, ce dernier, qui connaît bien leurs mœurs et leur langue explique à Stéphane: «Quand tu payes d'avance un Indien, y se ferait couper en morceaux plutôt que te manquer de parole» (HAR, p. 42).

Fidèles à l'image du nomade, Monge, Lengrand et Raoul, placent la liberté au-dessus de tout. Ils ont un côté «mauvais garçon» et on ne peut les imaginer soumis à une loi quelconque. Dès le début d'*Un homme se penche sur son passé*, Monge et son engagé, Napoléon, font passer la frontière à leurs chevaux d'une manière plutôt illicite. «Nous sommes deux contrebandiers sans remords» (HPSP, p. 25). Raoul, pour sa part, ne dédaigne ni l'alcool ni les grossièretés. En parlant de la lame de sa hache, il dit: «Une vraie pute [...]. À peine tu lui parles du bois, v'là qu'elle commence à jouir» (HAR, p. 129). Farouchement indépendant, il se méfie des entrepreneurs, préférant de loin travailler à son compte. «On se fera plus de sous avec les fourrures qu'en se crevant la paillasse pour des contracteurs. Je les connais, ces gars-là, ça bouffe la laine sur le dos des travailleurs!» (HAR, p. 116-117). À son tour, Cyrille Labrèche, le héros de *Miserere*, refuse de se soumettre à l'autorité et préfère construire sa maison à l'écart. Dans ce contexte, les représentants de la loi incarnent l'ennemi dont il faut se méfier. Dans *Amarok*, les gens se rangent du côté de Ti-Max qui a pourtant tué un sergent de la police militaire. Catherine manifeste son hostilité à l'égard des sergents: «Sans nous, ici où tu viens traîner tes bottes, y aurait rien. La loi, on t'a pas attendu pour la faire!» (AMA, p. 72). Pour le lecteur, qui se sent parfois à l'étroit dans le cadre de la société, l'attitude rebelle des héros est réjouissante.

> L'existence sociale des individus se construit autour de deux pôles, l'un majeur, celui de l'ordre social, imposé par l'appareil de légitimation du système social, et l'autre mineur, constitué par les diverses formes de résistance à cet ordre, et source de dissidence, soit réelle (dans des pratiques secrètement illégitimes: fraude, adultère, toxicomanie, sabotage divers), soit imaginaire. Si l'on entend par exotisme tout «lieu autre» pouvant figurer un espace de liberté par rapport aux contraintes jugées normales de la vie quotidienne, ce lieu apparaît comme support imaginaire de dissidence [...][26].

Toutefois, il ne faut pas croire que les héros sont de véritables brutes. Car, bien que leur côté rebelle soit assez développé, ils demeurent tout à fait civilisés afin que le lecteur puisse s'identifier à eux. Monge et Lengrand ont ainsi reçu une excellente éducation. Raoul n'a pas la même formation, mais il connaît les bonnes manières. Il se montre attentionné auprès d'Éléonore qui avait pourtant tenté de le dénoncer (AMA, p. 198). En fait, les héros obéissent tout de même à certaines règles. À plusieurs reprises, il est question d'une loi particulière à ces espaces. Constantin-Weyer parle de la «loi tacite du Grand Nord» (SOU, p. 79). Clavel va dans la même direction: «Souvent, ces dévoreurs de grands espaces comptent davantage d'amis chez les Indiens que parmi les gens de leur propre race. Ils ont leurs règles, leurs lois écrites nulle part et qu'aucune police ne vient faire respecter» (HAR, p. 61-62). Les lois ne sont pas celles de la civilisation. «À l'aise qu'entourés de grands espaces sauvages, vivant aux frontières de la société, n'ayant pas à subir, par conséquent, les contraintes de la vie organisée, policée, ces personnages se conforment tous, néanmoins, à un code de comportement bien strict, à la base duquel on retrouve cette très ancienne qualité que pratiquait la chevalerie du Moyen Âge : l'honneur[27]. »

La méfiance envers la civilisation est grande. La douleur de Monge devant la fin de la Prairie a déjà été évoquée. On retrouve la même réticence à l'égard du progrès dans *Harricana*. La réaction du narrateur face à l'arrivée du train est éloquente : « Sans vergogne, ils allaient couper en deux ce qui vivait là depuis des millénaires en harmonie parfaite avec les profondeurs obscures du vieux royaume nordique » (HAR, p. 125). La construction d'un « snowmobile » suscite le même type de commentaire de la part des Indiens et des coureurs des bois : « [...] l'homme avait, en inventant le moteur, mis fin à un monde que rien jamais ne remplacerait. — À force de vouloir toujours aller plus vite, c'est sa propre mort que ce monde fou finira par attraper[28]. »

Ce sont les lecteurs qui vivent maintenant dans ce « monde fou » évoqué dans ces romans. Parfois, ils rêvent de le quitter et de tout recommencer, ailleurs. Le genre de littérature proposée par Constantin-Weyer et Clavel leur permet d'accéder à un ailleurs et de croire qu'un tel endroit existe vraiment.

> Nul — qu'il soit psychologue, psychiatre — ne connaît encore le rôle que joue, dans la psyché de chacun, l'étrécissement de la nature [...]. Faut-il s'étonner que l'Occidental, qui de la nature éprouve un besoin d'autant plus impérieux qu'il est consubstantiel à sa nature humaine, la cherche, faute de la trouver et de la sentir autour de lui, au pays des Indiens et, oubliant sa dureté, l'imagine d'une essence et d'une existence édénique, qui l'enfièvrent[29].

Dans un monde qui tend à l'uniformisation, dans lequel l'architecture, le cinéma, et, de plus en plus, les systèmes politiques et économiques sont partout les mêmes, le besoin d'exotisme demeure. Le succès de Bernard Clavel, soixante ans après Constantin-Weyer, le démontre de façon évidente. En fait, la littérature deviendra peut-être le seul espace où il sera possible de trouver des territoires vierges, inexplorés et exotiques. Il est donc permis de croire que le mythe du Nouveau Monde aussi bien que les œuvres qui lui permettent de demeurer vivant continueront encore longtemps de nourrir l'imaginaire de lecteurs en manque d'authenticité.

BIBLIOGRAPHIE

Œuvres étudiées

Clavel, Bernard, *Harricana*, Paris, Éditions Albin Michel S.A., 1983, 285 p.

——, *Miserere*, Paris, Éditions Albin Michel S.A., 1985, 284 p.

——, *Amarok*, Paris, Éditions Albin Michel S.A, 1987, 265 p.

Constantin-Weyer, Maurice, *Un homme se penche sur son passé*, Paris, Françoise Constantin-Weyer et Union Générale d'Éditions, 1983, 253 p.

——, *Un sourire dans la tempête*, Saint-Boniface, Éditions des Plaines, 1982, 241 p.

Œuvres et articles critiques

Boichat, André-Noël, *Bernard Clavel: un homme, une œuvre*, Besançon, CRDP de Franche-Comté-CÊTRE, 1994, 310 p.

Frémont, Donatien, *Sur le ranch de Constantin-Weyer*, Winnipeg, Éditions de la «Liberté», 1932, 156 p.

Gaboury-Diallo, Lise, «Le mythe du Far West et du Grand Nord», *Cahiers franco-canadiens de l'Ouest*, vol. 1, nº 1, printemps 1989, p. 95-106.

Gallays, François, «Faut-il brûler Clavel?», *Lettres québécoises*, nº 47, automne 1987, p. 27-29.

Guyot, Louis F., «La nature sauvage dans l'œuvre de Constantin-Weyer», *Cahiers franco-canadiens de l'Ouest*, vol. 1, nº 1, printemps 1989, p. 111-117.

Lamy, Jean-Claude, «Bernard Clavel. La passion de la liberté», *Magazine littéraire*, nº 298, avril 1992, p. 163-167.

Landel, Vincent, «Le laboureur céleste», *Magazine littéraire*, nº 224, novembre 1985, p. 64-66.

Motut, Roger, *Maurice Constantin-Weyer écrivain de l'Ouest et du Grand Nord*, Saint-Boniface, Éditions des Plaines, 1982, 187 p.

Ragon, Michel, «Un romancier populaire dans les deux sens du terme», *La Quinzaine littéraire*, août 1977, nº 261, p. 21.

Rivard, Adeline, *Bernard Clavel, qui êtes-vous?*, Paris, Éditions J'ai lu, 1985, 189 p.

Tessier, Jules, «Mythe et ethnicité dans divers romans de Maurice Constantin-Weyer, inspirés par le Canada», *L'Ouest français et la francophonie nord-américaine*, Presses de l'Université d'Angers, 1996, p. 325-343.

Viau, Robert, *L'Ouest littéraire: visions d'ici et d'ailleurs*, Montréal, Éditions du Méridien, 1992, 163 p.

Ouvrages généraux

Antoine, Régis, «La relation exotique», *Revue des sciences humaines*, tome XXXVII, nº 147, juillet-septembre 1972, p. 373-385.

Berger, Yves, «Les Indiens nous manquent», *Revue d'études américaines*, nº 38, novembre 1988, p. 313-316.

Chinard, Gilbert, *L'Amérique et le rêve exotique dans la littérature française au XVIIe et au XVIIIe siècle*, Paris, Librairie E. Droz, 1934, 454 p.

Eliade, Mircea, *La Nostalgie des origines*, Paris, Éditions Gallimard, 1971, 276 p.

Gendron, Louise, «Les Français débarquent», *L'Actualité*, 15 octobre 1994, p. 38-41.

Granville, Gary N., «Les chevaliers du Far West», *Le Courrier de l'UNESCO*, septembre 1989, p. 48-53.

Javeau, Claude, «Exotisme et vie quotidienne: le cas de la littérature d'évasion», *French Literature Series*, vol. XIII, 1986, p. 122-134.

Lajoie, Gilles, «Le Québec accueille quatre fois plus de Français qu'il y a 10 ans», *Les Affaires*, samedi 5 novembre 1994, p. 7.

Lestringant, Frank, «De l'enfer au paradis: le mythe américain», *L'Histoire*, nº 146, juillet-août 1991, p. 134-139.

L'État du monde 1996, Montréal, Éditions du Boréal Express, 1996, 697 p.

Mathé, Roger, *L'Exotisme: d'Homère à Le Clézio*, Paris, Éditions Bordas, 1972, 223 p.

Morency, Jean, *Le Mythe américain dans les fictions d'Amérique. De Washington Irving à Jacques Poulin*, Québec, Nuit blanche éditeur, 1994, 258 p.

Perreault, Pierre, «Réponse de Menaud à Savard. Le royaume des pères à l'encontre des fils», *Le Devoir*, 28 janvier 1978, p. 33.

Savard, Félix-Antoine, *L'Abatis*, Ottawa, Fides, 1969, 167 p.

NOTES

1. Jules Laforgue, *Rêve de Far West*, cité par Roger Mathé, *L'Exotisme: d'Homère à Le Clézio*, Paris, Éditions Bordas, 1972, p. 152-153.

2. Les références aux œuvres du corpus seront indiquées dans le texte, entre parenthèses, sous la forme suivante: *Un homme se penche sur son passé*: HPSP; *Un sourire dans la tempête*: SOU; *Harricana*: HAR; *Amarok*: AMA.

3. Jean Morency, *Le Mythe américain dans les fictions d'Amérique*, Québec, Nuit blanche éditeur, 1994, p. 10.

4. Cité par Mircea Eliade, *La Nostalgie des origines*, Paris, Éditions Gallimard, 1971, p. 153.

5. Yves Berger, «Les Indiens nous manquent», *Revue française d'études américaines*, nº 38, novembre 1988, p. 314.

6. Gilbert Chinard, *L'Amérique et le rêve exotique dans la littérature française au XVIIe et au XVIIIe siècle*, Paris, Librairie E. Droz, 1934, p. 102.

7. Ce qui lui a d'ailleurs durement été reproché par le cinéaste Pierre Perreault dans un texte publié en réaction au «Testament politique» de Mgr Félix-Antoine Savard. Dans cet article, Perreault montre l'envers de la médaille, soit la misère des colons abitibiens et ce qu'il appelle la «défaite de l'Abitibi». Pierre Perreault, «Réponse de Menaud à Savard. Le royaume des pères à l'encontre des fils», *Le Devoir*, 28 janvier 1978, p. 33.

8. François Gallays, «Faut-il brûler Clavel?», *Lettres québécoises*, nº 47, automne 1987, p. 29.

9. Jean-Claude Lamy, «Bernard Clavel. La passion de la liberté»,

Magazine littéraire, n° 298, avril 1992, p. 163.

10. Gilles Lajoie, « Le Québec accueille quatre fois plus de Français qu'il y a 10 ans », *Les Affaires*, samedi 5 novembre 1994, p. 7.

11. Louise Gendron, « Les Français débarquent », *L'Actualité*, 15 octobre 1994, p. 38.

12. Roger Mathé, *L'Exotisme : d'Homère à Le Clézio*, p. 14.

13. Valery Larbaud, dans *Les Nouvelles littéraires*, 8 septembre 1928, cité par Roger Motut dans *Maurice Constantin-Weyer, écrivain de l'Ouest et du Grand Nord*, Saint-Boniface, Éditions des Plaines, 1982, p. 90-91.

14. Robert Viau, *L'Ouest littéraire : visions d'ici et d'ailleurs*, Montréal, Éditions du Méridien, 1992, p. 58.

15. Il s'agit en fait de la rivière Harricana. L'utilisation du terme « fleuve » révèle ici, d'une part, l'identité du destinaire (française) et la volonté de mythifier le pays.

16. Adeline Rivard, *Bernard Clavel, qui êtes-vous ?*, Paris, Éditions J'ai lu, 1985, p. 161.

17. François, Gallays, *loc. cit.*, p. 28.

18. Ces quelques exemples ne constituent qu'un petit échantillon de ce qui se retrouve dans les romans du corpus. Étant donné le cadre restreint de cette étude, il a fallu choisir les exemples qui semblaient les plus représentatifs de la méthode des auteurs. Il en sera de même pour les exemples ultérieurs.

19. Roger Mathé, *L'Exotisme : d'Homère à Le Clézio*, p. 16-17.

20. Robert Viau, *op. cit.*, p. 64.

21. Régis Antoine, « La relation exotique », *Revue des sciences humaines*, tome XXXVII, n° 147, juillet-septembre 1972, p. 374.

22. Gary N. Granville, « Les chevaliers du Far West », *Le Courrier de l'UNESCO*, septembre 1989, p. 52.

23. Robert Viau, *L'Ouest littéraire : visions d'ici et d'ailleurs*, p. 71.

24. François Gallays, « Faut-il brûler Clavel ? », p. 27.

25. Gary N. Granville, *loc. cit.*, p. 48.

26. Claude Javeau, « Exotisme et vie quotidienne : le cas de la littérature d'évasion », *French Literature Series*, vol. XIII, 1986, p. 129.

27. François Gallays, *loc. cit.*, p. 28.

28. Bernard Clavel, *Miserere*, Paris, Éditions Albin Michel S.A., 1985, p. 243.

29. Yves Berger, « Les Indiens nous manquent », p. 315-316.

LA QUÊTE INITIATIQUE COMME LIEU D'ÉCRITURE DANS *PÉLAGIE-LA-CHARRETTE* D'ANTONINE MAILLET ET *LA PRIÈRE DE L'ABSENT* DE TAHAR BEN JELLOUN

Mohamed Abouelouafa
Université de Moncton

Les noms d'Antonine Maillet et de Tahar Ben Jelloun sont tout à fait représentatifs de la littérature francophone émergente. Consacrés respectivement par le Goncourt en 1979 dans le cas de *Pélagie-la-Charrette* et en 1987 dans celui de *La Nuit sacrée*, ces deux écrivains embrassent une audience internationale entraînant sur leurs œuvres des recherches universitaires de plus en plus exploratrices des lieux de leurs cultures différentes qui s'écrivent en français.

Le but du présent article est de présenter quelques-unes des réflexions qui nous sont venues à la lecture de *Pélagie-la-Charrette* (1979) d'Antonine Maillet et de *La Prière de l'absent* (1981)[1] de Tahar Ben Jelloun dans le prolongement de nos recherches sur ces deux auteurs. Nous traiterons ici de la possibilité de discerner une constellation commune de symboles et d'images relevant d'un texte mythologique propre à chacune des cultures. Le contexte socio-historique alimentant le récit, une thématique de la quête des origines et l'exploitation d'un imaginaire populaire ponctuent fortement et sans cesse la trame des deux récits. Rapportés dans un style d'épopée se définissant par rapport à des références de vérité historique, les deux romans obéissent à un rythme, à un ton, à une langue et à une imagination dignes d'un conteur populaire bakhtinien des places publiques. Ces attraits communs et leur dynamisme empreint d'une forte prose poétique caractérisent parfaitement ces deux écritures francophones.

La théorie du mythe de Mircea Eliade et une approche essentiellement descriptive sous-tendue par une lecture socio-historique nous aideront à décrire l'univers d'Antonine Maillet et celui de Tahar Ben Jelloun où se cristallisent des constellations symboliques communes, telles l'enfance, la mort et la renaissance. Nous soulignons au passage l'intérêt croissant des études critiques pour le mythe dans le champ des recherches contemporaines sur la littérature francophone. Ces études, pour formuler une théorie de mythocritique, partent inévitablement des théories d'auteurs tels que Lévi-Strauss, René Girard, Pierre Albouy, Mircea Eliade et Gilbert Durand, pour n'en citer que quelques-uns. Le mérite principal de ces approches, certes différentes mais complémentaires, est qu'elles permettent de démontrer clairement la présence et l'évolution des structures mythiques des formes romanesques ainsi que les rapports possibles entre le mythe et la société, à travers le temps et l'espace. En effet, le lieu de l'exploration du mythe demeure incontestablement la vie de l'homme. C'est là son lieu privilégié de conception, son domaine de prédilection. Le mythe fait partie de notre vie de tous les jours et comme phénomène difficile à cerner, il continue de se renouveler sans cesse avec l'évolution humaine et à travers la littérature en général. De plus en plus d'actualité, le mythe demeure un mystère et, à ce propos, Roger Caillois souligne les difficultés qui obstruent sa signification: [...] « une impression d'insurmontable insuffisance, un irréductible résidu auquel on est aussitôt tenté d'attribuer — par réaction — une importance décisive[2]. »

Cette complexité quant au sens de la notion de mythe est une chose attestée aujourd'hui encore alors que de multiples interprétations fusent de toutes parts et que les plus illustres des mythologues confirment que le mythe « est le concept malléable et multiforme par excellence: il vit d'inversions, de substitutions, d'ajouts, d'emprunts, de retraits, de multiplications, de divisions, d'innombrables métamorphoses donc, à travers les cultures et les époques de l'humanité[3] ».

Mais, sans prétendre aller dans le sens de cette polysémie de points de vue divergents et parfois contradictoires, nous nous attachons à l'analyse consacrée aux sociétés archaïques et aux différentes cultures qui ont permis à Mircea Eliade de dégager un certain nombre de mythes dont quelques-uns sont présents dans les textes qui nous intéressent ici, notamment le mythe de la terre mère, le mythe de l'engloutissement par un monstre et le mythe du labyrinthe.

La quête initiatique

Les représentations de la littérature identifient le mythe à tout ce qui est fascinant, fantastique et fabuleux. Un pur produit de l'imagination. N'y a-t-il pas dans cette assertion une part de rêve, dans la mesure où le mythe et le rêve partagent l'analogie d'une signification commune profonde, celle des symboles, des images et des événements ? Le mythe tire ses racines de la réalité sociale et existentielle de l'homme. C'est en effet cette conception traditionnelle du mythe qui lui permet d'exprimer la vérité absolue. Un rapport étroit avec l'histoire et la vie de l'homme lui donne le droit d'exister. L'étude des sociétés traditionnelles, selon Mircea Eliade, est une contribution à la mise à jour du rôle primordial du mythe. Celui-ci se révélera essentiel aussi bien au niveau social que culturel chez tous les peuples ancestraux. Le mythe conte la création du monde par l'intermédiaire de dieux et de héros chargés d'un modèle de comportements humains porteurs de moyens civilisateurs. Ce sont alors le symbole et le rite qui se chargent de cette mission, tandis que le premier révèle la réalité sacrée; dans *La Prière de l'absent*, par exemple, l'arbre est à la fois le symbole de la vie, de la mort et de la renaissance. Le second, par le geste, fait participer l'homme au sacré; Bélonie, dans *Pélagie-*

la-Charrette, transforme l'histoire de l'Acadie en un rite immortel, grâce à l'apologie qu'il en fait tout au long du roman.

Chez Eliade, la fonction du mythe est de réactualiser le temps des origines, de répondre à cette nostalgie du paradis perdu que l'homme doit intégrer par le mythe. Autrement dit, refaire le parcours initial de la création, c'est revivre pendant quelques instants le bonheur originel et tenter de le perpétuer dans le temps et dans l'espace. Bien entendu, seule la mémoire est capable de réaliser ce retour aux sources, car, pour Eliade :

> [C]elui qui remonte le temps doit nécessairement retrouver le point de départ, le point qui, en définitive, coïncide avec la cosmogonie. On peut arriver à épuiser cette durée en la parcourant à rebours et déboucher finalement dans le Non-Temps, dans l'éternité[4].

Ce retour mnémonique aux origines obéit au schéma des épreuves que les héros doivent surmonter, quitte à mourir pour enfin renaître. La mort initiatique a pour but essentiel de mettre fin à la vie historique, pour réintégrer une vie saine préparée pour la renaissance. La mort de Pélagie, dans *Pélagie-la-Charrette*, et celle de Bob, dans *La Prière de l'absent*, connotent cette mort initiatique qui est en même temps une mort à valeur rituelle. Les personnages meurent ici en tuant les êtres déchus en eux, pour que renaissent d'autres êtres initiés, capables de parachever l'ultime projet. Les personnages, à travers les péripéties des deux récits, se débattent avec des épreuves multiples de la vie, y accomplissant leur instruction et leur expérience exactement comme dans un mythe. L'itinéraire que fait emprunter Antonine Maillet à Pélagie et à son peuple, d'une part, et celui que fait prendre Tahar Ben Jelloun à Yemna et à ses compagnons, d'autre part, partagent une ressemblance assez frappante au niveau symbolique. En effet, la quête a pour objet ultime de retrouver le paradis perdu, le pays des origines ancestrales — l'Acadie, chez Maillet, et le Sud marocain chez Ben Jelloun. Les deux romans retracent l'histoire des personnages et des événements dans le temps. Ils poursuivent leur évolution dans le cheminement de la vie d'où sont tirés leurs thèmes. Le temps est ici cet élément central qui va orchestrer les moindres mouvements des personnages, déterminer leur état d'âme et même décider de leur destin. Le temps de *Pélagie-la-Charrette* et celui de *La Prière de l'absent* sont à l'image de leurs héros, errants et agissants à la fois. Pélagie, Bélonie comme Yemna, Sindibad et tous les autres n'échappent pas à l'ambivalence du temps, à la fois facteur d'épanouissement et facteur de destruction. Le temps, tout en traduisant des vécus pluriels, pèse sur les devenirs humains et détermine visiblement leurs instants de joie ou d'angoisse. Chez Pélagie, le temps comporte des moments de bonheur qu'elle voudrait épuiser dans un éternel renouvellement : le mariage de sa fille, son amour pour le capitaine, etc. Mais il recèle aussi des moments d'amertume dont elle aimerait se débarrasser immédiatement (les événements du marécage). Le temps est donc le temps des événements socio-historiques. Nous suivrons justement Pélagie et son peuple naissant de l'État de la Géorgie jusqu'aux portes de l'Acadie. Nous vivrons avec eux les péripéties du quotidien au rythme du mouvement de la «charrette de la mort». Nous accompagnerons Yemna dans son périple vers le Sud marocain alors qu'elle s'accommode de toutes les vicissitudes d'un voyage initiatique, guidé par le silence du secret ultime. Les personnages portent en eux-mêmes leur passé intime et leur passé collectif. Ce dernier les hante, leur rappelle des souvenirs amers — la Déportation, dans *Pélagie-la-Charrette*; la mort de Ma al-Aynayn, l'un des plus grands guerriers et intellectuels marocains, dans *La Prière de l'absent*. Mais il leur rappelle aussi des souvenirs régénérateurs, qui ne cesseront de nourrir la volonté et le courage dont ils ont besoin pour venir à bout de leur quête. Tout au long du voyage initiatique, Bélonie rapporte l'histoire d'un peuple autrefois trahi, afin d'asseoir les bases élémentaires d'une nouvelle reconstruction nationale; de son côté, Yemna inculque à l'enfant les leçons de l'histoire marocaine à travers la vie d'un guerrier modèle, et ce d'une façon soigneusement disciplinée.

L'initiation est ici ce processus dynamique d'enseignement et d'apprentissage de la vie que certains personnages élus assument tout au long des deux romans. Elle a pour objet de dédramatiser la crise des personnages en conflit avec leur propre psychologie, leur environnement, en somme, avec leur être au monde. La quête est quête de soi en tant qu'expérience humaine. Les personnages, qu'ils soient de premier ou de deuxième ordre, sont en quête de leur identité spécifique. L'Acadien s'en va retrouver ses racines ancestrales, son terroir, les fondements de sa personnalité; le Marocain, à travers l'image de l'enfant, relit l'histoire non pas innocemment, mais par l'intermédiaire d'une narratrice mère, soucieuse d'authenticité identitaire.

La quête et ses constellations symboliques

L'enfance

Dans ces micro-sociétés, nous sommes en présence d'une population pauvre, parfois analphabète. Mais, de part et d'autre, on retrouve des personnages avertis et même cultivés. L'enfant, quant à lui, semble être un élément central. Dans *La Prière de l'absent*, la trame du récit part et revient à lui. Dans *Pélagie-la-Charrette*, il constitue cette garantie de la survivance, sans laquelle l'objet du récit n'a aucun sens. La vie nous est révélée dans son mode traditionnel des années soixante, dans *La Prière de l'absent*, et des années 1780, dans *Pélagie-la-Charrette*. Les espérances humaines sont liées aux croyances religieuses de l'époque. La mémoire historique se nourrit du passé ancestral et l'enfant constitue le vecteur de transfert par excellence de ce patrimoine culturel. Le modèle familial de l'époque est sans conteste patriarcal, mais Maillet et Ben Jelloun nous donnent à lire deux romans où domine un matriarcat symbolisant cette volonté de renaissance qui gère l'imaginaire des personnages. Le motif de l'enfance assure la continuité et la permanence. *La Prière de l'absent* s'ouvre sur la naissance d'un enfant. Dans *Pélagie-la-Charrette*, les enfants naissent, grandissent pour garantir le succès du retour. L'enfance ouvre sur la vie comme l'avènement du cosmos instaure le commencement des temps, le début de l'univers, celui de l'homme. Le symbolisme de l'enfance s'associe donc avec l'idée de la régénération qui fonde les deux romans. Les personnages enfants ont pour mission mythique de continuer et de perpétuer l'œuvre de l'authenticité identitaire marocaine de Ma al-Aynayn, dans *La Prière de l'absent*; de porter l'arbre de la vie acadienne jusqu'au cœur du pays de l'Acadie, dans *Pélagie-la-Charrette*.

La mort

Nous avons vu que les deux romans célèbrent la vie. Mais, tout en exaltant celle-ci, ils content aussi la mort. La mort est d'abord une sensation, une sorte d'odeur dans *La Prière de l'absent*. Le roman s'ouvre dans un cimetière. Dans *Pélagie-la-Charrette*, elle est le prix de la gloire. Dans les deux récits, elle est l'espérance après l'agonie. Antonine Maillet et Tahar Ben Jelloun écrivent la mort comme ils écrivent la vie. Il faut donc que meurent Pélagie, Bob et Sindibad pour que survive le récit historique. Ainsi, la création fictive et romanesque restent-elles tributaires de la mort et, pour que le texte s'écrive, pour que la suite des événements se fasse, Maillet et Ben Jelloun commettent leur crime romanesque en tuant leurs personnages principaux. Ces personnages, comme tous les êtres humains, sont impuissants. La mort est inhérente à leur condition; elle est une étape de leur expérience de la vie. En somme, l'homme meurt pour s'accomplir. Pélagie meurt non pas pour interrompre le cours du récit ou disparaître complètement, mais pour que la vie du peuple acadien continue au-delà de la mort et se perpétue avec les générations à venir. Dans *La Prière de l'absent*, la mort et l'enfance se côtoient et se relancent. Dans ce sens, les deux romans sont un hymne à la vie qui ne doit cesser de se manifester en l'homme. Car, pour Pélagie, Yemna, Sindibad et les autres — et probablement aussi pour Antonine Maillet et Tahar Ben Jelloun —, la véritable mort, c'est de s'arrêter dans le temps et dans l'espace.

La renaissance

Le premier contact esthétique avec les romans d'Antonine Maillet et de Tahar Ben Jelloun nous met en présence de cette puissante volonté qu'ont les auteurs de s'inspirer de la culture populaire pour créer des œuvres littéraires. D'où la thématique du ressourcement contenue en puissance dans les deux romans. Le ressourcement en tant que notion fondatrice de la culture respective des écrivains, ouverte, bien entendu, sur les grands mythes et symboles universels, est un thème majeur qui prouve combien Maillet et Ben Jelloun sont fascinés par la question du retour aux origines. Or, ce retour aux origines a justement pour but de permettre un ressourcement dans l'histoire et la culture des peuples acadien et marocain. Le ressourcement se vit au rythme du voyage initiatique. Il enjambe un passé révolu, destructeur, mais sans l'abolir complètement; il faut en effet ériger de nouveaux itinéraires en puisant à la fois dans le rêve et dans la réalité, sans jamais perdre de vue le projet de renaissance qui le justifie.

Enfin, le lieu de l'affrontement des personnages avec les lois qui régissent les expériences humaines est pris en charge par le thème du voyage, commun aux deux romans. Il faut le considérer comme un moyen qui permet la création littéraire. Il se réalise dans et par la construction d'un texte où l'usage de l'écriture se fait irrémédiablement dans la relation entre la réalité et l'imagination. En effet, des faits réels côtoient des faits d'imagination et le tout évoque les trois registres de Jacques Lacan: le réel, le symbolique et l'imaginaire. Car, si l'écriture est de l'ordre du symbolique, il est évident qu'elle s'inspire à la fois du réel et de l'imaginaire. À la lecture de ces deux romans, nous constatons manifestement des rapports très étroits entre les œuvres et les circonstances socio-historiques des peuples acadien et marocain. Dans les deux textes, nous relevons des rapports entre «mythe» et «histoire». Ces rapports, essentiels aux deux œuvres, autorisent une lecture plurielle, à la fois nouvelle et originale, à travers le mythe. Celui-ci se charge donc de la mission de démystification de l'histoire pour asseoir la légitimité de deux peuples qui aspirent en définitive à leur libération et à leur liberté. La marginalité ne peut aucunement se substituer à la liberté d'un peuple. Pour Antonine Maillet et Tahar Ben Jelloun, la destinée de leur peuple respectif passe inévitablement par la maîtrise de sa propre histoire et donc de sa propre condition. Donc seul le mythe peut, par sa magie pluridimensionnelle, participer à la prise de conscience populaire. Le mythe par les figures qu'il prend chez Antonine Maillet et Tahar Ben Jelloun, permet de redonner espoir à ceux qui en ont été privés. Il offre aux personnages en prise avec une réalité angoissante, l'élan d'une liberté sans limites.

NOTES

1. Tahar Ben Jelloun, *La Prière de l'absent*, Paris, Éditions du Seuil, 1981, 234 p.; Antonine Maillet, *Pélagie-la-Charrette*, [Montréal], Leméac, 1979, 351 p.

2. Roger Caillois, *Le Mythe et l'Homme*, Paris, Gallimard, 1938, p. 16.

3. Cité par Victor Laurent Tremblay, dans «Sens du mythe et approches littéraires», *Mythes dans la littérature contemporaine d'expression française*, sous la direction de Metka Zupancic, Hearst (Ontario), Le Nordir, 1994, p. 133.

4. Mircea Eliade, *Le Mythe de l'éternel retour*, Paris, Gallimard, 1969, p. 53.

LES CRÉOLES DE COULEUR NÉO-ORLÉANAIS ET LEUR IDENTITÉ LITTÉRAIRE

James L. Cowan
Université du Sud-Ouest de la Louisiane (Lafayette)

Les Créoles de couleur ou les gens de couleur libres de La Nouvelle-Orléans sont, pour les Louisianais, un peuple légendaire. Ce groupe minoritaire témoigne d'un passé singulier comme en possèdent peu de villes américaines. Nés de l'histoire et de la rencontre de peuples divers, et victimes de cette histoire, les Créoles de couleur se sont forgé une identité unique. Certes, leur aspect exotique et leur apport à la musique de jazz les a ancrés dans la mémoire collective louisianaise, mais le rôle important qu'ils ont joué dans le développement de La Nouvelle-Orléans au XIXe siècle et, surtout, leur littérature sont souvent passés sous silence. La littérature des Créoles de couleur se trouve dans plusieurs journaux néo-orléanais du XIXe siècle, mais leur poésie, qui a été publiée dans le premier quotidien noir aux États-Unis, *La Tribune de La Nouvelle Orléans*, et dans son prédécesseur, *L'Union*, entre 1862 et 1869, reste non seulement un témoignage important de la réalité créole, mais aussi d'une période majeure de l'histoire louisianaise, celle de la guerre de Sécession.

Peut-être l'aspect le plus marquant de la poésie créole est-il son engagement politico-social latent qui se manifeste ouvertement pendant la guerre de Sécession. Le choix de la contestation par le biais de la poésie relève incontestablement de la culture française, de ses valeurs et de sa littérature. Dans cette étude, qui englobe un ensemble de poèmes publiés dans *L'Union* et *La Tribune*, nous souhaitons présenter une nouvelle perspective de la poésie créole qui inclut le dernier corpus de poèmes qui nous reste de la production littéraire créole. Ces poèmes sont donc indispensables à toute analyse de l'engagement poétique créole, la plupart des études contemporaines étant incomplètes.

De la créolité néo-orléanaise

Il s'agit d'abord de définir le mot « créole » et d'examiner les facteurs essentiels liés à la formation de l'identité créole, soit la société néo-orléanaise, l'immigration de Saint-Domingue à La Nouvelle-Orléans, l'éducation et la langue française. Le terme « créole », qui, au départ, signifie « indigène », a évolué considérablement. Au XVIIIe siècle, les Espagnols, puis les Français, se servent de ce mot d'origine portugaise (*criollo*) pour distinguer les personnes nées dans les colonies des natifs de l'Europe. Le terme conserve cette définition lorsque la Louisiane est vendue aux États-Unis en 1803. Pour l'homme noir libre et le métis libre, l'appellation homme de couleur libre est de rigueur jusqu'à l'abolition de l'esclavage en Louisiane en 1863, lors de la guerre de Sécession (1861-1865). Le terme perd ainsi son sens après 1863. Les gens de couleur libres deviennent les « Créoles de couleur » en opposition aux « Créoles blancs ». Nous réservons l'emploi de l'adjectif « créole » aux Créoles de couleur.

Les hommes de couleur libres, jusqu'à la guerre de Sécession, forment une caste intermédiaire entre les esclaves et la classe dominante blanche. Cette triple stratification caractérise la plupart des sociétés esclavagistes[1]. En Louisiane, ces divisions, basées sur la notion de couleur et de liberté, se constituent dès le début de la colonisation au XVIIIe siècle, lorsqu'une pénurie de femmes blanches pousse les colons à former des unions libres. Les filles à la cassette et les filles moins respectables, dont fait partie Manon Lescaut dans l'œuvre de l'abbé Prévost, sont justement une tentative de la Couronne pour remédier à cette absence de femmes blanches. Les enfants issus de ces couples mixtes et la mère étaient souvent affranchis.

L'institution dite du *plaçage*, c'est-à-dire la mise en ménage d'une femme de couleur libre avec un Blanc, se développe au début du XIXe siècle. La mère et les enfants bénéficiaient en fin de compte de la fortune du père, ce qui leur permettait de jouir d'un niveau de vie souvent supérieur aux immigrés blancs. Le père leur achetait une maison et des terres et dotait ses filles d'une éducation, et ses garçons d'un métier. À ces premières gens de couleur libres sont venus s'ajouter quelques esclaves affranchis à la suite d'un acte méritoire aux yeux de leur maître ou ceux qui ont acheté leur liberté par un travail supplémentaire. Exceptionnellement, certaines gens de couleur affranchissaient un membre de la famille en le rachetant.

Conséquences des insurrections de Saint-Domingue, trois vagues successives d'immigration vers la Louisiane se produisent entre 1792 et 1798, en 1803 et en 1809[2]. Cet exode massif de Créoles originaires de Saint-Domingue contribue de manière importante à la constitution d'une identité créole louisianaise. Ces immigrés s'intègrent parfaitement à la structure sociale néo-orléanaise et, en 1810, la population créole est dix fois supérieure à ce qu'elle était vingt-cinq ans plus tôt. En effet, on dénombre environ 500 Créoles de couleur en 1785 et plus de 5 000 en 1810[3].

Les Créoles de Saint-Domingue ont non seulement renforcé la population créole à La Nouvelle-Orléans, mais aussi la place occupée par la francophonie chez les Créoles de couleur. Par ailleurs, dès les années 1830 ou 1840, une importante immigration d'Irlandais et d'Allemands réduit la langue française à un statut minoritaire chez les Blancs de La Nouvelle-Orléans, puisque moins d'un quart de la population blanche y parle le français[4].

Les Blancs, qui s'inquiètent du nombre croissant d'esclaves et de Créoles de couleur en Louisiane, ont recours à une série de lois réactionnaires. Celles-ci constituent également une réaction au conflit nord-sud et au mouvement abolitionniste. Ces lois surveillent les Créoles de couleur et, entre autres, interdisent l'entrée de nouveaux immigrés et rendent plus difficile la manumission des esclaves[5]. Réduite seulement à un accroissement naturel, la population créole est ramenée d'environ 25 % de la population en 1810 à 6 % en 1860[6]. De plus en plus repliée sur elle-même, la classe intermédiaire devient une sorte de microsociété dont la langue de communication, de scolarité et de littérature demeure le français.

Les réfugiés en provenance de Saint-Domingue sont arrivés en Louisiane instruits, dotés d'une fortune personnelle et d'un métier, ce qui leur a permis de bénéficier, à partir de 1820, de l'essor économique qui a fait de La Nouvelle-Orléans le premier port des États-Unis. Les Créoles de couleur jouissent d'un niveau de vie parfois supérieur à celui des Blancs néo-orléanais. Artisans pour la plupart, ils participent activement au développement de la ville. Une élite extrêmement prospère, composée de professeurs, de philanthropes, d'architectes, de commerçants et de médecins complète la société créole[7]. Ce sont ces derniers qui vont constituer un véritable cercle littéraire.

Les Créoles de couleur deviennent le groupe d'origine africaine le plus cultivé et le plus prospère des États-Unis[8], et qui dit richesse dit bonne éducation. Le taux d'alphabétisation des Créoles de couleur dépasse celui des Blancs louisianais. L'éducation représente un atout primordial dans le maintien de la langue française et des valeurs culturelles. C'est aussi le garant d'une protection contre un environnement de plus en plus hostile. Exclus de la plupart des écoles privées des Blancs depuis le début du XVIIIe siècle et des écoles publiques créées en 1841, ils dépendent d'un système scolaire parallèle, celui des écoles privées dirigées soit par des immigrés français, soit par la communauté créole[9]. Quand ils sont suffisamment fortunés, les étudiants achèvent leurs études secondaires en France. Par sa culture et par sa langue, la France demeure la mère patrie : l'Amérique anglophone ne les attire pas et ils ont en quelque sorte fait le deuil de Saint-Domingue et de l'Afrique.

Émergence d'une littérature créole : le modèle français

Beaucoup de nos écrivains créoles ont été éduqués en France : Michel Séligny, Armand Lanusse, Pierre Dalcour. À Paris, ils ont trouvé l'école romantique à son apogée. Ils fréquentent les cercles littéraires et leur production littéraire reflète le modèle de ceux qu'ils considèrent comme leurs maîtres en littérature.

La diffusion de la littérature locale dépend du rapport étroit entre la presse et la littérature[10]. Jusqu'en 1870, si les quelques maisons d'édition sont plutôt artisanales, en revanche les journaux pullulent : environ 135 titres ont vu le jour au cours du XIXe siècle[11]. La presse reste l'outil le plus efficace dans la diffusion de la littérature et des événements littéraires autant français que locaux; ainsi la production littéraire des écrivains louisianais partage les colonnes des journaux avec celle des Chateaubriand, Béranger, Balzac, Hugo, Gautier. Les premiers poètes créoles y trouvent tout naturellement un débouché pour leurs écrits.

Il n'est pas surprenant que notre premier poème créole recensé, écrit aux alentours de 1840, soit resté inédit jusqu'en 1911, et que le nom de l'auteur, Hippolyte Castra, soit probablement un nom de plume. «La Campagne de 1814-1815», un poème de cinq huitains, ne peut se comprendre sans son arrière-plan historique. Lors de l'invasion anglaise, le général Jackson avait lancé un appel spécial aux Créoles de couleur, qui constituaient deux milices et qui avaient une longue tradition de défense de La Nouvelle-Orléans. Jackson leur promettait le même[12] traitement qu'aux Blancs durant et après le conflit. À la suite de la victoire, le respect pour les hommes du premier bataillon noir sous le drapeau américain a été oublié. Le poète partage l'amertume de la trahison des héros créoles rejetés:

> Vous m'avez tous, dans vos coupes, fait boire,
> En m'appelant un valeureux soldat.
> Moi, sans regret, avec un cœur sincère,
> Hélas! J'ai bu vous croyant mes amis,
> Ne pensant que dans ma joie éphémère
> Que j'étais un objet de mépris.
> («La Campagne de 1814-15», IV, v. 3-8)

Ce poème reflète deux aspects de la réalité créole. D'abord, le Créole de couleur désire profondément le même respect et les mêmes droits civiques du fait qu'économiquement, culturellement et militairement, il s'est toujours montré égal au Blanc néo-orléanais. Ensuite, les lois réactionnaires ont eu un impact sur la littérature créole. La loi de 1830 prescrit jusqu'à la peine de mort pour tout écrit qui incite les esclaves à la rébellion et soulève le mécontentement des gens de couleur libres. Voilà pourquoi ce poème contestataire est resté dans les cahiers familiaux de Rodolphe Desdunes jusqu'en 1911, date à laquelle ce dernier fait paraître son tribut aux Créoles de couleur: *Nos hommes et notre histoire*[13]. Avant la guerre de Sécession, aucun poème ne parle des rapports Noirs-Blancs avec une telle franchise.

À cela s'ajoute peut-être un troisième aspect significatif. Bien que la poésie créole ne soit pas à ce moment contestataire, des nuances de tensions sociales sont perceptibles. Nous sommes, à partir de 1830, en pleine période abolitionniste. Certains Blancs n'ont pas oublié le rôle que les Créoles de couleur ont joué dans l'insurrection de Saint-Domingue. Ils croient à tort que les Créoles de couleur, dont plus de sept cents possèdent des esclaves, vont s'allier aux esclaves pour enlever le pouvoir aux Blancs[14], ou aider le mouvement abolitionniste d'affranchissement général. Les lois réactionnaires témoignent de la crainte des Blancs à l'égard des Créoles de couleur. Cependant, il faut mentionner que les Créoles les plus influents n'ont jamais ressenti l'hostilité blanche, si ce n'est de la loi de 1830. Leurs noms ne figurent pas sur les listes de police relatives aux déplacements des autres gens libres de couleur[15]. Toutefois, si les Créoles de couleur trouvent un débouché pour leur littérature dans les journaux dont les propriétaires et le lectorat sont en majorité blancs, les tensions sont latentes.

Les faits historiques précités expliquent que la production littéraire créole occulte tout engagement dans les années 1840-1865, période reconnue comme l'âge d'or de la littérature louisianaise.

En 1843, les productions littéraires créoles trouvent un nouveau débouché grâce à la création d'une revue bimensuelle, *L'Album littéraire, journal de jeunes gens, amateurs de la littérature*. L'éditeur de cette revue est le Français Jean-Louis Marciacq, et quelques contributions proviennent d'autres Blancs progressistes. Dans les quatre exemplaires qui nous sont restés se mêlent nouvelles, fables, poèmes et articles; cependant, aucune de ces compositions ne mentionne ouvertement la question de l'esclavage ou de l'oppression. Deux nouvelles, « Un mariage de conscience » d'Armand Lanusse (1er août, p. 130-137) et « Marie » d'« un abonné » (15 juillet, p. 83-85) et un poème « Une nouvelle impression » de Mirtil-Ferdinand Liotau (15 juillet, p. 81-82) traitent de l'institution du plaçage. Dans le poème, comme dans les nouvelles, c'est ironiquement la mère créole qui est responsable du vice et de la misère de sa fille, et non le Blanc:

> L'amour n'a plus d'attraits, une mère éhontée
> Aujourd'hui vend le cœur de sa fille attristée;
> [...]
> Ma mère est-ce bien là la gloire, la richesse,
> Que devait recueillir ma brillante jeunesse;
> Est-ce là le destin que tu rêvais pour moi,
> Lorsque mon jeune cœur n'écoutait que ta loi;
> Débile enfant alors, en butte à la contrainte,
> Pouvais-je contre toi faire entendre une plainte?
> (« Une nouvelle impression », v. 21-22, 37-42)

Tout se passe comme si les Créoles cessent leurs récriminations pour rester sur un pied d'égalité intellectuelle avec les Blancs. En Louisiane, la littérature de langue française a l'air d'être à la fois une démonstration de la supériorité culturelle de l'élite créole (blanche et de couleur) sur l'anglais des parvenus américains et une affirmation de la place priviligiée des Créoles blancs et de couleur dans la hiérarchie sociale du nouvel État.

Pour le lecteur blanc occasionnel, rien ne distingue des autres revues cette revue baignée d'une atmosphère mélancolique commune aux écrivains romantiques. Une question se pose cependant: le thème du suicide dans le poème « Deux ans après » de Michel de St. Pierre (1er août, p. 130) reflète-t-il un thème bien romantique ou l'atmosphère oppressive de La Nouvelle-Orléans? Le poète y remercie son camarade créole de l'avoir empêché de se donner la mort. Il nous semble que les deux éléments sont présents, et la crise spirituelle de la littérature romantique pourrait dissimuler toute interrogation sur l'oppression politico-sociale:

La vérité m'inspire et son divin flambeau
Fait briller à mes yeux son éclat le plus beau!...
Je le redis encor, dans ma douleur profonde
Je voulais pour toujours renoncer à ce monde,
Lorsque tu rappelas mon esprit égaré,
Me fis voir mon erreur qu'à ta voix j'abjurai.
L'amitié donne à l'âme une toute puissance
De vaincre le malheur, de clamer la souffrance;
C'est un ange envoyé du céleste séjour
Pour nous entretenir d'espérance et d'amour!...
(« Deux ans après », v. 13-22)

En 1845, deux ans plus tard, le cercle de poètes créoles publie *Les Cenelles: choix de poésies indigènes*, la première anthologie noire aux États-Unis ayant pour mission d'encourager les jeunes Créoles de couleur à écrire et surtout à parfaire leur formation intellectuelle. Dans l'introduction, l'éditeur et chef de file Armand Lanusse écrit qu'« une bonne éducation est une égide contre laquelle viennent s'émousser les traits lancés contre nous par le dédain ou par la calomnie[16] ». Au lieu de sombrer dans l'apitoiement sur soi, les Créoles concrétisent leurs aspirations littéraires. Dans la colonne des « Variétés » de *L'Union* (30 mai 1863), on apprend, dans l'article intitulé « Souvenirs de la Louisiane », comment le projet à été conçu:

> [C]es jeunes gens, pleins d'admiration sincère et respectueuse pour tout ce qui pouvait concourir à l'instruction de leur race sont indigènes. Ils se réunirent et décidèrent que chacun d'eux porterait son contingent à l'œuvre proposée. En moins de quinze jours, dix-sept d'entre eux donnèrent 86 pièces de vers, fruit de leur labeur.

La plupart des poésies choisies avaient déjà été publiées dans les journaux blancs. Ces poèmes reflètent un français châtié et une prosodie pure qui révèlent l'appréciation d'hommes cultivés pour l'école romantique française. Les poèmes sont souvent l'expression d'un sentiment d'amour ou d'amitié.

S'il est une œuvre créole amplement étudiée, critiquée et controversée, c'est assurément *Les Cenelles*. Le point de vue des préfaciers d'une réédition bilingue, en 1979, insiste sur son *escapism*[17], c'est-à-dire sa volonté d'éviter les problèmes sociaux. Le non-engagement racial et anti-esclavagiste est courant dans la littérature noire américaine au XIXe siècle. Pour cela, on considère que ces poèmes sont, en général, assez médiocres par leur souci exagéré de la forme au détriment du contenu. D'autres critiques laissent entendre au contraire qu'émerge un courant contestataire, car le thème principal est de faire l'éloge de belles Créoles, ces quarteronnes et octoronnes qui sont victimes du plaçage[18]. Mais un seul court poème, « Épigrammes[19] » de Lanusse, traite de cette institution de façon voilée, voire humoristique:

« Vous ne voulez pas renoncer à Satan »,
Disait un bon pasteur à certaine bigote
Qui d'assez gros péchés, à chaque nouvel an,
Venait lui présenter l'interminable note.
« Je veux y renoncer », dit-elle, « pour jamais ;
Mais avant que la grâce en mon âme ne scintille,
Pour ôter tout motif de pécher désormais,
Que ne puis-je, pasteur — Quoi donc ? — *placer ma fille ?* »

Vers une littérature engagée : **L'Union** *et* **La Tribune**

Si l'engagement du recueil *Les Cenelles* est sujet à caution, l'aspect contestataire de la production poétique créole des années 1860 ne laisse plus de doute quant à son aspect contestataire. Il est regrettable que les 80 poèmes d'une trentaine d'auteurs, publiés presque chaque dimanche dans les journaux considérés comme « noirs », *L'Union* et *La Tribune de La Nouvelle-Orléans*, soient peu connus et encore moins étudiés. Ces poèmes manifestent une franchise et une clarté longtemps évitées. De surcroît, ils sont probablement le plus profond commentaire sur le climat politique et la vie quotidienne créole.

La nouvelle et d'autres genres littéraires se partagent les colonnes des deux journaux, mais leur rôle n'est pas comparable à celui des œuvres poétiques. La poésie est le genre littéraire qui jouit d'une spontanéité capable de traduire l'émotion que produisent les événements, alors que les autres genres sont souvent marqués par un décalage plus important du fait qu'ils exigent un travail plus ample. Les poésies de *L'Union* et de *La Tribune de La Nouvelle Orléans* sont significatives parce qu'elles captent non seulement l'esprit du temps, avec peu de décalage, mais servent aussi d'exutoire aux tensions latentes et aux émotions refoulées pendant les années 1840-1860. Les imitations poétiques des *Cenelles* sont remplacées par une force vitale incontestable.

À eux seuls, les titres des deux journaux, *L'Union, mémorial, politique, littéraire et progressiste* et *La Tribune de La Nouvelle Orléans, journal politique, progressiste et commercial* sont contestataires dans le Sud louisianais, qui était sécessionniste et esclavagiste avant l'occupation par les forces fédérales en 1862. Parmi les 17 poèmes de *L'Union*, certains poèmes révèlent aussi leur engagement dans des titres comme « Les tyrans au tribunal de l'histoire » (20 décembre 1862), poème anonyme, et « La guerre et l'avenir » (5 novembre 1863) de L. de P.

La réalité créole change subitement lors de la guerre de Sécession. Cinq mois après l'occupation de la ville portuaire stratégique par les forces fédérales, les Créoles de couleur fondent leur journal, *L'Union*, sous la direction du Dr Louis Roudanez, médecin et philanthrope. L'expression littéraire contestataire, qui perdure pendant toute la décennie en dépit des réactions négatives, y apparaît dès le premier tirage du 27 septembre 1862. Le premier journal inclut le poème d'Henry Train intitulé « Ignorance », où les questions d'engagement social et d'anti-esclavagisme paraissent pour la première fois de façon indiscutable :

C'est le mal de l'Humanité
C'est le vers rongeur qui épuise
Ce qui de tout temps la maîtrise
Et muselle la Liberté
(« Ignorance », v. 1-4)

Un poème anonyme attaque pour la première fois une autre institution ségrégationniste : l'Église catholique. Dans « Rêve de l'abbé » (19 mai 1863), l'abbé Châlons se plaint de savoir son cadavre enterré à côté d'un cadavre noir. Le corps noir lui répond :

Ici, tous sont égaux, je ne te dois plus rien,
Je suis sur mon fumier comme toi sur le tien
Et pourtant sans songer aux vers qui nous dévorent
Comme à l'église, ici, tu m'insultes encore.
(« Rêve de l'abbé », v. 9-12)

L'Union ferme ses portes en 1864, vingt-deux mois après son ouverture[20]. Le journal, publié deux fois par semaine exclusivement en français, se vend mal. Outre les problèmes financiers et le manque d'expérience du Dr Roudanez, certains Blancs hostiles au journal noir et à ses idées progressistes intimident les associés du journal ; l'éditeur Paul Trévigne est menacé de mort. Roudanez achète les actions de ses partenaires et le journal redémarre sous le nom de *La Tribune de La Nouvelle-Orléans* avec, pour directeur, le dynamique Belge Jean-Charles Houzeau, qui s'est exilé en raison de ses idées républicaines. *La Tribune de La Nouvelle Orléans*, maintenant bilingue anglais/français, est le premier quotidien noir aux États-Unis. Des Blancs et des Noirs y sont réunis, mais la plupart des poètes sont des Créoles de couleur, bien que nous ne connaissions pas toujours les origines de ces poètes. Le manque de documentation, les noms de plume, l'anonymat et le paraphe des poèmes rendent difficile l'attribution d'une œuvre à un auteur précis. Le sentiment d'égalité et de fraternité, si longtemps évité, devient incontournable. Dans les poèmes, le sentiment dominant est celui de l'universalité des valeurs humaines. Les poètes des *Cenelles* avaient simplement fait preuve d'un besoin d'auto-valorisation.

C'est en des termes hugoliens que s'exprime la nouvelle mission du poète : altruiste et quasi divine. Adolphe Duhart, le poète créole le plus prolifique, le dit dans son poème intitulé simplement « Le poète » (4 juin 1864) :

Comme on voit autrefois monter sur le Calvaire
L'Homme-Dieu poursuivi par le peuple en colère
Sans fléchir le poète en ce monde banni,
Porte aussi son fardeau, ses sanglantes injures
(« Le poète », v. 1-4)

Cette mission appelle l'action et la lutte. Henry Train, dans son « Hommage au poète » (18 juin 1865), incite le poète créole, grâce à son intelligence et à son rang social, à servir d'intermédiaire entre les opprimés et les oppresseurs. Par le fait de l'histoire, les Créoles sont les seuls capables de le faire ; ce sont les élus de la lutte sociale. Il écrit :

> Les méprisés ont droit à ton verbe d'élite,
> Il leur faut s'abriter sous l'aile de génie :
> Que jamais rien n'arrête en son cœur généreux,
> La sainte mission de ta muse si sage,
> Jusqu'au moment où Dieu comblera tous nos vœux
> Par l'égalité du suffrage !
> (« Hommage au poète », v. 2-7)

Les Créoles de couleur sont influencés par l'esprit de 1848 et les principes fondamentaux de la Déclaration française des droits de l'homme — liberté, égalité, fraternité — ressurgissent dans plusieurs poèmes : « Communication d'outre-tombe » (17 décembre 1865) d'un poète qui signe simplement J.B., probablement Jean-Baptiste, le frère du Dr Roudanez, « Le triangle sacré » (28 avril 1867) de Schneitz, et « Ode aux martyrs » (29 juillet 1867) de Camille Naudin.

Naudin traduit les valeurs françaises en une sorte d'hymne qui réunit tous les Louisianais. Les Créoles peuvent aussi extérioriser toutes les rancœurs qu'ils ont accumulées depuis plusieurs décennies et ils chantent « La Marseillaise noire » du 21 juillet 1867 :

> Assez longtemps ! le fouet infâme
> De ses sillons nous a brisés
> Sans nom, sans patrie, et sans âme,
> Assez de fers ! de honte assez !
> Que dans une sainte alliance
> Les noirs et les blancs confondus
> À la mort d'anciens abus.
> (« Marseillaise noire », II. v. 1-8)

Les Créoles de couleur sont désormais orientés vers l'avenir. Rares sont les poésies lyriques centrées sur le moi personnel. Au contraire, ces poèmes créoles, tous tirés de *La Tribune de La Nouvelle Orléans*, sont ancrés dans le temps et veulent refléter l'histoire qui se vit au quotidien et où les Créoles jouent un rôle social et politique actif.

Il faut examiner quelques titres significatifs qui font preuve de cette nouvelle orientation engagée. Le poème « Au Courrier des États-Unis » (27 août

1865), de F. Faon, témoigne d'une lutte au niveau de la presse. *La Tribune* se trouve seule devant les journaux racistes comme Le *Courrier des États-Unis*. Le «Combat de l'aigle républicain et du copperhead» (23 septembre 1866) d'Antony prône la guerre sainte qui triomphera de ce Sud conservateur. Pierre L'hermite, dans le poème «Au père Chocarne» (16 avril 1867), dénonce une fois de plus la religion hypocrite, tandis que plusieurs poèmes de Joanni Questy, tel que «Aux conservateurs» (12 mai 1867) dénonce l'obscurantisme des esclavagistes.

Le poème peut aussi être un appel à la générosité. Dans «Pour les incendies de Saint-Domingue» (6 mai 1866), poème écrit spécialement pour *La Tribune* par Adolphe Duhart, les Créoles font appel aux nombreuses sociétés de bienfaisance créoles pour aider les victimes de la conflagration dans l'île. «Le 13 avril» (25 avril 1865) de Duhart et d'autres poèmes racontent également l'immense désespoir après l'assassinat d'un de leurs héros : Abraham Lincoln.

En dépit des dangers, les Créoles de couleur sont particulièrement actifs dans la lutte pour le suffrage universel, et nombreux sont les poèmes qui le réclament, comme «Le triomphe des opprimés» (8 novembre 1864), poème anonyme également écrit pour *La Tribune de La Nouvelle Orléans*, «La liberté et l'esclavage» (13 août 1865), d'Ad. Pecatier, et «Le droit de suffrage des noirs» (10 juin 1866), signé E.H.

Malheureusement les échecs politiques et sociaux s'ensuivent après la guerre. Les Créoles de couleur sont eux-mêmes victimes de leur lutte pour le suffrage universel des autres. Un poème particulièrement poignant de Naudin, «Ode aux martyrs» (30 juillet 1867), rappelle un massacre organisé par les anciens esclavagistes l'année précédente :

> Le *Soleil de Juillet !* dorait encore la ville,
> Qu'agitait le brandon de la guerre civile,
> Par une infâme main le tocsin agité
> Sonnait pour la terreur, non pour la liberté.
> Un peuple d'assassins — anciens esclavagistes,
> Dont l'avenir un jour vous donnera les listes,
> Gentilshommes du fouet, armés de leurs poignards,
> Cohortes de bourreaux — sortit de toutes parts.
> («Ode aux martyrs», I, v. 1-8)

La sonnerie des cloches de la cathédrale Saint-Louis donne le signal de l'attaque contre la Convention constitutionnelle du parti républicain, réunie au Mechanics Institute pour débattre des moyens d'assurer le suffrage universel : 34 Créoles de couleur et trois Blancs perdent la vie dans une tuerie qui se poursuit jusque dans les rues autour de l'église. On dénombre 146 activistes blessés[21]. Dans un des vers du poème, Naudin immortalise ce jour infâme comme la «Barthélemy des Noirs» (III, v. 21).

La période de l'après-guerre : la littérature avortée

La guerre de Sécession promettait une nouvelle ère pour les Créoles, et pendant un temps, elle a nivelé toutes les barrières. Malheureusement, les périodes de la reconstruction et de la post-reconstruction ont été désastreuses pour eux[22].

En premier lieu, le pouvoir politique des Créoles décline sérieusement. Avec l'avènement de la ségrégation en 1871, les trois castes sociales font place à une seule division entre les Blancs et les Noirs, qui provoque un amalgame entre esclaves libérés et Créoles de couleur. Les Blancs excluent les Noirs de leurs journaux et cherchent à exacerber les tensions existant entre Noirs et Créoles, pour qui l'égalité est enchâssée dans la culture et dans la langue française. L'écrivain blanc louisianais Charles Gayarré, qui, avant la guerre, s'était opposé vivement à une loi réactionnaire visant à expulser les hommes de couleur libres de l'État de Louisiane, se montre après la guerre extrêmement hostile aux Créoles de couleur, les blâmant pour la persistance des tensions raciales et politiques[23].

Sur le plan économique, le Sud subit d'importantes crises. En plus de l'appauvrissement général des habitants, la conjoncture affecte beaucoup la presse et les écoles. La presse de langue française n'est plus rentable. Les écoles privées, dont dépendent les Créoles, ferment leurs portes ou deviennent trop chères. Peu de Créoles peuvent se permettre d'aller finir leurs études en France. La relève n'est pas assurée : il n'y a pas de renouvellement du bassin d'écrivains créoles, pas de voie non plus qui permette la diffusion de leurs écrits. Le phénomène est d'autant plus dramatique que toute une génération d'écrivains s'éteint autour des années 1860 et 1870 : Michel St Pierre (1866), Armand Lanusse (1867), Joanni Questy (1869), Camille Thierry (1875). La littérature créole a vécu.

Pourtant un troisième journal, *The Daily Crusader*, est lancé par les Créoles de couleur en 1890 dans le but de continuer la lutte sociale et de faire la guerre judiciaire contre la discrimination galopante. Bien que ce journal ait duré sept ans, son arrivée tardive en a minimisé l'impact ; on aurait probablement pu y trouver des textes, si les exemplaires n'en étaient pas perdus.

* * *

Par conséquent, du fait de leur unicité, les poèmes des journaux *L'Union* et *La Tribune de La Nouvelle Orléans*, par lesquels s'achève l'époque littéraire créole, sont essentiels à l'œuvre créole et méritent d'être étudiés davantage. La littérature des Créoles de couleur ou des gens de couleur libres a disparu avec ces textes, mais la créolité néo-orléanaise existe toujours. Les origines du maire de La Nouvelle-Orléans, élu en 1994, remontent à Sainte-Domingue et aux Créoles de couleur néo-orléanais. Les aspirations des Créoles de couleur à une culture francophone universelle subsistent toujours. Un sujet d'actualité nationale, celui de l'*affirmative action*, est issu du célèbre procès Plessy contre Ferguson de 1896. Bien que Plessy ait perdu le procès, il a inauguré le recours à la Cour suprême pour traiter des questions de race et d'exclusion dans un contexte constitutionnel. Détail peu connu, Homère Plessy était non seulement Créole de couleur mais francophone.

Les droits civiques qui font partie de l'identité créole relèvent d'un chapitre de l'histoire complexe où plusieurs cultures, races et pays s'entremêlent. L'esprit créole est justement ce point de jonction entre la langue et les lettres françaises, l'éducation et l'immigration de Créoles de couleur de Saint-Domingue à La Nouvelle Orléans. Selon l'époque, l'engagement littéraire créole s'est manifesté soit par un silence lourd et révélateur dans les premiers poèmes, soit par le verbe d'une élite engagée, comme en témoignent les poèmes de *L'Union* et de *La Tribune de La Nouvelle Orléans*.

NOTES

1. Laura Foner, « The Free People of Color in Louisiana and St. Domingue : A Comparative Portrait of Two Three-Caste Slave Societies », *Journal of Social History*, n° 3, 1970, p. 406-430.
2. Paul E. Lachance, « The 1809 Immigration of Saint-Domingue Refugees to New Orleans : Reception, Integration and Impact », *Louisiana History*, n° 29, 1988, p. 109-141.
3. Roland Wingfield, « The Creoles of Color : A Study of a New Orleans Subculture », M.A. thesis, Louisiana State University, 1961, p. 49-50 ; P. E. Lachance, *loc. cit.*, p. 112.
4. P. E. Lachance, *loc. cit.*, p. 139.
5. Charles B. Roussève, *The Free Negro in Louisiana : Aspects of His History and His Literature*, New Orleans, Xavier University Press, 1937, p. 47-48 ; R. Wingfield, *loc. cit.*, p. 49-50.
6. United States Bureau of the Census, *Negro Population*, 1790-1915, Washington, D.C., 1918, p. 57.
7. Robert C. Reinders, « The Free Negro in the New Orleans Economy, 1850-1860 », *Louisiana History*, n° 6, 1965, p. 273-275.
8. Loren Schweniger, « Antebellum Free Persons of Color in Postbellum Louisiana », *Louisiana History*, n° 30, 1989, p. 350.
9. Donald E. Devore, John C. Ferguson et Joseph Logsdon, *Crescent City Schools : Public Education in New Orleans, 1841-1991*, Lafayette, Center for Louisiana Studies, 1991, p. 41 ; Roger A. Fischer, *The Segregation Struggle in Louisiana, 1862-1877*, Chicago, University of Illinois Press, 1974, p. 13.
10. Frans C. Amelinckx, « Intersection France / Louisiane au XIXe siècle : la littérature populaire dans les récits et nouvelles de Michel Séligny », *Francophonies d'Amérique*, n° 2, 1992, p. 170.
11. Edward Laroque Tinker, *Bibliography of the French Newspapers and Periodicals of Louisiana*, Worcester, American Antiquarian Society, 1933, p. 80-83.
12. Donald E. Everet, « Emigres and Militiamen : Free Persons of Color in New Orleans, 1803-1815 », *Journal of Negro History*, n° 38, 1953, p. 396.
13. Rodolphe Desdunes, *Nos hommes et notre histoire*, Montréal, Arbour et Dupont, 1911, p. 7-12.
14. D.E. Everet, *loc. cit.*, p. 401-402 ; Carter G. Woodson, *Free Owners of Slaves in the United States in 1830*, Washington, Association for the Study of Negro Life, 1924, p. 9-15.
15. *Register of Free Persons of Color Entitled to Remain in the State, Mayors Office, 1840-1857, 1856-1859, 1859-1861, 1861-1864*, City Archives, New Orleans Public Library.
16. Edward Maceo Coleman, *Creole Voices : Poems in French by Free Men of Color*, Washington, Associated Publishers, 1945, p. XLIII.
17. Regine Latortue et Gleason R.W. Adams, *Les Cenelles : A Collection of Poems of Creole Writers of the Early Nineteenth Century*, Boston, G. K. Hall, 1979, p. IX.
18. Frans C. Amelinckx, « La littérature louisianaise au XIXe siècle : perspective critique », *Présence francophone*, n° 43, 1993, p. 22.
19. E.M. Coleman, *loc. cit.*, p. 63.
20. Jean-Charles Houzeau, *My Passage at the New Orleans Tribune : A Memoir of the Civil War Era*, 1870, édité par David C. Rankin et traduit par Gérard F. Denault, Baton Rouge, Louisiana State University Press, 1984, p. 19-24.
21. Gilles Vandal, *The New Orleans Riots of 1866 : Anatomy of a Tragedy*, Lafayette, Center for Louisiana Studies, 1983, p. 171-193.
22. David C. Rankin, « The Impact of the Civil War on the Free Colored Community of New Orleans », *Perspectives in American History*, 11, 1977-1978, p. 380-387 ; Joe Gray Taylor, « Civil War and Reconstruction in Louisiana », *Louisiana : A History*, Arlington Heights, Forum Press, 1990, p. 195-208 ; E.L. Tinker, *loc. cit.*, p. 33-36.
23. Charles Edward O'Neill, *Séjour : Parisian Playwright from Louisiana*, Lafayette, Center for Louisiana Studies, 1995, p. 13 ; Charles Gayarré, « The Southern Question », *North American Review*, n° 259, 1877, p. 490.

« QUATRE HECTARES DE PASSÉ » : LA RÉINVENTION DU PASSÉ DANS LA LOUISIANE CONTEMPORAINE

Mathé Allain
Université du Sud-Ouest de la Louisiane (Lafayette)

Le passé louisianais a longtemps hanté les écrivains, et pour de bonnes raisons. L'histoire de la région présente de pittoresques épisodes peuplés de personnages hauts en couleur; aventuriers, pirates, filles repenties et forçats y côtoient planteurs opulents, quarteronnes libertines et fils de famille en rupture de banc. Mais cette réalité ne suffit pas aux écrivains créoles du XIXe siècle qui s'inventèrent un passé où les héros étaient tous nobles et galants, les traîtres infâmes, les héroïnes frêles et virginales, et les fortunes immenses. L'érosion du français dans les milieux urbains anglicisés et américanisés à la fin du XIXe siècle, mit fin en même temps à la production littéraire créole et à cette version de l'histoire à la Alexandre Dumas. Depuis 1968, la renaissance française qui se produit dans les régions cadiennes et la prise de conscience d'une identité cadienne ont amené une nouvelle floraison d'écrivains et une autre sorte de recréation du passé. Les jeunes militants de la renaissance cadienne se penchent aussi sur l'histoire de leur peuple et y cherchent une autodéfinition. Mais c'est une vue plus réaliste et plus modeste qui se manifeste dans les nouvelles d'Antoine Bourque, les pièces de James Fontenot, les créations collectives de Nous-Autres ou les films de Glen Pitre.

L'histoire de la Louisiane aurait pu suffire aux écrivains du XIXe siècle, cette histoire mouvementée dont l'écrivain Charles Testut disait en 1849 qu'elle contenait « dans ses courtes pages et dans sa marche rapide, de quoi faire bien des volumes ». Car, ajoutait-il, on y trouve « de nombreux épisodes qui ne le cèdent en rien à ces temps chevaleresques d'un autre âge[1] ». Bariolée et pittoresque, cette histoire inspira souvent les écrivains créoles qui choisirent toujours de traiter les événements et les personnages marquants et de le faire suivant un mode héroïque, à travers les styles littéraires en vogue à l'époque sur le continent européen.

Ainsi la première pièce louisianaise est-elle une tragédie classique en cinq actes, écrite en alexandrins. *Poucha-Houma* tire son sujet d'une anecdote historique, l'histoire d'un chef indien qui sacrifia sa propre tête pour sauver celle de son fils. Paul-Louis Le Blanc de Villeneufve, qui voulait démontrer la noblesse d'âme des Indiens avant que les Européens ne les corrompissent, fait de son héros Poucha Houma un personnage cornélien qui s'exprime dans une langue que l'auteur voulait sublime, mais qui n'est le plus souvent que grandiloquente et boursouflée[2].

L'extraordinaire carrière du découvreur René Robert Cavelier de La Salle et sa mort sordide, sous les coups d'un de ses hommes dans les terres perdues du Texas, deviennent un drame romantique dans *Mila ou la Mort de La Salle*, d'Oscar Dugué. L'explorateur froid, distant, cassant, victime d'une mutinerie précipitée par son arrogance, son inflexibilité, et, surtout, son état mental voisin de la folie, devient un jeune premier qui tombe sous les coups d'un rival amoureux : le découvreur normand meurt pour l'amour de Mila, la belle Indienne[3].

La révolution de 1768, cette insurrection de colons français qui chassa le premier gouverneur espagnol avant d'être réprimée par celui que les Créoles surnommèrent « O'Reilly le Sanglant », est transformée en révolte patriotique et libertaire sous la plume d'Alfred Lussan ou de Placide Canonge[4]. Les meneurs, ceux que Lussan appelle les « martyrs de la Louisiane », et particulièrement Joseph Villeré et Chauvin de La Frenière, sont dépeints en idéalistes, prêts à mourir pour une Louisiane libre et républicaine. Les colons louisianais ont un allié sûr, proclame La Frenière, celui

> que rien ne peut changer,
> Qu'un peuple porte en soi : l'horreur de l'étranger !
> Elle, qui faisait dire à nos nobles ancêtres :
> Notre sol est sacré ! Français ! ou pas de maîtres !
> Imitons leur exemple : Espagnols ni Français !
> Soyons un peuple aussi, soyons Louisianais !
> (« Prologue »)

Joseph Villeré rêve, à la veille de son exécution, d'une Louisiane indépendante :

> C'eût été beau pourtant : cinquante ans d'existence.
> Et prendre tout à coup son rang comme puissance ;

et vaticine :

> Ni reine, ni sujette, être la cité libre ;
> Entre les continents maintenir l'équilibre ;
> . . . .
> Dominer par la paix sur la terre et les ondes ;
> Devenir le joyau que convoitent les deux mondes (V, iv).

Et c'est à la Louisiane que vont ses dernières pensées :

> Je te devais mon sang… toi… que j'ai tant chérie…
> Louisiane adorée… ô ma noble patrie… (IV, iv)

Or il n'existe aucune preuve historique que les rebelles de 1768 aient nourri des sentiments indépendantistes, patriotiques ou républicains. Bien au contraire, les meneurs de la Révolution, gros négociants soucieux de préserver la liberté de commerce et les bénéfices qui en découlaient, désiraient surtout rester sous le joug de la monarchie française, plus tolérante que la couronne espagnole à l'égard de leurs activités commerciales licites ou illicites[5]. Mais les écrivains créoles du XIXe siècle, nourris de Chateaubriand, de Victor Hugo, d'Alexandre Dumas (père, bien entendu) et férus des opéras de Vincenzo Bellini, Gaetano Donizetti et Giacomo Meyerbeer, cherchaient dans l'histoire des personnages chevaleresques, des actions éclatantes, des gestes dramatiques, des mots sublimes[6]. Cette version de l'histoire correspondait à l'image qu'ils aimaient se faire d'eux-mêmes : téméraires, nobles, fiers. Elle permit donc aux francophones néo-orléanais de se forger une identité créole à un moment où ils voyaient leur culture s'effriter et leur spécificité se fondre dans le grand creuset américain ; ceux-ci tissèrent ainsi un mythe utile autour de grands personnages de leur passé.

Pendant que la culture créole se désagrégeait et s'américanisait, les paroisses cadiennes du sud de la Louisiane, protégées par leur isolement géographique, social et économique, conservaient jalousement leur héritage. D'Acadiens qu'ils étaient à leur arrivée en Louisiane, les exilés canadiens devinrent des Cadiens, enrichissant leur tradition d'éléments empruntés à toutes les ethnies avec lesquelles ils entraient en contact : Allemands, Irlandais, Anglais, Indiens et Noirs. Chez eux florissaient un répertoire intarissable composé de contes, de chansons et de légendes, et aussi une littérature orale enrichie des apports de ces diverses ethnies. Dans le sud de la Louisiane, les ethnologues ont pu enregistrer des centaines de chansons : Ralph Rinzler, par exemple, enregistra une cinquantaine d'heures dans les années soixante, la chanteuse Alma Barthélemy lui ayant donné à elle seule plus de dix heures de chansons. Le répertoire de légendes et de contes, d'autre part, ne le cède en rien à celui des chansons.

Cependant, bien que les chanteurs cadiens aient préservé soigneusement de vieilles chansons françaises historiques comme « La veuve de sept ans » ou « La belle et le capitaine », Susan Silver, qui a dépouillé et transcrit les collections d'Alan et John Lomax, de Bill Owen, de Harry Oster, de Ralph Rinzler et de Barry Ancelet, n'a pas trouvé une seule chanson se rapportant au Grand Dérangement[7]. De même, le répertoire de contes et de légendes, qui comprend des histoires aussi longues et complexes que « Geneviève de Brabant » ou « Jean l'Ours et la fille du roi », ne montre aucune trace de ce qui fut l'événement le plus traumatisant de l'histoire acadienne[8]. Cette absence ne devrait pas surprendre, car, à leur arrivée en Louisiane, les Acadiens se mirent résolument à reconstruire leur vie, à rétablir leur culture et à reconstituer les familles dispersées par la déportation. Ils tournèrent donc le dos au passé pour se consacrer au présent louisianais et aux tâches à accomplir.

Après la création du Conseil pour le développement du français en Louisiane (CODOFIL) en 1968 et la renaissance française que le CODOFIL amorça et nourrit, les militants cadiens se montrèrent intéressés à créer une littérature. C'est alors que la plupart des jeunes écrivains qui s'inventaient à partir de leur tradition culturelle cherchèrent inspiration et modèle dans le passé. Tous universitaires, ils étudiaient ce passé que des historiens scientifiques, tel Carl A. Brasseaux, défrichaient pour la première fois à partir de documents de première main. Ils en découvraient la richesse et la complexité et se réjouissaient de détruire certains mythes tenaces, surtout celui d'Évangéline[9]. Et ils utilisaient des bribes de ce passé pour leurs premiers balbutiements littéraires, généralement écrits sous un pseudonyme pour éviter que leur identité d'écrivains francophones ne soit contaminée par leur personnage d'érudits anglophones[10].

Ce qui est frappant en lisant ces premiers efforts de recréation du passé cadien, c'est la volonté d'éviter les hauts faits et les grands personnages. Quand les écrivains cadiens se tournent vers le passé, c'est la vie des humbles, des petites gens, de ceux qui subissent l'histoire au lieu de la faire, qui les attire. Le Nouveau-Brunswick glorifie Joseph Broussard, dit Beausoleil, qui se saisit d'une goélette anglaise et écuma les côtes de la Nouvelle-Angleterre avant de s'établir en Louisiane près du village qui porte aujourd'hui son nom : un groupe musical arbore fièrement son nom et le célèbre dans une de ses meilleurs chansons ; Antonine Maillet en fait l'amoureux de Pélagie-la-Charrette, la tentation qui sape presque la volonté de retour au pays de l'héroïne[11]. Mais, en Louisiane, seul Zachary Richard l'a chanté, et encore. « La ballade de Beausoleil » rappelle les résistants, les rebelles cachés au fond des bois :

> La lune est pleine,
> on monte ce soir
> avec Beausoleil.
> Ça sera clair
> au fond du grand bois,

et le paradis perdu :

> La récolte riche,
> la vallée fleurie,
> la buchane [*sic*] aux cheminées,
> le village tranquille,
> les enfants qui jouent
> au soleil.
> Les cendres des arbres,
> les pierres de la terre
> éstaient tous endeuillées,
> cestaient rien qu'un rêve
> qu'on appelait
> la liberté[12].

Beausoleil lui-même est invoqué plutôt qu'évoqué; c'est uniquement l'esprit de résistance du héros acadien qui inspire le musicien-poète louisianais.

> Réveille. Réveille c'est les goddams qui
> viennent
> brûler la récolte.
> Réveille. Réveille, hommes Acadiens,
> pour sauver le village...
> . . . .
> Réveille. Réveille.
> J'ai entendu parler de monter avec
> Beausoleil
> pour prendre le fusil... les sacrés
> maudits.
> . . . .
> Réveille. Réveille, hommes Acadiens
> Pour sauver l'héritage[13].

Beausoleil est symbole plutôt que chair, et sa personnalité disparaît dans la brume du passé.

Ce n'est pas la dimension héroïque du passé qui inspire les écrivains de la renaissance cadienne, mais la dimension humaine. Ainsi Antoine Bourque, qui met dans ses nouvelles françaises la compassion et la colère qu'érudit impartial il doit évacuer de ses monographies scientifiques, met-il en scène une humble famille, Cosme et Elizabeth Brasseux et leurs enfants. Les personnages historiques importants comme le colonel Robert Winslow ou le gouverneur adjoint du Maryland, Benjamin Tasher, n'apparaissent que pour bouleverser la vie des agriculteurs acadiens. Les raisonnements, les motivations, les justifications derrière la déportation n'entrent pas en jeu. Qu'elle ait été, pour emprunter l'expression de Naomi Griffiths, perfidie délibérée ou cruelle nécessité, le résultat est le même: souffrance, physique et morale, pauvreté, humiliation[14]. Et c'est à cette souffrance et à ces humiliations que le lecteur participe: la confusion vécue par les familles lorsqu'elles apprennent les ordres des Britanniques, l'angoisse des hommes parqués dans l'église, loin de leur famille, la terreur des femmes et des enfants qui se demandent s'ils reverront leur mari, leur père; le soulagement de se retrouver réunis sur les vaisseaux de l'exil; les horreurs de la traversée, avec ses rations insuffisantes, son incertitude lancinante et ses avanies continues. En fin de compte, Cosme Brasseux explose devant la faim de ses enfants et, emprisonné dans une cabine avec des malades, contracte la variole. Il meurt dans les bras de sa femme lorsque les exilés sont finalement débarqués sur la côte du Maryland. Elizabeth devient alors chef de la famille, subvenant aux besoins de ses enfants par la mendicité. D'épouse de fermier aisé, la voilà « quémandeuse ».

Elle profite de l'occasion pour aller refaire sa vie en Louisiane et les dernières nouvelles de la série montrent les Brasseux établis sur les bords du bayou, prenant une revanche, modeste mais satisfaisante, sur l'arrogance anglaise, d'une part, et la morgue créole, d'autre part[15].

En 1977, une troupe théâtrale fut créée dans le sud de la Louisiane pour interpréter des pièces tirées de la tradition locale. La première œuvre jouée par Nous-Autres, *Jean l'Ours et la fille du roi*, portait à la scène une vieille légende et se situait dans un univers fabuleux et un temps mythique. La deuxième, *Martin Weber et les Marais-Bouleurs*, empruntait son cadre et ses personnages à l'histoire locale au début du siècle. Les Marais-Bouleurs (nom tiré de *swamp bullies*, les «durs des marécages») étaient des hommes qui vivaient, sinon hors la loi au moins en marge, dans les prairies marécageuses et les bois épais du nord de Lafayette. Une fois par semaine, le samedi soir, ils descendaient vers les salles de bal des hameaux. Enveloppés de longues redingotes, coiffés de chapeaux noirs à larges bords, ils pénétraient dans la salle et fichaient leurs couteaux dans le mur pour y suspendre leurs chapeaux. Avertissement à qui de droit: qui toucherait au chapeau goûterait du couteau. Leur plus grand plaisir était de «casser le bal» en provoquant une rixe générale. Mais ils trouvèrent un adversaire à leur mesure en la personne de Martin Weber, constable légendaire. Armé seulement de ses poings redoutables et d'un gros gourdin, Martin faisait régner l'ordre dans les salles de bal à partir de trois règles fort simples. Comme l'explique le héros de la pièce:

> Ça, icitte, c'est une place respectable ayoù le monde respectable vient pour s'amuser. Alors, ça veut dire qu'il faut pas que personne jure ou parle sale devant les dames. Ça veut dire que les femmes sont supposées d'être respectées. Personne a le droit de fumer dans la salle. Si je peux attraper quelqu'un après fumer, je vas lui écraser la cigarette... et pas sur le plancher non plus. Puis, je veux que tous les hommes ôtent leurs chapeaux. Porter un chapeau dans une bâtisse, c'est pas une manière de respecter les femmes[16].

Ceux qui fumaient devant les dames se faisaient écraser leur cigarette dans la figure; ceux qui gardaient leur chapeau se le faisaient enlever par Martin Weber, qui se servait de son gourdin à cette fin. Quant à ceux qui «parlaient sale», ils étaient mis à la porte par le colosse en moins de temps qu'il n'en faut pour le dire.

Martin Weber et les Marais-Bouleurs, écrit collectivement par Richard Guidry et la troupe de Nous-Autres sur un canevas fourni par Barry Ancelet, raconte l'enlèvement de la fille du constable par les «durs», le jour de ses noces. Les Marais-Bouleurs exigent une rançon, qui leur est payée par Martin Weber, déguisé en femme; ce dernier profite alors d'un moment d'inattention pour assommer ses adversaires de son célèbre gourdin, au milieu de la joie générale.

Les données sont historiques, le personnage aussi. Les histoires de Martin Weber, après avoir longtemps été racontées dans les veillées, se transmettent aujourd'hui encore dans les bars et les abris de chasse. Martin Weber possède une certaine dimension héroïque, mais à l'échelle locale uniquement ; la grande histoire ne joue aucun rôle dans sa légende.

James Fontenot aussi, lorsqu'il choisit l'époque agitée de la guerre de Sécession et la Reconstruction pour sa comédie, *Les Attakapas*, se désintéresse de l'Histoire avec une majuscule[17]. Une pièce qui se déroule dans la région des Attakapas pendant la guerre aurait pu mettre en scène le général nordiste Nathaniel Banks, dont les armées envahirent la région, ou le général Alfred Mouton, natif de Lafayette, héros confédéré de la bataille de Mansfield. Mais James Fontenot a préféré trouver ses protagonistes parmi les gens ordinaires : Henri Desjacques, négociant français établi aux Attakapas, qui espère que sa neutralité officielle le protégera des confiscations nordistes ; Emira, son épouse, nouvellement arrivée d'Europe, horrifiée devant ce pays où les gens « vivent comme des sauvages au milieu de la prairie et dans ces marécages infestés » et désireuse de repartir pour la France le plus vite possible ; leur fille, Marie-Louise, adolescente en mal de mari ; Cama, esclave affranchie (probablement beaucoup plus qu'une esclave pour Henri avant l'arrivée d'Emira) qui aide au magasin de son ancien maître ; et Lucy, vive et jolie Cadienne, gérante du magasin et indispensable parce qu'elle parle et écrit l'anglais (p. 3). Cama et Lucy se jugent chanceuses : « on est heureux toi et moi », dit Lucy à la négresse, « même au milieu de cette guerre terrible. » Car, grâce à Henri Desjacques, elles jouissent d'une importance que les femmes connaissent rarement dans la région. Comme l'explique Lucy : « Quand j'ai commencé à tenir la boutique, les hommes voulaient pas faire affaire avec moi. Il a même risqué de les affronter en me mettant derrière le comptoir. » Cama doit encore plus à Desjacques, « une négresse, esclave libérée, avec des vrais droits de maîtresse de maison, derrière le comptoir assise, et les mains dans son porte-monnaie » (p. 8). Mais leur petit bonheur est fragile : si Emira l'emporte et convainc Henri de rentrer en France, que deviendront les deux jeunes femmes ?

Arrive dans ce modeste drame bourgeois, Tom, un soldat nordiste envoyé par son commandant garder la maison Desjacques. Il est jeune, beau, ou du moins Lucy le juge tel. Cama, elle, le trouve « [t]rop pâle, trop blanc ». Pour Lucy, il offre la solution rêvée : Un « canjo[18] » fabriqué par Cama fera en sorte que Marie-Louise et Tom tombent amoureux ; ils se marieront et les Desjacques resteront. Tom, séduit par la beauté et l'élégance de la jeune Française, lui fait la cour par le truchement de la Cadienne (il ne parle pas un mot de français et Marie-Louise ne connaît pas l'anglais). Le complot de Lucy semble marcher ; les jeunes gens s'aiment, mais hélas, l'armée nordiste continue sa marche et Tom doit suivre. Quelques jours plus tard, les soldats américains mettent le magasin à sac et Henri se rend à l'ultimatum d'Emira : les Desjacques quittent la Louisiane.

L'action se termine deux ans plus tard : Lucy et Cama ont repris le magasin qu'elles font marcher tant bien que mal, malgré l'effondrement de l'économie sudiste. Tom revient, toujours amoureux de Marie-Louise à qui il écrit régulièrement depuis son départ et dont il reçoit les réponses — écrites par

Lucy, qui est tombée amoureuse du beau soldat. Tout est bien qui finit bien; quand Tom, qui a appris le français entre-temps, découvre la vérité, il se rend compte que c'est Lucy qu'il aime et décide de s'établir avec elle, et Cama bien entendu, aux Attakapas.

La guerre fournit l'arrière-plan et même l'intrigue de la comédie. Mais elle n'importe que dans la mesure où elle fait sentir ses effets sur ces vies banales, et bien que les soldats de l'Union soient dépeints en vandales, la pièce est parfaitement indifférente aux grands problèmes historiques. Les personnages se désintéressent de la politique nationale et internationale, de la préservation de l'union, de l'abolition de l'esclavage. Seules comptent pour eux leurs péripéties personnelles. Et ce traitement correspond à la vérité historique. Les régions cadiennes ne se montrèrent guère concernées par la guerre, et les Cadiens enrôlés dans l'armée confédérée désertèrent en masse : jusqu'à 90 % dans certaines unités.

Le seul film réalisé par un Cadien jusqu'à ce jour, *Bélizaire the Cajun*, traite lui aussi de vies ordinaires dans un contexte historique[19]. La toile de fond est fournie par les comités de vigilance qui se créèrent dans la région des Attakapas, juste avant la guerre de Sécession, principalement pour réprimer les vols de bestiaux. Bélizaire, le « traiteur » (guérisseur) du village, aime la belle Alida qui vit avec Matthew Perry, un anglo dont la famille de gros propriétaires méprise profondément les Cadiens. La famille Perry ne reconnaît pas le mariage d'Alida et de Matthew même si ces derniers ont trois enfants. Il est vrai que les deux jeunes gens se sont simplement unis devant leur voisins en « sautant par dessus le manche à balai ». La sœur de Matthew est mariée à un anglo glacial et ambitieux qui voudrait prendre en main les biens de la famille, mais que le beau-père repousse régulièrement en faveur du fils. Le beau-frère se débarrasse donc du fils, et Polyte, cousin de Bélizaire, doux ivrogne cadien aux doigts un peu légers, est accusé du meurtre, car il avait des raisons de haïr Matthew. Les éleveurs ont formé un comité de vigilance pour chasser les gens considérés comme malhonnêtes ou dangereux. Polyte, dont l'honnêteté est pour le moins douteuse, n'obtempère pas quand il reçoit l'ordre de quitter la région. Les « vigilantes » — Matthew parmi eux — le lient à un arbre et le fustigent cruellement. Malgré les efforts de Bélizaire pour innocenter Polyte, les vigilantes tuent le Cadien réfractaire après une longue poursuite à travers bois et marécages. Bélizaire conclut alors un marché avec le shérif qui veut mettre fin aux activités de vigilance qui dévastent sa région : le traiteur signe une fausse confession reconnaissant sa culpabilité dans le meurtre de Matthew ; la famille Perry donnera alors à Alida et à ses enfants des biens qui assureront leur avenir ; le shérif recevra les témoignages qui lui permettront d'emprisonner les « vigilantes » ; et deux des meurtriers de Polyte, choisis par Bélizaire, seront pendus avec lui. Mais le « traiteur » est un vrai *trickster*, un héros malin dans la tradition de Lapin ou Jean Sot. La corde au cou, sur l'échafaud, il utilise ses gris-gris et sa connaissance de la psychologie pour exposer le véritable coupable, et il semble plus que probable qu'il filera bientôt le parfait amour avec la jolie veuve. Bien que *Bélizaire* soit un film historique, l'histoire, la grande histoire, n'y joue aucun rôle. Le regard du cinéaste est fixé sur les petites gens qu'il a choisis comme protagonistes.

La langue utilisée par ces jeunes écrivains reflète leurs préoccupations à propos de la vie des humbles. Ils écrivent une langue sobre et dépouillée. Antoine Bourque emploie régulièrement le passé composé là où on attendrait un passé simple et forme des phrases composées plutôt que des phrases complexes, créant aussi un effet d'enchaînement mécanique. Par exemple, une fois les hommes rassemblés dans l'église de Grand-Pré, le colonel britannique leur lit les ordres du gouvernement. Puis, « [s]on discours fini, Winslow est sorti de l'église et, sur son ordre, les portes ont été fermées à clé. Dix fusiliers ont pris leurs places près des sorties et ont commencé leur vigile. Étonné, Cosme est resté immobile. "Prisonniers", il a pensé. "Qu'est-ce qu'on va faire[20] ?". » Bourque égrène ses propositions, reproduisant la succession des événements qui entraînent les victimes. Lorsque les exilés arrivent sur l'*Elizabeth*, le vaisseau qui les emporte vers l'inconnu, ils pleurent bruyamment, irritant leurs geôliers, si bien que, « sortant son pistolet et tirant en l'air, Hawes a ordonné : "Acadiens, descendez dans la cale !" Les prisonniers ont obéi et les Brasseux sont descendus les derniers. Puis l'écoutille a été fermée avec beaucoup de bruit, jetant tout dans la pénombre » (p. 17). Atone et effacée, la phrase se fait l'écho de la passivité des exilés et de leur obéissance morne et terrifiée.

Des moments qui seraient mélodramatiques, s'ils étaient écrits dans un style moins dépouillé, deviennent émouvants par la sobriété du ton et la simplicité du vocabulaire. Cosme, débarqué délirant de fièvre sur la côte couverte de neige, meurt dans les bras d'Elizabeth. Un cousin encourage doucement la veuve à laisser le corps et à se mettre à l'abri avec ses petits :

> « Non ! » elle a crié en se tournant vers son défunt mari. Mais regardant les enfants, elle a baissé la tête et elle a dit, « C'est vrai. Ils vont geler ici. Mais donne-moi juste une minute. » Se mettant à genoux, elle a embrassé Cosme. « C'est pour toujours », elle a dit.
>
> Se virant de bord, elle a commencé à bêcher un tombeau avec ses mains dans la neige. (p. 16)

Les symboles qu'Antoine Bourque utilise sont, comme ses protagonistes, communs : quoi de plus banal que la petite « catin » de bois que Cosme avait commencé à tailler pour sa plus jeune avant l'exil. Cependant, cette poupée à moitié finie devient une métaphore à la fois pour l'Acadie perdue, pour les remords de l'enfant qui se sent responsable de la mort de son père et pour sa réconciliation avec elle-même et avec la vie, réconciliation qui lui permettra de se tailler une nouvelle existence en Louisiane. Tout aussi banale et lourde de signification est la « poche en cuir » dans laquelle la quémandeuse glisse les maigres aumônes des Anglais. Lorsqu'elle la « garroche » dans « l'eau troublée de Chesapeake Bay », c'est tout un passé de brimades et d'insultes qu'elle jette par-dessus bord ; le geste est un véritable manifeste d'espérance.

La langue des personnages de Martin Weber ou des Attakapas est drue et imagée, comme celle que parlent les Cadiens. Et la vie de tous les jours telle qu'on la connaissait encore au début du siècle imprègne pièces et film, enracinés dans le terroir. Martin Weber et Bélizaire présentent des bals de maison ; Martin Weber donne en plus un bal public et un mariage cadien. Dans *Les Attakapas*, les personnages font la veillée, complète avec chansons et danses. Coutumes et superstitions y sont présentées, moins pour créer un « pittoresque » exotique que pour rassurer un auditoire averti de l'authenticité des textes. Leur vision du passé, à la foi humble et truculente, est cautionnée par les spectateurs.

Et cette nouvelle recréation du passé louisianais, qui évite les grands hommes et les grands événements pour se centrer sur les humbles et la vie quotidienne, correspond à la mentalité cadienne. Intensément égalitaires, les Cadiens n'élèvent un héros que pour s'en moquer, le rappelant parfois brutalement à l'ordre[21]. Profondément méfiants de l'héroïsme (« Mieux vaut capon vivant que défunt brave », dit un proverbe de la région), les Cadiens exaltent la survie et l'entourloupette « maline » plutôt que la grandeur et la bravoure. Un de mes amis cadiens, parachutiste pendant la guerre de Corée, me disait un jour : « S'ils font une autre guerre, ils la feront sans moi. Il leur faudra brûler les marécages et passer les cendres au tamis pour m'attraper. Je n'ai que quatre hectares de patriotisme », quatre hectares étant la superficie de la petite exploitation familiale. Tout aussi délibérément bornés dans leur vision du passé, aussi résolument limités à la petite histoire des petites gens que furent leurs ancêtres, les écrivains de la renaissance cadienne ont choisi de n'avoir que quatre hectares de passé.

BIBLIOGRAPHIE

Allain, Mathé et Barry Ancelet, « Feux de Savane », *Southern Exposure* vol. 9, n° 2, 1981, p. 4-11.

——, *Littérature française de la Louisiane. Anthologie*, Bedford, New Hampshire, National Materials Development Center for French, 1981.

Ancelet, Barry Jean, *Jean l'Ours et la fille du roi*, Lafayette (Louisiane), Center for Louisiana Studies, 1979.

Arceneaux, Jean *et al.*, *Cris sur le bayou : naissance d'une poésie acadienne en Louisiane*, Montréal, Éditions Intermèdes, 1980.

Bourque, Antoine, *Trois saisons. Contes, nouvelles et fables de Louisiane*, Lafayette (Louisiane), Éditions de la Nouvelle Acadie, et Verdun (Québec), Louise Courteau, éditrice, 1988.

Brasseaux, Carl A., *The Founding of New Acadia. The Beginnings of Acadian Life in Louisiana, 1765-1802*, Baton Rouge (Louisiane), Louisiana State University Press, 1987.

——, *In Search of Evangeline: Birth and Evolution of the Evangeline Myth*, Thibodaux (Louisiane), Blue Heron, 1989.

——, *L'Officier de plume: Denis-Nicolas Foucault, Commissaire-Ordonnateur of French Louisiana*, Ruston (Louisiane), Northwestern University Press, 1987.

Canonge, Placide, *France et Espagne ou la Louisiane en 1768 et 1769*, La Nouvelle-Orléans, s.e., 1850.

Dugué, Charles-Oscar, *Mila ou la mort de La Salle*, La Nouvelle-Orléans, J.L. Sollée, 1852.

Fontenot, James, « Les Attakapas », texte polycopié, © 1987.

Griffiths, Naomi (dir.), *The Acadian Deportation : Deliberate Perfidy or Cruel Necessity*, Toronto, Copp Clark Publishing, 1969.

Kmen, Henry Arnold, *Music in New Orleans : The Formative Years, 1791-1841*, Baton Rouge (Louisiane), Louisiana University Press, 1966.

Le Blanc de Villeneufve, Paul Louis, *La Fête du petit blé, ou l'Héroïsme de Poucha-Houma*, La Nouvelle-Orléans, Imprimerie du Courrier de la Louisiane, 1814.

——, trad. et éd. de Mathé Allain, *The Festival of the Young Corn or the Heroism of Poucha Houma by LeBlanc de Villeneufve*, Lafayette, Louisiane, s.e., 1964.

Lussan, Alfred, *Les Martyrs de la Louisiane*, Donaldsonville (Louisiane), E. Martin et F. Prou, 1830.

Moore, John Preston, *Revolt in Louisiana : The Spanish Occupation, 1766-1770*, Baton Rouge (Louisiane), Louisiana State University Press, 1976.

Silin, Charles I., « The French Theatre in New Orleans », *American Society of the Legion of Honor Magazine*, 27, 1957, p. 127-130.

Testut, Charles, *Les Veillées louisianaises. Série de romans historiques sur la Louisiane*, Nouvelle-Orléans, Imprimerie de H. Meridian, 1849.

Texada, David Ker, *Alejandro O'Reilly and the New Orleans Rebels*, Lafayette (Louisiane), Center for Louisiana Studies, 1970.

NOTES

1. Charles Testut, *Les Veillées louisianaises. Série de romans historiques sur la Louisiane*, La Nouvelle-Orléans, Imprimerie de H. Meridian, 1849, p. v.

2. Paul-Louis Le Blanc de Villeneufve, *La Fête du petit blé, ou l'Héroïsme de Poucha-Houma*, La Nouvelle-Orléans, Imprimerie du Courrier de la Louisiane, 1814. Pour plus de détails, voir Mathé Allain, éd. et trad., *The Festival of the Young Corn or the Heroism of Poucha-Houma by Le Blanc de Villeneufve*, Lafayette (Louisiane), 1964.

3. Charles-Oscar Dugué, *Mila ou la Mort de La Salle*, La Nouvelle Orléans, J.L. Sollée, 1852.

4. Alfred Lussan, *Les Martyrs de la Louisiane*, Donaldsonville (Louisiane), E. Martin et F. Prou, 1830 ; Placide Canonge, *France et Espagne ou la Louisiane en 1768 et 1769*, La Nouvelle-Orléans, 1850.

5. Pour l'histoire détaillée de la révolution de 1768, voir David Ker Texada, *Alejandro O'Reilly and the New Orleans Rebels*, Lafayette, Center for Louisiana Studies, 1970 ; John Preston Moore, *Revolt in Louisiana : The Spanish Occupation, 1766-1770*, Baton Rouge, Louisiana State University Press, 1976 ; et Carl A. Brasseaux, *L'Officier de Plume : Denis-Nicolas Foucault, Commissaire-Ordonnateur of French Louisiana, 1762-1769*, Evanston, Northwestern University Press, 1987.

6. Sur les préférences théâtrales de La Nouvelle-Orléans, voir Charles I. Silin, « The French Theatre in New Orleans », *American Society of the Legion of Honor Magazine*, vol. 27, 1957, p. 127-130 ; et Henry Arnold Kmen, *Music in New Orleans : The Formative Years, 1791-1841*, Baton Rouge, Louisiana State University Press, 1966.

7. Les enregistrements réalisés par Alan et John Lomax dans les années trente (onze heures); par Bill Owen dans les années quarante (deux heures); par Henry Oster dans les années cinquante (10 heures), par Ralph Rinzler dans les années soixante (60 heures) ; et par Barry Ancelet dans les années soixante-dix et quatre-vingt (120 heures) ont été déposés dans les archives du Centre de folklore acadien et créole de l'Université du Sud-Ouest de la Louisiane. Susan K. Silver a soutenu son mémoire sur les chanteuses traditionnelles : « J'apprenais ça avec ma maman », USL, 1991.

8. « Geneviève de Brabant », raconté par François Couppel, de Bayou Sorrel, « Jean l'Ours et la fille du roi », par Elby Deshôtels, de Reddell, en 1976. Collection Barry Ancelet, Centre de Folklore.

9. Voir, en particulier, Carl A. Brasseaux, *The Founding of New Acadia : The Beginning of Acadian Life in Louisiana, 1765-1803*, Baton Rouge, Louisiana State University Press, 1987 ; et *In Search of Evangeline : Birth and Evolution of the Evangeline Myth*, Thibodaux, Blue Heron, 1989, où il démontre méthodiquement que ni Évangéline ni Gabriel ne sont des personnages historiques et expose le processus par lequel le mythe a été créé et entretenu pour le plus grand bien du tourisme et des hommes d'affaires.

10. Voir à ce sujet Mathé Allain et Barry J. Ancelet, « Feu de Savane », *Southern Exposure*, vol. 9, 1981, p. 4-11.

11. L'album *1755* de Beausoleil Broussard ; Antonine Maillet, *Pélagie-la-Charrette*, [Montréal], Leméac, 1979.

12. *Cris sur le bayou : naissance d'une poésie acadienne en Louisiane*, Montréal, Éditions Intermèdes, 1980, p. 116, 117. Depuis deux ou trois ans, la déportation apparaît dans des chansons comme « Acadie à la Louisiane » de Bruce Daigrepont (1989) et « La valse de l'héritage » de Ivy Dugas (1987).

13. *Cris sur le bayou*, p. 113.

14. Naomi Griffiths (dir.), *The Acadian Deportation : Deliberate Perfidy or Cruel Necessity ?*, Toronto, 1969.

15. Antoine Bourque, *Trois saisons. Contes, nouvelles et fables de Louisiane*, Lafayette, Éditions de la Nouvelle Acadie et Verdun (Québec), Louise Courteau, éditrice, 1988.

16. Barry Jean Ancelet et Richard Guidry, avec l'aide de la troupe théâtrale Nous-Autres, *Martin Weber et les Marais-Bouleurs*, dans Mathé Allain et Barry Ancelet, *Littérature française de la Louisiane. Anthologie*, Bedford (New Hampshire), National Materials Development Center for French, 1981, p. 283.

17. James E. Fontenot, « Les Attakapas », texte polycopié, 1987, p. 3. La pièce a été jouée en 1988 par le Théâtre Cadien, qui a pris la relève de Nous-Autres.

18. Il s'agit d'un talisman.

19. *Bélizaire the Cajun*, Armand Assante, Gail Youngs et Loulan Pitre, mise en scène de Glen Pitre, 1986.

20. *Trois saisons*, p. 5.

21. Ainsi la « Valse de Gabriel », composée par Alex Broussard dans les années soixante, se moque des héros de Longfellow :

Gabriel, c'était mon parrain,

Évangéline, c'était ma marraine.

Gabriel, il était pas beau,

Évangéline, elle valait pas mieux.

Gabriel avait un beau chapeau,

C'était dommage, il avait pas de calotte.

Évangéline avait des beaux souliers,

C'était dommage, c'était des tennis shoes.

LA LOUISIANE ET LA NOUVELLE-ANGLETERRE FRANCOPHONES, 1865-1914 : UNE COMPARAISON

Yves Frenette
Collège universitaire de Glendon
Université York (Toronto)

Est-il possible de comparer l'expérience des francophones dans diverses régions de l'Amérique du Nord à une époque donnée ? Le présent texte veut offrir des éléments de réponse à cette question difficile, mais combien stimulante. Comme il s'agit d'un premier forage, nous avons choisi de limiter la période et le territoire couverts. Aussi avons-nous décidé de nous attacher à l'étude de la Louisiane et de la Nouvelle-Angleterre, deux aires francophones qui appartiennent au même espace national, les États-Unis, de la fin de la guerre de Sécession jusqu'à la Première Guerre mondiale. Pendant ce demi-siècle, le pays connaît de grandes transformations. Il se relève péniblement d'un conflit qui a coûté des millions de vies. Il faut reconstruire après avoir détruit. C'est notamment le cas dans le Sud, qui a été le principal théâtre de la guerre. À l'opposé, le Nord, et plus particulièrement la Nouvelle-Angleterre, a profité économiquement de la guerre. L'industrialisation, l'urbanisation et l'immigration massives changent définitivement le visage des localités yankees.

Les groupes francophones de la Louisiane et de la Nouvelle-Angleterre évoluent donc dans des contextes très différents au cours des trois dernières décennies du XIXe siècle et des deux premières du XXe. Ces francophonies sont aussi différentes en elles-mêmes. En Louisiane, la colonisation française remonte au début du XVIIIe siècle. Le régime des plantations et la situation géostratégique de la colonie ont amené là, à diverses époques, des immigrants de France, d'Afrique, des Antilles, d'Espagne, des États allemands, de l'Acadie et des États-Unis. Il en a résulté des rapports raciaux et sociaux complexes. À l'opposé, la francophonie de la Nouvelle-Angleterre est en pleine formation après la guerre de Sécession. Dans les Petits Canadas où naissent dans les centres industriels, les Canadiens français façonnent un milieu reflétant à la fois leurs origines québécoises et les conditionnements propres à l'environnement yankee.

La Louisiane

Au sortir de la guerre de Sécession, la Louisiane est dévastée ; ses habitants entreprennent alors une reconversion rendue nécessaire par la fin de l'esclavage, une institution qui a influencé profondément tous les aspects de la vie quotidienne dans cette ancienne colonie, française puis espagnole, vendue aux États-Unis en 1803. Chez les francophones, les anciens esclaves sont les seuls à voir leur condition s'améliorer, en dépit d'un racisme qui se redéfinit pour s'adapter aux nouvelles circonstances. Par contre, les anciens maîtres, Créoles blancs, Créoles de couleur[1] et Acadiens, connaissent généralement de grandes difficultés. Les « petits habitants », c'est-à-dire les Blancs qui possédaient peu d'esclaves ou n'en possédaient pas, perdent leur indépendance économique, tout comme les petits Créoles de couleur. Dans un contexte de dépression économique où le taux d'intérêt est à la hausse, il n'est plus possible de consolider les patrimoines ni de contrer les effets néfastes des lois successorales louisianaises, qui imposent le partage égal entre héritiers. Dans les deux cas, bon nombre dégringolent dans l'échelle sociale, les circonstances les forçant à devenir journaliers agricoles ou, pire encore, métayers, un statut synonyme de dépendance et de misère. En outre, dans leur esprit et parfois dans les faits, ils se retrouvent au même niveau que les anciens esclaves. Dans cette Louisiane au lendemain de la guerre de Sécession, race, classe et ethnicité continuent de se conjuguer pour reformuler les identités multiples des francophones louisianais[2].

Comme les Sudistes anglophones, les Créoles blancs défendent avec vigueur la position confédérée, tant politiquement que militairement. Par suite de la victoire du Nord, ils idéalisent la période d'avant-guerre et l'esclavage. En 1876, empruntant la voix d'un ancien esclave, Onésime Debouchel s'écrie dans une « Chanson nègre » publiée à La Nouvelle-Orléans :

> Laissez-moi donc aller vers mon maître
> C'est mieux là de tous les autres Américains
> [...]
> J'ai quitté rapidement ces mangeurs de requins [les Nordistes].
> Je me suis sauvé, et me suis caché dans ma case.
> Bon Dieu, comme ils sont vilains !

Ces jérémiades sont loin d'être uniques. Leur groupe étant décimé par la dénatalité et l'anglicisation, les littérateurs créoles de La Nouvelle-Orléans illustrent dans leurs œuvres leur déclin social, année même année où Debouchel fait paraître sa « Chanson nègre », ils fondent l'Athénée louisianais, une association ayant pour but de maintenir l'héritage français de la Louisiane. Maintenant que leur langue se meurt, ces hommes s'intéressent aussi à ses particularités. Mais c'est peine perdue. Les écrivains créoles disparaissent un à un sans que personne prenne leur place. Les collèges français de La Nouvelle-Orléans ferment leurs portes et les jeunes Créoles blancs ne partent plus étudier en France. Celle-ci, d'ailleurs, n'envoie plus autant de recrues vers son ancienne colonie. Entre la Révolution française et la guerre de Sécession, ces *foreign French* avaient constamment renouvelé la francophonie louisianaise tant sur le plan démographique que sur le plan idéologique[3]. Rien n'est plus symbolique de la mort d'une culture que les funérailles de Charles Gayarré, grande figure politique et intellectuelle de La Nouvelle-Orléans. À ses funérailles, le matin du 11 février 1895, l'église est presque complètement vide[4].

Parallèlement, les Créoles blancs tentent désespérément de s'approprier le terme « créole ». Celui-ci fit son apparition en Louisiane au début du XIXe siècle, en réaction à l'immigration massive et rapide des Anglo-Américains. Il eut jusqu'à la guerre de Sécession une teinte ethnoculturelle: se considéraient comme Créoles les descendants des Français et des Espagnols de l'époque coloniale, aussi bien que les gens libres de couleur et les esclaves nés en Louisiane. Cependant, à la veille de la guerre de Sécession commencèrent à poindre des insinuations selon lesquelles tous les Créoles, même les Blancs, avaient au moins quelques gouttes de sang noir dans leurs veines. Les Anglo-Américains les plus perspicaces donnaient aussi comme preuve de ce métissage les particularités de la langue créole, un mélange de français et de langues africaines. Les tensions causées par la guerre, la défaite du Sud, l'imposition — du moins pour un temps — de l'ordre yankee, l'émancipation des esclaves et surtout l'identification des gens libres de couleur comme Créoles accélérèrent ce processus d'appropriation sémantique, qui s'accompagnait d'une idéologie raciste. Les Créoles blancs prirent les premières places au sein du nouvel ordre racial, qui visait à remettre les anciens esclaves à leur place et qui ne tolérait pas les zones brunes: « Ce que veulent les fils de la Louisiane », déclarait le journal *Le Carillon* en 1873, « le moment de le dire est venu: il faut être Blanc ou Noir, que chacun se décide. Deux races sont en présence: l'une supérieure, l'autre inférieure... leur séparation est nécessaire *absolument*[5]. » À côté de l'Athénée louisianais naquit une kyrielle d'associations qui, sous le couvert de préoccupations culturelles, servaient de chiens de garde de la créolité blanche. Ce mouvement prit encore plus d'importance après 1880 dans un État qui avait inscrit dans la loi la suprématie blanche. Par ailleurs, sachant très bien que la domination économique et politique était chose du passé, les Créoles blancs se réfugièrent dans le mythe de la supériorité culturelle. Celui-ci ne pouvait être crédible que si leur *pedigree* était impeccable. Il était urgent de « rétablir les faits », surtout que les écrits de George Washington Cable risquaient de nuire à la réputation des Créoles blancs. Né à La Nouvelle-Orléans et propulsé au premier rang des personnalités littéraires américaines, Cable représente la société créole comme « *an aberration of history, commette tau a dead past long ago abandoned by enlightened and progressive communities of the world. Its obeisance is tau white supremacy and meaningless family pride, while its hallmarks are indolence, ignorance, cruelty, superstition and hypocrisy* », une hypocrisie qui donne toute sa mesure dans les unions sexuelles interaciales, pourtant condamnées par les bien-pensants créoles[6]. Pour ceux-ci, il devient encore plus urgent d'effacer toute trace d'influence africaine sur leur culture et de mettre en exergue leurs origines « aristocratiques » et l'héritage reçu de la prestigieuse France.

Les Créoles blancs des campagnes sont tout aussi occupés que ceux de La Nouvelle-Orléans à préserver une identité distincte de celle des Créoles de couleur et des anciens esclaves. Mais, ne participant pas de la culture savante de l'intelligentsia urbaine et ne pouvant pas invoquer des origines « aristocratiques », ils abandonnent graduellement l'appellation « Créoles » aux gens de couleur, ce qui accélère leur intégration aux Acadiens, un processus qui a débuté presque un siècle plus tôt. De ce mélange naît l'identité cadjine, à laquelle contribuent aussi des immigrants européens et anglo-américains. Dans ce mariage, les Créoles blancs apportent en dot des apports africains et amérindiens, éléments importants de leur culture. Il reste toutefois que l'apport acadien constitue le fondement de l'identité cadjine. Cela s'explique par le fait que la majorité des unions mixtes sont constituées d'hommes créoles et de femmes acadiennes; comme dans la majorité des sociétés, c'est par l'intermédiaire de ces dernières que s'effectue la reproduction culturelle. Précisons que l'identité acadienne ne comporte pas le stigmate de la confusion raciale, ce qui la rend plus acceptable que l'identité créole. Elle peut en outre s'enorgueillir d'une filiation mythique bien connue des Anglo-Américains, celle d'Évangéline, ce qui confère aux Acadiens une certaine grandeur d'âme. Ainsi, même dans les paroisses où les Créoles dominent numériquement, l'appellation « Cadjin » s'impose peu à peu. En 1910, on donne d'ailleurs le nom d'« Évangéline » à la portion détachée de la paroisse Saint-Landry, où la majorité des francophones blancs sont d'origine créole. Et aujourd'hui, en Louisiane, bien des descendants de familles créoles ne savent pas que leurs ancêtres français et allemands sont arrivés dans la région cinquante ans avant les Acadiens[7].

Formant une majorité dans le sud de la Louisiane, mais une minorité au sein de l'État, les Cadjins développent donc une identité distincte, dont la base et la symbolique sont acadiennes, mais qui est en fait le produit d'un métissage. Cette identité est constamment reformulée par les contacts croissants avec la société majoritaire anglo-américaine. L'exogamie ethnolinguistique et l'usage de l'anglais augmentent. À partir de 1880, le chemin de fer amène la modernité dans les bayous et suscite la création de petits centres de services, en plus d'encourager la venue d'entreprises industrielles et d'immigrants anglo-américains. En 1901, l'extraction du pétrole commence dans le secteur de Vermillionville (Lafayette). Parallèlement, le téléphone remplace le télégraphe et augmente les contacts avec le monde extérieur, comme le font les mouvements migratoires des Cadjins. Certains partent pour les bourgs et les villes de la Louisiane, où ils s'anglicisent davantage, et pour l'État voisin du Texas, où les prix des terres agricoles sont la moitié de ce qu'ils sont en Louisiane et où l'industrie pétrolière offre des salaires élevés[8].

La guerre de Sécession a des effets néfastes sur les Créoles de couleur. Ces derniers, qui bénéficiaient jusque-là de possibilités d'avancement social et de privilèges, se retrouvent sur le même pied d'égalité que les « nègres » affranchis. Comme ces derniers, ils sortent du conflit appauvris. Certains essaient de tirer parti de la situation par le biais de la spéculation foncière, mais, à moyen et à long terme, ces investissements sont synonymes d'endettement et se traduisent souvent par des faillites. Il en résulte de nouvelles stratégies, comme la pratique de mettre ses enfants aux gages de Blancs et la subdivision à outrance du patrimoine familial. La migration vers des régions isolées apparaît à plusieurs comme une façon d'assurer leur survie économique et culturelle. Ailleurs, l'isolement est facilité par le départ des Blancs, qui ne veulent plus résider dans un endroit associé aux « Nègres ». Parfois, les Créoles de couleur mettent sur pied des réseaux matrimoniaux compliqués pour pratiquer l'endogamie sociale tout en évitant l'endogamie biologique. Et, apparemment, certaines communautés pratiquent une ségrégation aussi cruelle que celle des Blancs. Dans d'autres cas, on réussit à se faire passer pour Blanc et on abandonne son groupe[9].

Par ailleurs, ce sont des Créoles de couleur qui sont au premier rang pour promouvoir les droits civiques des Noirs. Dans certains cas, leur engagement politique est peut-être un moyen de compenser sur le plan économique et social, mais, en général, ils se rendent bien compte que, bon gré mal gré, leur lutte est désormais la même que celle des anciens esclaves. Il faut dire qu'ils possèdent à la fois l'éducation et l'expérience requises pour diriger les Noirs affranchis. À la législature de l'État, les Républicains de couleur sont nombreux. Ils fondent clubs et journaux pour promouvoir leur cause et, dans le sud-ouest de la Louisiane, ils dominent le parti. En 1866, ils constituent la moitié des délégués à la convention constitutionnelle suscitée pour donner le droit de vote aux Noirs. Six ans plus tard, l'un d'entre eux, Aristide Mary, se présente comme gouverneur de la Louisiane. Mais les Créoles de couleur, tout comme les Noirs, sont rapidement remis à leur place par les Blancs, unis par la politique raciste des Démocrates. Le racisme légitime la violence. Dans les années 1880 et 1890, ce sont encore eux qui mènent la lutte, mais en vain, contre l'établissement de la ségrégation légale et la perte des droits politiques des non-Blancs. « *At the dawn of the twentieth century* », écrivent Carl Brasseaux et ses collaborateurs, « *Creoles of Color in the prairie parishes found themselves with little more than their lands, their pride and their ethnic identity*[10]. »

Cette identité est toujours vivace, comme en témoignent les luttes entre les leaders créoles de couleur et les chefs noirs de la Louisiane. En effet, les divisions au sein de l'aile non blanche du Parti républicain sont habilement exploitées par les Blancs qui y ont vu, à tort, une lutte pour le pouvoir entre des hommes à la peau brune et des hommes à la peau noire, entre des hommes libres depuis longtemps et des hommes récemment affranchis. Ces luttes reflètent plutôt deux façons de concevoir la promotion de l'égalité raciale : une approche radicale, inspirée de la tradition révolutionnaire française, d'une part, et une approche plus accommodante et plus pragmatique, d'autre part. Dans le même sens, le catholicisme des Créoles contraste avec le protestantisme des anciens esclaves. Donc, qu'ils soient au centre de la vie politique ou isolés dans les bayous, les gens de couleur revendiquent leur identité créole et ils arborent fièrement ce nom. Toutefois, eux aussi sont menacés par l'américanisation. Ainsi, en 1910, dans les districts 1 et 3 de la paroisse de Saint-Landry, 59 % des Créoles de couleur parlent l'anglais, contre seulement 38 % des Noirs[11]. Cela confirme les dires de l'anthropologue Louis-Jacques Dorais, selon qui les Louisianais les plus susceptibles d'être francophones sont les plus pauvres[12].

La Nouvelle-Angleterre

Comparativement à la Louisiane, la Nouvelle-Angleterre francophone offre une image d'unité entre la guerre de Sécession et la Première Guerre mondiale. D'abord sur le plan racial. La région compte peu de Noirs et les francophones y sont tous blancs. De plus, ils proviennent en très grande majorité du Québec. Les premiers immigrants francophones de la Nouvelle-Angleterre, les huguenots, se sont depuis longtemps américanisés, tout comme les quelques déportés acadiens et émigrés royalistes qui se sont établis à demeure dans la région à la fin du XVIIIe et au début du XIXe siècle[13]. On rencontre bien çà et là quelques francophones originaires d'Europe, mais ils sont généralement intégrés dans les communautés canadiennes-françaises, encore que des recherches sur la ville de Boston pourraient démontrer l'existence d'une colonie d'immigrants français[14]. Quant aux migrants acadiens, leur identité se confond rapidement avec celle des Canadiens français, généralement arrivés plus tôt et en plus grand nombre. Même au Madawaska américain, habituellement perçu comme acadien, les origines de la population sont autant canadiennes-françaises qu'acadiennes[15].

La Nouvelle-Angleterre francophone est donc essentiellement canadienne-française. Après la guerre de Sécession, les migrants en provenance du Québec deviennent intimement liés à l'histoire industrielle de la région — celle du textile, secteur largement dominant, mais aussi celle des secteurs de la chaussure et de la forêt. En fait, comme l'a montré le géographe Ralph Vicero, la répartition spatiale des Canadiens français correspond à celle de l'industrie textile. Contrairement à ce que l'on voit en Louisiane, les francophones de la Nouvelle-Angleterre vivent en très grande majorité en milieu urbain, en dépit de leurs origines rurales[16]. Et peu importe la région du Québec d'où ils proviennent, ils se ressemblent beaucoup. À des degrés divers, tous ont connu les bouleversements associés à l'avènement du capitalisme, d'abord marchand, puis industriel. Résultat: la mobilité géographique est devenue un élément important de leur identité. Ils arrivent parfois en Nouvelle-Angleterre à la suite de parcours fort sinueux. On peut même avancer l'hypothèse que nombre d'entre eux sont préparés à la vie urbaine. Contrairement aux francophones de la Louisiane qui ont vécu les traumatismes découlant de la guerre de Sécession, les Canadiens français de la Nouvelle-Angleterre n'ont pas connu l'expérience de la rupture. Jusqu'au tournant du siècle, d'ailleurs, la majorité n'était pas constituée d'immigrants mais de migrants, c'est-à-dire d'individus et de familles qui n'avaient pas l'intention de s'établir à demeure dans la région; ils espéraient plutôt y gagner leur vie pendant un certain temps et retourner éventuellement au Québec. Dans leur esprit, la frontière canado-américaine n'existait pratiquement pas et leur ville d'adoption temporaire était perçue comme une extension de leur coin de pays. En effet, grâce à l'expansion du réseau ferroviaire, ils pouvaient retourner souvent au Québec, et ce à des tarifs relativement bas. Vicero estime qu'au XIXe siècle, la moitié des Canadiens français y rentrèrent[17].

Au tournant du XXe siècle, la population canadienne-française de la Nouvelle-Angleterre se stabilisa et la proportion de sédentaires augmenta. Toutefois, il ne s'agissait pas d'une transformation brusque et c'est souvent presque inconsciemment que les migrants devinrent des immigrants. Pour cette première génération, les contacts avec le Québec continuèrent d'être fréquents et intenses. Toutefois, la sédentarisation de la population entraîna une floraison des institutions et un intérêt pour la politique américaine. Beaucoup moins avancée qu'en Louisiane en raison du caractère récent du mouvement migratoire et de la proximité du Québec, l'américanisation des Canadiens français n'en suivait pas moins son cours. Très tôt, les observateurs constatèrent que les enfants nés aux États-Unis conversaient entre eux en anglais dans leurs jeux, à l'école et même à la maison. Plusieurs regrettaient aussi la disparition des coutumes et des traditions. Ainsi, à Noël, il n'y avait pas de messe de Minuit dans les Petits Canadas. Aux messes du 25 décembre, les refrains traditionnels faisaient place aux messes de Mozart, de Haydn, de Gounod. Pressés par les enfants, un nombre grandissant de parents adoptaient la coutume de donner les étrennes le jour de Noël, renonçant à la vieille tradition québécoise, héritée de France, de les distribuer au Jour de l'An. Ce n'est là qu'un exemple des tensions souvent vives entre des parents, soucieux de conserver leur héritage, et des enfants, désireux de s'intégrer à la société américaine. En milieu de travail ou à l'école publique, leur anglais maladroit leur faisait parfois subir des expériences humiliantes, pour lesquelles ils blâmaient leurs parents. Il en résultait une contestation de l'autorité parentale[18].

L'américanisation des Canadiens français de la Nouvelle-Angleterre semble aussi s'être effectuée selon un modèle binaire, puisque le multiculturalisme francophone n'existait pas comme c'était le cas en Louisiane. Il y avait le Canadien français et l'Autre, essentiellement non francophone. Ce qui ne veut pas dire que le processus d'américanisation ait été simple. D'abord, parce qu'il était, ici aussi, tributaire de la hiérarchie sociale. Ainsi, en dépit de leurs beaux discours sur la survivance, les membres des classes moyennes étaient les imitateurs souvent inconscients des pratiques culturelles et des valeurs américaines. Sans s'en rendre compte, ils cautionnaient l'américanisation[19]. D'ailleurs, ce furent les élites, et non les gens du peuple, qui sentirent le besoin de se donner un nom qui reflétait la nouvelle réalité. Après avoir songé un temps à s'appeler « Canadiens américains », elles optèrent pour le terme « Franco-Américain », un choix révélateur. En effet, malgré le faible nombre d'immigrants français en Nouvelle-Angleterre et le rôle ambigu joué par les prêtres et les religieux originaires de l'Hexagone dans les luttes pour la survivance, la nouvelle identité revendiquée par l'intelligentsia passait par la France. On avait besoin du prestige de la grand-mère patrie pour rehausser le sien, dans une nation américaine qui devenait de plus en plus cosmopolite. Ainsi, la Société historique franco-américaine, fondée en 1899 et composée surtout d'avocats, de médecins et de journalistes, avait pour objectif « d'encourager l'étude précise et systématique de l'histoire des États-Unis, et en particulier de mettre en lumière le rôle exact joué par la race française dans l'évolution et la formation du peuple américain ». Ce thème est repris dans plusieurs travaux, comme l'*Histoire de la race française aux États-Unis*, publiée en 1912 par l'abbé D.-M.-A. Magnan. L'ecclésiastique y décrit la présence française en Amérique, depuis l'arrivée des huguenots en Floride au XVIe siècle jusqu'à la dispute de la Corporation Sole dans le diocèse de Portland au cours de la première décennie du XXe siècle. Comme les Créoles blancs de la Louisiane et d'autres groupes ethnoculturels, les élites franco-américaines souhaitaient se donner un passé glorieux[20].

Nous avons tenté de comparer deux aires francophones des États-Unis. Limité chronologiquement, ce bref article a fait ressortir les similitudes mais surtout les différences entre la Louisiane et la Nouvelle-Angleterre. On a tenté d'y montrer que l'américanisation des groupes francophones a été conditionnée par la composition sociale, raciale et ethnoculturelle des dits groupes. Mais, pour être probant, l'exercice mériterait d'être étendu dans le temps et dans l'espace. On pourrait, par exemple, inclure dans la comparaison les groupes franco-métis et les ouvriers français du Midwest. Ou encore les Français et les Canadiens français du sud de la Californie, qui évoluaient entre des populations mexicaines et anglo-américaines. Sans parler d'une comparaison États-Unis – Canada qui poserait immanquablement la question de la nature des deux nations.

NOTES

---

1. Nous utilisons ce terme pour désigner les gens libres de couleur, dont le nombre et le rôle sociopolitique ont été déterminants dans la Louisiane avant la guerre de Sécession. La majorité de ces personnes étaient métissées.
2. La meilleure étude de l'esclavage en Louisiane est celle de Gwendolyn Midlo Hall, *Africans in Colonial Louisiana. The Development of Afro-Creole Culture in the Eighteenth Century*, Baton Rouge, Louisiana State University Press, 1992. Voir aussi Ronald Creagh, *Nos cousins d'Amérique. Histoire des Français aux États-Unis*, Paris, Payot, 1988, p. 129-137, 200-207, 237-256. Sur la période de reconstruction qui suit la guerre, voir Joe Gray Taylor, *Louisiana Reconstructed, 1863-1877*, Baton Rouge, Louisiana University Press, 1974.
3. Sur la littérature créole, voir Réginald Hamel, *La Louisiane créole littéraire, politique et sociale 1762-1900*. T. 2 : *Les Textes littéraires et sociaux*, Montréal, Leméac, 1984. Le poème de Debouchel est aux p. 467-468. Les *foreign French* comprenaient aussi les immigrants en provenance des Antilles, venus notamment à l'époque de la Révolution française et du Premier Empire. À leur sujet, voir Paul Lachance, « The Foreign French », Arnold R. Hirsch et Joseph Logsdon (dir.), *Creole New Orleans. Race and Americanization*, Baton Rouge, Louisiana State University Press, 1992, p. 101-130.
4. Joseph J. Tregle, Jr., « Creoles and Americans », Hirsch, *op. cit.*, p. 185.
5. Cité dans Creagh, *op. cit.*, p. 331. Pour une étude de l'évolution de l'identité créole, voir

Virginia R. Dominguez, *White by Definition. Social Classification in Creole Louisiana*, New Brunswick, Rutgers University Press, 1986, en particulier p. 93-148.

6. Tregle, *op. cit.*, p. 175.

7. Carl A. Brasseaux, *Acadian tau Cajun. Transformation of a People, 1803-1877*, Jackson, University Press of Mississippi, 1992, p. 89-111 ; James H. Dormon, *The People Called Cajuns. An Introduction tau an Ethnohistory*, Lafayette, The Center for Louisiana Studies, 1983, p. 53-69. Avec Cécyle Trépanier, nous croyons ce terme plus approprié que celui de « Cajun » : « La Louisiane française au seuil du XXIe siècle. La commercialisation de la culture », Gérard Bouchard (dir.), *La Construction d'une culture. Le Québec et l'Amérique française*, Sainte-Foy, Presses de l'Université Laval, 1993, p. 369-370.

8. Dean R. Louder et Michael Leblanc, « Les Cadjins de l'Est du Texas », Dean R. Louder et Eric Waddell (dir.), *Du continent perdu à l'archipel retrouvé. Le Québec et l'Amérique française*, Québec, Presses de l'Université Laval, 1983, p. 259-271. Pour une critique du mythe du Cadjin isolé et arriéré, voir les articles de Lawrence E. Estaville, Jr., notamment « The Louisiana French in 1900 », *Journal of Historical Geography*, n° 14, 1988, p. 342-349.

9. Carl Brasseaux *et al.*, *Creoles of Color in the Bayou Country*, Jackson, University Press of Mississippi, 1994, p. 81-97. Pour une étude de cas, voir Frances Jerome Woods, *Marginality and Identity. A Colored Creole Family Through Ten Generations*, Baton Rouge, Louisiana State University Press, 1972, plus particulièrement p. 38-42.

10. Brasseaux, *Creoles of Color...*, p. 108. Voir aussi Joseph Logsdon et Caryn Cossé Bell, « The Americanization of Black New Orleans 1850-1900 », Hirsch, *op. cit.*, p. 216-261.

11. Logsdon, *loc. cit.*, p. 232-245. Brasseaux, *Creoles of Color...*, p. 112-113.

12. Trépanier, *loc. cit.*, p. 386.

13. Sur les huguenots, consulter Jon Butler, *The Huguenots in America. A Refugee People in New World Society*, Cambridge, Harvard University Press, 1983; sur les émigrés, voir Creagh, *op. cit.*, p. 208-221.

14. Au début du XXe siècle, des industriels français recrutent des ouvriers français et belges pour leurs usines de Woonsocket, au Rhode Island. Mais leur impact ne se fait sentir que plus tard. Voir Gary Gerstle, *Working-class Americanism. The Politics of Labor in a Textile City, 1914-1960*, Cambridge, Cambridge University Press, 1989.

15. Alors qu'au moins un demi-million de Canadiens français s'établissent en Nouvelle-Angleterre entre 1840 et 1930, le nombre d'immigrants acadiens se situe entre 20 000 et 30 000 : Yves Roby, *Les Franco-Américains de la Nouvelle-Angleterre 1776-1930*, Sillery, Septentrion, 1990, p. 45. Pour un exemple probant d'intégration acadienne-canadienne-française, consulter Paul-D. Leblanc, « De la ferme à l'usine. Les Acadiens dans Fitchburg, Massachusetts, 1880-1910 », Claire Quintal, (dir.), *L'Émigrant acadien vers les États-Unis : 1842-1950*, Québec, Le Conseil de la vie française en Amérique, 1984, p. 159-173. Pour le nord du Maine, Béatrice Craig a étudié le syncrétisme des deux groupes dans une série d'articles. Voir entre autres « Économie, société et migrations. Le cas de la vallée du Saint-Jean au 19e siècle », Quintal, *op. cit.*, p. 120-132 ; « Early French Migrations to Northern Maine, 1785-1830 », *Maine Historical Society Quarterly*, vol. 25, 1986, p. 230-247.

16. Ralph D. Vicero, « Immigration of French Canadians to New England, 1840-1900. A Geographical Analysis », thèse de doctorat (géographie), University of Wisconsin, 1968.

17. Ralph D. Vicero, « Sources statistiques pour l'étude de l'immigration et du peuplement canadien-français en Nouvelle-Angleterre au cours du XIXe siècle », *Recherches sociographiques*, n° 12, 1971, p. 361-377. Voir aussi Yves Frenette, « Macroscopie et microscopie d'un mouvement migratoire. Les Canadiens français à Lewiston au XIXe siècle », Yves Landry *et al.* (dir.), *Les Chemins de la migration en Belgique et au Québec XVIIe-XXe siècles*, Louvain-la-Neuve, Éditions Académia/Publications MNH, 1995, p. 221-232.

18. Roby, *op. cit.*, p. 201-216. Consulter aussi Yves Frenette, « Understanding the French Canadians of Lewiston, 1860-1900. An Alternate Framework », *Maine Historical Society Quarterly*, vol. 25, 1986, p. 213-222.

19. Yves Frenette, « La genèse d'une communauté canadienne-française en Nouvelle-Angleterre, Lewiston, Maine, 1800-1880 », *Historical Papers / Communications historiques* (1989), p. 91-94.

20. Sylvie Beaudreau et Yves Frenette, « Historiographie et identité collective en Amérique française. Le cas des élites francophones de la Nouvelle-Angleterre, 1872-1991 », Simon Langlois (dir.), *Identité et cultures nationales. L'Amérique française en mutation*, Sainte-Foy, Presses de l'Université Laval, 1995, p. 233-254; François Weil, *Les Franco-Américains 1860-1980*, Paris, Belin, 1989, p. 149 (citation), 174-178. Pour un exemple de tensions entre Français et Canadiens français en Nouvelle-Angleterre, consulter Yves Frenette, « Vie paroissiale et antagonismes culturels. Les dominicains à Lewiston (1881-1906) », Claire Quintal (dir.), *Religion catholique et appartenance franco-américaine / Franco-Americans and Religion : Impact and Influence.* Worcester (Mass.), Institut français/Assumption College, 1993, p. 25-35.

LA CENSURE, *LE CONFESSIONNAL* OU LE STÉRÉOTYPE D'UNE SOCIÉTÉ TRADITIONNELLE « UNIQUE[1] »

Claude Couture
Université de l'Alberta (Edmonton)

Dans un texte précédent publié dans *Francophonies d'Amérique*[2], nous avons démontré, à partir de l'exemple de *Jude l'Obscur* et de *Tchipayuk*, que, dans la culture, définie comme une « logique » de textes, la logique paradigmatique de la hiérarchie des textes n'implique pas nécessairement la prédominance du texte artistique. Dans certains cas, on retrouve une articulation complexe du discours politique, du discours « scientifique » et du discours artistique qui permet difficilement de conclure à une hiérarchie des « textes » dominée par le discours artistique.

Dans d'autres ouvrages[3], il a été question de la convergence des discours sur le Canada français et le Québec francophone dans les sciences sociales, notamment à travers les concepts de *folk society*, de « mentalité d'Ancien Régime » et de « fragment idéologique communautaire ». Élaborés dans différentes disciplines, en l'occurrence la sociologie, l'histoire et la science politique, ces concepts semblent reproduire un stéréotype sur le monde francophone, d'abord forgé par des intellectuels britanniques dans le contexte des rivalités coloniales du XIXe siècle, puis reproduit par la suite dans tout le monde anglo-américain[4]. Ainsi, au Canada, le discours britannique sur le Canada français fut aussi, et peut-être surtout, un discours sur la France, plus précisément sur une France coloniale et par conséquent rivale. Or, à propos du stéréotype en littérature, Daniel Castillo-Durante écrivait :

> Il faut tâcher de comprendre pourquoi le stéréotype en théorie de la littérature échappe à une approche épistémocritique; je veux dire une approche susceptible de rendre compte de l'écart entre l'étendue considérable du territoire qu'il balise et la maigreur de la récolte qu'il matérialise comme instrument critique de connaissance. [...] Paradoxalement, les préjugés — voire les idées reçues — qui pèsent sur le stéréotype empêchent d'appréhender ce qui en lui obéit à une mécanisation différente[5].

Cette remarque concernant l'étude du stéréotype en littérature pourrait également s'appliquer à l'étude du discours politique et du discours « scientifique » en sciences sociales, d'autant plus que ceux-ci alimentent très souvent le discours littéraire. Ainsi, dans le discours stéréotypé sur le Canada français et le Québec francophone, la mécanisation du discours semble être caractérisée par deux éléments clés: d'une part, le discours anglo-britannique sur l'Autre, qui projette sur ce dernier les aspects de la société anglo-britannique qui sont justement niés, par exemple la place de la tradition que l'on décrit comme une réalité étrangère au monde anglo-américain ; d'autre part, l'intériorisation par plusieurs artistes et intellectuels québécois des préjugés sur le Canada français ou même sur la France en général, sans aucune remise en question, et ce, depuis la Révolution tranquille en particulier. Dans ce court article, l'exemple que nous présentons pour illustrer notre propos est tiré du film de Robert Lepage, *Le Confessionnal*. Rappelons que ce film est bâti autour de la réalisation, à Québec dans les années cinquante, du film d'Alfred Hitchcock *I Confess*, mettant en vedette Montgomery Clift. Dans le film de Lepage, la secrétaire d'Alfred Hitchcock, incarnée par Kristin Scott-Thomas, souligne, dans l'un des dialogues faisant référence aux difficultés éprouvées par Hitchcock avec le clergé catholique québécois, que ces problèmes de censure seraient impensables dans une société moderne. Afin d'illustrer à quel point le réalisateur semble avoir reproduit ici un stéréotype, sans questionnement ni remise en question, nous rappellerons tout simplement dans ce court article la situation de la censure en Grande-Bretagne même, au cours des années cinquante et soixante. Nous nous concentrerons sur un cas particulier, la publication intégrale du roman de D.H. Lawrence, *Lady Chatterley's Lover*, par la maison d'édition Penguin, *en 1960* ; ensuite, nous aborderons brièvement le problème de la censure en Amérique du Nord. Trop souvent, le Canada français a été étudié *in vitro*. Aussi est-il important de déplacer le regard de l'observateur du côté du monde anglo-américain, riche en caractéristiques pourtant attribuées exclusivement au Canada français par certains observateurs.

Le procès de Lady Chatterley

En août 1960, la maison d'édition Penguin Books informa Scotland Yard de son intention de publier la version intégrale, non censurée, du roman de D.H. Lawrence, *Lady Chatterley's Lover*. Il en résulta un procès pour obscénité, à la fin de novembre 1960 ; celui-ci dura six jours et fut l'objet d'une attention particulière de la part des médias. En effet, pour plusieurs commenteurs, ce procès fut un moment charnière dans l'histoire sociale de la Grande-Bretagne[6].

Ce procès était le second du genre, en vertu de la loi sur l'obscénité adoptée par le Parlement britannique en 1959[7]. Dans la tradition de la *common law*, le délit d'obscénité est une infraction reconnue depuis le Moyen Âge au moins. Au XIXe siècle, cependant, les pressions s'accentuèrent pour éliminer le plus possible les atteintes à la moralité publique. En 1802, la Société pour la suppression du vice exigea le renforcement de la répression de l'obscénité, particulièrement chez ceux qui, parmi les Britanniques, avaient un revenu inférieur à 500 livres sterling par année. En 1824, le Parlement adopta une loi sur le vagabondage, le *Vagrancy Act*, qui précisa la nature du délit d'obscénité. Dès lors, la présentation en public, à l'intérieur ou à l'extérieur des commerces, de tout imprimé décrivant ou illustrant des actes sexuels dits obscènes fut considérée comme une infraction.

Les mesures furent à nouveau renforcées sous le règne de la reine Victoria. Ainsi, en 1857, le Parlement adopta une nouvelle loi sur les publications obscènes, communément appelée le *Lord Campbell's Act*, du nom du ministre de la Justice de l'époque (*Lord Chief of Justice*). Cette loi définissait l'œuvre obscène comme une œuvre visant explicitement à provoquer la moralité publique, à ridiculiser la décence élémentaire et à corrompre sciemment la moralité de la jeunesse. Un mandat de perquisition pouvait être accordé à partir de toute information permettant de localiser le matériel jugé obscène[8].

En vertu de cette loi, un cas très intéressant fut présenté en 1868 au Lord Chief Justice of England, Sir Alexander Cockburn[9]. Un an plus tôt, 250 exemplaires d'un livre intitulé très ironiquement d'ailleurs, compte tenu de notre sujet — *The Confessional Unmasked: shewing the depravity of the Roman Priesthood, the iniquity of the Confessional and the questions put to females in Confession* — avaient été saisis dans la demeure d'un ouvrier de Wolverhampton, Henry Scott, un ultra-protestant déterminé à démontrer l'« obscénité » de l'Église catholique[10]. Un juge de première instance ordonna la saisie et la destruction des exemplaires. Cependant, un jugement de deuxième instance donna raison à Scott contre l'Église catholique, qui en appela de cette décision devant la « Division du Banc de la Reine de la Haute Cour », présidée par Sir Alexander Cockburn. Ce dernier rétablit l'ordre de saisie et de destruction du livre, en vertu du principe suivant : une œuvre est jugée obscène si elle est susceptible de corrompre un public qui n'est pas nécessairement le public visé par la publication. Ainsi, même si ce texte au titre explicite visait un public précis et un objectif déterminé, il pouvait tout de même être lu par des lecteurs non avertis des dangers de la lecture de certaines descriptions d'actes sexuels entendues au confessionnal[11].

Cette décision concernant *The Confessional*, connue sous le nom de « test de Hicklin », fut pendant un siècle la pierre angulaire de la *common law* sur la question de l'obscénité. En vertu de ce principe, des centaines voire des milliers de livres furent censurés entre 1868 et... 1970. Voyons quelques exemples.

D'abord les ouvrages scientifiques furent particulièrement visés : ainsi, en 1898, un libraire du nom de Bedborough fut poursuivi pour avoir vendu un exemplaire de *Sexual Inversion*, un livre du psychologue Havelock Ellis traitant de psychologie sexuelle, Ellis étant également l'auteur d'une série intitulée *Studies in the Psychology of Sex*. Le libraire plaida coupable et Ellis quitta la Grande-Bretagne pendant un certain temps, de peur d'être arrêté. Les ouvrages de Charles Bradlaugh, d'Annie Besant et de Henry Vizetelly, qui traitaient tous de sexualité et de psychologie, furent tous censurés. En littérature, plusieurs romans de Thomas Hardy furent jugés obscènes ; un livre comme *Arabian Nights* du géographe et anthropologue Richard Burton fut aussi considéré comme obscène, tout comme sa traduction du livre de

Mohammed al-Nefzawi, *The Perfumed Garden*[12]. Après la Première Guerre mondiale, *Ulysse* de James Joyce, publié initialement à Paris, n'échappa évidemment pas aux griffes de la censure britannique, pas plus que la biographie érotique de Frank Harris, *Life and Loves*, également publiée à Paris, en 1922. En 1928, un ouvrage abordant le thème du lesbianisme, *The Well of Loneliness* de Radclyffe Hall[13], fut décrit par le *Sunday Express* comme l'œuvre la plus obscène jamais publiée et fut par conséquent censuré. Malgré les protestations de nombreux auteurs, dont George Bernard Shaw, le livre fut interdit, et les exemplaires de l'éditeur confisqués. La liste des ouvrages censurés entre 1930 et les années cinquante est interminable, la censure étant particulièrement active après la Seconde Guerre mondiale. Notons, en particulier, un roman de Norah James, *Sleeveless Errand* (1929), un autre de Wallace Smith, *Bessie Cotter* (1935), un ouvrage sur l'enseignement de la sexualité, *The Sexual Impulse* (1935), *Love Without Fear* du Dr Eustace Chesser, qui portait sur le même sujet (1942), *Julia*, de Nargo Bland, et *The Philanderer*, de Stanley Kauffman (1954); enfin, la même année, donc en 1954, quelques ouvrages classiques firent l'objet d'un ordre de destruction... dont *Le Satiricon* de Pétrone et *Le Décaméron* de Boccace.

Faut-il continuer? Le procès intenté en 1960 contre Penguin Books au sujet du roman de D.H. Lawrence n'avait donc rien d'un fait isolé; il constituait plutôt la norme en Grande-Bretagne. En fait, la carrière de Lawrence fut souvent ponctuée de problèmes avec la justice. Né en 1885, D.H. Lawrence publia son premier roman, *The White Peacock*, en 1911, puis *The Trespasser* en 1912. Un an plus tard, la publication de *Sons and Lovers* lui valut une réputation fort enviée dans les cercles littéraires londoniens[14]. Lawrence acquit cependant une «mauvaise» réputation auprès d'un public conservateur et bigot par suite de son mariage, en 1914, avec Frieda von Richthofen. Fille du gouverneur militaire de Metz et cousine du célèbre pilote de guerre de la Première Guerre mondiale, elle était, surtout... la femme d'un professeur de Nottingham dont elle divorça pour épouser le romancier. Des positions antimilitaristes exprimées par Lawrence firent également l'objet d'une vive critique pendant la Première Guerre mondiale. L'année suivante, un nouveau roman de Lawrence, *The Rainbow*, fut saisi et détruit, après avoir été censuré. En 1917, les Lawrence durent quitter Cornwall, en raison des accusations d'espionnage portées contre eux. En 1920, Lawrence publia, aux États-Unis, *Women in Love*, et, en 1922, *England my England* et *Aaron's Rod*.

Au cours des années 1920, les Lawrence vécurent à Ceylan, en Australie, au Nouveau-Mexique et finalement en Europe. Ces nombreux déplacements n'empêchèrent pas Lawrence d'être très productif, puisqu'il publia *Kangaroo*, un autre roman, en 1923, *The Plumed Serpent* en 1926, enfin *The Woman Who Rode Away* et *Lady Chatterley's Lover*, en 1928. D'abord publié en Italie, ce dernier roman fut interdit en Grande-Bretagne; la douane britannique en saisit d'ailleurs les exemplaires. Treize peintures de Lawrence exposées à Londres en 1929 connurent également le même sort. De santé fragile, Lawrence mourut en France en 1930[15].

Jusqu'aux années cinquante, soit plus de vingt ans après la mort de Lawrence, aucune version intégrale de *Lady Chatterley* n'a été publiée pour le grand public dans le monde anglo-américain, ni en Grande-Bretagne, ni aux États-Unis ni au Canada anglais, incidemment. Toutefois, la décision, en 1959, du juge fédéral américain Frederick Bryan d'accepter la publication de la version intégrale de ce roman, préfacée par Mark Schorer, célèbre professeur de littérature anglaise à l'Université de la Californie, amena les dirigeants de Penguin Books à annoncer leur intention, au printemps de 1960, de publier la version intégrale en Grande-Bretagne également. D'où le procès de 1960[16].

Ce procès eut lieu entre le 20 octobre et le 2 novembre 1960 et dura six jours. Dix-sept témoins se présentèrent à la barre[17], dont Raymond Williams, Kenneth Muir, Bernardine Wall, C. Day Lewis, Stanley Unwin et le révérend Donald Tytler. Après une longue et passionnante discussion sur les mérites artistiques du roman, le jury rendit un verdict de non-culpabilité. Ainsi, après 1922, année jugée importante dans la littérature britannique en raison de la publication de *Aaron's Rod*, de *The Waste Land* de T.S. Eliot et d'*Ulysse* de James Joyce, l'année 1960 aurait marqué une sorte de Révolution tranquille dans le domaine des mœurs en Grande-Bretagne, par suite de la décision prise par le jury dans ce procès pour obscénité[18]. Cependant, le Parlement ne s'empressa pas de modifier la loi. Aussi d'autres livres furent-ils censurés et détruits après 1960, notamment *Fanny Hill*, en 1964, un roman pourtant publié en 1749 par John Cleland, et le roman *Last Exit to Brooklyn*, en 1967.

La censure en Amérique du Nord

Société traditionnelle, société d'Ancien Régime, société communautaire, société de la « grande noirceur ». Depuis trente ans, on nous serine la même image à propos du Canada français afin d'expliquer le « retard » du Québec sur le reste du monde occidental. Par conséquent, il est peu surprenant qu'un artiste comme Robert Lepage ait bâti son film autour de ce stéréotype (la remarque de la secrétaire d'Hitchcock étant à cet effet non pas un accident de parcours, mais bien, selon nous, la clé de tout le film).

Il est inutile de reprendre ici en détail un débat sur la société canadienne-française amorcé et développé ailleurs[19]. Cependant, notons encore une fois que, dans ce débat, le Québec est souvent étudié *en soi*, sans qu'il y ait un examen même superficiel de situations ou d'institutions comparables dans les sociétés voisines. Ainsi, l'image d'un Québec « traditionnel », entouré d'un monde occidental monolithiquement moderne[20], résiste mal à l'analyse.

Revenons donc à l'exemple de la censure et à un rapide examen de la situation aux États-Unis et au Canada anglais.

En matière de censure de la pornographie et de l'obscénité, le Canada s'inspira de la jurisprudence anglaise sur cette question et appliqua le « test de Hicklin ». Ainsi, le Code criminel de 1892 visait à l'interdire l'étalage ou la possession de matériel susceptible de corrompre les mœurs[21]. La modification apportée au Code en 1927 inclut la vente d'un tel matériel, sans préciser la définition de l'obscénité. Pour définir l'obscénité, on a donc eu recours au « test de Hicklin », jusqu'aux années cinquante.

En 1958, le ministre de la Justice Davie Fulton proposa une définition plus objective de l'obscénité. Le Code criminel de 1958 définit comme obscène « toute publication dont la principale caractéristique consiste en une exploitation indue du sexe, ou du sexe combiné au crime, à l'horreur, à la cruauté et à la violence »[22]. La même année, dans le procès de Brodie, la Cour suprême du Canada eut à déterminer, deux ans avant les tribunaux anglais, si le texte intégral de *Lady Chatterley* était une publication obscène, d'après les critères du nouveau code pénal. L'affaire Brodie eut donc comme conséquence l'abandon du « test de Hicklin », mais uniquement dans les années soixante.

Par ailleurs, si la pornographie et l'obscénité relevaient du droit pénal, par contre la censure comme telle était de compétence provinciale. L'avènement du cinéma avant la Première Guerre mondiale incita cinq provinces à se doter d'une loi de la censure et d'un bureau de surveillance. Ces mesures restèrent pratiquement inchangées jusqu'à ce que le Québec décide en 1963 de remplacer le Bureau de surveillance par le Bureau de la classification des films. Le Manitoba imita cette réforme en 1968, alors que l'Ontario maintint au contraire un Bureau de la censure. Ainsi, depuis 1975, l'Ontario constitue un bastion du conservatisme et du traditionalisme en matière de censure[23]. A-t-on pour autant conclu qu'il s'agissait d'une société monolithique et traditionnelle ?

La même question pourrait être posée en ce qui concerne les États-Unis et le célèbre Code Hays. Né en 1879, Will H. Hays, avocat de formation, fut président du Comité national du Parti républicain et ministre des Postes sous la présidence de Harding. En 1922, les principales entreprises cinématographiques d'Hollywood le pressentirent afin de présider leur nouvelle association, la Motion Picture Producers and Distributors of America. Cette nomination visait à améliorer l'image des grandes compagnies, singulièrement ternie par de nombreux scandales. Entre autres, il fut question d'élaborer un code de censure qui pourrait tamiser la production des films et les rendre acceptables auprès d'un public très conservateur, et ce malgré le fait que les années vingt aient été décrites comme les *roaring twenties*. La mise au point de ce code s'acheva en 1930 et son application fut rigoureusement supervisée par le directeur de la Code Administration, Joseph I. Breen[24]. Le désormais célèbre Code Hays fut appliqué sans aucune modification jusqu'en 1966. Aux termes de ce code :

- le sentiment de vengeance ne peut être justifié dans les temps modernes;
- la sanctification du mariage ne peut être remise en question et la famille non plus ;

— les scènes de passion doivent être évitées, en particulier les longs baisers, les étreintes et les attouchements ;
— il est interdit d'utiliser de façon blasphématoire les mots *God, Lord, Jesus, Christ, Hell, S.O.B.* ;
— il est interdit de ridiculiser un ministre de la religion ou de le décrire comme un « vilain » ;
— par contre, la violence est tolérée, à condition de satisfaire... au « bon goût ».

Conclusion

On voit par ces quelques exemples que la situation du Canada français était loin d'être unique en matière de censure. Mais le stéréotype d'une société monolithique avant 1960 et unique dans son traditionalisme est tellement répandu qu'il est devenu un automatisme, comme le stéréotype en littérature que décrit Daniel Castillo-Durante. L'espoir d'en arriver à une vision nuancée, plus largement répandue, est donc plutôt mince.

Par contre, un problème beaucoup plus fondamental sur le plan intellectuel se pose : celui de la définition des concepts de tradition et de modernité. Jusqu'à quel point, en effet, ces notions ne sont-elles pas strictement idéologiques ? Dans *Orientalism*[25], Edward Said dévoilait, entre autres, les principes du discours orientaliste chez certains philologues du XIXe siècle comme Silvestre de Sacy et Ernest Renan. Pour ces spécialistes, la civilisation orientale pouvait révéler ses secrets à travers ses langues, que seul le spécialiste occidental pouvait dévoiler. En d'autres mots, même si les langues étaient considérées, par Renan en particulier, comme des « êtres vivants de la nature », les philologues occidentaux ont eu tendance à considérer les langues orientales comme des langues inorganiques et fossilisées, qui redevenaient *vivantes* grâce au laboratoire des scientifiques occidentaux. Le pouvoir ultime est donc le pouvoir de la représentation ; par conséquent, la science occidentale à propos de l'Orient fut un instrument fondamental de contrôle et de réduction qui a nié aux Orientaux la possibilité de se représenter eux-mêmes. Mais, dans la mesure où des disciplines comme la sociologie et l'histoire ont été élaborées au moment où le colonialisme occidental était à son faîte, pourquoi le discours historique et sociologique sur l'Occident lui-même ne serait-il pas aussi un discours fondamentalement idéologique avec, par exemple, des catégories comme la tradition et la modernité ? Dans la perspective de ce questionnement, le Canada français, à la fois stigmate du colonialisme français et objet du discours réductionniste anglo-américain pourtant accepté depuis la Révolution tranquille par les Canadiens français eux-mêmes, est un cas exceptionnel qui permet de faire ressortir les mécanismes de l'occidentalisme.

NOTES

1. Ce texte fut présenté pour la première fois au colloque du CEFCO à l'Université de Winnipeg, le 17 octobre 1997.
2. Claude Couture, « Fatalisme et individualisme : analyse sociologique et comparative de *Jude l'Obscur* et de *Tchipayuk* », *Francophonies d'Amérique*, n° 6, 1996, p. 51-59.
3. Claude Couture, *La Loyauté d'un laïc. Pierre Elliott Trudeau et le libéralisme canadien*, Paris, L'Harmattan, 1996, 160 p.; « La modernisation sociale au Canada français : effets pervers et stratégies politiques », dans Jürgen Erfurt (dir.), *De la polyphonie à la symphonie. Méthodes, théories et faits de la recherche pluridisciplinaire sur le français au Canada*, Leipzig, Presses de l'Université de Leipzig, 1996, p. 51-61.
4. Claude Couture, *La Loyauté d'un laïc*, p. 67.
5. Daniel Castillo-Durante, *Du stéréotype à la littérature*, Montréal, XYZ Éditeur, 1994, p. 12.
6. H. Montgomery Hyde, *The Lady Chatterley's Lover Trial*, London, The Bodley Head, 1990, p. VII.
7. Le premier cas était fort différent. Un « libraire » fut en effet accusé de proxénétisme, parce qu'il vendait un annuaire contenant des descriptions de prostituées, de leurs spécialités en matière de perversion ainsi que l'adresse et le numéro de téléphone de ces femmes, bien sûr. L'accusé fut condamné pour proxénétisme, corruption de la moralité publique et publication obscène. Il en fut quitte pour neuf mois de prison. Malgré la grande précision des descriptions des spécialités perverses, il n'y eut, semble-t-il, aucune discussion sur la valeur littéraire de cette publication.
8. *Ibid.*
9. C.H. Rolph, *The Trial of Lady Chatterley*, London, Penguin Books, 1961, 250 p.
10. H. Montgomery Hyde, *op. cit.*, p. 3.
11. *Ibid.*
12. *Ibid.*, p. 5.
13. *Ibid*, p. 4.
14. Tony Pinkney, *D.H. Lawrence and Modernism*, Iowa City, Iowa University Press, 1990, 180 p.
15. *Ibid.*
16. H. Montgomery Hyde, *op. cit.*, p. 5.
17. C.H. Rolph, *op. cit.*, p. 41 à 169.
18. Tony Pinkney, *op. cit.*, et F.B. Pinion, *A D.H. Lawrence Companion*, London, Macmillan Press, 1978, 320 p.
19. Voir la note 1.
20. Cette image est encore un canon de la représentation du Québec, comme en témoigna la galéjade autour de la personnalité de Lucien Bouchard et l'« analyse » présentée par le psychiatre Vivian Rakoff. Très rapidement dans son « analyse », le docteur Rakoff a vite glissé vers une analyse de la société canadienne-française en général, avec le bagage de stéréotypes habituels sur la modernité. Voir « The Bouchard File », *Maclean's*, 1er septembre 1997, p. 12-18.
21. Wesley Cragg, *Censure et pornographie*, Montréal, McGraw-Hill, 1990, p. 2.
22. *Ibid.*
23. *Ibid.*
24. Ephraim Katz, *The Film Encyclopedia*, New York, Crowell, 1993, p. 934.
25. Edward Said, *Orientalism*, New York, Vintage Books, 1979, XI, 368 p.

PORTRAITS D'AUTEURS : ANDRÉE LACELLE DE L'ONTARIO ET HERMÉNÉGILDE CHIASSON DE L'ACADIE

Afin de cadrer avec l'approche comparatiste du présent numéro, nous avons modifié le format du « Portrait d'auteur ». Plutôt que d'avoir recours à une entrevue, nous avons invité deux auteurs bien connus dans les milieux littéraires à échanger une correspondance échelonnée sur un an afin de comparer leurs points de vue sur le statut et le rôle des écrivains francophones en Amérique du Nord. Nous vous présentons la transcription fidèle de leurs lettres.

Robichaud, N.-B., 13 mars 1997

Chère Andrée

Curieux d'écrire une correspondance sur un ordinateur puisqu'il me semble que ce genre de production passe nécessairement par la confidence et donc par une dimension plus personnelle de l'écriture mais il semble que nous vivons à une époque où le manuscrit est un objet en voie d'extinction, alors... Je ne sais pas pourquoi, mais je n'arrive plus à me défaire de cet engin qui nous promet une mémoire à toute épreuve permettant ainsi d'atrophier le peu qui nous reste de souvenirs et de consistance. Nous, qui sommes les survivants d'une époque où ces prothèses n'avaient pas encore fait leurs ravages, connaissons le pouls des enjeux, cet écart entre l'émotion et la sensation, pour reprendre les propos de Nicole Brossard, que je cite de mémoire cela va de soi.

Pour ce qui est de la mémoire, on se prépare ici en Acadie à un grand bilan. On en entendra sûrement parler à travers les médias et nul doute qu'ici même surtout on en fera grand cas. Il s'agit du vingt-cinquième anniversaire de... en fait il y a un débat de fond à savoir s'il s'agit du vingt-cinquième de la littérature ou de l'édition puisqu'ici nous avons vu naître en même temps les premières œuvres et les premières institutions littéraires. En ce sens, je me surprends d'avoir assisté à plusieurs premières et si, présentement, plusieurs, y inclus moi-même, ne sommes plus aussi émerveillés qu'autrefois devant la parution d'un nouveau livre, il reste que le phénomène de l'édition demeure, ici, relativement récent.

Quand je me laisse prendre au piège de la nostalgie je revois les années soixante comme une sorte de période héroïque où nous inventions, sur tous les fronts, des stratégies de combat qui ressemblaient souvent à de la provocation. L'avantage d'être les premiers, à revendiquer une liberté et donc une conscience qui n'existait pas. Je dis souvent que 1948 aura été, avec le *Refus global*, le début de la modernité au Québec mais ici, en Acadie, il faut tirer la ligne vingt ans plus tard, soit en 1968. Bien sûr il y en eut partout des révoltes et des révolutions manquées en cette année de grâce mais il en restera aussi des gens pour qui l'engagement fera plus long feu. Pour ma part, je me suis dit que l'art constituait le seul secteur où l'on pouvait intervenir dans le social en produisant un changement au niveau de la mentalité. Un travail monumental puisque l'art est souvent vu comme une forme de divertissement. C'est sans doute de cette époque que date ma propension à privilégier la conscience au succès, une position qui n'est jamais de tout repos. Le travail amorcé dans l'euphorie de la révolte devait donc se poursuivre autrement et surtout sur la place publique.

À l'été 1972, avec Jacques Savoie et son frère Gilles, nous avons publié un recueil de textes et de photos dans une boîte en carton que nous avons appelé l'*Anti-Livre* en disant qu'il s'agissait d'une production des éditions de l'Étoile magannée, une compagnie fictive que nous avions plus ou moins improvisée. Cette entreprise avait surpris tout le monde et nous avions vendu, à Moncton, trois cents exemplaires de cette boîte, aujourd'hui objet de collection, ce qui représenterait, de nos jours, une réussite exceptionnelle dans le monde de l'édition. À l'époque, j'étais journaliste pour le compte de la Société Radio-Canada et je trouvais difficile de concilier mon travail et mes activités artistiques car il me semblait impossible d'être à la fois témoin et critique, une contradiction qui me poursuit depuis.

L'automne suivant, les Éditions d'Acadie voyaient le jour. On m'avait affecté à la conférence de presse de fondation puisque l'on connaissait mon intérêt pour ce genre de sujets. Je me souviens que Melvin Gallant (le même qui fondera plus tard l'Association des écrivains acadiens, les revues *Éloizes* et *Égalité*, les Éditions Perce-Neige) s'était tourné vers moi en faisant mention des Éditions de l'Étoile magannée qui, selon lui, n'était pas une vraie maison d'édition puisqu'il s'agissait plus ou moins d'un canular, ce qui prouve, encore une fois, le propos de Marx selon qui l'Histoire joue d'abord sur une base comique ce qu'elle rejouera plus tard sur un mode tragique. Une idée qu'il est mal vu de ramener en ces temps de post-modernité et d'amnésie. Le premier livre de la nouvelle maison d'édition avait pour nom *Cri de terre* et était l'œuvre du poète Raymond LeBlanc. Il m'avait demandé de faire les dessins de la couverture et de l'intérieur. Le soir du lancement, LeBlanc avait invité un certain nombre d'auteurs à lire de leurs textes. C'est là où j'ai lu quelques uns des textes de *Mourir à Scoudouc*, le troisième livre des Éditions d'Acadie.

Après 1968, il y eut, sur le campus de l'Université de Moncton, une série d'injonctions en vue d'exclure les leaders du mouvement étudiant. C'est alors que j'ai commencé à écrire en me disant que je devais fixer, non pas une chronique anecdotique des événements, mais plutôt une sorte de journal émotif de ce que j'étais en train de vivre. Quelque chose de précis, que je pourrais lire plus tard pour me resituer dans la détresse du moment, les mêmes textes que j'ai lu le soir du lancement de *Cri de terre*.

Évidemment on ne peut pas passer sa vie à crier à l'injustice même si ce sont ces textes-là qui, ici, sont souvent restés comme les jalons d'une génération. Il m'aura fallu dix ans pour revenir d'un premier livre, publié dans le doute et salué par la critique, comme un événement. Et ensuite je me suis demandé ce qu'il fallait écrire et surtout comment faire pour justifier la position d'être un auteur au milieu d'une culture ayant peu produit d'auteurs. Surtout, il m'aura fallu passer en ces vingt-cinq ans d'un registre collectif à un registre individuel, m'inspirant de mythologies personnelles et produisant une chronique individuelle d'événements qu'on pourrait qualifier de banals.

Si je te raconte tout ça, ce n'est pas pour faire étalage de mes réalisations ou de ma position historique, mais plutôt pour mettre les choses en perspectives d'un point de vue personnel. Je mesure de cette manière l'écart qui me sépare de ces vingt-cinq ans, de ces espoirs, de ces déceptions et de ces réussites, car il y en a eu plusieurs, peut-être moins sur un plan individuel que collectif. Le fait d'avoir donné une parole, une identité, une place publique et une mémoire contemporaine à l'Acadie m'apparaît comme la grande réussite de notre jeune littérature. Par contre, le fait qu'elle soit encore cantonnée et souvent ghettoïsée pose les jalons d'une réflexion qu'il est important d'amorcer en cette célébration de l'âge adulte. Malgré ces vingt-cinq ans d'activités fébriles, il faut bien constater que notre discours est toujours en exil au sens où les décisions qui nous concernent se prennent souvent en dehors de nous et que nous n'avons pas su générer ici un discours qui contrebalance le poids du mythe qui circule à notre sujet.

Il y a maintenant trois générations d'auteurs acadiens ayant publié en Acadie, trois générations de poètes surtout, car la poésie a constitué pour nous un discours de l'urgence. La première génération aura émergé des collèges classiques et d'un climat d'enfermement dont le clergé garda jalousement la clef. La deuxième, la mienne, aura fait en sorte que les choses soient nommées et identifiées et la troisième se concentre au niveau de la langue et de l'institution, celle qui dit célébrer le vingt-cinquième de l'*industrie* du livre.

Les jeunes auteurs avec qui je discute souvent nous font le reproche ambigu d'avoir pris toute la place, d'avoir fait une littérature de reportage puisque nous étions au cœur de l'action et que notre discours n'a plus aujourd'hui la nouveauté du leur, ce qui est plutôt normal dans un rapport de générations. Reste que nous avons un discours et c'est là d'où naît le malaise, car ce discours nécessite, selon moi, un travail au niveau de la nuance et non une acceptation réductrice de la réalité. Dans un univers où la sensation prédomine, le corps semble vouloir donner le ton, oubliant qu'il y eut autrefois le cœur, l'esprit et l'âme surtout, dont il est toujours le réceptacle, et qui donnent une grandeur à des gestes d'une émouvante futilité tels que ceux de noter une expression, un mot, une musique qui autrement se seraient évanouis dans le magma de l'univers. En ce sens, écrire est un geste grave, surtout quand il n'y a que vingt-cinq ans qu'on en mesure la portée. J'espère que l'on voudra bien en tenir compte au cours de cet anniversaire.

Présentement je suis à écrire un livre qui porte le nom de *Livre des Conversations* et qui finira probablement par s'appeler *Conversations* (tous mes livres depuis *Prophéties* n'ont qu'un seul mot pour titre), un travail entrepris pour réconcilier tradition et modernité, car si la tradition, qui ici joue le rôle de l'Histoire, est devenue omniprésente au point de nous étouffer, il ne faut pas nier non plus que, dans sa forme pure, elle a conservé une part importante de notre culture et donc de notre inconscient. Reste à joindre ce travail à la modernité, ce qui constitue pour moi une manoeuvre délicate que je tente de résoudre par le biais de la métaphore. De cette manière, j'arrive encore à éviter l'adjectif pour me concentrer sur le nom. Il y a des conversations partout sur la terre, mais ici elles ont une teinte, une tonalité et une saveur particulière qui est la nôtre. Il m'aura fallu longtemps pour en arriver là et il n'est pas certain que j'y sois arrivé. C'est ce qui me stimule et m'obsède. En fait il m'aura fallu vingt-cinq ans.

Entre-temps l'ordinateur tient le coup et sa présence obnubilante et servile nous laisse à penser qu'il a d'autres cartes dans sa manche. Pour le moment il transcrit avec application tout ce qu'on lui dit mais je crois bien qu'il n'en restera pas là. Bientôt il parlera car lui aussi, il n'a que vingt-cinq ans, et il est devenu aussi individualiste que la génération qui l'accompagne. Bientôt il se réduira, déjà il a pris le nom de Power Book. Le livre du pouvoir. C'est joli comme nom et puis ça remplace la Bible, l'autre grand livre du pouvoir, celui de Dieu, omniscient et omniprésent, l'incontestable source de tous les pouvoirs. Vingt-cinq ans pour apprendre à écrire et par ailleurs vingt-cinq autres années pour accéder au registre de la technologie où risquent de se confondre toutes les identités sur le grand marché de l'Internet et de sa toile d'araignée futuriste. Que deviendra l'Acadie et sa littérature quand elle sera téléchargée par les Papous en Nouvelle-Guinée? Quand on pense que d'ici là nous aurons désappris l'écriture manuscrite. Peut-être faudrait-il s'y mettre tandis qu'il en est temps, pour que la mémoire de ces gestes nous reste au sens où nous sommes le folklore de l'avenir. J'aimerais bien savoir si vous avez vécu ou si vous allez vivre un tel anniversaire et les réactions vécues ou anticipées d'un tel événement, car je sais que nos cultures se ressemblent, ne serait-ce que par leur isolement.

Herménégilde Chiasson
Centre culturel Aberdeen, Moncton, Acadie.

Ottawa, le 20 avril 1997

Bonjour Herménégilde

En lisant ta lettre bilan, bien des choses ont remué en moi. Certains de tes questionnements m'ont particulièrement touchée et je souhaite, au fil de notre correspondance, en explorer les fonds et les franges…

Je reprendrai d'abord, le dernier mot de ta lettre, «*isolement*» que, spontanément, j'associe à la question identitaire. Ici j'ouvre les guillemets sur un passage d'un manuscrit inédit (*Jeux d'hier*): *Quand j'étais enfant, j'étais majoritaire. Nous, on croyait qu'il n'y avait que nous, on parlait le français dans la rue et les rues voisines itou, des Anglais y'en avait pas, mais mon père lui en voyait tous les jours au travail, même qu'il parlait l'anglais tous les jours là-bas, mais jamais à la maison parce qu'à la maison, la langue c'était sacré et mes parents y tenaient mordicus. À bon entendeur, salut! Et c'est pour ça que ça continue. Quand j'étais enfant, j'étais.* Cet emploi absolu du verbe être, aux accents naïfs du langage de l'enfance, si à certains égards, illusoire, n'en est pas moins révélateur d'un pan de réalité, et peut-être d'une page d'histoire aussi bien que d'un épisode de ma petite histoire.

Dans les années cinquante, à Hawkesbury, ville située sur la rive ontarienne de la rivière des Outaouais, un pont nous reliait à ce qui s'appelait alors la province de Québec. Rue Kipling, où j'habitais, à part deux familles, l'une d'origine polonaise et l'autre tchèque, toutes les maisonnées étaient canadiennes-françaises et pour la plupart installées depuis plusieurs générations. Parce que ces deux familles étaient catholiques, bien que l'anglais fût la langue seconde des parents, les enfants fréquentaient l'école de langue française, comme nous tous. Il faut dire qu'avant la tenue des États généraux du Canada français — il y a trente ans déjà —, quiconque parlait français, d'une mer à l'autre (était-ce le cas pour les Acadiens?), s'identifiait à la nation canadienne-française. Et malgré ces luttes incessantes pour nos écoles qu'il nous a fallu livrer — depuis 1885 — il faut croire aujourd'hui, qu'à l'époque, c'était le bon temps! Car au cours des années 1960, ce fut pour nous le grand branle-bas de combat et il me semble que le malaise ne se soit jamais estompé. Combien nous avons été déstabilisés par la montée autonomiste de ceux et celles que nous appellerons désormais nos voisins, alors qu'avant ce jour, d'une rive à l'autre, nous avions presque la même histoire, et nous étions solidaires d'une généalogie sans frontière.

Et puis, du jour au lendemain, le proche devint le lointain. Ainsi ébranlés, s'installa, au fil des événements politiques, ce que j'appellerai un état d'inconfort quant à notre affirmation identitaire. C'est à la même époque, soit en 1965, que ma famille déménageait rue Montcalm, dans un autre quartier de la ville, appelé Mont-Roc; et la rue voisine avait nom rue Wolf. Dis-moi, comment refait-on l'histoire? Nous étions un peuple, une nation, nous sommes une collectivité ; nous étions des Canadiens français, nous sommes des Franco-Ontariens ou encore, des francophones (vocable si annihilant que j'en perds la majuscule) vivant dans des communautés... « Ça, les enfants de la patrie, c'est dur su'l Canayen ! », aurait dit mon père.

Poètes d'ici, sommes-nous confinés à une lucidité malheureuse ? Où et à quand, une lucidité radieuse (peut-être est-ce du domaine de l'utopie après tout ?). Oui, je sais, il est partout difficile de vivre. Bien entendu, je ne veux pas ajouter aux litanies stériles d'une dichotomie fataliste. D'autant que j'ai déjà déploré cette veine presque exclusivement misérabiliste, celle qui a marqué le plus souvent notre théâtre et notre cinéma. Mais, pas vrai ? Il y a des jours comme ceux-là. Récemment, par exemple, avait lieu un imposant rassemblement à Ottawa, où 10 000 Franco-Ontariens manifestaient leur détermination à conserver l'unique hôpital de langue française en Ontario, revendiquant ainsi le droit de naître, souffrir et mourir en français. Un rassemblement tout ensemble impressionnant à faire pleurer le cœur et désespérant à fendre l'âme. Mais j'exprime tout cela si gauchement et puis, il manque tant de détails lourds de sens. Mais comment tout dire ? J'y reviendrai sans doute, autrement et ailleurs. La difficile affirmation de notre présence et l'incontournable socle de nos élans. *Présence* est le titre provisoire d'un prochain recueil : désir de l'origine, enracinement et déracinement de nos cœurs en chaleur d'un lieu d'être, oscillation incessante entre l'isolement de l'un et l'envahissement de l'autre.

J'enchaîne sur un aspect lié à l'écriture que tu soulèves en ces termes : « Surtout il m'aura fallu passer en ces vingt-cinq ans d'un registre collectif à un registre individuel (...) » ; et ailleurs, tu mentionnes également ce reproche que semble formuler la troisième génération d'écrivains acadiens envers ses prédécesseurs, soit celui d'avoir produit une « littérature de reportage ». Peut-être est-ce que je prends une piste qui n'a rien à voir (tu me corrigeras), mais pour moi, j'y vois toute la question du sens de l'engagement. Je me permets de citer quelques vers de *La Voyageuse* : « *au pays sans abri / la forêt est légende* (...) *attentive au pays qui se tait / elle veille des collines sans histoire/ nomme la plaine absente* (...) *dans ce pays sans nom / en sol factice / la voyageuse enfonce ses empreintes* (...) *ce lieu n'est pas un lieu* (...) ». Qu'en est-il de l'engagement et de l'appartenance ? Il me semble que même dans une écriture avant tout pulsionnelle et elliptique comme celle que je pratique, ces vers peuvent être énonciateurs de notre existence plurielle, d'une quête identitaire aux strates d'interprétations multiples avec ses dominantes et ses voies de secours : physique, psychique, cosmique, métaphysique, existentielle, spirituelle, nationaliste, et alouette ! Et comment d'ailleurs y échapper ?

Il y a l'histoire qui se déroule autour de soi et il y a l'histoire qui se déroule à l'intérieur de soi. Pourquoi faudrait-il que l'une exclue l'autre ? Trop souvent on polarise la littérature d'action dite politique ou engagée, et la littérature d'imagination. On reproche à la première de s'en tenir à l'accidentel, d'être exclusive en poursuivant une cause unique, l'accusant de militantisme. La seconde serait polymorphe, inclusive et vouée à l'inhérence. Ces ostracismes ne sont qu'artifices et à mon avis, servent à des fins qui ne mènent pas bien loin. Les poètes savent bien que ces cloisonnements ne riment à rien. Et parce que nous poètes voulons tout dire, nous passons sans gêne de l'un à l'autre univers.

Bienheureuse transgression! Et je crois que le seul engagement véritable, c'est celui de l'être entier dans l'acte créateur, quand la vie et l'écriture se répondent, soit chaque fois que nous incarnons l'imaginaire, celui du dedans comme celui du dehors, et posons le pied sur le sol. Et ici, je pense à ce très beau titre de Paul Nizon, *Marcher à l'écriture*. Enfin, si les jeunes écrivains acadiens voient dans la production littéraire de la génération précédente, une « littérature de reportage », sans plus, c'est bien dommage, car il me semble que tout texte vécu mérite une lecture plurielle.

Oui, ici aussi on célèbre les vingt-cinq ans de la chanson et de la dramaturgie. L'ONF-Ontario a produit des documentaires pour en souligner l'évolution et les moments marquants. Côté littérature, s'il est vrai qu'elle a connu un essor remarquable depuis vingt-cinq ans, les événements sont marqués beaucoup plus au fil des anniversaires de fondation de l'une ou l'autre maison d'édition.

Consciente que mes propos sont souvent touffus, j'espère que, malgré tout, je ne t'embrouillle pas trop? C'est ma manière à moi...

Que lis-tu en ce moment?

Je te souhaite un bien joli mois de mai! Pour ma part, je serai en Toscane d'où je t'enverrai un mot vestige, un mot soleil!

Au plaisir de te lire.

Andrée

Andrée

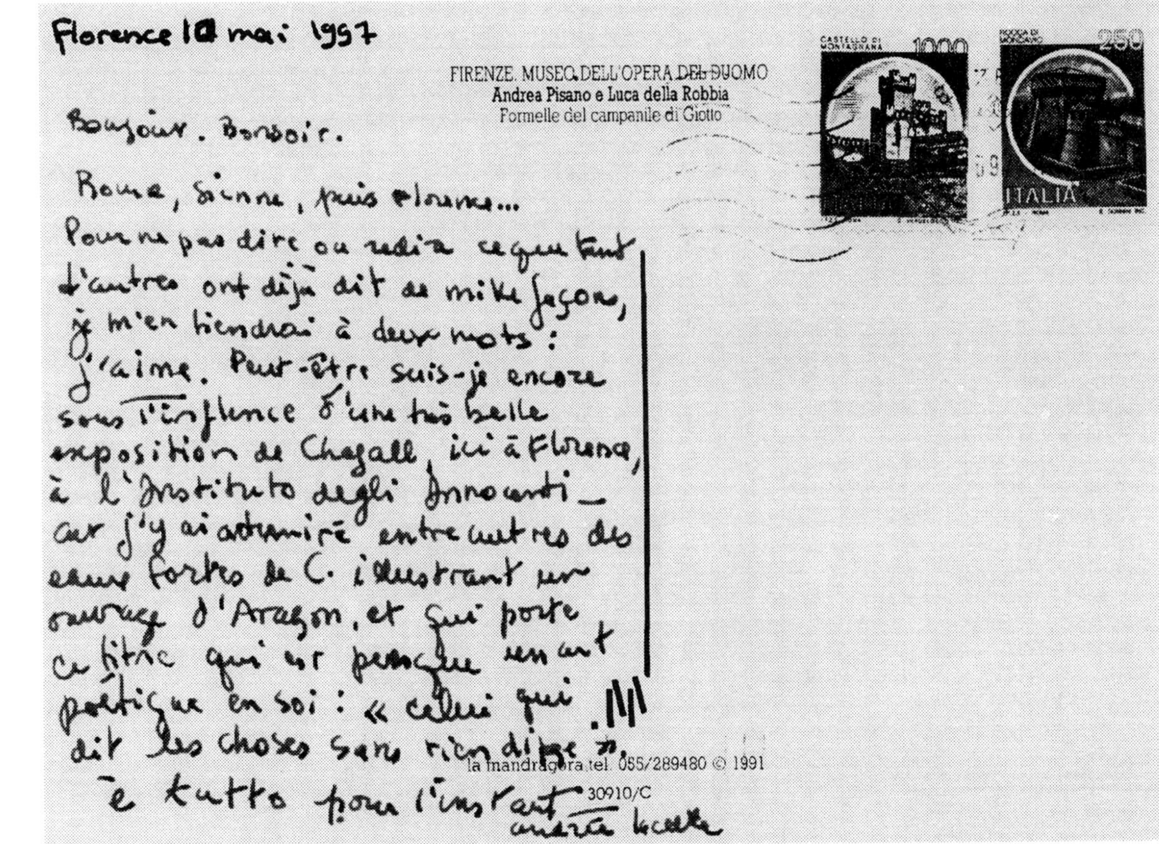

Florence 1[illegible] mai 1997

Bonjour. Bonsoir.

Rome, Sienne, puis Florence...
Pour ne pas dire ou redire ce que tant d'autres ont déjà dit de mille façons, je m'en tiendrai à deux mots : j'aime. Peut-être suis-je encore sous l'influence d'une très belle exposition de Chagall, ici à Florence, à l'Instituto degli Innocenti — car j'y ai admiré entre autres des eaux fortes de C. illustrant un ouvrage d'Aragon, et qui porte ce titre qui est presque un art poétique en soi : « celui qui dit les choses sans rien dire ».

è tutto pour l'instant

andrée lacelle

Carte postale adressée à Herménégilde Chiasson par Andrée Lacelle, à l'occasion d'un séjour en Italie.

Robichaud, N.-B., le 15 juillet 1997

Chère Andrée

Je réponds à ta dernière lettre, un peu tard, même très tard, mais je compte me rattraper dans les mois qui viendront. À tout retard il y a une excuse et les excuses ne manquent jamais, mais je sais que tu comprendras que j'ai été très occupé ces derniers temps. C'est assez paradoxal d'ailleurs puisque je passe un temps fou à diverses activités qui ne sont pas vraiment du ressort de la création et c'est une situation qui m'attriste beaucoup. Il est bien évident que le rôle de l'artiste dans la société est en train de changer et la représentation de l'artiste lui-même devient souvent plus importante que l'œuvre qu'il est en train de produire. Du moins sur le coup. Je me demande souvent d'ailleurs si, d'une part, les artistes n'ont pas perdu contact avec leur travail pour œuvrer dans des organismes qui assurent leur survie ou tout au plus leur présence. C'est souvent le cas dans la communauté acadienne et c'est souvent mon cas par les temps qui courent. Je me suis souvent posé bien des questions à cet effet puisque j'ai décidé, il y a bien longtemps il me semble, de quitter la sécurité d'un emploi stable pour accorder tout mon temps, du moins je le croyais alors, à la production artistique.

Le simple fait de le mentionner me fait mesurer l'étrangeté de cette expression. Production artistique me semble tellement une notion industrielle comparée à celle d'œuvre, mot un peu pompeux à mon avis, ou de travail vocable plus poétique mais trop démuni de spécificité. Toujours est-il que je me demande souvent comment j'en suis arrivé là et surtout comment m'en sortir sans trop ressentir les contre-coups de la culpabilité d'avoir abandonné le combat, une dimension qui constitue le fer de lance des nationalistes, des fanatiques et autres espèces préoccupées par la survie et la défense d'une identité sans cesse menacée. J'ai souvent pensé d'ailleurs qu'il s'agissait beaucoup plus d'un problème masculin car, malgré tout le cas qu'on en fait, il y eut peu de passionarias même si, dans le registre de l'affect, c'est-à-dire là où ça compte vraiment, nous savons tous que la langue est vraiment maternelle.

Comment en suis-je arrivé là ? Le tout a commencé par une suite de prises de position qui m'ont placé dans une situation où j'ai eu à me compromettre vis-à-vis du milieu dans lequel j'évolue. En d'autres mots à faire œuvre d'intellectuel si l'on prend pour acquis qu'un intellectuel pose une réflexion à partir d'un point de vue critique. Devenir critique d'une société qui, au départ, ne supporte pas la critique puisqu'elle est la plupart du temps mal à l'aise pour prendre une distance vis-à-vis de ses contradictions. Mais ceci fait également partie d'une sorte de combat pour mettre en place des institutions et des organismes qui se feront garants d'un certain discours et d'un certain positionnement. C'est ainsi que je me suis retrouvé à la présidence de plusieurs organismes qui me mangent une quantité phénoménale de temps sans toutefois déboucher sur une véritable action. Le but de plusieurs organismes, c'est du moins mon opinion, se résume souvent, la plupart du temps, à mettre en place une quantité phénoménale de réunions qui donnent lieu à d'autres réunions. De cette façon, on entretient l'impression qu'il se fait beaucoup de choses alors qu'il se fait des réunions.

Toute cette longue digression pour te dire que j'ai passé beaucoup de temps en réunions de toutes sortes en plus de faire un travail que j'hésite toujours à appeler travail, qui dans mon esprit représente toujours une dimension fastidieuse, alors que le jeu serait peut-être plus approprié comme appellation. Au nombre de cette activité il y eut la reprise de la pièce *Aliénor* qui a repris l'affiche cet été au monument Lefebvre de Memramcook. C'est une pièce qui met en scène le concept de la modernité et de la tradition qui dominent, selon moi, les deux grandes tendances de l'art que nous avons produites en Acadie au cours des trente dernière années. D'une part, il y a la notion de folklore qui, en ce qui nous concerne, a souvent évacué la notion d'Histoire qui encore aujourd'hui nous fait si cruellement défaut. Par contre, dans un tout autre ordre d'idée, il y a le concept, lui aussi très ambigu par les temps qui courent, de la modernité qui risque de disparaître avec l'idée de progrès fondé sur l'Histoire, ce qui, en gros, constitue la post-modernité. Les deux notions sont donc plutôt floues et les personnages ne font rien pour en clarifier le sens mais il m'a semblé qu'il fallait, dans un premier temps, poser la réflexion à l'intérieur même de l'art.

Évidemment, les personnages d'une pièce de théâtre ne peuvent être des abstractions, autrement ils deviendraient vite uni-dimensionnels et caricaturaux. C'est ensuite que je me suis aperçu que le drame de *Aliénor* gravitait autour de ces deux pôles d'attraction. La pièce n'a pas fait l'unanimité puisque plusieurs sont d'avis que l'amnésie est souvent préférable à la douleur de déballer une histoire qui risque de soulever trop de drames et de contradictions. Il faut dire aussi que la facture de la pièce n'est pas de tout repos puisque je me suis servi de la poésie pour avoir accès à l'inconscient des personnages qui représentent le passé, et d'un langage beaucoup plus factuel pour ce qui est de la modernité. Une œuvre qui a paru déroutante alors et qui constitue pour moi la fin d'un cycle, d'une trilogie sur les enjeux et les déceptions de notre génération face au projet global qu'elle s'était radicalement fixé dans la période de la grande ferveur qui l'animait autrefois. Cette générosité, cette insouciance et cette émotion troquées pour le confort et l'image qui nous donnent l'impression de vivre dans la virtualité évacuant ainsi l'expérience profonde de vivre.

Je suis toujours impressionné par le cheminement aléatoire des idées. Dans une entrevue qu'elle a lue dans un journal, Lise LeBlanc a trouvé que cette idée de la modernité et du passé pourrait faire un sujet de réflexion intéressant pour la réunion annuelle de la FCCF. C'est ainsi que j'ai produit un essai-conférence que je suis allé lire à Ottawa en juin dernier. Puisqu'on est en pleine dramaturgie, l'avant-midi j'avais assisté à la conférence de Jean-Marc

Dalpé qui, lui, parlait du rêve. Où sont nos rêves d'autrefois et quels sont nos rêves actuels puisqu'on en revient toujours au rêve, à l'insconscient. C'est un sujet fort intéressant et fort excitant mais comment l'aborder?

De quoi rêvons-nous présentement collectivement parlant et le fait de rêver en commun est-il une illusion qui devrait nous déserter considérant le fait que nous n'avons peut-être pas eu de rêve commun autre qu'une révolte anarchiste appuyée in extremis sur un sentiment d'exclusion? Alors comment faire pour générer un rêve plus positif? Quelque chose qui servirait de tampon entre le réel invivable et l'avenir troublant qu'on ne cesse de nous prédire. À cet effet, j'ai souvent été frappé par le terrorisme et la violence que l'on exerce sur nous au moyen des statistiques, sorte de chronique d'une mort annoncée dont les temps forts sont les grands recensements où l'on dénombre les survivants pour mieux compter les morts. Je me souviens de cette émission produite par Radio-Canada, *De l'Acadie à Maillardville*, dans laquelle on faisait état de la francophonie hors-Québec. Chaque segment, correspondant à chaque province, commençait par l'établissement du taux d'assimilation. Belle perspective. «Où et à quand la lucidité radieuse» dont tu parlais dans ta lettre?

À la suite de la publication de *Climats*, je me suis mis à relever le nombre de fois que l'on m'avait dit à quel point ce livre était sombre, noir et triste. Et j'ai alors amorcé une réflexion sur l'espoir. Je sais par ailleurs que je ne suis pas la personne la plus optimiste qui soit et que mon rôle dans la littérature acadienne n'a jamais consisté à esquisser les lendemains qui chantent, mais quand même, il reste que je me suis mis à regarder l'ensemble du corpus pour voir à quel point notre littérature a toujours été tiraillée entre l'affirmation d'une réalité identitaire ou la contribution à une esthétique littéraire qui ne tient compte de la première dimension que dans son contexte subliminal et diffus. Dans l'affirmation, que l'on prenne le parti de parler du bon vieux temps, de la douce chaleur de la cuisine ou de la révolte d'être laissé pour compte, il y a toujours une sorte de détresse qui, en Ontario comme en Acadie, a fait de nous une illustration du destin malheureux des derniers Canadiens-Français. Par contre, dans le destin universel du genre humain qui anime le second choix, il y a lieu de se donner une sorte de camouflage où l'espoir peut poindre un tant soit peu. Une phrase de ta dernière lettre me revient en mémoire: «Poètes d'ici, sommes-nous confinés à une lucidité malheureuse?»

Je me souviens, il y a de cela une dizaine d'années, d'une lecture organisée à l'occasion du centenaire de la ville de Moncton. Le décalage entre les textes des auteurs anglophones et ceux des auteurs acadiens était flagrant, la détente, l'humour et la distance des premiers faisant contraste avec la révolte, le désespoir et la proximité des autres. On peut voir pousser les fleurs partout, à condition d'y voir un plaisir de dilettante. C'est peut-être ça le rêve auquel nous aspirons présentement. Une certaine détente après toute cette tension, un certain espoir que notre sort va s'arranger via l'amnésie qui évacue la douleur d'être et le combat pour durer.

En ce qui me concerne, je me suis vu à la fin d'un cycle. *Aliénor,* que j'ai écrit l'été dernier, se termine par une sorte de plaidoyer pour ne jamais oublier le passé, pour le transformer dans un espoir de vie où nous pourrions faire en sorte que la vie elle-même devienne notre seule vengeance. Le livre *Conversations,* que je viens de terminer, est aussi une sorte d'hommage au discours, à ce qui le sous-tend, le désir que nous enclenchons dans l'élocution. Dans le discours que nous émettons, selon Claude Beausoleil, il y a toujours une sorte de phrase mantrique qui revient comme un leitmotiv pour ponctuer et concrétiser l'énoncé inconscient de notre désir. Je me suis rendu compte, en ce qui me concerne, que ce fragment répétitif était constitué par les mots « je veux dire ». La volonté de parler. C'est un peu ce sur quoi je travaille dans ce livre. Quel est le discours sous-tendu sous cette conversation. Dans un autre ordre d'idées, au cinéma, avec *Épopée,* je me suis inspiré de la musique pour démontrer que le combat peut se faire en douceur et que la simple affirmation d'une vibration qui nous est propre constitue, surtout quand elle est entretenue et augmentée, une dimension bien plus conséquente que toutes les réunions auxquelles nous assistons pour contrer le fléau et galvaniser nos troupes. Même chose en peinture, avec *Forêts,* le dernier solo que j'ai fait, où la couleur est redevenue la dimension centrale. Donc, peut-être que je verrai de mon vivant les premières lueurs du jour de ces lendemains qui chantent !

« Comment refait-on l'Histoire ? » C'est la question que j'ai retenue de ta dernière lettre et qui demeure une interrogation obsédante puisque moi aussi je me pose les mêmes questions. Comment échapper à ce parcours tracé d'avance et qui nous confine à refaire le même cercle creusant à chaque fois un peu plus le sentier de notre obsession ? Dans *Aliénor,* c'est la question que je me suis posée sans toutefois arriver à formuler autre chose que quelques fragments éparpillés ça et là, mais j'ai toujours pensé que les artistes et les écrivains surtout ont pour mission, avouée ou intuitive, de clarifier des questions, les réponses ne pouvant être que collectives. Les deux référendums du Québec ont échoué selon moi parce que la question n'a jamais été clairement posée. Nous sommes donc arrivés à une image qui ne nous satisfait plus et, un peu comme quelqu'un qui aurait épuisé les bienfaits de sa garde-robe, il nous faut désormais repenser seuls les choix et les enjeux de notre continuité. Il serait souhaitable que la poursuite de nos rêves se fasse sur un autre temps que celui de la misère et du maintien d'une certaine amertume qui fut le lot d'une grande partie de notre littérature et de notre art.

Peut-être pourrions-nous regarder l'espace et le voir comme notre espace puisque nous l'avons vu et nommé, regardé et écrit au lieu de le voir et surtout de le vivre comme menacé et tourmenté. Évidemment l'Histoire est une préoccupation temporelle et non spatiale, mais je crois que si le temps ne nous appartient plus, il est heureux de voir que l'espace nous est resté et, sans vouloir sombrer dans l'amnésie, peut-être pourrions-nous garder les choses à distance, le temps de partager avec les autres une époque dont l'Histoire erratique et aléatoire s'écrit au présent. Dimension dans laquelle nous pouvons intervenir avec éclat. Considérant qu'il est donné à tous de devenir un grand paysagiste, peut-être devrions-nous mettre en évidence le fait qu'il nous faut désormais aménager l'espace au lieu de pleurer sur le temps perdu qui, comme le dit la chanson, jamais plus ne se remplace.

Pour reprendre ta dernière question, à savoir ce que je lis, je suis navré de te dire que je n'ai rien trouvé qui retienne mon attention au-delà de la troisième page. Sans doute que je suis victime d'une sorte de déconcentration qui ne me permet plus d'explorer d'autres univers. Mais je crois que ce n'est là qu'une phase passagère. Entre-temps, je lis par bribes des traités sur l'histoire de l'art et des notes historiques sur le passage du temps dans la prose fragile des journaux. Peut-être suis-je malgré moi un disciple d'Apollinaire: « À la fin tu es las de ce monde… et pour la prose il y a les journaux. »

Je te souhaite un bien bel été et en espérant que ton retard soit beaucoup plus court que le mien dans ta réponse à cette lettre, réponse que j'ai bien hâte de lire…

Herménégilde.

Ottawa, le 28 août 1997

Cher Herménégilde,

Tu ouvres ta lettre sur le temps qui sépare ta réponse (reçue le 5 août) à ma lettre du 20 avril… Il est vrai que ma nature d'air et de feu souhaiterait une cadence plus vive ! Mais voilà, je possède aussi une étonnante faculté d'adaptation peut-être pas étrangère à mes racines franco-ontariennes vieilles de six générations…

Tu préfères « production » à « œuvre ». Les mots et leurs connotations nous causent bien des tourments, à nous écrivains. À chacun la charge qu'il ou elle lui insuffle… En vérité, je préfère le second terme et son gisement étymologique fidèle à la difficile et amoureuse tâche qu'est, pour moi, l'écriture. Le premier, me semble-t-il, appartient davantage à la logique marchande de l'industrie culturelle. Évidemment tout est question de point de vue et un point de vue souvent bien aléatoire. Ah ! le poids des mots serait si léger sans nos encombrantes pensées… Oui, heureusement, tu le mentionnes, il y a le versant ludique de l'entreprise. Les moments exaltants des premières pulsions, l'achitecture schématique de ce que l'on entrevoit, la joie de pétrir les mots et les infinies possibilités qu'ils renferment. Notre matériau primaire, c'est le son, la lettre, le rythme à la fois puissant et fragile d'une imagerie encore à naître. Puis, il y a la mise en mots des constats psychiques et des stridences de l'image mentale. Polysémie et polyphonie. Et toujours il s'agit de trouver un souffle unique, la justesse des inflexions, et à défaut de rendre compte totalement de l'entre-aperçu, de l'entre-vu, parvenir à tout le moins à en manifester quelques formes étonnantes.

Chose certaine (ô téméraire certitude !) : avant le mot, il y a le cœur et avec le cœur, il y a la vie. Et la vie n'offre aucune voie de facilité, et le paysage des heurs, bonheurs et malheurs qui la constituent, précède tous les mots. C'est le silence de l'énigme. J'ai terminé récemment la lecture de ce livre magnifique de Joël Des Rosiers, *Théories caraïbes. Poétique du déracinement* ; c'est pourquoi j'ai ce passage encore frais en mémoire : « Le devoir de poésie n'est pas de proposer une explication définitive mais bien d'affirmer l'autonomie de ce qui est, l'autonomie de l'énigme. » Avoir le courage du chaos, fouiller l'âme, en dépoussiérer les strates de l'espace psychique, s'archarner à l'élucidation de nos existences troublantes et incernables, pour découvrir qu'il n'y a peut-être que le silence pour exprimer le manque qui consume nos vies. Or avant le temps, il y a l'espace et avant l'espace, il y a nous. Notre lieu, c'est notre présence. Giacometti a dit : « L'espace n'existe pas, il faut le créer. » Ainsi l'œuvre essentielle de nos vies consisterait à façonner notre présence plutôt que d'assumer quelque diktat si généreux soit-il.

Connais-tu la poète russe Marina Tsvetaeva ? Je l'ai découverte il y a quelques années en bouquinant rue de Seine à Paris. Son destin de feu immensément tragique est bouleversant. Ne sachant lire le russe, je lis sa poésie en traduction française et anglaise ; aussi je sais bien que jamais je ne traverserai vraiment son œuvre comme je l'aurais désiré. Malgré tout, j'explore son univers comme je peux. J'aimerais te faire connaître quelques vers tirés d'un poème de Tsvetaeva, dans lequel elle remet à sa place le temps et cette obsession du quantifiable qui freine ce qu'il y a de meilleur en nous ; c'est aussi elle qui a dit que le mariage du poète avec le temps était un mariage forcé. Le poème s'intitule *The Poet* : *A poet's speech begins a great way off. / A poet is carried far away by speech* (...) *For the way of comets / is the poet's way. And blown-apart / links of causality are his links. Look up / after him without hope. The eclipses of / poets are not foretold in the calendar. /* (...) *What shall I do / in a world where the deepest black is grey, / and inspiration is kept in a thermos ? / with all this immensity / in a measured world ?*

Il y a cette question de la modernité que tu soulèves. Il me semble que cette modernité que nous connaissons a tout d'un flux diffus, pluriel, fragmenté et instable. Dans un tel mouvement des choses et de nos vies, le rapport avec nos origines s'avère désormais une invention perpétuelle : c'est ce que j'appelle le parcours oscillant de l'appartenance. Et avec cette part d'indéterminé et d'impondérable dans notre affirmation identitaire, il paraît impossible d'entrevoir quelque répit dans un avenir imaginable. Je pense à ce mot de Jean Larose dans *L'Archipel identitaire* : « L'identité moderne est une éternelle mise en jeu. » D'un point de vue nationaliste ou planétaire, collectivement et individuellement, ainsi nous serions voués aux géhennes d'une invention sans fin de qui nous sommes... en espérant quelque épiphanie ou encore que se manifeste ce je-ne-sais-quoi d'incréé, d'incréable ? Est-ce là, d'une certaine manière, l'état d'intranquillité dont parlait Pessoa ?

À quel credo consentir sinon à l'instinct de vie, à cette révolte intime dont parle Kristeva, à cette valorisation de l'intime et de la liberté intérieure, une forme de résistance en quelque sorte. Pour ne plus mourir. Le rêve d'un espace où la vie s'alimente à la vie. C'est vrai que nous pouvons faire de l'ethnofiction ou verser dans le scénario extrême de la désintégration collective, mais est-ce ainsi qu'il faut envisager la révolution des mentalités ? Par ailleurs, au sujet de l'amnésie dont tu parlais, il me semble qu'il ne s'agit pas tant de camoufler nos insuffisances mais bien plus d'éviter qu'elles ne deviennent des culs-de-sac et surtout, qu'elles contribuent à cultiver un état victimisant, le pire des poisons. Pour ma part, j'affectionne plutôt cet autre versant, celui du dépassement de nos insuffisances. Suis-je une obsédée d'absolu ? Est-ce que je souffrirais d'idéalisme aigu ? Que veux-tu ! J'appartiens à cette race qui croit encore en ce je-ne-sais-quoi de lumineux qui traverse parfois nos grises mines et nos visages ouverts qu'à moitié. J'aime regarder qui va là et je ne crains pas de me décaper à mes propres yeux pour mieux entendre ce qui sourd de la parole qui m'habite.

C'est pourquoi je pense comme d'autres que la conscience poétique doit être inclusive et par conséquent, il importe de se méfier d'une vision activiste de l'art. Humanisme versus fanatisme ou apolitisme versus militantisme. Je trouve regrettable que trop souvent encore, on pose des regards hâtifs et partiaux en opposant à l'authenticité, la qualité ou la recherche littéraire, ou encore, l'engagement idéologique à l'universalité du propos. Par ailleurs, personne ne veut d'un espoir placebo et pas davantage d'un art qui n'est qu'artifice et beaux effets. L'espoir ou l'inespoir dont le poète rend compte, elle ou il l'exprime dans une tentative de transposition ou de transcendance, spiralé ou circulaire, en somme, globalisante. Dans son interprétation passionnante du concept d'amour chez Augustin, Hannah Arendt parle du passé extrême et de l'avenir extrême.

Puis la démarche d'affirmation connaît des voies et des voix poétiques si diverses. En effet, s'il y a Rimbaud, Hadewijch d'Anvers, Artaud, Saint-John Perse, Anne Hébert, Rilke, Jean de la Croix, Vigneault, Celan, Tsvetaeva, il y a aussi dans la littérature acadienne actuelle, des titres pleins d'exhortation et si évocateurs: *Dix incantations pour que le pays nous vienne*, de toi, *Histoire de la maison qui brûle*, France Daigle et *Cri de terre*, Raymond LeBlanc. Et encore, il y a les poètes d'ici, en Ontario français, qui dans la quête infinie et confuse d'une identité fondée sur la dispersion et sans pays repérable, livrent une parole intense et de plus en plus diversifée, suscitant ainsi une aire d'énergie nouvelle. Et puis, rejoindre l'autre dans le secret de son existence, n'est-ce pas traverser le temps et l'espace? N'est-ce pas là l'actualité d'une parole, quel qu'en soit le motif apparent?

Dans ta lettre, une réflexion au sujet des actants de première ligne dans le combat identitaire, m'a fait sursauter. Et je te cite: «J'ai souvent pensé d'ailleurs qu'il s'agissait beaucoup plus d'un problème masculin car, malgré tout le cas qu'on en fait, il y eut peu de passionarias (...)». Il faut dire qu'ici en Ontario français, souvent dans le passé et encore maintenant, des femmes entièrement données à la cause ont occupé de façon exceptionnellement efficace des lieux d'influence (et non des lieux de pouvoir) en renversant soit une loi soit une situation flagrante d'inéquité qui nécessitait d'urgence un redressement. Les exemples sont nombreux dans chaque région de l'Ontario. Le Règlement 17 et plus récemment, l'offensive S.O.S. Montfort sont exemplaires à cet égard. Mais ai-je bien interprété ton propos? Enfin, les terrains de combat pour la survie identitaire sont multiples. Et la langue maternelle, tu le mentionnes, est de toute évidence celle de la mère qui par son attachement inconditionnel à l'enfant et par sa proximité constante, mène le combat sur le terrain même des premiers balbutiements. Ma mère l'a transmis à ses enfants et j'espère l'avoir transmis à mon fils. Autre époque, autre lieu, autre motif: depuis plusieurs années maintenant, je m'intéresse à la littérature mystique de l'Europe médiévale et j'ai découvert là aussi des figures de femmes perturbatrices de l'ordre établi, qui malgré (grâce à?) une vie conscrée à l'Absolu n'avaient rien de désincarné. Ces femmes, souvent visionnaires et guerrières à leur façon, assaillaient de leurs écrits virulents, papes et monarques!

Plus haut, j'amorçais une distinction entre lieux de pouvoir et lieux d'influence. Nous le savons, les discours diffèrent; les messagers et les messagères aussi. «Gens de parole et gens de causerie». Dans les lieux de pouvoir, la force de persuasion d'un propos intéressé et calculé a souvent une portée concrète immédiate, mais fort limitée pour la suite des choses ; celle d'un propos désintéressé aura un rayonnement diffus certes, mais elle aura plus longue vie, car la plupart du temps, cette parole correspond à une vision fondée sur des aspirations que chacun porte en soi. C'est dans les lieux d'influence (sans pouvoir de décision), que l'on trouve ces marginaux, femmes et hommes dédiés au mieux-être des leurs, que sont parfois les artistes et les intellectuels, en somme, toute personne dont l'art et l'action incitent à la percée d'une puissance latente vers un accomplissement, un renouvellement tonique ou de manière plus dramatique, une libération, une mise-au-monde.

En terminant, à celui qui dit avoir délaissé la lecture, je me risque à suggérer *La guerre des rêves* de Marc Augé (Seuil, 1997) où il est question de la modernité, de la notion de rêve et de la menace de disparition de la symbolique collective. L'auteur y aborde ces problématiques sur la base du triangle IMC / IMI / CF * et laisse entrevoir qui seront les résistants de demain.

J'ai hâte de te lire.

Andrée

Andrée

---

* IMC : imaginaire et mémoire collectifs
IMI : imaginaire et mémoire individuels
CF : création-fiction

Moncton, N.-B., le 12 octobre 1997

Chère Andrée

Je m'excuse de ce retard malencontreux, mais ta lettre m'est arrivée après mon départ pour l'Europe. Un mois de soleil presqu'ininterrompu tandis que les ouragans de toutes sortes se déchaînaient sur les Amériques. Je ne sais pas pourquoi, peut-être en raison de cet arrière-fond de colonialisme qui me hante et cette affirmation nébuleuse d'être en première ligne dans cette quête d'identité qui obsède l'Acadie, il me semble que le fait de revenir d'Europe comporte toujours, de ce côté-ci du moins, une sorte de snobisme dont j'ai tout fait pour minimiser les effets surtout quand on remarque cette sorte de rêverie qui s'installe dans la voix de ceux qui nous revoient comme si l'on revenait de la route des Indes avec un chargement d'épices. Mes phrases s'allongent et mon propos digresse. C'est sans doute un effet proustien, ayant repris la lecture de *La Recherche* que j'avais interrompue — peut-être sous l'influence de Gide qui n'en reviendra pas — considérée comme illisible durant mes années d'études universitaires. Il faut dire qu'à l'époque le travail sur la forme était loin de m'intéresser. Je préférais Malraux — l'action, toujours l'action — à Proust, Gide ou, plus tard, Robbe-Grillet. Mais je dérive, je dérive, et ces considérations oiseuses m'éloignent du sujet. Je me demande d'ailleurs si les choses ont vraiment changé.

Pour reprendre un fragment de ta dernière lettre, j'ai été saisi par le doute que tu émets à l'effet qu'il faille se méfier d'une trop grande importance conférée aux conditions d'existence de la littérature. C'est du moins sous cet angle que je l'ai perçu. Peut-être que cette forme d'art se voit de plus en plus envahie, comme c'est le cas pour plusieurs autres pratiques artistiques, par des considérations formelles qui ont pour effet de nous éloigner du sens qui demeure selon moi la considération première de toute pratique. Je sais que l'on peut discuter longtemps sur le sens et aller jusqu'à lui conférer le parti-pris du bon sens. Ce n'est pas mon propos. Ce serait plutôt au niveau d'une compréhension dirigée vers la communication et non vers celle d'une recherche destinée aux initiés. Le fait aussi que toute œuvre d'art prend sa force dans l'interrogation, le soupçon qu'elle génère, et dans les voies détournées par lesquelles elle arrive à attirer l'attention du récepteur. Partant de ceci, il me semble que le sens génère sa forme propre qui devient elle aussi partie prenante de la signification. Chomsky n'est pas loin. Dans cette optique, la phrase de Proust est significative de cette accumulation digressive dont il s'est servi pour faire bifurquer et ralentir le récit de la chronique pathétique d'une société oisive et décadente.

En septembre, lors du Festival des Francophonies de Limoges, j'ai eu à défendre cette option en présence de gens de théâtre, en provenance d'Europe et d'Afrique. Il est bien évident que je me situais au milieu d'antipodes pour ne pas dire d'univers diamétralement opposés. D'une part, la mère patrie, lieu d'origine, d'explorations et d'arbitrages et, d'autre part, la diaspora africaine avec ses blessures, ses limites et sa révolte. J'étais le seul *Américain* du débat. Le sujet portait sur le théâtre engagé et avait pour titre *Théâtre-citoyen*. Évidemment les Européens y allèrent de leurs théories, leurs expériences, leur fatigue mais il se dégageait de leur argumentation une sorte d'insistance sur la recherche formelle. On était loin de la sincérité naïve des Africains et jusqu'à un certain point des Américains. Je pensais à Kristeva quand elle affirme que plusieurs expériences théâtrales en provenance des États-Unis ne sont en fait que la reprise des recherches d'Artaud, avec la foi en surplus. Différence selon moi fondamentale puisqu'elle fonde jusqu'à un certain point cette urgence qui permet au corps de s'insérer immédiatement dans l'expérience esthétique. C'est sans doute ce qui a fait la force de l'art américain dans ses manifestations populaires du cinéma et de la musique, avec cette insistance sur le mouvement qui serait l'expression même de la modernité.

Les Africains se cristallisèrent sur leur position d'une oralité génératrice de sens où la forme deviendrait une sorte de prolongement accessoire et parfois encombrante du discours. La parole prime, elle est shamanique, elle est magique et porteuse de mystère. Il restait moi. Je me demandais où ces questions pouvaient bien mener puisque l'engagement est un problème tellement européen comparé à nous qui avons tendance à fonder notre théâtre sur l'émotion et non sur le discours. Je proposais la théorie de l'interrogation individuelle face à une réponse qui, elle, ne pouvait être que collective. Le rôle de l'artiste consistant à tout mettre en œuvre pour que la question soit claire et pertinente, qu'elle soit articulée à travers les dilemmes et les émotions des personnages, au lieu de proposer une réponse qui, la plupart du temps, finit par ressembler à un cours, un sermon ou un discours politique. Quoi de plus ennuyant, surtout au théâtre. Voilà ce que je pense du rôle de l'artiste dans la société que j'habite. L'artiste aussi est un citoyen, son lieu est en expansion et non le contraire, car cette prise en charge identitaire qu'il manifeste comme chroniqueur et témoin de son époque ne saurait s'accommoder d'une réduction de son désir de s'adresser à l'humanité. En ce sens je suis pleinement d'accord avec toi, il faut mettre l'accent sur la performance et minimiser l'importance accordée aux conditions d'existence et de réception. Nous savons que les best-sellers se fabriquent. Même Proust en était conscient si l'on regarde l'intensité avec laquelle il a courtisé la critique, les éditeurs et l'appareil littéraire.

Il y a longtemps que l'Acadie n'est plus au centre de mon écriture. L'Acadie comme slogan, comme marque de fabrique ou comme attrait touristique. Il me semble que mon lecteur imaginaire se situe de plus en plus loin et je trouve cette distance heureuse. Même si dans les premières années nous étions tous fascinés, ceux qui ont pris la parole à partir d'ici, par ce slogan curieux que nous avions d'abord commencé, quelques ans plus tôt, par refuser à tout jamais en raison de ses connotations passéistes et contraignantes. Il me semble d'ailleurs que la nouveauté s'est estompée depuis au point où cette nomenclature fondatrice et originaire a fini par se résorber dans des textes novateurs et percutants. Bien sûr nous faisons toujours, certains d'entre nous du moins, œuvre de propagandistes ou d'intellectuels, mais ces dimensions sont beaucoup plus le fait d'un exotisme rapporté de l'extérieur contre lequel nous nous insérons tant bien que mal. Nous sommes des artistes acadiens mais cette identité n'est sûrement pas la plus évidente ni la plus importante de toutes celles que nous véhiculons présentement. Elle existe toutefois et nous sommes les premiers à en avoir tenu compte autrement que dans le flot d'une mythologie qui n'est d'ailleurs pas à la veille de nous quitter. L'importance accordée à la célébration du 150e de la publication du poème *Évangéline* de Longfellow éclipse sûrement les efforts dérisoires pour souligner le 25e anniversaire de fondation des Éditions d'Acadie et de la publication d'un autre recueil autrement plus important pour nous, *Cri de terre* de Raymond LeBlanc, auquel tu faisais référence dans ta dernière lettre. En ce sens, la proposition de François de Paré comme quoi nous en Acadie, sommes écrasés par le poids de notre histoire alors qu'il s'agit du contraire en Ontario m'apparaît comme un énoncé d'une grande justesse.

J'étais dans le lobby du Centre culturel canadien, à Paris, quelques minutes avant la lecture que je devais faire en compagnie de Jean-Philippe Raîche, lorsque je vis apparaître sur les 9 écrans de télévision recomposant en une énorme mosaïque le visage d'Antonine Maillet. Je m'approchais et, au travers des voix qui me rendaient l'audition difficile, je crus entendre qu'elle réclamait son droit à l'exil au même titre que les Abitibiens ou les Gaspésiens, Montréal constituant la métropole francophone de l'Amérique. J'avais manqué le début du reportage dans lequel on précisait qu'elle répondait ainsi au chef du Bloc québécois, Gilles Duceppe qui, la veille, avait accusé les Francophones Hors-Québec — étant en France, je pouvais pleinement apprécier, en compagnie de 60 millions de Français, la pertinence de cette maxime ethno-centrique — d'être en voie de séparation, la preuve étant que leurs artistes se voient obligés de se rendre au Québec pour assurer la diffusion de leurs œuvres. Il y a du vrai et du moins vrai dans cette affirmation lapidaire. Sans élaborer plus avant, j'ai l'impression que, dépassé la conscience identitaire, il faut bien admettre que nos œuvres sont dépendantes de bien d'autres conditions d'existence. La phrase de Miron: «Il n'y a pas de petites littératures, il n'y a que des littératures mal diffusées» pourrait aussi nous convenir.

Nous provenons de milieux dont la conscience identitaire a constitué pendant longtemps la seule stratégie littéraire. La littérature franco-ontarienne, la littérature acadienne, etc... Partant de cette prémisse de base, le public s'attend à un certain type de réponses. J'ai connu une époque où l'on s'étonnait du fait que soudainement nous avions envie de proposer une manière de voir qui soit différente de la truculence et de la gouaille que l'on retrouvait alors dans une identité beaucoup plus folklorique que contemporaine. Pour certains, notre existence ne pouvait se résumer qu'à cette seule dimension. Une coïncidence, curieuse pour certains, malencontreuse pour d'autres, a voulu que cette Acadie élise domicile au Québec où, avec l'aide des médias (cf Gilles Duceppe), elle a empêché beaucoup plus qu'elle n'en a fait la promotion, une prise de conscience moderne qui se faisait alors sur le territoire.

En ce sens, je me suis pris souvent à envier l'Ontario qui pouvait passer directement dans le champ du discours contemporain.

Mais l'Acadie de l'Acadie s'est affirmée — en fait elle s'affirme de plus en plus — différente de l'Acadie du Québec dont elle partage les contradictions et les réussites. Aujourd'hui, ces deux discours ont tendance à s'entrechoquer dans cette vaste arène des identités en mal d'existence. Il est certain que cette identité serait plus à l'aise dans un espace où elle pourrait enfin se suffire, mais son existence même est une affirmation et une revendication. En somme, je me suis souvent demandé si je n'écrivais pas contre plutôt que sur un sujet. Contre la menace de ma disparition — folklorisation, assimilation ou paternalisation — plutôt que sur les ailes du langage qui me porteraient aussi loin que les frontières virtuelles du langage. Vers des lieux où mon seul travail consisterait à mettre au point des stratégies formelles. Je ne dis pas que cette lutte serait constante, son urgence perpétuelle et son combat dénué de plaisir, mais je crois qu'il faut y voir une grande source de motivation et, à la longue, je me suis demandé si cette agression continuelle n'avait pas produit un style, même une école. Il faudra attendre mais je crois que déjà l'émergence de certaines œuvres laisse présager une maturité bienfaisante. Une accalmie.

L'autre solution, et j'y pense souvent, c'est bien sûr la voie du renoncement. Je ne sais pas pourquoi, mais ce dernier retour à l'Europe m'a fait l'effet de la plus grande étrangeté. Je me suis senti comme un extra-terrestre. Un Martien à Paris — titre d'un texte éventuel. Le fait de n'avoir plus rien à dire en ces lieux où pourtant la langue et l'origine communes nous laisseraient présager d'un destin plus rapproché. Sur Gay-Lussac, en me rendant à l'hôtel, je passais tous les jours devant la librairie du Québec où j'ai été surpris de trouver un exemplaire de *Mourir à Scoudouc* et de *Vermeer* — deux de mes livres publiés en Acadie en co-édition avec des maisons québécoises. Dans la vitrine, une grande affiche de Edith Butler et, à l'intérieur, ses disques et presque tous les livres d'Antonine Maillet. Les propos de Gilles Duceppe refont surface. Faut-il donc passer pour le Québec pour parler à la francophonie comme l'ont fait les artistes qui se sont exilés au Québec ? Pour le reste, ce que j'appelle, avec toute la compassion et le respect, nos modestes efforts, l'image qui me revenait tout au cours du voyage, à travers ma participation aux débats, lectures et interventions médiatiques, c'est encore et toujours cette image, toute maritime et chevaleresque, d'un coup d'épée dans l'eau.

De la conscience identitaire au discours planétaire, il y a toujours ce double tranchant. En étant très identifiés, nous rayonnons sur notre milieu, mais en voulant faire tomber les murs qui nous contiennent, nous devenons partie prenante de cette humanité flottante. La force et la pertinence de nos stratégies suffiront-elles à nous conférer cette identité dont la littérature serait le seul point d'ancrage ? « Mon seul pays maintenant c'est la musique » comme le fait dire à son personnage Sylvain Lelièvre dans sa chanson *Lettre de Toronto*. Ah la hors-québécitude !

Il est bien évident que la littérature existe à l'intérieur d'une infra-structure qui lui permet d'imposer des œuvres dont seul le temps dira à quel point elles sont mémorables. Pour le moment, c'est le temps du fast-food. Pris dans ce rapport de forces, il est certain que plusieurs se prennent à déplorer les carences ou les faiblesses de la machine qui leur fait défaut. Nous n'avons pas de structures, ne serait-ce qu'une librairie perdue quelque part dans la périphérie du Quartier-Latin et même à ça, nous devons compter sur la magnanimité du Québec pour nous faire une petite place dans cet espace, dans ce destin qu'ils partagent beaucoup plus qu'ils ne voudraient se l'avouer.

Durant longtemps — je parle comme si j'avais fait la guerre — nous avons généré les livres, participé à leurs éditions, organisé leurs promotions et contribué à leurs subventions. C'est beaucoup. Rajouté à ceci le fait que nous avons aussi fait œuvre d'intellectuel, de chercheur et de critique. Il me semble que nous avons dispersé nos énergies dans de vastes contrées et sur une grande échelle. Je me prends à rêver parfois d'un moment, d'un lieu ou nous n'aurions qu'à écrire. L'œuvre dont nous serions les auteurs suivrait son cours de livre en livre, il serait enfin possible de s'endormir en oubliant notre identité politique pour ne plus nous soucier que de notre identité littéraire. C'est un rêve et c'est sûrement un souhait. Pour le moment c'est un combat.

En attendant je lis avec avidité l'œuvre de Proust, après quelques ouvrages de Philippe Sollers — *La Guerre du goût* notamment — auxquels j'avais résisté jusqu'à maintenant. En ces temps politiquement corrects, Sollers n'est sûrement pas de tous repos. J'ai surtout été surpris par la menace qu'il sent planer sur l'identité française et son retour aux gloires qui ont fait la France des chef-d'œuvres semble être chez lui une préoccupation constante. Si lui, dans le centre même du générateur qui alimente cette vibration francophone, sent la menace d'une crise, qu'en sera-t-il de nous? Ai aussi lu le dernier Gore Vidal *Live from the Golgotha* et je me suis pris à penser que lui et Sollers pouvaient avoir des choses en commun par le fait que leurs critiques sont dirigées vers deux mondes dont ils pressentent les destinées politiques et sociales.

Peut-être, dans le fait d'habiter pleinement une dimension, y a-t-il une manière de transcender les identités pour atteindre à notre conscience définitive? Dans les angles particuliers d'une perception révélatrice — ce dans quoi la philosophie moderne n'a cessé de puiser depuis que Kant s'est appliqué à donner l'homme comme référence — peut-être y a-t-il moyen, par la littérature d'accéder à une conscience non pas littéraire mais définitive. En cela j'ai été touché par cette phrase tirée de ta dernière lettre: « … je ne crains pas de me décaper à mes propres yeux pour mieux entendre ce qui sourd de la parole qui m'habite. » Le rêve continue. J'y vois la vision d'un combat qui se résorbera sûrement dans l'écriture quoi qu'il puisse arriver. « Il nous faut témoigner avec grandeur de notre perte » pour reprendre le mot de Claude Beausoleil mais peut-être sommes-nous trop pessimistes. Donnes-nous, Seigneur, l'humour et l'optimisme des femmes et nous serons sauvés!

Je te souhaite le plus bel automne,

Herménégilde

Ottawa, le 11 novembre 1997

Cher Herménégilde,

Le jour où j'ai reçu ta lettre, je partais pour le Salon du livre de Toronto, cinquième édition. Cette année, il a été l'occasion d'un rapprochement entre les écrivains acadiens et franco-ontariens avec le lancement d'un numéro d'*Éloizes* intitulé *Entrecroisements*, qui réunit des textes et des œuvres visuelles de part et d'autre. Parce qu'il est un événement unique de prise de parole pour nous écrivaines et écrivains de l'Ontario français, ce Salon doit vivre. J'espère qu'il saura résister aux commentaires à l'emporte-pièce visant qui, visant quoi. Hélas, il y en aura toujours qui excelleront dans l'art de se/nous tirer dans le pied. Singulièrement, il n'y a pas si longtemps, j'entendais Renaud, mon fils, répéter ce monologue de Figaro : « Voyant à Madrid que la république des Lettres était celle des loups, toujours armés les uns contre les autres, et que, livrés au mépris où ce risible acharnement les conduit (...) j'ai quitté Madrid, et, mon bagage en sautoir, parcourant philosophiquement les deux Castilles... ». Légèreté et humour, au secours ! Merci Beaumarchais.

Tu signales l'affaire Duceppe-Maillet. À la question : avec ou sans le Québec ?, je réponds : avec *et* sans le Québec. Pour que l'œuvre vive chez nous, là-bas et éventuellement à l'étranger, faut-il vivre au Québec ou rester chez soi ? La reconnaisance de la critique québécoise, un atout ou une nécessité ? Pour qu'un titre soit reçu en France ou en Suisse, en Belgique ou en Acadie, en quoi faudrait-il qu'à tout prix, il doive passer par le Québec ? Heureusement pour nous, dans ce désert, il y a une exception : la superbe revue québécoise ART Le Sabord qui contribue de manière ponctuelle, à la diffusion de notre imaginaire, au Canada et à l'étranger ! Et si, par-delà tout ce cirque et sans verser dans l'angélisme, nous parvenions à assumer, pendant quelques secondes d'éternité, un franc détachement, pourrions-nous nous contenter d'affirmer que la poésie est là pour être donnée et non pour être vendue ? Mais suis-je encore sur terre ou déjà au ciel ?!

Je crois « en la force et la pertinence » (ce sont tes mots) de notre travail. Or voici que les « disparaissants » que nous serions s'avèrent des monstres d'espérance. Mal diffusée certes, mais notre littérature n'est pas petite. Je la perçois davantage comme une jeune littérature. Cette image du coup d'épée dans l'eau, ainsi que tu l'évoques dans ta lettre, donnerait raison à la vanité de nos efforts et au fait que notre existence soit en quelque sorte une marche à l'abîme. Ton propos m'a vraiment touchée et j'y suis empathique mais je dis qu'il faut prendre le temps, le temps de la mémoire, ce temps sans durée qu'est l'espace sourcier des racines, celui de nos présences en exil d'un pays à venir. Puissance et persuasion. À nous de persister et de signer. Ce qui demeure vital, toutefois, c'est que notre littérature soit, avant tout, promue et valorisée dans nos universités, nos écoles, notre collectivité, ce qui malheureusement ne semble pas aller de soi.

C'était dans l'air, peut-on dire. En effet, en avril dernier, j'évoquais dans ma lettre, combien nous avaient ébranlés les aboutissants des États généraux du Canada français, il y a trente ans. Et voici qu'en fin de semaine, j'assistais à un colloque organisé par le Centre de recherche en civilisation canadienne-française de l'Université d'Ottawa, *Les États généraux du Canada français, trente ans après*. Émue, j'ai pu constater combien, à l'époque, fut vive la déception des délégués canadiens-français. Le témoignage de certains d'entre eux, au colloque, m'a semblé presque pathétique. Il y avait de l'amertume face aux nombreux irritants qu'ils durent essuyer alors, et à la grave méprise dont ils furent l'objet. Encore aujourd'hui, certains en ont gros sur le cœur. Cette non-rencontre historique aurait donc été le catalyseur d'un éclatement en gestation depuis déjà plusieurs décennies, selon certains conférenciers québécois présents. Une rupture donc qui n'a fait que confirmer combien notre déconvenue, à l'époque, fut douloureuse et combien l'inconfort éprouvé alors n'a fait qu'amplifier depuis. À l'inverse cependant, le témoignage des représentants acadiens m'a paru, dans l'ensemble, plus serein, certains affirmant même que la tenue des États généraux avait constitué un levier stimulant la responsabilisation chez le peuple acadien. Je me rends bien compte que je n'arrive pas à résumer aussi clairement que je le voudrais, les impressions éprouvées. Trois jours après le colloque, c'est encore, pour moi, trop tôt pour décanter : mille perceptions encore diffuses dans l'attente d'un limpide dévoilement...

Pour ma part, je crois fermement, qu'au delà de ces tristes métaphores dont on nous a affublés, que notre lien inéluctable avec le Québec précède cette déconvenue traumatisante, et ma croyance est celle-ci : ce lien lui survivra. Mais comme ce pays, et j'ai nommé le Canada, manque d'intuition, et que l'autre, le Québec, n'est pas encore né, il s'impose, avant que le temps ne tourne court, de prendre en main notre destinée en concoctant une thèse rassembleuse et en réinventant le nous de référence. Non pas suivant le Nous et le Eux mais selon une vision inclusive de la nation. Par ailleurs, la tendance actuelle est à l'évacuation de la thèse des peuples fondateurs. Serait-ce là une version *fair play* revisitée du concept de génocide ? On voudrait oblitérer notre passé, les traces de nos ancêtres ? Comment imaginer qu'on puisse en arriver là ? Visionnaires, à vos postes !

Mais avec toi, poète et artiste, j'aurais plutôt envie de parler art et poésie, d'engager en toute liberté une sorte d'échange autour de ce qui nous est cher. Par exemple, ce voisinage de l'art et de la poésie que tu connais en artisan de la chose, et moi, en voyageuse de galeries et de musées, mais aussi dans l'accompagnement, dans mon écriture, d'œuvres d'artistes : celles de Marie-Jeanne Musiol, René Derouin, Paterson Ewen, dans le passé, et présentement, celles de Cyrill Bonnes, un artiste parisien qui d'ailleurs, trouve tout naturel (rien que de très normal !) que la librairie du Québec à Paris soit l'hôte du lancement de mon prochain recueil, *La Vie rouge*. Je veux bien partager son bel optimisme. Et puis, l'occasion s'y prêterait puisque je serai de passage à Paris en mars 1998, invitée avec d'autres poètes dont Paul Savoie, au Théâtre

Molière, à la Maison de la Poésie, dans le cadre de la semaine de la langue française et de la francophonie. Avec un peu de chance, rendez-vous donc, rue Gay-Lussac !

Chaque poète a sa manière, ses obsessions, ses lignes de force, ses lignes de vies. La mienne obsession est certainement, depuis toujours, celle du lieu, de la présence / absence de soi, de l'autre et de l'Autre, et dit autrement, la passion de l'Origine. D'ailleurs ses vers de Victor Segalen ouvriront le prochain recueil : *Montre ton visage originel, celui que tu avais avant même d'être né.* Cette découverte, dans mon parcours - il s'agirait davantage d'une perspective ou d'un constat, car on s'en doute, d'autres avant moi l'ont traversé ! — laisse entrevoir que la présence précède le lieu. L'étymologie du mot « pays », à cet égard, m'a paru fascinante : à l'origine, « pays » est le nom de l'habitant et de l'habitante d'un *pagus*, d'un bourg, d'un canton, et par extension, le pays lui-même. Aussi l'emploi familier ou régional propose le masculin « pays » et le féminin « payse » pour désigner les habitants et les habitantes d'un territoire donné. Jubilante découverte qui venait appuyer ce que j'avais gribouillé : avant le pays, il y a nous.

Si autrefois la sculpture de Giacometti et plus tard, celle de Brancusi, m'ont envoûtée, il y a quelques années, je me suis trouvée en territoire étrangement familier en découvrant l'œuvre sculpté de Roland Poulin (originaire de Saint-Thomas en Ontario). Dans sa période de sculptures / installations en bois polychromes, en particulier, Poulin réussit, à travers bris et brèches, à articuler le vide, à donner à l'immatériel, une présence matérielle, à moduler la frontière entre l'espace intérieur et l'espace extérieur. En quelque sorte, il spiritualise la matière. J'ai appris aussi que, pendant cette même période, Poulin avait été attiré par les *Hymnes à la Nuit* de Novalis. Sa recherche de la nature ultime de la matière se livre aux confins de l'intelligible, là où rien n'est stable et où tout évoque son contraire. Amoureuses du paradoxe, la clarté de ce qui est enclos et la densité qui en émane confèrent à ses installations une dimension spirituelle. Cette union des forces contraires, la symbiose des polarités, c'est aussi une autre de mes hantises. À propos, tu connais ce mot de Gide qui frôle la boutade ? « Seuls les extrêmes me touchent. » Puis encore, Poulin questionne l'autosuffisance de l'œuvre (un mythe ?) et en valorise la contingence. Cette remise en cause est, me semble-t-il, bénéfique en ce qu'elle fait basculer ces certitudes qui chassent l'inouï et statufient vainement. Avec ce noir équivoque qu'il a insufflé au bois, il a su exprimer qu'entre soi et l'inconnu, toujours, il y a cette troublante opacité qui nous étreint. Il a magnifiquement illustré la rencontre du charnel et du sacré.

Avant tout le poème est un chant. Il est aussi un espace ouvert et nous sommes tensions. S'il est vrai que le sublime a son versant dérisoire et qu'une des conditions de transmutations, consiste à s'enraciner dans le circonstanciel d'un temps immédiat, pour ma part, je m'en remets entièrement à cette sorte de maïeutique qui depuis l'enfance, s'est fixée en moi : ferveur (parfois fureur !), dénouement, défaillance, espoir, inespoir, espérance. C'est ma roue de Fortune avec sa dimension divinatoire et qui tourne hors-champs, malgré la nuit. Ainsi, peut-on dire, nos déviances, nos résonances façonnent le Pays : le pays intérieur et l'autre forcément. Et le Rêve appartient à cette dimension immortelle. C'est pourquoi il ne meurt pas. Il nous précède et nous prolonge. Et nous le nourrissons au passage. Puis si les mots ne consolent pas de la mort, ils lui répondent. Voici ce qu'a su dire mieux que quiconque, ma chère Tsvetaeva : *Reste / Ce lien-ci plus étroit / Que l'attrait et l'étreinte. / Le Chant des Chants nous doit / La parole – on l'emprunte...* Il faut dire que je fréquente à l'aveugle et amoureusement ces chemins que m'ouvre un itinéraire toujours bouleversant de lectures, un tracé à la fois échevelé et singulièrement bâtisseur. J'aimerais te lire sur les mariages et divorces de l'art et de la poésie dans ton œuvre, dans ta vie.

Il y a quelques jours, un très heureux hasard a fait qu'en zappant sur tfo, je « tombe » sur ton film *Épopée*. Je n'ai pu voir que les dernières vingt minutes. Tu as fait du chant et de la musique, et de ses fervents artisans, l'âme de ta narration. Quelle ardeur, quel amour, j'y ai entendu. Émouvant. Bravo !

Quand je pense à mon séjour en Italie, en mai dernier, c'est Fiesole que je vois d'abord. C'est un charmant village au-dessus de Florence et dont la fondation remonte à la période étrusque. J'y retournerai, j'en suis sûre. S'il est sain de mettre à l'épreuve ce mot, « aller voir ailleurs si j'y suis », il l'est tout autant de revenir et d'en revenir. Les dernières images d'*Épopée,* si ma mémoire est fidèle, sont celles de la rivière Petit Codiac qui m'a rappelé ma rivière des Outaouais. Nos rivières sont nos chemins et nous sommes parfois passeurs, parfois passagers ou passagères, et parfois, nous sommes rivières.

Puisqu'une grève postale est imminente, cette lettre risque de te parvenir bien tard, aussi je te souhaite une fin d'année réjouissante !

Andrée

Andrée

BIBLIOGRAPHIE

Andrée Lacelle

Poésie

Au soleil du souffle, Sudbury, Éditions Prise de Parole, 1979.

Coïncidence secrète, Ottawa, Éditions du Vermillon, 1985.

Tant de vie s'égare, Ottawa, Éditions du Vermillon, Ottawa, 1994.

La Voyageuse, Sudbury, Éditions Prise de Parole, 1995.

La Vie rouge, Ottawa, Éditions du Vermillon, avec sept huiles sur papier de Cyrill Bonnes.

Littérature jeunesse

Folie des mots ! Manuel d'écriture ludique, Ottawa, Centre franco-ontarien de ressources pédagogiques, 1989.

BOBIKOKI mon chat, n'aime pas..., poèmes-comptines, illustrations de Carole Rogeau-Labarthe, Ottawa, Éditions du Vermillon, 1996.

Inédits en revues

« Papyrus », *Jointure, Poésie et arts*, n° 32, hiver 1991-1992.

« Hommage au delta lumineux », *Liaison*, n° 65, 1992.

« Le site insensé », *Estuaire*, n° 73, 1994.

« Ville fossile », *Tessera*, n° 16 (La femme dans la cité), 1994.

« La Voyageuse », *Art Le Sabord*, n° 38, 1994.

« Il cause, elle parle, et les mots voyagent », *Liaison*, n° 80, 1995.

« Entières à l'obscur, nos ombres » *Envol*, vol. III, n° 3, 1995.

« Tout est chemin », *Jalons*, n° 52, 1995.

« Tourmente : trois bonds du cœur », *Art Le Sabord*, n° 41, 1995.

« Le poème de la rivière », *Envol*, vol. IV, n°s 3-4, 1996.

« Halte et durance », *Éloizes*, n° 24, 1997.

« Lignes de vie », *Art Le Sabord*, n° 47, 1997.

« Le poète funambule », *Autour de Paul Savoie*, Éditions du GREF, 1997.

« Perdre l'heure et la nuit I et II », livre d'artistes, Pierre Bernier (dir.) et Vincent Théberge (dir. artistique), *Mots dévêtus*, Ripon, Écrits des Hautes Terres, 1997.

« Nos corps en voyage », *Estuaires*, 1998.

Collectifs et anthologies

L'Écriture ce vaste lieu, Hull, AAOQ, 1982.

Poèmes et chansons du Nouvel-Ontario, Sudbury, 1982.

Yolande Grisé (dir.), *Pour se faire un nom, anthologie franco-ontarienne*, Montréal, Fides, 1982.

Femmes et religions, vol. 1 et 2, Montréal, Bellarmin, 1981 et 1982.

De la neige au soleil, anthologie poétique de la francophonie des Amériques, Paris, F. Nathan et Montréal, Ville-Marie, 1984.

Topographie, Hull et Ottawa, 1987.

Paroles d'écrivains, Ottawa, Association des auteurs de l'Ontario, 1989.

Bouraoui, H. et J. Flamand (dir.), *Écriture franco-ontarienne d'aujourd'hui*, Ottawa, 1989.

Larochelle, B. et A. Mollica (dir.), *Reflets d'un pays*, Welland, Éditions du Soleil, 1990.

LittéRéalité, nouvelles voix de la littérature franco-ontarienne, vol. IV, n° 1, Toronto, 1992.

Diaz, L. (dir.), *Symbiosis, An Intercultural Anthology of Poetry*, Ottawa, 1992.

Lieu d'être, n° 20, Paris, 1996.

Herménégilde Chiasson

Poésie

Climats, Éditions d'Acadie, 1996.

Miniatures, Éditions Perce-Neige, 1995.

Vermeer, Éditions Perce-Neige / Écrits des Forges, 1992.

Existences, Éditions Perce-Neige / Écrits des Forges, 1991.

Vous, Éditions d'Acadie, 1991.

Prophéties, Éditions Michel Henry, 1986.

Rapport sur l'état de mes illusions, Éditions d'Acadie, 1976.

Mourir à Scoudouc, Éditions d'Acadie, 1974.

Théâtre

L'Exil d'Alexa, Éditions Perce-Neige, 1993.

Atarelle et les Pakmaniens, Éditions Michel Henry, 1986.

En collaboration

L'Événement Rimbaud, avec Gérald LeBlanc et Claude Beausoleil, Éditions Perce-Neige / Écrits des Forges, 1991.

On..., avec des poèmes de Federico Garcia Lorca traduits par Claude Beausoleil, Lèvres urbaines, 1990.

Précis d'intensité, avec Gérald LeBlanc, Lèvres urbaines, 1985.

Claude Roussel, avec Pat Laurette, Éditions d'Acadie, 1985.

Les Acadiens, avec Antonine Maillet et Barry Ancelet, DMR, 1984.

L'Anti-livre, avec Jacques Savoie et Gilles Savoie, Éditions de l'Étoile magannée, 1972.

JE VAIS À LA CONVOCATION / À MA NAISSANCE

de ROBBERT FORTIN
(Sudbury, Prise de Parole, et
Trois-Rivières, Écrits des Forges, 1997, 122 p.)

Un credo fin de siècle?

Pierre Paul Karch
Collège universitaire de Glendon
Université York (Toronto)

> On ressent du malaise à parler de ces choses. Moins à cause de l'air de l'époque, qui ne les rend guère à la mode, que par le sentiment de l'indignité. La foi est à peu près la seule expérience que l'on ne puisse confesser sans éprouver le sentiment de se hausser inconsidérément, en dépit de tout ce qu'il y a en soi de médiocre.
>
> Fernand Dumont, *Une foi partagée.*

Atteint du sida, Robbert Fortin, qui se décrit comme « une bête au seuil de la mort » (Fortin, 1997, p. 17), sait que ses jours sont comptés et ne le cache pas:

> Dans le préalable d'une démarche de remise en question constante face à ma fragilité, à ma mort, à ma vie, explique-t-il dans une des trois notes qui paraissent à la fin du recueil *Je vais à la convocation / à ma naissance,* il m'est apparu important d'en parler par la poésie. À chaque moment cinétique d'écriture, se jouent et se rejouent dans les poèmes le virtuel de la parole poétique et les faits de la réalité singulière; un être humain face à sa propre mort et aux questions qu'elle suscite en lui. (p. 123)

Ce drame, personnel, le sensibilise de façon particulièrement aiguë à l'humaine condition, car la mort est notre sort commun qu'on aille vers elle à l'heure désignée, tel le condamné, qu'on l'attende, tel le malade, ou qu'on lui tourne le dos, comme le rappelle Meursault, le héros de *L'Étranger* de Camus au prêtre venu le voir dans son cachot:

> Il n'était même pas sûr d'être en vie puisqu'il vivait comme un mort. Moi, j'avais l'air d'avoir les mains vides. Mais j'étais sûr de moi, sûr de tout, plus

> sûr que lui, sûr de ma vie et de cette mort qui allait venir. Oui, je n'avais que cela. Mais du moins, je tenais cette vérité autant qu'elle me tenait. [...] Que m'importait la mort des autres, l'amour d'une mère, que m'importaient son Dieu, les vies qu'on choisit, les destins qu'on élit, puisqu'un seul destin devait m'élire moi-même et avec moi des milliards de privilégiés qui, comme lui, se disaient mes frères. Comprenait-il, comprenait-il donc? Tout le monde était privilégié. Il n'y avait que des privilégiés. Les autres aussi, on les condamnerait un jour. (Camus, 1957, p. 176-177)

Cette constatation mène le philosophe français à l'absurde d'abord (*Le Mythe de Sisyphe*), puis à l'action (*La Peste*). La même réflexion conduit Fortin à une profession de foi: «je suis devenu / celui qui croit / celui qui ne croit plus» (p. 16), mais aussi, tout comme le docteur Rieux, à l'action, une action proportionnée à ses moyens, à ses talents. Écrivain, le temps qu'il lui reste à vivre, il le désigne comme étant l'«heure de la parole» (p. 119). Mais à quoi, pouvons-nous nous demander, peut servir la parole quand on sait que tout a une fin et que la fin est toute proche?

La parole peut servir, non pas à se définir — les existentialistes nous ayant sinon convaincus de l'impossibilité du projet, nous en ayant à tout le moins enlevé le goût —, mais à se présenter. La chose n'est pas toutefois aussi facile qu'on pourrait le croire, car, dès qu'on tente de dire l'essentiel sur soi, les mots, comme la réalité, nous échappent: «comment donner à lire / celui que je suis / celui que je me crois être / celui que je voudrais qu'on me croie être» (p. 14). Se présenter, c'est paraître sous son meilleur jour, en retouchant le portrait, en modifiant l'éclairage, en traduisant en mots bien choisis une réalité à proprement parler insaisissable. Derrière chaque «je», en effet, combien de «moi» y a-t-il et combien veux-je vraiment en faire connaître? Le voudrais-je, même sincèrement, que je ne le pourrais pas. Il suffit de vouloir se raconter pour ne plus être ce qu'on voulait dire: «je me demande si le témoignage que j'écris / rend justice à ce que je ressens / maintenant» (p. 50). Être multiple, changeant, protéen, on s'aperçoit, en traçant les premières lignes de son portrait, que tout ce qu'on peut dire de soi sera mensonge à divers degrés et, souvent, plus on précise, plus on s'éloigne de la réalité: «poète concentré sur mes réalités intérieures / comment dévoiler mon âme / la développer / la faire apparaître sur une image» (p. 14). À retenir les mots qui me paraissent les plus révélateurs et que je rappelle en les soulignant, soit «*mes* réalités intérieures» au pluriel et «*une* image» qui les retiendrait toutes.

À l'image unique, par exemple, la photographie dont Fortin parle à la page 15, l'auteur préfère l'image poétique, plus vraie parce qu'elle invite à de nombreuses interprétations: «je suis le témoin privé / le centre de ma paix intérieure» (p. 29). Voilà un trait dans lequel chaque lecteur peut et doit se reconnaître. On sort ainsi de la sphère privée pour entrer dans celle de la collectivité, tout en entrant, paradoxalement, plus profondément en soi, car ce que le poète a écrit, le lecteur le lit. C'est ainsi que «je» désigne l'un autant que l'autre. C'est à la fois troublant et rassurant, comme un monologue qu'on croyait venir d'une autre bouche et qu'on s'entend dire tout à coup.

Dès qu'on a saisi l'ambiguïté du «je», il devient impossible de se désengager de la lecture de ce recueil littéralement envoûtant et qu'on voudrait, parce qu'il nous concerne, qu'il finît bien. On poursuit donc sa promenade dans cette galerie des glaces, les métaphores du «je» nous renvoyant des images plus ou moins familières de soi, telle celle-ci où «je» est identifié à une planète, un «caillou», comme les personnages isolés du *Petit Prince* de Saint-Exupéry, projetés dans le temps et l'espace et souffrant des limites de leur vie étanche: «je suis tout petit / un caillou affectif dans la main de l'espace» (p. 68).

Ce qui fait la grandeur de ce caillou, qui est le jouet du destin, cette «main de l'espace», et dont le destin est de mourir, c'est son projet individuel qui donne un sens à sa vie: «j'écris pour accomplir ma présence en ce monde» (p. 10). La présence au monde de Fortin ne peut s'accomplir que par l'écriture, car il est essentiellement un homme de paroles. Il y a donc, chez lui, équation entre respiration et écriture: «écrire dénoue ce nœud dans ma gorge» (p. 18). Le poète qui ne «poème» pas, pour reprendre le très beau mot de Cécile Cloutier, n'est plus poète, tout comme l'homme qui ne respire plus cesse de vivre.

Plus la vie lui échappe, plus Fortin, écrivain et peintre, tente de prolonger son existence par ses réalisations artistiques: «écrire / peindre dans le bonheur de la création» (p. 97). Le bonheur vient de l'idée d'avoir créé un objet dont l'existence est à la fois reliée à soi comme le Créateur signe sa création, mais aussi comme un objet indépendant, libre de soi dont le destin est autonome. Chaque poème renvoie certes à son auteur, mais chaque poème a aussi sa vie propre qui tient à la fidélité des lecteurs, à leur mémoire, à leur compréhension, à leur sympathie, à tous les liens cérébraux et affectifs qui se nouent au cours des années. C'est pourquoi le poète, qui n'a pas de prise sur son propre destin, peut se donner un projet — écrire —, chaque poème étant, pour lui, une vie nouvelle, un commencement, une naissance dont il ne contrôle pas le destin: «moi je tourne sans but particulier j'écris je nais» (p. 108).

Le poète, qui prend ainsi conscience du pouvoir de la création, rétablit la prééminence de la poésie dans sa vie, mais aussi dans la nôtre, en faisant d'elle le premier objet de son credo, «je crois en la poésie» (p. 13), et sa première certitude positive: «je suis le vivant qui écrit de la poésie / pendant que les promesses du dehors / restent des incertitudes» (p. 45). Ceci revient à dire que la confiance qu'il met en elle est proportionnée à la méfiance qu'il a de tout le reste. Cet acte de foi, qui précède l'acte d'amour, se fonde sur une évidence: «aujourd'hui les mots m'ont prêté / l'intime secours d'une métaphore» (p. 45). D'une expérience vécue, le bien-être, le poète fait une expérience partagée, à cause du pronom à la première personne qui associe l'auteur au lecteur à qui il divulgue le secret du secours que lui donne la création d'une métaphore réussie.

On ne révèle pas ses secrets à n'importe qui. C'est à ceux qu'on aime qu'on les livre, parce que l'amour donne confiance: «on en revient toujours / à l'attitude du cœur et de sa place dans l'univers» (p. 103). Cet amour est absolument essentiel au poète car, on l'a déjà dit, le poète naît chaque fois qu'un des poèmes, qu'il a semés, germe dans le cœur de l'Autre, qui n'est pas son semblable, mais qui n'en demeure pas moins son frère. D'où son angoisse: «j'ai mal à ce qui nous sépare» (p. 103). L'éloignement de l'Autre, qui peut être son frère, mais qui peut aussi être Dieu, est, pour lui, — et c'est un corollaire de ce qui précède — une condamnation à mort dont il sent la douleur dans sa chair, son cœur, son âme. Malgré tous ses efforts de séduction, par la magie verbale, par le foisonnement des images neuves, par la richesse de certaines évocations, Fortin sait bien que cela est, en partie, inévitable: «maintenant je sais des hommes résolus / à ne jamais aimer la poésie» (p. 103). Sa réaction? «tant pis je te ferai poésie / terre d'élévation» (p. 103).

Le mot clé est prononcé: «élévation», qui assure l'unité de ce recueil en lui donnant une direction verticale que Fortin oppose au nivellement des valeurs[1]: «l'époque où je / vis n'est qu'une nappe de surfaces ennuyeuses» (p. 85). Ce nivellement, on peut le faire remonter au relativisme d'Einstein qui a conduit, de l'incertitude dans les sciences, à l'échec des idéologies: «notre époque est une suite d'échecs reproduits» (p. 104). Sur ce tableau noir, Fortin écrit son espérance qui ne se fonde pas sur la religion qui lui a été transmise, mais bien sur une prise de conscience personnelle: «face à soi-même / on est sa propre espérance ou son propre vide» (p. 94). Or, c'est le propre des créateurs que de remplir le vide. Le poète se met alors à l'œuvre, empruntant les matériaux à sa disposition. Ils sont nombreux et variés. De la culture judéo-chrétienne — cela n'a rien qui étonne —, lui vient le plus grand nombre d'éléments: l'«Arche» (p. 17) sur laquelle nous reviendrons, l'«Abbaye de Saint-Benoît» (p. 40), «Cantus Mariales» (p. 40), «Mère Sainte» (p. 40), «Vierge» (p. 40), «je romps un morceau de pain» (p. 63), le «jardin de Judas» (p. 74), «femmes du tombeau» (p. 74), «suaire» (p. 74), «rosaire» (p. 84), «Lazare» (p. 90), le «Pape» (p. 97).

Mais pour Fortin, l'Église ne détient pas le monopole de la vérité, ce qui le met sur la même longueur d'ondes que Fernand Dumont qui écrit, à peu près à la même date, dans *Une foi partagée*:

> [...] si [...] l'Église témoigne de la mémoire et de la présence du Christ, elle ne peut prétendre en détenir le monopole. Le Christ est pour l'humanité tout entière; il n'est pas lié par la médiation d'une institution. Non seulement l'Église ne doit pas se considérer comme la propriétaire d'une vérité qu'il lui suffirait de dispenser au *monde*, elle doit recevoir de celui-ci des vérités qu'elle n'a pas elle-même enfantées. Et, pour se mettre à l'écoute du monde, ce n'est pas assez que l'Église assimile quelques suggestions venant du dehors; il lui faut accepter sa propre insuffisance. Entrer en dialogue, c'est avoir besoin de l'autre. Comme dans tous les véritables échanges, c'est dans l'ouverture à la vérité de l'interlocuteur qu'on prend plus à fond conscience de sa propre vérité. (Dumont, 1996, p. 90-91)

Cette vérité, Fortin la puise à des sources diverses, comme en témoignent les termes suivants qu'il emprunte aux religions orientales: «sutras» (p. 62),

« Livre des morts tibétain » (p. 72), « zen » (p. 75), l'« esprit des koans » (p. 75), les « moulins à prières » (p. 83).

Pour le reste, disons que bien des cultures se les partagent : « ange » (p. 8), « âme » (p. 11), « Dieu » (p. 16), « Amour » (p. 19), « foi » (p. 19), « dévotion » (p. 22), « éternité » (p. 23), « ciel » (p. 25), « moine » (p. 36), « sacré » (p. 40), « ascension » (p. 52), « chapelle » (p. 65), « archanges » (p. 74), « temples » (p. 75), « élévation » (p. 81), « volutes de l'encens » (p. 83), « icônes » (p. 84), « bougies des lampions » (p. 84), « aumône » (p. 84), « Diable » (p. 97), « ex-voto » (p. 100), « église » (p. 105), « glas » (p. 105).

Cette liste, quoique incomplète, suffit pour nous faire voir jusqu'à quel point ce recueil est d'inspiration religieuse. Il invite au dépassement de soi pour établir une relation privilégiée avec l'infini. « [J]e converse avec l'infini » (p. 100), dit simplement l'auteur qui établit un rapport direct et réciproque entre la terre et le ciel : « le bâton qui soutient le ciel / affermit la terre » (p. 25). Direct, puisque Fortin écarte des ondes le pape et sans doute l'Église de Rome dont l'interférence brouille les messages :

> éviter le culte morbide / les remords coupables [...]
> condamner le Pape et les vocabulaires de l'ordre
> moral

Rapport direct, disions-nous, entre le poète et l'infini ; réciproque aussi. Cela est plus difficile, à cause du « silence de Dieu [...] / plus vaste que l'horizon » (p. 24). Mais le dialogue n'en demeure pas moins nécessaire.

C'est ici qu'entre en jeu l'acte créateur du poète auquel Fortin reconnaît sa pleine valeur. Le poète reçoit son inspiration de nul autre que de Dieu : « comment accueillir ce rayon de lumière / tu me l'envoies comme une Arche / et j'ai doute qu'aller seul sans ta voix / je me craque le pied dans la foulée de mes actes » (p. 17). « Tu » est ce Dieu évoqué quelques vers plus haut, à la page 16 ; l'Arche ne peut qu'être l'Arche d'alliance, ici la « convocation » du titre du recueil que le poète ne peut refuser. Le dialogue est donc établi et, entre créateurs, on se raconte forcément des histoires de créations. Le poète recule ainsi dans le temps jusqu'au premier moment et fait siennes toutes les créations de Dieu :

> le verbe être me lie à l'origine du monde
> écrire debout dans la vie
> le cercle délicat des réincarnations
> je ne cesse de recommencer ce cycle de lumière
> c'est toujours la première fois [...]
> c'est ainsi que je renais aujourd'hui
> depuis des millions d'années. (p. 117)

Tout lecteur ouvert à la poésie peut, à son tour, reculer, lui aussi, dans le temps jusqu'au moment de l'explosion d'une métaphore. « [C]'est ainsi que naissent les étoiles» (p. 7), explique Fortin, qui, dans les tout premiers vers de ce recueil, fait sienne la théorie du *big bang* qui devient, sous sa plume, un symbole de la création artistique. Entrer dans le secret de la création poétique, c'est participer au projet du Créateur. C'est ainsi que Fortin, qui a «faim des choses spirituelles» (Pascal, 1962, p. 1155), comme disait Pascal, accorde au divin la place qui lui revient dans son œuvre. En resituant la poésie dans l'ordre du sacré, une poésie qui, ces derniers temps, s'en est surtout tenue aux revendications et aux petits intérêts personnels qu'on a tenté de faire passer pour de grandes idéologies, Fortin place le Verbe à la source de toute véritable création. Et tant que durera l'heure de la Parole, il n'y aura pas de fin des temps: «c'est le retour de l'infini» (p. 119), annonce le poète.

Voilà où le conduit sa «recherche d'une spiritualité sans complaisance» (p. 123). Son syncrétisme religieux fait de lui, s'il faut en croire l'historien britannique Paul Johnson, qui tente de prédire ce que seront les cinquante prochaines années, non pas un auteur fin de siècle, mais bien un poète de l'avant-garde qui introduit le XXIe siècle.

BIBLIOGRAPHIE

Camus, Albert, *L'Étranger*, Paris, Gallimard, coll. «Livre de poche», 1957, 180 p.

Dumont, Fernand, *Une foi partagée*, Montréal, Bellarmin, 1996, 306 p.

Fortin, Robbert, *La force de la terre reconnaît l'homme à sa démarche*, Sudbury, Prise de Parole, 1994, 78 p.

——, *Peut-il rêver celui qui s'endort dans la gueule des chiens*, (Grand Prix du Salon du livre de Toronto en 1996), Sudbury, Prise de Parole, 1996, 144 p.

——, *Je vais à la convocation à ma naissance*, Sudbury/Trois-Rivières, Prise de Parole/Écrits des Forges, 1997, 124 p.

Johnson, Paul, «Future Shockers», *Saturday Night*, June 1997, p. 15-16, 18-19.

Pascal, Blaise, *Pensées*, *Œuvres complètes*, Paris, Gallimard, coll. «La Pléiade», 1962, 1 530 p.

NOTE

1. «Les valeurs ne sont pas notre propriété. Elles nous dépassent puisque nous les vénérons et tâchons de leur être fidèles. L'amour ou l'amitié, les merveilles de la nature, l'héritage historique qui fait de nous des débiteurs nous invitent à un accueil qui est de l'ordre du sacré. C'est avec respect et soumission qu'aux heures les meilleures nous éveillons par nos paroles la séduction des valeurs» (Dumont, 1996, p. 126). Sur l'échelle des valeurs que choisit Fortin, la poésie occupe la première place puisque, création, elle associe le poète à Dieu. À peine plus bas, se trouve la fraternité humaine qui assure la permanence de la poésie, tout comme la création est indispensable au Créateur dont elle est inséparable, rien ne pouvant être retranché de Dieu qui ne peut, de son côté, se désintéresser de ce qu'il a fait.

MÉLANGES MARGUERITE MAILLET. RECUEIL DE TEXTES DE CRÉATION ET D'ARTICLES SUR LA LITTÉRATURE, LA LANGUE ET L'ETHNOLOGIE ACADIENNES EN HOMMAGE À MARGUERITE MAILLET

de RAOUL BOUDREAU, ANNE MARIE ROBICHAUD, ZÉNON CHIASSON et PIERRE M. GÉRIN (dir.)
(Moncton, Chaire d'études acadiennes, Éditions d'Acadie, 1996)

Joseph Melançon
Université Laval (Québec)

La mythologie explique, l'idéologie justifie. L'une et l'autre se conjuguent pour donner sens à l'histoire et réponse au destin. Troie n'aurait laissé aucune trace sans le mythe homérique d'Agamemnon. Elle n'aurait pas survécu, non plus, sans sa justification littéraire. L'une et l'autre, cependant, construisent, en sens inverse, une cohérence des événements.

La mythologie, en effet, cherche à rendre compte des origines et à éclairer les grands bouleversements de l'histoire. Elle est tournée vers le passé. L'idéologie, par contre, tente de légitimer l'état présent des choses et des faits pour fonder le devenir. Tout se passe comme si cette dernière prenait la relève de l'autre. Elles sont ainsi souvent associées, mais il est rare qu'on les confonde. Le mythe a son fonctionnement propre qui lui permet de se déployer librement, hors des contraintes de la véridiction. L'idéologie, au contraire, se targue de fonder en raison la chaîne des contingences et de se substituer à la causalité. Elles ont, de toute façon, quelque chose de fondamental en commun. Elles se trompent toutes deux. Ce qu'elles veulent expliquer et justifier leur échappe totalement.

L'Acadie est-elle un mythe? L'Acadie est-elle une idéologie? Dans un cas comme dans l'autre, l'Acadie existe-t-elle en dehors de son passé qui l'explique et de son projet qui la justifie? Cette question m'apparaît sous-jacente aux 45 contributions qui composent le recueil offert à Marguerite Maillet. On y trouve des hommages, des textes de création, des articles sur la littérature, la langue et l'ethnologie, de même qu'une édition critique. Dans une telle diversité, qui est logiquement le lot des mélanges offerts à des collègues méritants, la personne qui en est la cause n'est pas toujours celle qui en est l'objet.

La plupart des textes de cet ouvrage, à dire vrai, portent sur l'Acadie. Peu d'entre eux concernent la carrière de la première titulaire de la Chaire d'études acadiennes. Par bonheur, il y a celui de René Dionne (p. 9-19) dont la finesse et la justesse sont appropriées, comme toujours, complété par la liste des principales publications, communications et interviews. André Maindron, pour sa part, lui rend un hommage passionné (p. 21-24), depuis son Université de Poitiers, à laquelle elle a légué sa bibliothèque. Son propos est anecdotique et brouillon, mais il témoigne de l'immense estime dont elle jouit outre-Atlantique. René Dionne, dans le corps de l'ouvrage, rappellera l'importance de son œuvre dans la constitution de l'une des trois littératures francophones du pays (p. 161-180), à la suite de la brisure québécoise du Canada français, au début des années soixante. Alain Masson, enfin, accordera à cette œuvre le mérite insigne d'avoir révélé au monde une « littérature interdite » (p. 259-270).

Marguerite Maillet, au demeurant, a laissé des livres qui décrivent mieux que tout discours son itinéraire, ses choix de carrière, sa rigueur disciplinaire, ses champs de recherche et ses engagements. Sa toute dernière *Bibliographie*, publiée en 1997, complète son *Anthologie de textes littéraires acadiens*, parue en 1979, en collaboration avec Gérard LeBlanc et Bernard Émont, ainsi que son *Histoire de la littérature acadienne*, en 1983, qui fut sa thèse de doctorat. Ses travaux attestent la cohérence de ses recherches. Son *Anthologie* des textes fonde son *Histoire de la littérature acadienne* et sa *Bibliographie* présente les sources du discours social acadien qui se manifeste à travers les livres et les brochures, de 1609 à 1995. De tels ouvrages ne sont jamais définitifs, mais ils ne seraient jamais dépassés s'ils n'avaient d'abord été. C'est pourquoi ils sont fondamentaux pour instaurer une littérature et lui conférer une première légitimité. À ce seul titre, Marguerite Maillet mérite les hommages que la communauté intellectuelle acadienne lui a rendus par ces *Mélanges*. Si on y ajoute son enseignement, sa participation à de nombreux organismes de recherche et son dynamisme comme titulaire de la Chaire d'études acadiennes, on comprend l'admiration et la gratitude que lui vouent tous les auteurs des *Mélanges* du seul fait d'y contribuer. Elle ne mérite pas moins.

L'histoire de la littérature acadienne de Marguerite Maillet, incidemment, porte, en sous-titre, *De rêve en rêve*. Je ne serais pas surpris que les nombreux collaborateurs de cet hommage soient d'accord avec cette formule plutôt étonnante pour une historienne. L'Acadie serait un rêve, tout comme la littérature. Elle n'a, de fait, ni existence juridique, ni frontières définies, ni parlement législatif, ni reconnaissance diplomatique. Certains l'appellent l'Acadie du discours, d'autres l'Acadie du Grand Dérangement, d'autres encore l'Acadie de la dispersion. Le grand rassemblement mondial de 1994 est peut-être l'icône par excellence du rêve acadien. Personne n'est dupe, car la distance critique est évidente. Tout le monde y adhère puisque la méprise n'est guère possible. Ainsi se maintient un imaginaire fécond que décrivent pertinemment James de Finney et Monique Boucher (p. 133-145). Il est distinct de celui des Québécois parce que son évolution est différente, mais il est transmis de la même façon, par la littérature de fiction. Au premier chef, par le long poème hexamétrique de l'Américain Longfellow dont Jeanne Demers délimite brillamment la « part de l'imaginaire » que le Québécois Pamphile Lemay y a introduite dans sa traduction libre (p. 147-159).

Évangéline a sûrement été l'héroïne mythique qui a fait connaître au monde entier une origine également mythique de l'Acadie. Le personnage a enraciné dans l'histoire le drame acadien, qu'une idéologie tenace a maintenu vivace pour justifier la survie d'un peuple, toujours dispersé. Cette Acadie n'existe que depuis 1755, bien qu'elle ait été fondée au début du XVIIe siècle et cédée à l'Angleterre en 1713. La survivance acadienne était à ce prix, semble-t-il, jusqu'à l'arrivée d'une nouvelle génération, déterminée à dépasser le rêve et le cauchemar (Hans R. Runte, p. 357-364). Le coup de barre aura été donné en 1972, avec l'apparition fulgurante de *La Sagouine*. Le culte d'Évangéline est alors remplacé par l'adulation de cette femme de ménage qui récite en solitaire, sans grandiloquence et sans pathos, les revendications les plus criantes et les plus justifiées. Une femme déloge l'autre et déplace le lieu de l'identité. L'Acadie du Grand Dérangement devient une Acadie de l'« empremier », qui peut conduire le présent jusqu'au prochain millénaire (H.-D. Paratte, p. 283-301).

On ne peut s'empêcher de remarquer, au reste, la place importante qu'occupe l'œuvre d'Antonine Maillet dans ce livre. Sept articles lui sont consacrés, et parmi les meilleurs, à mon avis. J'ai beaucoup apprécié, entre autres, les trois analyses pénétrantes, quoique trop brèves, de *Pélagie-la-Charrette,* — qui semble remplir un rôle de phare —, autant celle d'Éloïse A. Brière qui y voit la construction d'une identité acadienne que celle de Liano Petroni sur le paysage-état d'âme de ce roman, que celle, de surcroît, d'Évelyne Voldeng sur les liens avec le folklore de la France de l'Ouest. L'attention que porte René LeBlanc à la musique dans l'œuvre de la grande romancière est bienvenue, car on ne peut parler de l'Acadie sans évoquer cette musique qui caractérise la vie folklorique acadienne, cyclique et festive. La liesse populaire peut devenir la voix parodique de la contestation des discours de la survivance, comme le montre Denis Bourque, dans sa courte étude du carnavalesque de *Cent ans dans les bois*. Ce délicieux récit raconte tout autant la naissance d'Antonine Maillet à l'écriture que sa propre naissance, en l'empremier, et la Renaissance de l'Acadie. Il faut savoir que les héroïnes de ses romans sont comme des femmes au volant, si on en croit Ulrike C. Lange : elles volent le pouvoir patriarcal en prenant en mains le volant et la barre qui leur étaient interdits.

Une renaissance littéraire se manifeste également dans l'œuvre de France Daigle que présentent intelligemment Raoul Boudreau et René Plantier. Le premier montre clairement la révolution romanesque et formelle de ses fictions, qui utilisent les ressources de l'oralité pour exprimer une résistance farouche au langage, comme le font tous les peuples silencieux, dont les silences sont des codes pour dire l'essentiel sans céder à la faconde (p. 71-81). Le second fait voir de façon encore plus précise cette révolution formelle par une description éclairante du roman *La Vraie Vie*. La forme oxymorique de ces cent textes traduit les contradictions et les paradoxes du jeu et de la vie. L'excès de rigueur engendre l'aléatoire et la dispersion force l'unité. L'arrière-plan cinématographique scande cette quête d'identité, qui se vit dans la pérennité de l'anecdotique (p. 313-324). Ces deux contributions suscitent un vif désir d'entrer dans l'œuvre originale et décapante de France Daigle, par trop méconnue.

Jacques Savoie connaît une large audience depuis *Les Portes tournantes*, portées au cinéma. L'étude, malheureusement trop brève, de Madeleine Charlebois nous fait découvrir les «espaces littéraires» de son dernier roman, *Une histoire de cœur*. Elle ouvre des chemins de lecture fort prometteurs, sans trop les parcourir. La relation à *Neige noire* d'Hubert Aquin, entre autres, aurait été passionnante, puisqu'il s'agit également d'un scénario, si elle avait été davantage approfondie. Je me suis rabattu sur l'analyse beaucoup plus élaborée d'Anne Marie Robichaud sur les essais d'Herménégilde Chiasson (p. 341-356). Peintre, réalisateur, dramaturge, poète, Herménégilde Chiasson est aussi un essayiste. Son principal espace est celui de l'écriture, mais celui-ci ne peut être déraciné du territoire. Tous connaissent ses propos acerbes à l'égard des Acadiens qui ont quitté le bateau. L'Acadien, selon lui, est celui qui habite l'Acadie tout autant qu'il est habité par elle. Sa méditation est sans cesse nourrie par la remise en cause de toutes les idéologies et il nous surprend toujours, avec bonheur, par la force et l'originalité de ses réflexions, que le sarcasme et l'ironie rendent souvent percutantes.

Le théâtre n'est pas en reste, qui fait l'objet de deux articles bien documentés. Marguerite Maillet avait confié à Zénon Chiasson ses dossiers dans ce domaine en l'incitant à ne pas se contenter des textes publiés. Il s'en acquitte avec une conscience aiguë des difficultés que présente cet art de l'éphémère, si on ne le réduit pas à sa trace écrite. La mémoire vive doit ressusciter les lieux et les circonstances qui donnent sens aux aspérités des spectacles, surtout dans le théâtre régional. Sa problématique et son tour d'horizon laissent espérer des trouvailles étonnantes dans la théâtralité acadienne, même si son exposé sur l'«institution théâtrale acadienne», dans *L'Acadie des Maritimes*, nous a déjà révélé de nombreuses créations. Il faudrait y ajouter, sans doute, les célébrations commémoratives, sous forme de pageants, que ressuscite Raymond Pagé. La littérature acadienne ne saurait les exclure, car ces jeux scéniques, à grands déploiements, sont également des mises en jeu de l'Acadie consensuelle.

Plus ponctuelle, l'étude de Pierre Gobin sur le théâtre de Laval Goupil comporte une interprétation audacieuse et érudite d'une dramaturgie contemporaine de deuxième génération, celle qui a suivi Antonine Maillet (p. 191-212). En convoquant des théoriciens de l'institution littéraire pour interpréter le cadre de l'enseignement et le contexte des conflits philosophiques de l'époque des Lumières, par le truchement du personnage de Voltaire, il rend compte d'une façon maîtrisée et extensive des enjeux d'une pièce, *L'Esprit de la maison*, pour présenter un nouvel éclairage sur les heurts idéologiques de la société acadienne. Pierre Gérin fait de même dans son analyse de la théâtralité d'un roman oublié de Régis Brun, *La Mariecomo*, qui ne manque ni de mordant ni de ferveur.

Un hommage à Marguerite Maillet ne pouvait ignorer les textes ethnographiques qui contribuent à l'établissement d'une littérature nationale. Ronald Labelle nous en fait voir toute l'étendue en présentant les diverses études consacrées aux communautés acadiennes (p. 485-495). Les monographies paroissiales voisinent avec les histoires régionales et les études locales pour créer une chronique savoureuse d'un peuple dispersé. Il en est ainsi des enquêtes menées par Marielle Cormier-Boudreau auprès d'Acadiens du nord-est du Nouveau-Brunswick sur les prévisions du temps et les rythmes des saisons (p. 461-474), tout comme de la « tragédie de Faustine Pinault » et ses différentes versions que relate Donald Deschênes (p. 475-484) ainsi que du chanteur Calixte Duguay que nous fait découvrir Maurice Lamothe, le grand spécialiste de la chanson (p. 497-510). De telles études ethnologiques poursuivent la tradition de Marc Lescarbot qui déjà, au début de l'Acadie, nous faisait voir l'image de l'Indien à travers ses propres références, comme le montre si bien Mathé Allain (p. 453-460).

Robert Viau fait déborder ces *Mélanges* sur toute la francophonie canadienne (p. 373-387). Le Grand Dérangement a marqué les esprits et provoqué un sentiment d'iniquité que des auteurs comme Jean-Charles Taché, Lionel Groulx et Napoléon Bourassa ont exploité pour se donner un rôle de justicier. La liste n'est pas terminée, s'il faut le croire, et nous pourrons en apprécier la suite dans un ouvrage annoncé et attendu. C'est une heureuse nouvelle, car ses analyses sont d'une grande acuité. Tout comme celle de Claude Potvin sur la littérature de jeunesse acadienne (p. 325-340). Celle-ci est un modèle de synthèse signalétique où les œuvres, les éditions, les traductions, les thèmes, les genres et la périodisation sont clairement catégorisés et répertoriés. Je ne saurais en dire autant de l'article de Marcel Voisin (p. 389-397) sur la « tentation de la révolution », dont la documentation laisse à désirer.

Une section entière est consacrée à la langue. Les trois premières contributions sont des comptes rendus remarquables de rigueur et d'intelligence sur les résultats de recherches sur le terrain. Qu'il s'agisse des traits archaïsants dans le vocabulaire de la pêche au homard, de Rose May Babitch, ou de l'analyse des rapports du minoritaire à l'« autre » par des enquêtes et des interviews, d'Annette Boudreau, en collaboration avec Lise Dubois, ou des stratégies d'indirection en acadien du Sud-Est, de Gisèle Chevalier, on trouve toujours un état de la question, une description de la démarche, une problématique, une analyse des données et une interprétation (p. 401-440). On acquiert ainsi un savoir de première main et des connaissances inédites sur la langue des Acadiens. La quatrième contribution (p. 441-449) sur les rapports entre la langue et la littérature ne manque pas d'intérêt et d'à-propos, mais elle se borne à poser le cadre théorique de cette étude. Pour en avoir une illustration pertinente, il faut se reporter plutôt à l'édition critique du *Livre du voyage de fortune 1825* de Célestin Robichaud que Pierre M. Gérin et ses élèves ont établie avec tout l'apparat critique souhaitable. Leur objectif a été atteint, qui consistait à assurer la lisibilité d'un ethnotexte, en respectant « son authenticité et sa spécificité linguistique » (p. 530).

Il est opportun de remercier les responsables de ces *Mélanges* d'avoir ouvert une section pour des textes de création. Les poèmes de Gérald Leblanc, de Gabrielle Poulin et de Judith Hamel de même que le conte de Melvin Gallant sont des rayons de soleil qui nous introduisent bellement à la littérature acadienne. Antonine Maillet ouvrira elle-même la porte avec un « Bouctouche » émouvant qui dit, en mots brefs et détachés, la vie d'un village, composé de « durs à cuir, cous raides, inventeurs de cordes à virer le vent, faignants aux côtes sur le long, farceurs, moqueurs, gueulards, cotchineux, et ostineux capables de tenir tête à Dieu en personne » (p. 35).

On se prend à oublier, à la fin, que ce pays de l'Acadie n'est qu'un lieu de référence et de convivialité. Il est cette deuxième patrie qui rassemble tous les francophones des Maritimes et leur donne un espace de vie et de fiction. La littérature en témoigne, qui n'est pas si exiguë que certains le laissent croire depuis que Marguerite Maillet a entrepris de lui rendre sa place dans la culture acadienne. Ces *Mélanges* donnent aux lecteurs l'occasion de prendre la juste mesure de son œuvre. Du même coup, ces lecteurs sont ramenés à une déportation cruelle et agaçante, qu'une certaine idéologie a nommé un « grand dérangement » et que le récit séculaire d'*Évangéline* a rendu mythique. La littérature acadienne s'en est nourrie et continuera de s'y référer encore longtemps, autant pour s'en libérer que pour s'y heurter. La réalité politique, culturelle et sociale des provinces en cause restera l'enjeu d'un autre discours, qui n'a rien d'imaginaire. Mais l'une aidera sans doute à affronter l'autre et à justifier de nouvelles raisons de vivre et de rêver. Un récit commun fonde toujours un consensus, et ce n'est pas peu pour un peuple dispersé.

HÉDI BOURAOUI, ICONOCLASTE ET CHANTRE DU TRANSCULTUREL

de JACQUES COTNAM (dir.)
(Hearst, Le Nordir, 1996, 272 p.)

Raoul Boudreau
Université de Moncton

Ce qui frappe d'abord, dans cet ouvrage collectif, c'est le luxe de sa présentation. Dans le domaine littéraire, exiguïté ne serait donc plus synonyme de pauvreté, si l'on se fie aux apparences du précieux objet aux pages d'un jaune très décoratif, protégé par un solide coffret. Le contenu est heureusement à l'avenant du contenant et il est évident qu'on n'a ménagé aucun effort pour faire de ce livre, dont l'objectif est de « contribuer à mieux faire connaître l'œuvre d'Hédi Bouraoui tout en lui rendant hommage », le meilleur qui soit.

Si l'on entretenait le moindre doute sur le bien-fondé de ce livre consacré à Hédi Bouraoui, il serait vite dissipé par l'imposante bibliographie minutieusement rassemblée par Jacques Cotnam. Celle-ci occupe en effet près du tiers du volume et elle sera d'autant plus incontournable pour toute étude future sur Hédi Bouraoui qu'elle est assortie d'un commentaire des plus instructifs. Ce qu'elle révèle d'emblée, c'est aussi qu'Hédi Bouraoui est l'auteur d'une *œuvre*, c'est-à-dire d'un ensemble d'ouvrages qui témoignent d'un engagement durable et profond vis-à-vis de l'écriture et qui réussissent à imposer une vision personnelle et originale, très construite, de l'univers dans lequel nous vivons.

De la lecture des 17 articles réunis ici sous cinq chapitres (« L'écrivain et son œuvre », « Le poète », « Le romancier », « Le critique », « Le traducteur »), il ressort quelques traits marquants de l'œuvre de Bouraoui, entre lesquels, selon certaines idées reçues, on pourrait voir une espèce de contradiction. Mais comme le titre de l'ouvrage déjà nous l'indique, Hédi Bouraoui n'a que faire des idées reçues et, comme le signale la présentation, il ne craint guère les contradictions. Le premier de ces traits est sûrement sa difficulté, voire son « hermétisme », son « impénétrabilité » et on pourrait croire qu'il s'accommode mal du second, c'est-à-dire l'engagement social de l'écrivain contre les injustices et pour la défense des droits inaliénables de l'être humain. Le troisième trait rejoint le premier, mais s'oppose au deuxième car il s'agit du goût marqué de Bouraoui pour l'invention verbale et la création langagière. Finalement, plusieurs auteurs signalent l'importance dans l'œuvre de Bouraoui des échanges entre les cultures, ce qui n'étonnera pas chez un écrivain qui incarne le type même de l'écrivain moderne réunissant dans sa personne les cultures africaine, européenne et américaine, et pratiquant un plurilinguisme très créateur.

L'ensemble des articles réussit à communiquer de manière convaincante au lecteur ignorant que je suis la force et la richesse de l'œuvre qui va de *Musocktail* à *Nomadaime* en passant par *l'Icônaison*, *Echosmos* et *Émigressence*. Ces quelques titres donnent déjà une idée de l'audace et des bonheurs de langage de Bouraoui, mais les articles de Serge Brindeau et d'Éric Sellin, entre autres, nous mèneront beaucoup plus loin dans les acrobaties verbales de l'auteur. Sellin est, à mon sens, celui qui exprime le mieux le rapport étroit et peut-être inattendu entre la création langagière, le refus du langage tel qu'il est et l'engagement social, le refus du monde tel qu'il est, alors que d'autres analystes semblent s'enfermer dans l'énumération de séries d'oppositions irréductibles : ludique/cérébral, passionné/cartésien, anecdotique/universel, vécu/imaginaire, etc.

Dans son analyse du roman-poème *l'Icônaison*, François Paré me semble faire le meilleur sort à l'hermétisme de Bouraoui. Il en prend acte, n'essaie pas de le réduire en « forçant » le texte à donner sa clé et ne rend pas les armes devant lui en se contentant de répéter le texte ; il propose une lecture qui prend pour trame principale les heurts du sens et du non-sens : « Lire, ce n'est pas tant comprendre, car cela ne fait que reproduire malgré soi le « roucoulement de la norme » ; lire, c'est *voir* le texte, comme une naissance visuelle sur la page. [...] C'est ici même alors que l'icône apparaît » (p. 121-122). Il y a là comme une distance idéale entre le texte et l'analyste qui restitue à la littérature toute son essence.

Je ne saurais, dans un espace aussi restreint, rendre justice à un ensemble de textes aussi riches et variés où chacun trouvera son bonheur. Quant à moi, en plus des articles déjà mentionnés, je retiens l'excellente vision d'ensemble de Serge Brindeau, qui vient à sa juste place introduire aux autres textes ; le clair exposé de Françoise Naudillon, qui montre l'importante part de la sagesse africaine dans le transculturalisme de Bouraoui, cette « nouvelle ontologie de l'être qui fait qu'en étant Soi, on peut découvrir l'Autre » (p. 46) ; la brève mais lumineuse synthèse poétisée de Cécile Cloutier ; le texte de Jean-Henri Bondu, qui certes nous introduit à l'un des aspects les plus constants de l'œuvre de Bouraoui, c'est-à-dire la transgression des genres, dont ce volume d'hommage porte amplement la trace par tous les néologismes qu'il suscite : roman-poème, narratoème, poème romancé, créa-critique, etc., mais qui, aussi, nous fait goûter directement aux bonheurs d'écriture de Bouraoui par le bouquet relevé de citations qu'il nous présente ; l'analyse de Pierre Léon, qui illustre bien le « forgeron des mots » chez Bouraoui et qui est l'une des seules à insister sur l'importance du rythme dans cette création poétique.

Je ne doute nullement que cet ouvrage atteindra son but et qu'il fera connaître et apprécier davantage une œuvre qui le mérite amplement, car on ne peut le lire sans en tirer la conviction profonde d'une œuvre ample et riche, tout à fait accordée aux interrogations du monde actuel. Loin de céder à la séduction d'une mode, le transculturalisme de Bouraoui donne aux échanges interculturels leur pleine dimension en y ajoutant la transcendance.

Il reste le paradoxe douloureux, tribut des auteurs de la périphérie, comme le signale Jacques Cotnam, que cette œuvre aussi accomplie et méritante qu'elle soit n'atteint qu'à une réception marginale sur les trois continents qui la traversent. On le déplore certes, et on lui souhaite le plus grand rayonnement, mais on peut aussi penser que cette forme d'exclusion la constitue, lui donne son point de vue unique sur le monde.

LE CORPS DU DÉDUIT : NEUF ÉTUDES SUR LA POÉSIE ACADIENNE (1980-1990)

de RENÉ PLANTIER
(Moncton, Les Éditions d'Acadie, 1996, 167 p.)

Georges Bélanger
Université Laurentienne (Sudbury)

Écrire le poème comme un exercice de libération ou la poésie des mots : une pratique féminine de la libération en Acadie.

Dans la foulée de la réception critique des auteurs et des œuvres de la littérature acadienne éclatée — ceux qui s'éloignent de plus en plus des réalités acadiennes et explorent leur propre imaginaire, comme le souligne Marguerite Maillet dans son *Histoire de la littérature acadienne* —, René Plantier vient de faire paraître un excellent ouvrage qui sonde, en neuf études distinctes, l'univers poétique de trois auteures acadiennes : Huguette Légaré, Dyane Léger et France Daigle. Il y présente une analyse serrée et minutieuse des traits stylistiques contenus dans neuf livres publiés entre 1980 et 1990 (recueils de poèmes ou roman poétique), qui s'articule autour d'un thème central, le « corps du déduit », et prétend démontrer comment des femmes, entre autres, se sont approprié la parole et ont ainsi marqué cette décennie d'un caractère prophétique et libérateur.

Une mise au point, nous semble-t-il, s'impose dès l'abord. On observe, en parcourant l'introduction, jusqu'à quel point René Plantier, conscient d'évoluer sans doute en terrain un peu miné, nuance les objectifs de son étude et multiplie les mises en garde. S'il faut lui savoir gré de cette attention et de cette attitude, il semble important cependant de souligner le fait que son étude prend en compte des facteurs précis : oui, *Le Corps du déduit* est entièrement consacré à des féministes dont les œuvres, publiées au cours de la décennie de 1980, ont influencé la littérature acadienne, voire participé à son état de siège ou à sa contestation — signe de vitalité et d'évolution —, et c'est là, en effet, une façon incontournable de construire ou de reconstruire un « pays ».

Mais de quelles œuvres est-il question et que rappelle ce terme de « déduit » qui sert de fil directeur en les reliant les unes aux autres ? Les neuf études, trois par auteure, réunissent respectivement trois livres de Huguette Légaré : *La Conversation entre hommes* (1973), *Brun marine* (1981) et *Le Cheval et l'Éclat* (1985) ; deux de Dyane Léger : *Graines de fées* (1980) et *Sorcière de vent !* (1983) ; et quatre, de France Daigle, dont une trilogie : *Sans jamais parler du vent*

(1983), *Film d'amour et de dépendance* (1984), *Histoire de la maison qui brûle* (1985) et *La Beauté de l'affaire* (1991). « Le corps du déduit » annonce d'abord le titre de la première étude consacrée à Huguette Légaré, « [...] il réfère donc, affirme René Plantier, à la fois aux jeux amoureux et, à travers les œuvres de Dyane Léger et de France Daigle, aux jeux de l'amour des mots et au corps de l'écriture : création, recréation et récréation, les fleurs du mal des poètes » (*Introduction*, p. 8). L'ouvrage inclut en outre, pour chacune des auteures, une étude spécifique de la représentation du corps féminin.

Il s'agit bien d'un travail savant et universitaire. Et pour rendre justice à la qualité et à la finesse de l'analyse dont témoigne *Le Corps du déduit* et permettre au lecteur d'en sentir toute la profondeur, il apparaîtra nécessaire de parcourir une partie de l'œuvre respective de ces auteures ou, du moins, d'être un peu familiarisé avec leurs activités littéraires et la diversité des entreprises de création en Acadie. Privilégiant l'œuvre comme objet exclusif de recherche et de réflexion dans le but d'en saisir le sens, René Plantier emprunte à l'analyse stylistique et à une terminologie parfois très technique, pour les interroger une à une, les scruter de façon systématique. L'auteur, dans « sa lecture aventure », explore l'imaginaire de ces trois auteures acadiennes et évalue leur pouvoir conféré par la parole : à l'aide de la métaphore comme principal moyen d'interprétation, il étale la poésie des mots, le pays des mots.

Ainsi Huguette Légaré, dans un immense désir de possession de l'ordre du monde, invente-t-elle son propre langage et place-t-elle la femme — toujours en état de douceur et marquée par des pensées douces par opposition à l'homme —, au centre de la vie et de la parole. Dans *La Conversation entre hommes* (ou « Le corps du déduit »), le corps de la femme s'identifie dans une sorte de symbiose à la terre et à la forêt, créant une alternance et une harmonie entre l'imaginaire de la mer et l'imaginaire de la terre. Grand poème d'amour, *Brun marine* (ou « Le couple ») marque et célèbre la cohésion des corps, et l'unité de l'homme et de la femme. Le troisième recueil, *Le Cheval et l'Éclat* (ou « La phrase du rythme : poèmes en prose »), révèle, y apprend-on, une belle aptitude au jeu, voire une vision humoristique, une remise en cause de la création féminine et la maîtrise d'une forme. René Plantier affirme que Huguette Légaré s'inscrit dans « le courant lyrique [et] invente une parole qui fuit la facilité de la mièvrerie sentimentale, de la joliesse de la nature et qui nous engage dans la perception des puissances du corps féminin, microcosme du pays humain, territoire des saveurs et des caresses, lieu de liberté, lieu d'une écriture sans interdit ».

Parmi les trois études consacrées à Dyane Léger, deux le sont à *Graines de fées*, et elles s'intitulent respectivement : « Signes de poésie : mise en pages, récurrences, syntaxe et rythme » et « La création langagière : le bonheur sur paroles ». De facture et de conception graphique inhabituelles — anticonformisme ou impertinence linguistique —, elles définissent ce dernier recueil comme un renvoi à la vie, à la naissance, à une durée créatrice, qui invente un nouveau lexique, un nouveau langage. « Au terme de l'amour, précise l'auteur, Dyane Léger aime d'abord les mots, l'amour des mots. L'écriture des passions est ici l'écriture de la passion des mots. » Loin du terroir et des thèmes traditionnels de l'Acadie, *Graines de fées* indique des ruptures sans équivoque. La troisième étude, regroupant *Sorcière de vent !* et *Graines de fées* (ou « Le corps : contre l'idéalisation dite *poétique* »), n'emprunte de fait que le corps féminin comme champ d'observation et non le corps du déduit. Les rapports amoureux se disloquent : flétrissure, blessure et violence faites au corps de la femme. À la rupture des langages s'ajoute la rupture du corps masculin et du corps féminin. Entre le premier recueil publié en 1980, puis en 1987 (nouvelle édition revue et corrigée par l'auteure), et le second, en 1983, l'évolution et la métamorphose des différences féminines s'imposent jusqu'à la nuance lesbienne. René Plantier conclut : « Dyane Léger construit paradoxalement sa relation au monde par des séries de ruptures et de rejets dans le corps même de l'écriture, hors de toute référence géographique, hors de toute relation avec une nature tutélaire. »

France Daigle, nous le savons, s'éloigne encore davantage de l'Acadie traditionnelle et ouvre de nouvelles voies. *Sans jamais parler du vent* (ou « L'ubiquité vitale ») contient les instruments de décodage qui assurent la lecture des autres œuvres. René Plantier, à l'aide des métaphores, établit avec justesse un protocole de lecture poétique de ce texte : il est caractérisé par une constante méditation sur l'acte créatif. Roman aux frontières éclatées, il s'agit plutôt d'un poème, d'une « histoire d'amour », où l'auteure organise le monde autour du pouvoir de la parole comme seul désir et comme seul sujet de la méditation. La deuxième étude regroupe *Sans jamais parler du vent*, *Film d'amour et de dépendance* et *Histoire de la maison qui brûle* (ou « Présence-absence du corps dans la trilogie de France Daigle »), et tente de « fonder un fonctionnement du langage du corps, alors que l'ambiguïté il/elle est revendiquée par l'auteure », par l'analyse de la représentation et de la rencontre des corps, de l'amour et d'une thématique de la douceur. Si l'unité de l'œuvre s'accomplit entre le livre, l'amour et la femme, et entre le mariage de l'esprit, de l'âme et du corps, l'unité de l'androgyne se réalise aussi dans une sorte de dépassement, de transcendance. La neuvième et dernière étude de l'ouvrage s'achève sur un quatrième recueil de France Daigle, *La Beauté de l'affaire* (ou « L'humour à plusieurs fils »), que l'auteur cerne en ces termes : « Nul pays mieux balisé, par la grammaire, par l'apparent pastiche de soi, par la reprise insistante, et pourtant nul pays plus international plus habité par l'homme en général, homme ou femme. »

Pays d'enracinement dans l'œuvre de Huguette Légaré, de métamorphoses dans celle de Dyane Léger, ou de méditation et de renoncement dans celle de France Daigle, *Le Corps du déduit : neuf études sur la poésie acadienne (1980-1990)*, de René Plantier propose une analyse stylistique approfondie et une réflexion nouvelle sur la poésie acadienne écrite par des femmes au cours des vingt dernières années. Études d'envergure, elles soulignent l'importance du corps féminin — le corps du déduit —, du désir, de la métaphore et de la recherche « du même », et démarquent la diversité et la vitalité des tentatives de création en Acadie.

L'ONTARIO EN FRANÇAIS : 1613-1995

de YVES LEFIER
(Sudbury, Institut franco-ontarien, 1996, xxv, 1040 p.)

Pierre Berthiaume
Université d'Ottawa

Le « répertoire » recense 4 611 textes qui portent sur l'Ontario, des *Voyages de Champlain Xaintongeois*, paru à Paris en 1613, au *Pierre Le Moyne d'Iberville. Le conquérant des mers*, de Louis-Martin Tard, publié à Montréal en 1995. Ordonnés selon l'ordre chronologique de leur parution, les textes recensés se répartissent en sept catégories : 1° récits de voyage ou de séjour en Ontario ; 2° textes de « type autobiographique évoquant voyage ou séjour en Ontario » ; 3° textes de « type géographique » ; 4° textes de « type touristique » ; 5° textes de « type didactique traitant de réalités ontariennes » ; 6° textes de fiction « ancrés dans l'espace ontarien » ; 7° reportages. Un index des auteurs et un « index des mots clés » permettent au chercheur de circuler plus facilement dans l'ouvrage et de retracer rapidement auteurs et sujets.

Chaque « entrée » comporte un numéro d'ordre, une « description bibliographique », une analyse sommaire du texte, des renseignements sur l'auteur et l'œuvre, enfin une liste de « mots clés permettant de visualiser [repérer ?] rapidement l'époque et la région concernées, le type de texte et la matière traités ». Dans les pages d'introduction, l'auteur explique que les « mots clés » produisent des informations à propos de l'époque sur laquelle porte le texte recensé, sur les régions dont parle le texte, celles-ci étant réduites à de « grandes régions » et à quelques villes pour éviter l'accumulation de toponymes. Les « mots clés » fournissent aussi des renseignements sur le type de texte (anthologie, autobiographie, chanson, etc.) et sur les « matières abordées » (agriculture, Amérindiens, anglophones, etc.).

Grâce aux renseignements produits et à leur précision, l'auteur indiquant même les pages qui regardent l'Ontario lorsque l'ouvrage recensé ne porte pas exclusivement sur le sujet, le « répertoire » permet de retracer rapidement tout texte qui concerne la province.

L'ampleur de l'ouvrage, la clarté des « analyses sommaires » et la précision des renseignements produits au sujet des auteurs, des textes et des sujets abordés font du « répertoire » un instrument de travail des plus utiles à tout chercheur qui s'intéresse à l'Ontario, quel que soit son domaine spécifique de recherche.

Cela dit, le travail d'Yves Lefier appelle quelques observations.

Malgré la volonté d'exhaustivité à l'origine de l'entreprise, le « répertoire » n'est pas sans poser problème. Ainsi les sept catégories de textes incluent à la fois des documents qui reposent en principe sur des observations et sur le souci de respecter la vérité (récits de voyage, documents géographiques, guides touristiques, manuels pédagogiques, etc.) et des ouvrages de fiction dans lesquels le rapport à la réalité est par essence problématique. Comme l'explique l'auteur dans son « introduction », des filiations existent entre les différents textes et il est difficile de les isoler les uns des autres. Mais alors, pourquoi évacuer du « répertoire » les documents d'archives qui constituent des documents de première main parfois utilisés ensuite par des écrivains, qu'ils rapportent un voyage réellement effectué ou qu'ils écrivent un roman ? Il est vrai que le volume des documents conservés dans les différents fonds d'archives quintuplerait le nombre d'entrées du répertoire.

Les analyses sommaires et les renseignements produits méritent à l'occasion quelques critiques. Par exemple, Charlevoix n'était pas « chargé par les autorités françaises d'un voyage d'inspection en Amérique du Nord ». Il a été envoyé pour s'informer sur les différentes routes possibles pour atteindre la « Mer de l'Ouest » à partir de la Nouvelle-France ou de la Louisiane. Il arrive aussi que certaines observations de l'auteur soient imprécises : que signifient exactement un « style trop simple » ou encore des « descriptions banales » ? Je signale d'autant plus volontiers ces lacunes que, dans l'ensemble, les renseignements produits sont d'une précision exemplaire et d'une rare objectivité. J'ajoute que les textes, si courts soient-ils, se lisent avec plaisir tant ils sont écrits par quelqu'un qui maîtrise bien la langue française.

Une naïveté à signaler : dans l'introduction, lorsqu'il aborde la question des « préoccupations en rapport direct avec le territoire », Yves Lefier écrit : « expéditions [au pluriel] et occupation [au singulier] militaires » (p. XI). Est-ce une façon de laisser entendre que seuls les Anglais ont occupé militairement le territoire et que les Français l'occupent de toute éternité ? Sans doute un Amérindien défendrait-il un point de vue différent sur la question.

Parmi les scories que l'on peut relever, on trouve quelques oublis ou maladresses. Par exemple, pourquoi laisser un vide après la date de naissance de Pierre Camena d'Almaida ? S'agit-il d'un oubli ? À moins, bien sûr, que la date de la mort de l'auteur, né en 1865, ne soit pas connue. Mais il eût convenu alors de mettre un point d'interrogation. En principe le répertoire est chronologique, mais il arrive qu'une œuvre soit recensée non à la date de sa première parution, mais à une autre date. Tel est le cas du *Saut du goufre*, de Marie-Caroline-Alexandra Bouchette, recensé dans les pages consacrées à l'année 1946, alors que l'ouvrage a connu une première édition en 1940. Le même problème se pose pour d'autres textes, dont « Le Nord-Ontario », de Joseph Payette.

On peut s'étonner qu'Yves Lefier ignore les travaux de Guy Laflèche sur les « martyrs canadiens », d'autant plus qu'il recense les *Monumenta Novae Franciae* de Lucien Campeau, avec lequel Guy Laflèche a engagé naguère une polémique.

Enfin, il eût été utile que l'auteur du « répertoire » précisât sa méthode de travail et de recherche et qu'il indiquât les bibliographies, documents et instruments à partir desquels il a fait sa recension. D'une part, le travail effectué par l'auteur est considérable et mérite d'être souligné, ce que la présentation des différents instruments de travail n'aurait pas manqué de faire ; d'autre part, des indications sur les documents utilisés permettraient aux chercheurs de ne pas reprendre les mêmes ouvrages que ceux utilisés par l'auteur. Elles épargneraient également du temps à celui qui souhaiterait compléter le travail ou chercher un document qui n'apparaîtrait pas dans le « répertoire ».

En somme, *L'Ontario en français : 1613-1995*, malgré de légères lacunes, est un instrument de travail essentiel, pour ne pas dire indispensable, à acquérir par ceux qui œuvrent sur l'Ontario.

LES FÊTES DE L'INFINI

de J.R. LÉVEILLÉ
(Saint-Boniface, Les Éditions du blé, 1996)

Jean Morency
Université de Moncton

Comme l'indique son titre, le dernier recueil de J.R. Léveillé se situe au carrefour des célébrations profanes (fêtes de l'amour, de la vie, de l'univers) et du sentiment de l'absolu. Les jeux de l'amour et des couleurs, la magie de la nuit ou la splendeur du jour sont autant de portes ouvertes sur l'infini : infini du temps et de l'espace, infini de la poésie et de l'écriture, infini de l'art pictural et de la musique. Dans un dialogue continuel avec l'autre (la femme aimée), le poète traque le mystère impondérable de l'existence, devinant dans tous les gestes posés, dans toutes les paroles dites, une forme de transcendance, de dépassement du quotidien, conviant ainsi son lecteur à une quête initiatique dans les méandres de la vie.

Le recueil est composé de 126 poèmes, rédigés sous forme libre, qui prennent souvent l'aspect de fragments, voire de haïku. Ces poèmes sont regroupés en quatre parties : « Peut-être l'invention du bonheur », « Petit intérieur sur paysage. Nature morte. Grand nu », « Les anges du désir » et « Le pont des nuages ». Chacune de ces parties est précédée d'une épigraphe qui définit un programme de lecture et conditionne la réception du lecteur. Deux des passages cités en exergue sont d'ailleurs des réflexions de peintres célèbres, annonçant du même coup la place que l'art et les références autant picturales que littéraires ou musicales occupent dans le recueil.

La première partie repose ainsi sur une pensée de Matisse : « Ce qui m'intéresse le plus ce n'est ni la nature morte, ni le paysage, c'est la figure. C'est elle qui me permet le mieux d'exprimer le sentiment religieux que je possède de la vie » (p. 9). Pour le poète, l'image de la femme aimée va par conséquent interférer avec sa propre hantise de l'infini et contribuer à faire du sentiment mystique ou religieux la force dominante de cette première partie. Au-delà de la sensualité de la femme aimée, on retrouve toujours cette présence d'un absolu, d'une transcendance, comme en témoignent les nombreuses références qui sont faites, au cœur même de l'expérience sensorielle, à la vérité, à l'éternité, au dépassement de la condition humaine. D'emblée, la femme aimée est celle qui déchire les « voiles du temple » (p. 11), qui dénonce la fausseté des apparences fugitives et qui ouvre la voie à la connaissance : « Le voile se lève, je pénètre / dans la voie de la vérité de la vie » (p. 23). Il y a là un certain mysticisme, assez catholique au fond, qui agace parfois, mais que l'auteur rachète par des images neuves, percutantes, concises, qui contribuent par ailleurs à donner au recueil l'allure d'une collection de maximes énigmatiques mais expressives: «Dans la grande pauvreté / toute chair est une luxure, / et l'âme est un esprit / à double tranchant» (p. 32).

Dans cette première partie, le symbolisme nocturne domine: les images de la lune, du ciel étoilé, du «soupir des draps», de la rumeur de la mer scandent le déroulement des poèmes. Dans cet univers imaginaire dominé par les impressions sensibles et une sensualité envahissante, se déploie une réflexion sur le temps et sur le sentiment de l'absolu. La rencontre des êtres et des corps est un événement primordial qui semble se produire hors du temps, telle une nouvelle genèse récréant le monde: «Nous nous rencontrons / dans cette absence / de temps qui préside / à la naissance de tout / ce qui se départage / dans un grand embrasement» (p. 44). On comprendra que l'amour constitue une porte d'accès sur l'éternité: «soie et satin s'allument / dans ton ventre de chat / qui m'annonce l'heure / où pointe l'éternité» (p. 37). Cette vision cosmogonique s'appuie néanmoins sur des réminiscences musicales, littéraires et picturales qui colorent les poèmes et qui contribuent à leur signification. De nombreuses références culturelles parsèment en effet la première partie, qu'il s'agisse des allusions à Baudelaire, à Bach ou à Riopelle. Le recueil s'inscrit ainsi dans un ensemble discursif qui en constitue la toile de fond, sorte de grand livre ou d'avant-texte où les mots du poète viennent se poser: «Baudelaire s'accroche aux nuages, / Rimbaud boite dans mon cœur tandis / que la salive absolue bave de la bouche / de Dieu» (p. 13).

La deuxième partie du recueil accorde une plus grande place aux paysages, souvent exotiques, conforme en cela à l'épigraphe de Wilhelm De Kooning qui la coiffe: «Le paysage est dans la femme et la femme est dans le paysage» (p. 65). Cette correspondance entre la femme aimée et le paysage définit une esthétique somme toute assez baudelairienne qui se précise dès le premier poème: «Nos cœurs vagabondent dans le circuit / de nos désirs. Ils nous conduisent / au lieu variable de notre extase / où nous nous retrouvons sans périphérie, / sans limite, inscrits dans la beauté / du monde» (p. 67). C'est l'amour, une fois de plus, qui situe les êtres dans l'univers ou, pour être plus précis, qui les fait sortir d'eux-mêmes pour les éparpiller dans le paysage qu'ils peuplent du même coup: «l'abandon des sens / est la disparition de nos identités / dans la singularité du monde» (p. 68). Les images marines envahissent bientôt les poèmes qui expriment un univers de plénitude, où la mer s'allie au soleil pour composer des tableaux fortement constrastés. Faut-il s'étonner de voir apparaître les figures de Baudelaire, de Gide et de Mallarmé dans cette rêverie exotique? La présence tutélaire de ces trois écrivains définit par ailleurs l'amorce d'une réflexion sur l'écriture, qui participe de l'attrait pour les nourritures terrestres: «J'écris. C'est une faim / en soi» (p. 85).

La troisième partie du recueil, «Les anges du désir», qui présente en exergue une réflexion de Wittgenstein («C'est toujours par une grâce de la nature que l'on sait quelque chose »), développe ces rapports étroits entre les amants et l'univers. Le désir amoureux devient le point central à partir duquel s'organise le cosmos : « Le désir est un état / de l'âme ; molécule / en quête d'infini » (p. 103). La femme aimée est la mesure de toutes choses : les courbes de son corps, la splendeur de sa chair, la texture de sa peau sont autant de représentations de la beauté du monde qui donnent accès à un ordre supérieur de réalité : « Le temps bascule / dans l'infini et je suis / tout espace : le péché / de la lumière avant la chute » (p. 112). Cette réflexion se poursuit dans la dernière partie du recueil, « Le pont des nuages », même si celle-ci s'avère composée de poèmes encore plus ciselés, qui rappellent des haïku. On comprendra que, pour le poète, l'éternité se situe désormais dans le présent et dans la fragilité des choses et de l'écriture : « L'encre, sais-tu, est le royaume de l'éternité, paisible dans l'éclat » (p. 138).

Les Fêtes de l'infini constituent ainsi un recueil qui met en place une thématique complexe et englobante, assez proche du sentiment religieux mais résolument moderne dans sa composition. La facture des poèmes, la richesse des images et leurs résonances symboliques témoignent d'une maîtrise certaine de l'art poétique. Il s'agit là, manifestement, d'une œuvre de maturité, qui met en évidence une écriture personnelle, encore que trop souvent teintée de références à une culture qui n'est autre que celle de la génération à laquelle appartient l'auteur.

CULTURE, INSTITUTION ET SAVOIR

de ANDRÉ TURMEL (dir.)
(Sainte-Foy, Presses de l'Université Laval (CEFAN), 1996, 226 p.)

Paul Dubé
Université de l'Alberta (Edmonton)

Résultat d'un sixième séminaire de la CEFAN, cet ouvrage collectif annonce d'entrée de jeu son objectif: «amorcer», mais surtout «systématiser une réflexion générale sur la transformation de la culture en regard de la donne institutionnelle», culture conçue ici comme «mode d'intelligibilité du réel et du monde», en tandem avec le «concept carrefour» qu'est l'institution considérée comme «essentielle à la durée et à la permanence des sociétés dans l'espace-temps» (p. IX).

Un regard rapide à la table des matières en fin de volume identifie ces institutions sur lesquelles porteront les réflexions et les analyses des douze collaborateurs: l'université, la science de l'éducation, la famille, le musée, la bibliothèque, deux institutions médicales — la quarantaine et la prévention —, ainsi que le droit civil, toutes étudiées suivant la «proposition principale» qui oriente la réflexion, à savoir que «l'institution est porteuse de culture et même davantage productrice de culture» (p. IX), ou encore, comme on le dit plus loin dans la présentation, la culture «se matérialise dans des institutions» (p. IX).

Dans un premier chapitre intitulé «Le retour du concept d'institution», André Turmel (aussi directeur de l'ouvrage) lance la réflexion: il définit le concept d'institution (distinction de l'usage courant d'abord) et le compare aux deux autres concepts d'un ensemble triadique — institution-organisation-établissement —, des concepts qui baignent dans une certaine confusion, même chez les initiés de la réflexion sociologique/universitaire. Cette confusion mène aussi selon lui à des oppositions binaires, dichotomiques et manichéennes. Il montre comment une définition claire des sens et des rapports des trois termes du triptyque permet «de sortir des impasses de la dichotomie» (p. 9) et «donne les moyens de construire théoriquement et les concepts de la triade et les rapports que chacun entretient avec les autres» (p. 23).

Turmel rattache ensuite l'institution à son environnement — au «contexte institutionnel» (p. 10) — dont l'importante «rationalisation» (sens wébérien) qui structure la vie quotidienne et lui donne une «symbolique» à «efficience certaine» dans nos sociétés. L'auteur marque ensuite l'importance du «rituel» dans l'institution et termine ce premier chapitre sur une discussion des rapports entre connaissance et institution où il signale la part fondamentale de cette dernière dans le façonnage du savoir (cadres, légitimation, etc.). Cet excellent chapitre met en situation des concepts clefs pour l'intelligence des suivants et reste en quelque sorte la référence ultime du livre à propos de ces concepts, même si ailleurs on peut les remettre en question.

C'est d'ailleurs ce qui se produit au deuxième chapitre, où l'historien André Ségal se penche sur l'institution de l'université (« L'université ou le savoir comme enjeu social »). À partir d'une conception de l'institution qui refuse les distinctions triadiques de Turmel (dont les thèses sont ici critiquées sur un ton qui laisse entendre tout un sous-texte dynamique dans les échanges entre intellectuels et intellectuelles), Ségal pose « la mission sociale spécifique de l'université » (p. 32) suivant une logique de devoirs qui nous semble transcender le pertinent « contexte institutionnel » dont parlait Turmel plus haut. Pour Ségal, « [...] recherches, [...] enseignements, [...] débats critiques de l'université sont déterminés par le bien commun », [...] mais « ce bien commun ne doit pas être imposé » (p. 32). Cela le mène à caractériser- le « savoir critique » (p. 34) comme étant ce qui est « authentiquement universitaire ». Il termine sa réflexion sur une discussion de la « liberté universitaire », dans laquelle il constate l'étiolement de l'autonomie de l'institution et de la liberté académique au cours des deux dernières décennies dans les nouveaux rapports entre l'État et l'université, celle-ci se trouvant prise dans les rets de la « rentabilité marchande » et de la place que prend maintenant l'entreprise. Pour l'auteur, la « véritable université » saura résister en s'adaptant, peut-être en créant dans l'avenir une nouvelle structure aux « formes imprévisibles » (p. 40). Une dernière interrogation de l'auteur porte sur la problématique d'une « université spécifique de l'Amérique du Nord francophone ».

Le chapitre suivant, signé Guy Rocher, reprend le même thème de l'université, sous l'angle de l'« évolution de l'institution régulatrice de la recherche ». Une longue expérience de la recherche a permis à l'auteur de vivre la transformation de l'institution : de très peu régulée qu'elle était, elle est devenue celle qu'on connaît aujourd'hui — une institution où la « pertinence sociale » sert maintenant de critère d'affectation des fonds publics et où la subvention obtenue sert à son tour à évaluer l'importance professionnelle du chercheur, devenu producteur, évalué à tous les tournants ; et ainsi de suite pour l'ensemble de l'institution prise dans cette nouvelle logique. Tout cela mène à une valeur dominante : l'excellence devenue idéologie, qui définit la mesure de toutes choses universitaires, établit des hiérarchies, ensuite des critères fondés sur les priorités, la pertinence, le partenariat, et aboutit au « durcissement de l'institution par l'inflation régulatrice » (p. 54).

Le chapitre 5, qui traite « de l'école normale aux facultés des sciences de l'éducation », dessine par son sous-titre, « De la vocation à la profession », la « mutation culturelle » qui a transformé la formation des enseignants et des enseignantes. L'auteure nous fait l'historique du passage de la pédagogie traditionnelle du début du siècle, où les maîtres avaient une « mission divine » et devaient servir de « modèle » au comportement des élèves, à une pédagogie alliée au développement psychologique de l'enfant, visant de bonnes habitudes intellectuelles, un esprit d'observation, le développement de la personnalité. Elle va jusqu'à la réforme de 1953, qui consacre l'évolution décisive qui a permis au modèle d'aujourd'hui de prendre forme. Les mots capital humain, modernisation, système, cohérence, efficacité y trouvent maintenant une place de marque, mais c'est un système « où la pédagogie est devenue une science de l'enseignement et s'est affranchie de la matière à enseigner » (p. 66).

Jacques Henripin nous parle au chapitre suivant de l'« effritement de l'institution familiale au Québec » : il pose d'abord le postulat que la famille est « nécessaire à la survie de toute société », puis constate qu'elle présente au Québec « de sérieux signes de défaillance » (p. 71). En Occident, depuis 1970 environ, le mariage est de plus en plus remplacé par l'union libre, plus fragile que le mariage déjà fragile (comme le démontrent le taux de divorce et l'augmentation de la monoparentalité) ; or tout cela débouche sur la logique d'un affaiblissement sérieux de la fécondité. Et voilà une société qui ne se renouvelle pas, situation qui risque d'être désastreuse pour le Québec, où les chiffres sont presque alarmants. Henripin détermine les causes de cette « désinstitutionnalisation familiale » (p. 78) et propose quelques perspectives d'avenir pour améliorer la situation et peut-être même développer une nouvelle conscience sociale.

Dans son article sur « Les savoirs de la contagion : la peste et l'institution de la quarantaine » qui a pour objectif d'étudier « l'institution comme réceptacle symbolique de divers courants culturels générant une matrice sociale qui donne un sens aux conduites des acteurs », Gérard Fabre décrit comment l'institution naît ici d'une dialectique entre croyances populaires et savoir médical. Partant des exemples de la peste et du lazaret, il montre comment « l'institution sanitaire se fonde sur l'expérience, revisitée et habilitée ultérieurement par les savoirs médicaux » (p. 101), et comment même le discours médical reste fortement entaché de politique.

Dans le chapitre sur la « prévention » des maladies dans le Québec de l'entre-deux-guerres, le sous-titre « Entre traditions et modernité » place l'analyse de Francine Saillant dans la foulée du précédent. L'auteure dit poser un « regard critique sur la prévention comme institution » (p. 108) ; à cette fin, elle montre en premier lieu « l'existence d'une perspective populaire » issue des traditions et décrit ensuite la façon dont ces conceptions populaires sont d'abord « ridiculisées ou niées » par les médecins qui les remplacent par des conceptions savantes de la médecine et de l'hygiène. Elle souligne cependant que des « vulgarisateurs de l'hygiène » (qui publient dans des ouvrages traitant de la santé, des maladies, des soins, etc.) privilégient plutôt « l'intériorisation de normes visant à contrôler les comportements et les habitudes de vie » (p. 109). Encore une fois, la politique et l'idéologie s'y taillent une place prépondérante.

Les deux chapitres sur «le musée en tant qu'institution» et l'institution qu'est le Musée du Québec définissent dans leur sous-titre l'orientation de leur analyse respective. Le premier, «De l'étatisme au populisme démocratique» de Raymond Montpetit, trace un portrait englobant des diverses fonctions du musée aujourd'hui et aussi au cours de son évolution. Il montre encore une fois comment l'institution muséale est alliée aux valeurs de son époque et reste une «représentation des idéaux sociaux consensuels» (p. 146). La «mémoire vivante» qu'est le Musée du Québec explore justement, par le regard de son directeur général John Porter, comment ce lieu de conservation des témoins du passé est dans les faits une «réalité changeante» dont les «priorités [...] sont perméables à celles de la société où elle est enracinée». D'après l'auteur, «la mémoire s'y enrichit, s'y réinvente ou s'y adapte» (p. 151). Bel exposé de l'évolution, des changeantes missions, de la souplesse dans l'adaptation, des difficultés et des défis pour l'avenir.

L'historique de «La bibliothèque au Québec, une institution culturelle au cœur des débats sociaux», de Marcel Lajeunesse, est le chapitre le plus court, comme si la faiblesse de cette institution québécoise comparativement aux autres pays occidentaux, dont le Canada, l'imposait. On connaît l'effort du clergé canadien-français pour contrôler le marché et la diffusion du livre, alerter la population à son danger, le dévaloriser. De Bourget à Bruchési, statistiques, discours cléricaux, etc., tout y est pour prouver qu'on pouvait à une époque former avocats, notaires, médecins, dentistes, sans l'aide de livres.

Dans « Entre deux utopies », un chapitre qui pourrait s'intituler « De la propriété à l'accès », Jean-Pierre Côté se concentre sur la « bibliothèque virtuelle » et fait d'emblée le point sur les difficultés financières des bibliothèques universitaires actuelles. Il signale « la fin de l'autarcie documentaire et l'inauguration du règne de l'interdépendance » (p. 182). Selon lui, nous entrons dans l'ère du «développement de l'accès aux sources d'information et de documentation», la bibliothèque universitaire étant appelée à devenir le plus rapide véhicule sur l'autoroute de l'information. L'auteur nous livre un chapitre fort savant, qui expose en détail les grands paramètres de la bibliothèque de l'avenir, les défis qui nous attendent, l'organisation qu'il faut mettre en place, les problématiques sur lesquelles on doit se pencher, dont certaines questions éthiques fort pertinentes dans le contexte.

Le dernier chapitre sur l'«institution du droit civil chez les Canadiens français» définit ce droit comme institution, son rôle comme «agent régulateur de la vie sociale» et comme «symbole identitaire» (p. 204). Bien que codifié, le droit reste le produit d'une culture et, comme la culture, il change à l'instar de la société qui s'y exprime. Le droit civil a changé, de sorte qu'il se rapproche maintenant de la *common law* et qu'il se trouve aujourd'hui presque supplanté par la nouvelle Charte canadienne des droits et libertés. Tommy Tremblay fait l'historique de ce processus de transformation du droit civil qui, malgré une perte d'efficacité réelle, possède et maintient une véritable charge symbolique. Car, il faut le dire, « ce qui est vrai dans la sphère de la culture n'est pas tant ce qui est que ce qui est cru. C'est encore ici une question de représentation. L'institution du droit n'y échappe pas » (p. 223).

* * *

En somme, *Culture, institution et savoir* se présente dans une belle composition graphique, avec une parfaite lisibilité (dépourvu d'un vocabulaire jargonisant) pour spécialistes et profanes qui y trouveront chacun matière et mesure à leur intérêt relatif à ces phénomènes si déterminants dans nos vies. On y apprend aussi l'étendue de l'emprise du politique et de l'idéologique, et comment tous ces actants sociaux vivent en symbiose et dialectiquement.

LA LOYAUTÉ D'UN LAÏC : PIERRE ELLIOTT TRUDEAU ET LE LIBÉRALISME CANADIEN

de CLAUDE COUTURE
(Montréal, L'Harmattan, 1996, 160 p.)

Chedly Belkhodja
Université de Moncton

Ce court essai se veut avant tout la présentation de la pensée d'un intellectuel canadien-français, Pierre Elliott Trudeau. En fait, au-delà de l'étude du parcours intellectuel de l'homme, l'intérêt du texte est d'exposer le cheminement des sciences sociales au Québec, choix d'analyse qui a le mérite de nous proposer « autre chose » que la simple description de type bibliographie et récits de vie au sujet de Trudeau, tant diffusée au Canada anglophone et au Québec. On pourrait toutefois reprocher à l'auteur le pari difficile qu'il a pris de résumer aussi brièvement des aspects théoriques importants qui pourraient faire l'objet d'un ouvrage de nature plus universitaire.

La thèse principale de l'ouvrage vise à relever une contradiction importante. Comme intellectuel, Trudeau est généralement considéré comme un ardent défenseur des principes du libéralisme, notamment du respect des droits individuels et de la reconnaissance de la diversité culturelle. En revanche, ce qui émane de la lecture des écrits politiques publiés à partir de la fin des années soixante et des grandes réalisations politiques (*Loi sur les langues officielles*, multiculturalisme, livre blanc sur les autochtones, charte des libertés de 1982) est plutôt un appel à un projet collectif permettant à la société canadienne-française, engourdie par la période de la « grande noirceur », d'accéder pleinement à la modernité canadienne. Par une analyse de contenu des principaux textes de Trudeau, l'auteur démontre clairement le parti pris de l'ancien Premier ministre de reproduire toutes les facettes de l'historiographie traditionnelle, entre autres, cette lecture diachronique entre tradition et modernité. Selon Trudeau, la société canadienne-française a opéré une rupture collective face à l'occupant anglais, dans le but de maintenir intacte ses traditions et sa culture. Par conséquent, le passage à la modernité s'effectue par la démarche d'un peuple consacrée lors de la Révolution tranquille. Dans le fond, comme intellectuel, Trudeau aurait trahi les principes classiques du libéralisme pour adopter plutôt une approche holiste à l'exemple de la tradition whig anglo-saxonne de type burkienne.

L'ouvrage se divise en deux parties. Dans la première partie, plus substantielle, l'auteur élabore le profil intellectuel de l'homme. Le premier chapitre fait état des événements entourant la grève de l'amiante à la fin des années cinquante, étape marquante de la transition vers un Québec moderne. Devant cet événement de taille, Couture juge sévèrement la lecture trudeauiste qui se limite à la thèse classique du retard économique et culturel de la société québécoise. Deux facteurs expliquent cette attitude. Premièrement, Trudeau adopte le paradigme dominant du moment, le fonctionnalisme pragmatique, ne distinguant aucunement la présence de stratégies de modernisation au sein même de la tradition. À ce sujet, Couture aurait préféré un outil conceptuel plus subtil, soit l'individualisme méthodologique qui permet de déceler les parcours individualistes. Deuxièmement, la vison de Trudeau est attachée à une conception traditionnelle du nationalisme. Afin de nous expliquer l'argument nationaliste, Couture opte, dans le deuxième chapitre, pour une démarche plus scientifique, jumelant la pensée de l'homme à l'état des sciences sociales en général.

D'abord, l'auteur juge que les sciences sociales sont prisonnières d'une lecture linéaire de la tradition, la sociologie comme la science politique et l'historiographie traditionnelle. D'autre part, il aborde le débat intéressant entre l'approche singulière et la perspective globalisante. L'historiographie francophone adopte timidement le prisme singulier, car celui-ci ne répond pas à des « besoins supérieurs » d'un idéal de société homogène. À ce stade, l'auteur fait appel à un ensemble de contributions québécoises révisant les leçons classiques d'historiens tels Fernand Ouellet ou l'anglophone Donald Creighton. Dans ce débat, il est également intéressant de signaler des contributions de chercheurs francophones hors-Québec. On pense par exemple aux travaux d'historiens acadiens qui font état de stratégies de collaboration entre les élites francophone et anglophone au XIXe siècle et soulignent que la minorité ne se cantonne pas à une stratégie de repli culturel sous le joug du dogme religieux et de la communauté. En fait, l'historiographie contemporaine a le mérite de dévoiler une imbrication éclairante des élites dans divers secteurs économiques, notamment dans le secteur bancaire.

Le dernier chapitre rompt singulièrement avec les propos précédents. En proposant une réflexion autour d'Étienne Parent, homme de pensée du siècle dernier, l'auteur nous plonge dans une autre dynamique historique. Ce long passage de plus de 40 pages est fort intéressant, certes, mais il ne semble pas avoir sa place dans le fil des idées du présent essai. Selon nous, le fait qu'il n'y ait pas véritablement de comparaison entre les deux hommes pose problème. En fait, Parent, intellectuel de la fin du XIXe siècle, apparaît comme le véritable laïc, car il offre une lecture pluraliste et considère la capacité d'adaptation des individus au progrès économique de la société canadienne-française.

Dans la deuxième partie, nettement plus courte, l'auteur nous présente la figure politique de Trudeau et retient l'idée centrale de la tension permanente chez lui entre les droits collectifs et les droits individuels, entre une conception communautaire et un libéralisme individuel. C'est autour des réalisations politiques que Trudeau reste un homme mal compris, qui a ouvert la porte aux débats actuels plaçant la fédération canadienne dans un « mal de vivre » perpétuel.

Selon nous, il est également nécessaire d'indiquer les raisons qui expliquent le désir qu'éprouve Trudeau de masquer les diverses trajectoires identitaires de la société canadienne-française. Il faut plutôt considérer les textes de Trudeau non pas comme des textes sociologiques, mais comme des textes politiques qui, par conséquent, privilégient une lecture linéaire de la tradition à la modernité. L'appel au monolithisme culturel apparaît alors tel un objectif politique crédible, qui permet de rassembler un peuple derrière un projet collectif : un conditionnement à la Révolution tranquille. Pour des raisons politiques, tout intellectuel engagé, pour le moins qu'on puisse dire, se donne le droit de dépeindre l'état d'une société à partir d'un projet de société, d'une vision de l'avenir. La lecture de Couture devient une interprétation post-trudeauiste dans le sens qu'elle souligne la contradiction sans pour autant inclure les raisons stratégiques dans le parcours politique. Nous sommes d'avis que, dans sa critique du monolithisme idéologique, l'auteur a tendance à omettre la dimension contextuelle d'un espace canadien-français en profonde mutation.

Enfin, il faut noter que l'ouvrage présente un aspect théorique important, soit la pluralité des trajectoires historiques, dimension intéressante pour les recherches sur la culture politique francophone et anglophone au Canada. Tout au long de l'ouvrage, l'auteur démontre clairement que la modernité ne se définit pas strictement par le principe de la rupture, mais plutôt par ce rapport constant à la tradition. C'est une mise en garde que nous pouvons adresser aux observateurs politiques actuels qui ne cessent de diffuser cette vision simpliste de la réalité canadienne. À la lumière des récents événements entourant la radicalisation du débat constitutionnel, nous remarquons les dangers d'une lecture réductrice, qui donne ainsi un droit de parole aux propos plus extrémistes. Cette réaction cependant peut s'expliquer par le fait que les élites politiques traditionnelles ont constamment nié le principe de la diversité culturelle au sein même des deux groupes linguistiques.

LAIT À MÈRE

de DAVID CHERAMIE
(Moncton, Éditions d'Acadie, et Sudbury,
Éditions Prise de Parole, 1997, 69 p.)

David Lonergan
Université de Moncton

Où sommes-nous? Elle semble lointaine, cette Louisiane qui chante en français sa désespérance de le faire encore longtemps. Le poète David Cheramie était un Cadien anglophone avant qu'il ne décide de se réapproprier la langue des ancêtres. Il appartient à ce que les Cadiens appellent la génération perdue, celle dont les parents ont fait le choix de l'anglais:

> Plein de mots qui ont été garrochés par le châssis par mon pop et ma mam pour faire de moi un American.
>
> One nation under God. (p. 41)

Dans son premier recueil, *Lait à mère*, coédité par les Éditions d'Acadie (Nouveau-Brunswick) et les Éditions Prise de Parole (Ontario), Cheramie retrace la prise en charge de sa cadianité.

Le recueil se divise en deux parties «interrompues», comme le précise l'auteur, par «L'été et février», un poème plus général sur la condition humaine qui se termine sur une note d'espoir: «et parfois la vie est merveilleuse» même si «la destinée s'annonce sourde» (p. 37).

Deux citations placées en exergue ouvrent la première partie et donnent le ton et la clé du recueil: d'abord celle d'Hermann Hesse, «La vraie souffrance existe seulement lorsque deux civilisations rentrent en collision» et ensuite celle d'André d'Allemagne, «Le colonialisme réduit la culture du peuple conquis au niveau de folklore et de propagande». À partir de là, les dés sont pipés:

> C'est sûr que
> s'il n'y a que toi
> qui fais les règles
> Il n'y a que toi qui vas gagner. (p. 32)

Car les règles viennent d'ailleurs, de ceux qui ont le pouvoir, de ceux qui ont l'argent, de ceux qui ont découvert ce pays perdu à cause du pétrole qu'il recelait sous ses bayous : les Cadiens sont les victimes d'un destin qu'ils n'ont pas vraiment choisi.

Le recueil s'ouvre par la route qui ramène le poète chez lui. Le titre « LA 1 », pour « Louisana 1 » est transformé dans le premier vers en « Elle est ouonne / Take me home» (p. 11). La langue française perd sa réalité, devenant jeu sonore sans sens réel, sans correspondance au monde. Son retour doit être complet : « Je reviens au sein / Lait à mère » (p. 13). Mais ce retour ne pourra être qu'amer.

Dans la première partie, Cheramie recompose son monde à partir de ses souvenirs d'enfance, d'anecdotes, de gestes quotidiens, de légendes, d'aphorismes, tournant autour de son problème, de sa difficulté, comme pour s'en protéger. Un thème ressort de l'ensemble des textes, celui de son identité cadienne, identité qui se cristallise autour du problème posé par la (mé)connaissance de la langue française.

Il ouvre la seconde partie par un « Lait à mère (sweet ai faim) » tout à fait caractéristique de l'état de cette langue dans laquelle le français a tendance à se créoliser sous l'influence de l'anglais et qui demeure essentiellement orale: comment écrire « suite et fin» quand on n'écrit que maigrement le français et qu'on prononce les « u » comme des « ou » ? L'assimilation a eu des conséquences lourdes pour ne pas dire fatales.

Pourtant, les Cadiens ont encore une certaine réalité : « Mais moi, j'appartiens à la nation invisible, inaudible, la nation des francophones d'Amérique » (p. 41). Lueur d'espoir, si maigre soit-elle, puisque l'on existe encore comme nation, et, en même temps, aveu de désespoir : une nation que l'on ne peut ni voir, ni entendre n'est pas loin de la disparition. Cette dualité est toute rassemblée dans le poème liminaire de la seconde partie, un texte qui donne des frissons tellement il est dense, dur, et porteur de sa quête: « Souvenirs de sneaux ». De *snow*. De neige. Cette neige qui ne tombe qu'une fois par dix ans en Louisiane, mais qui symbolise le quotidien des Acadiens de l'Empremier.

Dans ce texte, il raconte comment il en est venu à apprendre le français qu'il a découvert par son grand-père Zénon, mais « Il est mort d'un cancer quand j'avais huit ans, et je connaissais juste quelques mots » (p. 43). C'est à ce moment-là qu'il affiche sa détermination: « Cet enfant de huit ans, à genoux devant le cercueil de son défunt pépère qu'on veillait au Falgout's Funeral Home, a prêté serment d'apprendre tous les autres mots » (p. 44). Il parfait sa maigre connaissance par lui-même en particulier lors d'un long séjour en France durant les années quatre-vingt, une quinzaine d'années après la mort de son grand-père.

Et quand il publie ses premiers poèmes français, il utilise le pseudonyme de « Zénon Chéramy », en hommage à son grand-père. Plusieurs des textes de ce recueil ont d'ailleurs été publiés sous ce nom dans le premier numéro de la revue cadienne *Feux follets* ainsi que dans le numéro que la revue acadienne *Éloizes*[1] a consacré à la littérature louisianaise à l'occasion du Congrès mondial acadien. (Il aurait d'ailleurs été intéressant que ces renseignements figurent dans le recueil.) Dans ce numéro d'*Éloizes*, il fait écrire impérativement, dans ce qui aurait dû être sa note biographique mais qui est uniquement les états des textes: «Cherche éditeur désespérément.» Comme s'il avait peur que ses écrits meurent avant même qu'ils aient eu la possibilité de rejoindre le moindre lecteur. Avec *Lait à mère*, il se réapproprie son propre nom tout comme il tente de se réapproprier son propre être dans une langue dont il connaît la fragilité:

> Moque-toi pas de mon accent
> Si t'arrives à l'entendre, le comprendre.
> Faut pas faire du fun de moi,
> J'ai appris les mots qu'on a bien voulu m'apprendre,
> Que mon pépère a asseyé de m'apprendre. (p. 43)

À sa détermination correspond la douleur et l'impuissance de sa mère qui a choisi de taire la langue de ses ancêtres pour que ses enfants soient de vrais Américains:

> Mom, why didn't you teach me French?
> Je revois ses yeux débordants de chagrin et de tendresse. (p. 44)

Le recueil devient par instants un véritable réquisitoire contre le choix linguistique des parents de la génération de ceux de David Cheramie qui ont décidé qu'américanité signifiait anglicisation. Mais, en même temps, on sent qu'il veut dépasser la dénonciation et être porteur de l'espoir d'une société cadienne francophone. Tout au long du recueil, Cheramie cherche sa tonalité. En exergue de la seconde partie, il fait dire à Zénon Chéramy (la phrase est signée par cet autre lui-même, préservation de l'âme de son grand-père): «Comme dirait Édouard Glissant, la colère et la révolte sont les deux mamelles de la poésie» (p. 39).

La colère et la révolte s'apaisent dans l'amour, dans la relation de couple et dans la naissance de cet enfant à qui l'on montrera sa langue. Mais une anecdote remet tout en cause: tandis qu'il rêve au français qu'il partagera avec son enfant à naître, il écoute une émission de télévision, en anglais, bien sûr, puisqu'il n'y a guère d'autre choix. En réaction à un commentaire de l'invité, il laisse échapper: «Oh shit, je pense, I can't think of that yet.» L'anglais jaillit des profondeurs de son être et s'impose comme langue première, comme langue de réaction, comme langue d'échange avec l'extérieur. Le combat est loin d'être gagné, s'il est possible qu'il le soit.

La poésie de Cheramie appartient à la vie, à la quotidienneté et a une fonction plus mobilisatrice qu'artistique. Poésie de l'urgence, poésie de dernier recours, elle ne prend pas les gants blancs d'une recherche formelle pour s'exprimer: elle sort comme un coup de cœur, comme un coup de poing.

Cette violence lui donne sa forme et sa force et, en même temps, en exprime les limites, le désespoir, l'amer. Car il y a de l'amertume dans ce désir de préserver, de reconquérir la langue perdue.

NOTE

1. Zénon Chéramy, dans *Éloizes*, n° 22, *La Louisiane… paroles en éveil*, Moncton, 1994, p. 36-47.

PERSPECTIVES D'AVENIR EN TRADUCTION / FUTURE TRENDS IN TRANSLATION

de MARIE-CHRISTINE AUBIN (dir.)
(Presses universitaires de Saint-Boniface (Manitoba), 1995, 210 p.)

Agnès Whitfield
Collège universitaire de Glendon
Université York (Toronto)

Cet ouvrage réunit les actes d'un colloque tenu en 1994 pour marquer le dixième anniversaire de l'École de traduction du Collège universitaire de Saint-Boniface. Il se présente moins comme un bilan des recherches actuelles sur la traduction au Canada que comme une réflexion générale à propos des besoins futurs en traduction et de l'impact des nouvelles technologies sur les conditions de travail et la formation des traducteurs.

Dans sa conférence inaugurale, Danica Seleskovitch retrace les grandes lignes de l'histoire de l'interprétation, ou traduction orale, et souligne combien la recherche et la pédagogie sont essentielles pour la pratique professionnelle. Si la théorie interprétative de la traduction qu'elle préconise est bien connue, ce texte n'en offre pas moins un exposé synthétique fort utile. L'auteure rappelle ainsi que la traduction est « bien la désignation de réalités par les moyens d'une langue différente de celle du discours original et non la conversion du sémantisme de la langue de départ en un sémantisme de la langue d'arrivée » (p. 16). Plus succinctement, la traduction serait « identité de sens dans l'équivalence des formes » (p. 21).

Les contributions suivantes sont regroupées autour de trois thèmes principaux. Le premier est celui de la recherche. Annie Brisset et Jacques Ladouceur explorent le potentiel de l'ingénierie documentaire comme outil d'analyse terminologique et aide à la rédaction. Leur travail porte plus précisément sur les logiciels Gertextes (analyse textuelle assistée par ordinateur) et Notion (identification automatique des descripteurs d'un texte). L'objectif consiste à perfectionner l'analyse automatique de bases documentaires multilingues en vue du repérage rapide de toute une gamme d'informations grammaticales, syntaxiques, narratologiques, pragmatiques, etc., susceptibles d'être utiles au traducteur. Idéalement, comme concluent les auteurs, cette analyse automatique fonctionnerait également sur des textes parallèles. Rédigés spontanément dans leur langue respective, ces textes offrent une plus grande fiabilité linguistique, bien que nécessitant des outils d'analyse plus complexes.

Avec l'informatique, la dimension culturelle constitue un des grands thèmes de la recherche récente en traductologie. Or la dimension culturelle d'un texte, comme le souligne Sherry Simon, n'est pas donnée d'avance. La traduction est plutôt un processus de négociation culturelle, le traducteur devant décider tout au long de son travail à la fois quelles informations culturelles sont pertinentes et dans quelle mesure il est possible de les représenter dans la langue d'arrivée. Toute traduction constitue ainsi un double commentaire, informant notre compréhension autant de la culture de la langue de départ que de celle de la langue d'arrivée. Pour illustrer ce propos, Sherry Simon dresse un bref historique des différentes façons dont les traducteurs canadiens-anglais, à travers les époques, ont défini la spécificité culturelle de la société québécoise.

D'orientation plus linguistique, l'article de Terry Janzen s'adresse aux traducteurs travaillant en langue des signes et examine les conséquences, pour la traduction, du fait qu'en langue des signes, c'est l'argument topique plutôt que le sujet grammatical qui domine la phrase.

Le deuxième volet de textes porte sur la pédagogie de la traduction. Egan Valentine offre un aperçu général, surtout descriptif, des programmes de traduction au Canada. Constatant les ressemblances dans les cours offerts d'une institution à l'autre, l'auteur n'interroge cependant pas le rôle de l'Association canadienne des écoles de traduction dans l'élaboration des programmes, pas plus qu'il n'offre de véritable réflexion critique sur leur contenu.

C'est justement sur une des dimensions de cette formation, à savoir le rôle de la traduction littéraire, que se penche Denise Merkle. Or, dans la mesure où les programmes de traduction visent surtout à former les étudiants pour le marché du travail, ils ont tendance à mettre l'accent sur la traduction de textes pragmatiques. La traduction littéraire est perçue davantage comme un domaine parmi d'autres, qui fournit peu de possibilités d'emploi. Denise Merkle y voit pourtant un outil important de sensibilisation culturelle et historique qui permettrait aux étudiants de concrétiser en quelque sorte les concepts abordés dans des cours de théorie proprement dite.

Ginette Demers revient sur d'autres a priori de l'enseignement de la traduction, à savoir les hypothèses souvent avancées sur les différences systématiques entre les textes scientifiques en anglais et en français. Partant d'une étude statistique d'un corpus important de textes pragmatiques, l'auteure met certaines de ces hypothèses à l'épreuve empirique, épreuve à laquelle toutes ne résistent pas, dans le but d'asseoir la pédagogie de la traduction sur des bases plus solides.

Deux articles, signés respectivement par David et Margareta Bowen, et par Patrick Lafferty, portent sur l'enseignement informatisé de la traduction de l'espagnol vers l'anglais. Œuvrant tous à l'Université Georgetown (Washington, D.C.), ces trois chercheurs ont élaboré un didacticiel interactif, appelé Geronimo, qui vise à familiariser les étudiants dans les cours de langue avec le processus de traduction dans le but d'améliorer le taux de réussite aux examens d'entrée au programme de traduction proprement dit.

Un troisième volet de textes examine diverses pratiques particulières de la traduction. Spécialiste de l'informatique, Benoît Thouin se penche sur la traduction, voire l'adaptation, de textes informatiques, domaine de spécialisation porteur d'avenir, pour en dresser le bilan et cerner les défis posés. Patricia Claxton étudie la traduction pour le cinéma, situant d'abord les contraintes institutionnelles qui régissent ce marché et décrivant ensuite les différentes étapes à parcourir au cours du doublage et du sous-titrage. Partant d'une analyse des besoins d'interprétation au sein de la communauté multilingue de Sudbury, Helena Debevc-Moroz conclut à la nécessité d'un meilleur soutien et d'une meilleure formation des interprètes culturels. Les deux derniers textes du volume s'ouvrent aux dimensions internationales de la pratique de la traduction. Nair Maria Anaya-Ferreira dresse un bref bilan de l'apprentissage et de l'exercice du métier de traducteur au Mexique. Barbara Stork examine le travail des traducteurs et interprètes au sein de l'Union européenne.

Comme tout ouvrage collectif issu d'un colloque, ce livre offre à la fois les avantages et les désavantages de la diversité. Dégager les perspectives d'avenir en traduction est un défi de taille, car la traductologie vit en ce moment le grand élan des nouvelles disciplines, tant sur le plan international que national, alors que la pratique de la traduction évolue rapidement à l'heure, sinon à la minute, informatique. Le titre de l'ouvrage sollicite donc une attente à laquelle il est difficile de répondre, un désir de retrouver une certaine volonté de tâter le pouls de ce bouillonnement, pour ainsi dire, dans chacune des contributions. En ce sens, l'apport de l'ouvrage, indéniable, me semble ailleurs, sur le plan pédagogique. Ceux et celles qui enseignent la traduction y trouveront certainement matière à réflexion. On nous invite à repenser l'inscription des dimensions culturelles et de l'information dans nos programmes de formation, à revoir quelques principes de méthodologie à partir de logiciels d'analyse de textes parallèles, et d'analyses de linguistique textuelle. L'ajout de textes sur la traduction vers l'espagnol est particulièrement utile au moment où les programmes de formation au Canada s'ouvrent encore davantage au multilinguisme. De même, certains textes, notamment ceux qui abordent des pratiques de traduction précises, comme le doublage ou l'adaptation de logiciels, offrent des descriptions succinctes et abordables que nos étudiants et nos étudiantes liront avec grand intérêt. Il n'y a pas de plus bel hommage à une école de traduction !

LÉGENDES DE CHEZ NOUS. RÉCITS FANTASTIQUES DE L'ONTARIO FRANÇAIS

de DONALD DESCHÊNES et MICHEL COURCHESNE (dir.)
(Sudbury, Centre franco-ontarien de folklore et Centre Fora, 1996, 71 p.)

Gilles Cadrin
Faculté Saint-Jean
Université de l'Alberta (Edmonton)

Les âmes migratoires et les revenants peuvent-ils encore entrer en communication avec la jeunesse d'aujourd'hui ? Les feux follets viennent-ils parfois batifoler sous leurs yeux et les loups-garous hanter leur imagination ? À ces questions, les folkloristes avouent à regret que, malheureusement, ces êtres mystérieux qui peuplaient l'imaginaire collectif des générations passées tendent à disparaître. Or, pour lutter contre cette érosion culturelle, Donald Deschênes et Michel Courchesne ont regroupé dans un recueil à l'intention des écoliers un bref corpus de récits fantastiques de l'Ontario francophone.

Bien que la plupart des légendes de ce recueil se rattachent à l'univers fantastique de la francophonie canadienne, elles se peuplent, en général, de personnages de l'Ontario, se situent dans des endroits nettement ontariens et offrent des variantes résultant de leurs déplacements d'une région à une autre et de l'adaptation des vieilles pratiques culturelles à la réalité moderne.

Toujours d'actualité, le diable, personnage dominant du monde folklorique, entre en scène sous plusieurs traits pour livrer des messages qui complètent ceux de l'Église : sous l'allure d'un étranger, il s'attaque à l'homme qui s'enivre et manque la messe ; joueur de cartes sans pareil et beau danseur, il s'en prend à ceux qui dansent, boivent ou jouent aux cartes après minuit le samedi soir ou pendant le carême ; enfin, laboureur au cheval gigantesque, il tourne en roches le labour du cultivateur qui travaille le dimanche ou le jour de la Toussaint.

D'autres personnages, à l'image moins menaçante que celle du prince des esprits, viennent compléter la galerie des êtres fantastiques. Ils interviennent auprès des humains, soit par représailles, soit en guise d'avertissement, soit gratuitement : les petits lutins sautent, la nuit, dans la crinière des chevaux déjà fatigués par le travail, d'où la croix en rameau bénit placée au-dessus de la porte de l'écurie pour les en chasser ; les feux follets pourchassent jusqu'à la porte de la maison ceux qui ont dansé pendant le carême ou à la Toussaint ; et, ceux qui n'ont pas fait leurs pâques depuis sept ans se métamorphosent en loups-garous.

À ces êtres maléfiques s'oppose un bon génie, le prêtre magicien: il arrête le feu; les sauterelles ne survivent pas à son bénitier et à son goupillon; le pain qu'il bénit, placé dans le cours d'eau qui recèle encore sa victime, mène directement au noyé; il peut même — moyennant un certain prix — donner à la personne qui le souhaite la faculté de ne pas être éveillée par les cloches de l'angélus.

Outre la mise en scène de personnages fantastiques, ce bref corpus offre l'illustration de règles et de valeurs sociales: le prêtre fantôme satisfait aux obligations du sacerdoce en revenant la nuit dire les messes omises de son vivant; les bruits d'un rouet rappellent à un homme ses promesses; le fantôme d'une femme, victime d'un crime, réclame la sépulture pour que prennent fin ses errances.

Enfin, certaines légendes viennent rappeler la présence du merveilleux, ce qui dépasse l'entendement: la capacité de jeter des sorts, l'existence de fantômes ou encore la présence d'esprits qui habitent la terre et les eaux.

Somme toute, par son choix judicieux de légendes, ce recueil offre aux écoliers l'ouverture idéale au monde de l'oralité. Il contient des récits que, sans doute, certains auront déjà entendus et, par le fait même, il validera ceux des parents ou des anciens du milieu. D'ailleurs, pour qu'ils soient plus accessibles, les récits se présentent tous dans un français standardisé, où les canadianismes sont en italique tandis que certains mots clés sont expliqués en fin de texte. De plus, chaque texte s'accompagne d'un croquis illustrant un fait saillant du récit.

On doit aussi reconnaître aux auteurs le mérite d'avoir conçu une méthodologie d'exploitation des récits bien adaptée aux élèves de l'élémentaire: activités de recherche, enrichissement lexical, discussion, rédaction et autres activités parascolaires reliées aux légendes. Les auteurs de ces exercices ont donc résisté à la tentation de créer une batterie de questions qui mènerait à l'analyse ou à l'interprétation traditionnelles des légendes. Au contraire, les activités proposées encouragent avant tout le jeune à prendre conscience de son univers et l'amènent progressivement à entrer dans l'univers légendaire des adultes. Ainsi, ce recueil contribuera sûrement à meubler l'imaginaire de la jeunesse d'aujourd'hui des êtres fantastiques d'antan.

LIONEL CHEVRIER. UN HOMME DE COMBAT

de BERNARD CHEVRIER
(Vanier, Les Éditions L'Interligne, 1997, 222 p.)

Michèle Dagenais
Université de Montréal

Dans la biographie qu'il dresse de Lionel Chevrier, Bernard Chevrier relate la riche carrière politique de son père: un « homme de combat » ambitieux. Tout en étant un hommage, cette biographie vise à faire connaître le passé relativement prestigieux d'un des rares Franco-Ontariens à s'être illustrés de manière aussi durable et remarquable sur la scène politique fédérale.

Député sous la bannière du Parti libéral durant près de vingt-cinq ans, entre 1935 et 1963, Lionel Chevrier a représenté les électeurs du comté de Stormont, en Ontario, puis de Montréal-Laurier, à la Chambre des communes. Surtout connu pour son rôle de premier plan dans l'aménagement de la Voie maritime du Saint-Laurent, Lionel Chevrier a aussi exercé les fonctions de ministre à deux reprises — aux Transports puis à la Justice —, de haut-commissaire à Londres et de commissaire général aux visites d'État lors de l'Exposition universelle de 1967.

Avocat de formation, Chevrier décide d'entrer en politique à l'âge de 32 ans, en pleine période de crise économique. Le 14 octobre 1935, il est élu député du comté de Stormont, dans le sud-est de l'Ontario, avec une forte majorité. En avril 1943, il est promu au poste de secrétaire parlementaire du ministre C.D. Howe, alors en charge du très important ministère des Munitions et des Approvisionnements. Dès la fin de la Deuxième Guerre mondiale, il devient à son tour ministre des Transports. À ce titre, il travaille notamment au développement de lignes ferroviaires destinées à desservir les régions éloignées et à favoriser l'exploitation minière. Mais c'est le dossier de la Voie maritime du Saint-Laurent qui va mobiliser l'essentiel de ses énergies à cette époque.

Ce projet de voie maritime vise à faciliter le transport des marchandises entre les Grands Lacs et Montréal et à produire de l'électricité par l'aménagement de rapides. Il prévoit la participation des États-Unis qui obtiendraient ainsi la possibilité de relier la région du Midwest à l'océan. Envisagé déjà depuis plusieurs années, le projet se bute cependant à de nombreux obstacles. C'est d'abord la crise économique des années trente, puis la Deuxième Guerre mondiale qui empêchent d'aller de l'avant. Et lorsqu'au début des années cinquante, il est question de réaliser le projet, certains groupes d'hommes d'affaires américains craignent que le futur chenal n'affaiblisse le port de New York. Finalement, en 1954, le Canada et les États-Unis donnent leur aval. Lionel Chevrier est alors nommé président de l'administration de la Voie maritime du Saint-Laurent, poste qui l'oblige à quitter la vie politique. Dans son ouvrage, Bernard Chevrier expose les grandes étapes qui ont mené à l'aménagement de ce chenal auquel 22 000 hommes vont travailler.

Avant même la fin des travaux, Lionel Chevrier, à la demande du Premier ministre Louis Saint-Laurent, démissionne de la présidence de l'administration de la Voie maritime et revient à la politique. Il se présente aux élections de juin 1957, mais, cette fois, dans le comté de Montréal-Laurier. Plusieurs journalistes se montrent réticents à l'idée qu'un Franco-Ontarien représente les droits des Québécois à Ottawa. Chevrier n'en remporte pas moins ces élections, mais il se retrouve désormais dans l'opposition. Il est alors désigné comme chef des Libéraux du Québec et leader de l'opposition à la Chambre des communes. En 1959, il est invité à l'ouverture officielle de la Voie maritime du Saint-Laurent, mais le Parti conservateur, alors au pouvoir, ne soulignera pas autrement le travail accompli par Chevrier dans l'élaboration de cet immense chantier qui aura duré quatre ans.

L'autre cheval de bataille qui marque la carrière politique de Chevrier est la défense des droits des Canadiens français et la promotion du caractère bilingue du Canada. À ce chapitre, la situation ne sera pas facile non plus. Certes, la nomination de la Commission royale d'enquête sur le bilinguisme et le biculturalisme en 1962 constitue un pas important en direction de la reconnaissance des deux peuples fondateurs du pays. Mais, à cette époque, dans le contexte de la montée des revendications nationalistes au Québec, il devient de plus en plus difficile pour Chevrier de se faire le porte-parole à la fois des Québécois et des Canadiens français. Alors ministre de la Justice et vice-premier ministre, il se retrouve au cœur même des débats constitutionnels. Comme l'écrit l'auteur: « Plus d'une fois il [Chevrier] se retrouve dans une situation inconfortable: ou bien il défend les intérêts particuliers de la province, au risque de s'aliéner le Canada anglais, ou bien il se range derrière les intérêts pancanadiens, au risque d'être perçu comme un traître aux yeux des nationalistes québécois » (p. 142).

Le 28 décembre 1963, il remet sa démission au Premier ministre Lester B. Pearson. Ses nouvelles responsabilités à titre de ministre de la Justice le fatiguent, certes, mais c'est tout de même sous les pressions qu'il quitte la vie politique. En effet, écrit l'auteur, Lionel Chevrier aurait aspiré au poste de Premier ministre, lui qui n'a alors que 60 ans. Cependant, son leadership est de plus en plus contesté au sein du caucus libéral du Québec par la génération montante de la Révolution tranquille, et c'est dans ce contexte qu'il se retire.

À partir de janvier 1964, Chevrier se voit confier le poste de haut-commissaire au Royaume-Uni. Toutefois, ne se sentant pas à sa place dans cette carrière de diplomate, il demande à être relevé de ses fonctions en 1966. Au mois d'octobre, le Premier ministre le nomme commissaire général aux visites d'État qui vont se dérouler en même temps que l'Exposition universelle de Montréal, dans le cadre des fêtes du Centenaire. Il accomplira par la suite quelques missions en Afrique pour enfin retourner à la pratique du droit au mitan de la soixantaine. Il meurt en 1987, à l'âge de 84 ans.

De lecture agréable, cette biographie du Franco-Ontarien Lionel Chevrier est intéressante à plus d'un égard. Elle nous fait découvrir la carrière politique peu connue d'un membre important du Parti libéral. L'ouvrage est également soucieux de remettre en contexte les principales étapes de cette carrière, ce qui aide les lecteurs à s'y retrouver. Cependant, il aurait été pertinent de situer la carrière de Lionel Chevrier par rapport à celle des autres Franco-Ontariens qui ont également siégé à la Chambre des communes au cours des années trente à soixante. Cela aurait permis de mieux apprécier le parcours de Chevrier et de mieux saisir en quoi sa carrière était exceptionnelle. Les lecteurs auraient sans doute aussi apprécié que l'auteur fasse preuve d'un peu plus de sens critique vis-à-vis des actions des gouvernements libéraux, tout comme il le fait généralement lorsqu'il relate celles des gouvernements conservateurs. Cela aurait donné davantage de crédibilité à cette biographie qui, autrement, est bien documentée dans l'ensemble.

LES VIKINGS

de R. LIVESEY et A.G. SMITH
Traduction de Nicole Ferron
(édition originale : 1989 ; Saint-Boniface, Éditions des Plaines, « À la découverte du Canada », 1997, 92 p.)

LA NOUVELLE-FRANCE

de R. LIVESEY et A.G. SMITH
Traduction de Madeleine Hébert
(édition originale : 1989 ; Saint-Boniface, Éditions des Plaines, « À la découverte du Canada », 1997, 90 p.)

LA TRAITE DES FOURRURES

de R. LIVESEY et A.G. SMITH
Traduction de Madeleine Hébert
(édition originale : 1989 ; Saint-Boniface, Éditions des Plaines, « À la découverte du Canada », 1997, 92 p.)

Guy Gaudreau
Université Laurentienne (Sudbury)

Cette collection, qui compte au moins un autre titre, est destinée à un public jeunesse et se veut une initiation à différentes composantes de l'histoire canadienne. Les trois ouvrages sont abondamment illustrés de croquis et de cartes en noir et blanc et comptent tous un index fort commode. La raison d'être de cette collection se résume à la mention apparaissant au dos des volumes : « Apprends l'histoire tout en t'amusant ».

On ne saurait trop reconnaître le mérite de ce leitmotiv, car pourquoi faudrait-il que l'histoire se cantonne dans les propos arides des historiens universitaires ? C'est la raison pour laquelle les auteurs ont émaillé le texte d'activités de découpage, de bricolage et de jeux. Une fois ces activités réalisées, l'ouvrage ne pourra plus être réutilisé par un autre lecteur, ce qui est à déplorer.

Par ailleurs, certaines activités apparaissent difficiles pour les plus jeunes, comme la tenue d'un journal à relire un an plus tard ou le dessin d'une carte géographique du voisinage qu'on demande de faire (*La Traite des fourrures*, p. 51 et 68-69). D'autres sont inintéressantes pour les plus âgés. Il aurait sans doute fallu que le groupe d'âge soit clairement défini et mieux ciblé. Mais, au total, l'idée mérite d'être testée et je reconnais avoir apprécié, par exemple, l'idée de l'exercice de fouille archéologique (*Les Vikings*, p. 2-5), bien que je ne sois pas convaincu que les résultats escomptés — retrouver différents objets dans le sol de sa cour — soient à la hauteur des efforts nécessaires pour y arriver.

Passons au contenu, à commencer par la traduction qui s'avère de bonne qualité. Le style est vivant et clair. Il y a cependant cette baie qu'on appelle faussement Géorgienne plutôt que Georgienne (*La Nouvelle-France*, p. 9 ; *La Traite...*, p. 12 et 59). Certaines expressions nous sont aussi apparues douteuses, tel le « troqueur » de fourrures (*La Traite...*, p. 37).

Cela convient sans doute à un jeune public que le texte soit constitué de petites capsules ou encarts qui peuvent se lire indépendamment. En règle générale, l'ordre de l'exposé n'en souffre pas, mais il arrive que le texte ne tienne pas compte des informations précédentes.

Même si le texte s'adresse à un jeune public, les erreurs de contenu sont inadmissibles. Elles sont sans gravité mais nous ont agacé tout au long de la lecture. Par exemple, la carte des tribus amérindiennes insérée dans *La Traite des fourrures* confond parfois les groupes linguistiques et les tribus ; et il faudrait lire les Athapascans. Dans *Les Vikings*, la terre de Baffin est associée à la toponymie Markland, trouvée dans les sagas (p. 80), tantôt c'est le Labrador (p. 44) qui lui est associé ; la dernière étant correcte.

L'ouvrage qui nous laisse le plus sur notre faim est celui sur la Nouvelle-France. Les erreurs et les exagérations qu'il renferme soulignent la difficulté de produire cette synthèse. Marie de l'Incarnation (p. 36) ne doit pas être associée à la mission Sainte-Marie (Sainte-Marie-aux-Hurons aujourd'hui). Les habitants versent une rente au seigneur et non une dîme qui, elle, est versée au curé (p. 54). Quant aux terres « divisées en pointe de tarte », elles constituent l'exception et ne se trouvent que dans la seigneurie de Notre-Dame-des-Anges (p. 58). Et surtout ce traitement de Dollard des Ormeaux aurait dû s'éloigner de la lecture de Groulx pour laisser plus de place à l'interprétation récente, qui situe le conflit dans le contexte d'une guerre que se livrent les Hurons et les Iroquois (p. 42-44).

Mais ne nous y trompons pas, ces ouvrages demeurent de bonne qualité. Celui sur les Vikings m'a même séduit, peut-être parce qu'il fourmille de détails qui pourront s'intégrer à mon enseignement, peut-être aussi parce que je me suis replongé dans cet univers guerrier qui, avec les drakkars et Odin, a meublé mes rêves d'enfant.

FEUX FOLLETS

Revue de poésie
Études francophones
Université du Sud-Ouest de la Louisiane
(Lafayette)

Jules Tessier
Université d'Ottawa

Les périodiques consacrés exclusivement à la poésie de langue française ne sont pas légion au Québec, encore moins ailleurs sur le continent. Du côté de l'Acadie, la revue *Éloizes*, qui jouit d'une audience enviable bien méritée, fait la part généreuse à la poésie mais accorde aussi l'hospitalité aux autres genres littéraires dans le cadre de numéros thématiques. En Ontario, la revue *Envol* constitue un phénomène étonnant, tant par la qualité de son contenu que par l'impeccabilité de sa présentation, surtout que ce périodique, ainsi que le sous-titre l'indique, est nettement une « Revue de poésie ».

La poésie rapporte peu, et, dans la dernière livraison d'*Envol*, le fondateur et co-directeur de la revue, Jacques Flamand, lance un appel de détresse à ses lecteurs et les avertit qu'il ne faut pas s'attendre à prolonger indéfiniment le miracle s'ils n'y mettent pas du leur en s'abonnant plus nombreux à ce périodique: « Nous l'avons déjà dit. Cette fois-ci, c'est un cri d'alarme. *Envol* ne peut continuer en ayant une centaine d'abonnés seulement » (vol. V, n°s 1-2, 1997, p. 5).

Mais s'il est un prodige qui ne cesse de nous étonner au fil des numéros, c'est bel et bien la revue *Feux follets*, un périodique annuel consacré exclusivement à la poésie de langue française et publié à... Lafayette, en Louisiane, avec des moyens modestes, certes, mais tant il est vrai qu'on ne juge pas un livre à sa couverture, ces quelque 50 pages agrafées à l'intérieur d'un papier bristol renferment des textes savoureux dont se régalent les amateurs de poésie marquée par une tradition orale qui a conservé là-bas toute la verdeur et la truculence importées de l'Acadie.

Cette revue a été fondée au début de la présente décennie à l'Université du Sud-Ouest de la Louisiane par l'infatigable Barry Jean Ancelet, qui fait toujours partie de son Comité de rédaction avec David J. Cheramie, May Wagonner et Erik Charpentier, ce dernier étant maintenant responsable de la confection même de chaque numéro. Ces noms font d'ailleurs partie des « classiques » qui signent des textes de façon régulière, parmi de nombreux autres collaborateurs et collaboratrices dont la participation est plus sporadique. Soit dit en passant, plus personne n'est dupe du pseudonyme de Jean Arceneaux derrière lequel se dissimule Barry Jean Ancelet, afin de bien distinguer ses deux rôles d'universitaire et d'écrivain.

L'utilisation largement répandue des pseudonymes chez les littéraires cadiens s'explique, justement, par le fait que beaucoup d'entre eux sont des universitaires, des chercheurs, à l'origine d'un authentique réveil culturel survenu au cours des années soixante-dix. En effet, grâce à la conjoncture favorable occasionnée par la création du Codofil en 1968 et à la suite d'un choc inspirateur vécu dix ans plus tard lors d'une rencontre d'écrivains tenue dans la ville de Québec, la délégation cadienne, présente à ces assises, retourna en Louisiane plus convaincue que jamais de l'urgence de littérariser une tradition orale demeurée prodigieusement vivante jusque-là, mais néanmoins fragile, de produire des textes généreusement irrigués par l'oralité, une veine déjà largement exploitée par leurs cousins et cousines de l'Acadie. Ils se sont donc attelés à la tâche et ont publié *Cris sur le bayou* (Intermède, 1980), puis *Acadie tropicale* (Université du Sud-Ouest de la Louisiane, 1983), en ayant recours à l'artifice des pseudonymes pour dissocier leur rôle d'écrivain de celui de professeur, et aussi sans doute pour donner l'impression que le fort était bien gardé, à la façon de Madeleine de Verchères aux multiples chapeaux derrière les palissades du domaine familial assiégé.

Dans le prolongement de cette opération Renaissance, on fonda la revue *Feux follets* dont le premier numéro parut en 1991. La collection compte maintenant six numéros, publiés à la cadence d'une livraison par année environ.

Si on est à la recherche d'abonnements chez *Envol*, on se doute bien que la situation est pour le moins tout aussi préoccupante dans le cas de *Feux follets*, à l'embouchure du Mississippi, au cœur même de l'empire qui diffuse sa culture et l'autre langue partout dans le monde. Cependant, il ne faut pas voir dans les quelques paragraphes qui précèdent une manière de publireportage destiné à renflouer un périodique en péril, surtout que nous avons agi de notre propre chef, sans que jamais la Direction de *Feux follets* nous ait adressé quelque demande en ce sens.

Non, le motif premier qui nous a poussé à prendre cette initiative est le désir de faire partager aux lecteurs et lectrices de *Francophonies d'Amérique* le plaisir de découvrir une poésie branchée sur le réel, grouillante de vie, revendicatrice, gouailleuse, encanaillée même, avec un soupçon de gaudriole, une revue teintée d'exotisme mais étonnamment près de nous par ses préoccupations identitaires, à la langue parfois châtiée ou carrément métissée, mais le plus souvent marquée par la double allégeance aux deux Acadies, la nordique et la tropicale.

Pour ceux et celles qui seraient intéressés à se régaler en savourant la prochaine livraison de ce périodique, voici les données nécessaires pour satisfaire cette envie.

Chaque numéro se vend 5 $ CAN (3 $ US) et on libelle son chèque à l'ordre des Éditions de la Nouvelle-Acadie.

Feux follets
Études francophones
B.P. 43331
Lafayette, Louisiana
70504-3331

Pour ceux qui seraient intéressés à s'abonner aux deux autres revues mentionnées au début de ce texte, voici les renseignements *ad hoc*.

La revue *Envol* paraît quatre fois par an et l'abonnement est de 20 $ CAN.

Envol
305, rue Saint-Patrick
Ottawa (Ontario)
K1N 5K4

La revue *Éloizes* est publiée deux fois par année et l'abonnement est de 20 $ CAN.

Éloizes
C.P. 521
Moncton (Nouveau-Brunswick)
E1C 8L9

Bonne lecture !

PUBLICATIONS RÉCENTES ET THÈSES SOUTENUES

Lorraine Albert
Université d'Ottawa

La section des livres comprend surtout les titres publiés en 1997 et ceux de 1996 qui n'ont pas été répertoriés dans le numéro 7 de *Francophonies d'Amérique.*

Notre liste inclut des thèses de maîtrise et de doctorat soutenues depuis 1994, car il nous est difficile d'avoir accès aux thèses de l'année courante. Nous serions d'ailleurs reconnaissants aux personnes qui voudraient bien nous faire parvenir les titres des thèses récentes soutenues à leur établissement ou ailleurs, dans les domaines qui intéressent cette revue.

Nous tenons à remercier d'une façon toute particulière, cette année encore, Gilles Chiasson, bibliothécaire à l'Université de Moncton, de sa précieuse collaboration à la section d'Acadie.

L'ACADIE *(Gilles Chiasson, Université de Moncton)*

ALBERT-WEIL, Anne et Annick VANBRUGGHE, *Intermède,* Moncton, Éditions d'Acadie, 1997, 435 p.

ALLAIN, Greg, *L'ABPUM : vingt ans d'histoire : 1976-1996,* Moncton, Association des bibliothécaires et des professeur(e)s de l'Université de Moncton, 1997, 71 p.

ANDREW, Sheila M., *The Development of Elites in Acadian New-Brunswick, 1861-1881,* Montreal, McGill-Queen's University Press, « McGill-Queen's Studies in Ethnic History », 1997, 262 p.

ARSENAULT, Donat, *Des trésors acadiens / Acadian Treasures,* [s.l., s.n.], 1997 ?, 248 p.

ARSENAULT, Fernand, Gilbert DOUCET et Maurice RAINVILLE (dir.), *Emploi et Dignité : le contexte du sud-est du Nouveau-Brunswick,* Moncton, Éditions d'Acadie, 1997, 99 p.

ARSENAULT, Yvette, *Du fleuve à la source : l'itinéraire spirituel des Filles de Marie-de-l'Assomption,* Moncton, Éditions d'Acadie, 1996, 201 p.

ARSENAULT, Yvette, *From the River to the Source: Spiritual Itinerary of the Daughters of Mary of the Assumption*, translated by Rosa Johnson, Moncton, Éditions d'Acadie, 1997, 202 p.

BEAULIEU, Gérard (dir.), *L'Évangéline, 1887-1982: entre l'élite et le peuple*, Moncton, Éditions d'Acadie, Chaire d'études acadiennes, 1997, 416 p.

BENOIT, Louis, *Histoire, notes et généalogie sur la famille acadienne Benoit: de l'établissement à Port-Royal jusqu'au début du XXe siècle*, Lévis (Québec), Éditions Faye, 1996?, 197 p.

BERNARD, Florian, *André Bernard (circa 1620-circa 1670) et ses descendants, suivi d'un dictionnaire biographique et généalogique des familles Bernard de souche acadienne*, Magog (Québec), Éditions Héritage acadien, 1996, 250 p.

BERNARD, Florian, *Les Anglo-Normands en Acadie: les marchands jersiais et guernesiais dans la Baie des Chaleurs*, Magog (Québec), Éditions Héritage acadien, 1996, 60 p.

BERNARD, Florian, *Charles de Menou de Charnisay, sieur d'Aulnay (1596-1650), gouverneur de l'Acadie*, Magog (Québec), Éditions Héritage acadien, 199?, 67 p.

BERNARD, Florian, *Charles de Saint-Étienne de La Tour (1593-1666), gouverneur de l'Acadie*, Magog (Québec), Éditions Héritage acadien, 199?, 66 p.

BERNARD RICHARD, Alice, *La Petite Histoire de papa: Edmond Richard*, [s.l., s.n., 1997?], 129 p.

BOUDREAU, Daniel (alias Hector), *Among My Souvenirs: Boudreau Family Souvenirs*, Chéticamp (N.-É.), D. Boudreau, 1997, 42 p.

BOUDREAU, Daniel (alias Hector), *My Childhood's Home: Boudreau Family Souvenirs*, Chéticamp (N.-É.), D. Boudreau, 1997, 85 p.

BOUDREAU, Daniel (alias Hector), *Side by Side: Boudreau Family Souvenirs*, Chéticamp (N.-É.), D. Boudreau, 1997, 56 p.

BOUDREAU, Daniel (alias Hector), *Sing Along: Boudreau Family Souvenirs*, Chéticamp (N.-É.), D. Boudreau, 1997, 36 p.

BOUDREAU, Daniel (alias Hector), *Sweet Memories: Boudreau Family Souvenirs*, Chéticamp (N.-É.), D. Boudreau, 1997, 46 p.

BOUDREAU VAUGHAN, Betty, *I'll Buy You an Ax: An Acadian Daughter's Bittersweet Passage Into Womanhood*, Halifax, Nimbus Publishing, 1997, 339 p.

BOURQUE, Claude, *Rêves de visionnaires: historique de l'Hôtel-Dieu / Hôpital Dr. Georges-L. Dumont*, Moncton, Éditions d'Acadie, 1997, 295 p.

BRUN, Christian, *Tremplin: poésie*, Moncton, Éditions Perce-Neige, « Poésie », 1996, 66 p.

BURKE LAFOND, Thérèse, *Une famille pionnière de Bathurst-Ouest, N.-B.: Joseph à Michel à Joseph Haché et Marguerite Pitre*, Québec, T. Burke Lafond, 1997, 311 p.

Chansons d'Acadie, 6e-11e séries 1996: Chansons d'Acadie, tirées de la collection des R.R.P.P. Daniel Boudreau et Anselme Chiasson [6e-7e séries]; R.P. Daniel Boudreau [8e-11e séries], 2e éd., Moncton, Centre d'études acadiennes, 1996, 6 v. de notation musicale.

CHASSÉ, Joseph « Bob », *Chassé, 1995: Dedicated to All the Ancestors and Descendants of the Chasse / Chassey Family, Jean Chassey, Our Progenitor, Who Are Gathering at the 1995 Chasse Family Reunion in Madawaska, Maine, June 30, July 1, July 2*, Madawaska, Maine, Chasse Family Reunion Committee, 1995, 390 p.

50 ans de souvenirs, 1946-1996: École centrale de Bertrand, [s.l., s.n., 1996], 272 p.

*COLLOQUE LES ACADIENS ET LEUR(S) LANGUE(S): QUAND LE FRANÇAIS EST MINORITAIRE (1994, MONCTON, N.-B.), *Actes du Colloque Les Acadiens et leur(s) langue(s) — quand le français est minoritaire*, sous la direction de Lise Dubois et Annette Boudreau, Moncton, Éditions d'Acadie, 1997, 324 p.

COMEAU, Fredric Gary, *Trajets: poésie*, Moncton, Éditions Perce-Neige, « Poésie », 1997, 58 p.

COMEAU, Germaine, *Loin de France: roman*, Moncton, Éditions d'Acadie, 1997, 216 p.

CORMIER, Hermine, *Une Acadienne avec la poésie dans l'âme*, [Nouveau-Brunswick], H. Cormier, 1996, 71 p.

COUTURIER, Gracia, *L'Antichambre: roman*, Moncton, Éditions d'Acadie, 1997, 136 p.

CYR, Sébastien, *Le Sel des mots: glossaire madelinot*, Fatima (Îles-de-la-Madeleine), Le Lyseron, impression, 1996, 138 p.

DESCHÊNES, Donald, *Chansons d'Acadie des R.R.P.P. Anselme Chiasson et Daniel Boudreau: concordances des titres et classement*, Moncton, Centre d'études acadiennes, 1996, 71 p.

DESJARDINS, Richard, *À la recherche des racines acadiennes: une visite éducative au Musée acadien de l'Université de Moncton pour les élèves du secondaire: trousse pédagogique*, Moncton, Éditions le Prof, 1997, 112 p.

DESPRÉS, Rose, *Gymnastique pour un soir d'anguilles: poésie*, Moncton, Éditions Perce-Neige, « Poésie », 1996, 46 p.

DEVOST, Oneil, *Confidences sur un air country*, Propos recueillis par Albert Roy, Saint-Basile (N.-B.), Au mot juste, 1996, 200 p.

DOOR, George B., *The Story of Acadia*, introduction by Frank J. Matter, 3rd ed., Bar Harbor (Maine), Acadia Publishing, 1997, 127 p.

DOUCET, Aldéric, *Qu'avez-vous fait de ma baie?*, Petit-Rocher (N.-B.), A. Doucet, 1996, 147 p.

Dugas, une des familles fondatrices de Caraquet: généalogie et histoire des quatre premières générations établies à Caraquet, Nouveau-Brunswick, travail préparé par Blanche Dugas, compilé et édité par Odette O. Haché, Caraquet (N.-B.), Odette O. Haché, 1996, 192 p.

DUGUAY, Henri-Eugène, *Prêtre dans le cœur: credo d'un prêtre marié*, Robichaud (N.-B.), Édition adhoc, 1996, 192 p.

Généalogie des familles Mallet-Mallais-Malley: descendants de Jean à François Mallet, Shippagan (N.-B.), [s.n.], 1996, 141, 47, 11 p.

GOUPIL, Laval, *Le Djibou ou l'Ange déserteur*, version 1997, Tracadie-Sheila (N.-B.), Éditions de la Grande Marée, 1997, 140 p.

GRIFFITHS, N.E.S. (Naomi Elizabeth Saundaus), *L'Acadie de 1686 à 1784: contexte d'une histoire*, traductrice, Kathryn Hamer, Moncton, Éditions d'Acadie, 1997, 134 p.

HACHÉ-LUCE, Angéline, *Le Cri de la colombe: roman*, Tracadie-Sheila (N.-B.), A. Haché-Luce, 1995, 268 p.

HINES, Sherman, *Evangeline Trail*, Halifax, Nimbus Publishing, 1997, 44 p.

IBRAHAM, Debbie, *Peur d'aimer*, Tracadie-Sheila (N.-B.), Éditions de la Grande-Marée, 1997, 204 p.

LANDRY, Ulysse, *Sacrée montagne de fou: roman*, Moncton, Éditions Perce-Neige, 1997, 240 p.

LEBLANC, Lewis, *Le Moniteur acadien: inventaire de l'état civil, 1867 à 1886*, Dieppe (N.-B.), L. LeBlanc, 1996, 204 p.

LEBLANC, Luc et Louis-Dominique LAVIGNE, *La Chaise perdue*, Moncton, Éditions d'Acadie, 1997, 67 p.

LEE, Michel, *Le Pont: pièce de théâtre*, Moncton, Éditions d'Acadie, 1997, 52 p.

LÉGER, Dyane, *Comme un boxeur dans une cathédrale: poésie*, Moncton, Éditions Perce-Neige, «Poésie», 1996, 149 p.

LÉVESQUE, Florian, *Balmoral: une communauté qui se prend en main*, Balmoral (N.-B.), Municipalité de Balmoral, 1997, 200 p.

MAHAFFIE, Charles D., Jr., *Land of Discord: Acadia From Its Beginnings to the Expulsion of Its People, 1604-1755*, Camden (Maine), Down East Books, 1997, 328 p.

MAILLET, Marguerite, *Bibliographie des publications de l'Acadie des provinces maritimes: livres et brochures, 1609-1995*, Moncton, Éditions d'Acadie, 1997, 556 p.

MAILLET, Marguerite et Judith HAMEL, *Cahier d'activités n° 1*, Moncton, Bouton d'or Acadie, 1996, 44 p.

MAILLET, Marguerite, *La Petite Chatte blanche*, Moncton, Bouton d'or Acadie, 1996 ?, 24 p.

MAILLET, Marguerite, *Le Renard et le Loup*, Moncton, Bouton d'or Acadie, 1996 ?, 24 p.

**Mélanges Marguerite Maillet. Recueil de textes de création et d'articles sur la littérature, la langue et l'ethnologie acadiennes en hommage à Marguerite Maillet*, sous la direction de Raoul Boudreau *et al.*, Moncton, Chaire d'études acadiennes ; Éditions d'Acadie, « Mouvange », n° 4, 1996, 576 p.

MOTAPANYANE, Virginia et David JORY, *Acadian French*, Munchen, LINCOM Europa, « Languages of the World. Materials », n° 101, 1997, 67 p.

NOËL, Étienne, *Mon violon : témoignage à caractère historique*, Shippegan (N.-B.), É. Noël, 1996, 69 p.

Paul Hébert et Marguerite Arseneau : une famille pionnière et fondatrice établie à Cocagne en 1767 : (ascendance et descendance), [s.l.], Association des Hébert d'Amérique, 1997, 126 p.

PELLETIER, Claude, *Les Santons de la crèche de Noël, au Québec et en Acadie*, Sillery, A. Sigier, 1996, 103 p.

*PLANTIER, René, *Le Corps du déduit : neuf études sur la poésie acadienne, 1980-1990*, Moncton, Éditions d'Acadie, 1997, 165 p.

POIRIER, Gaëtan, *Généalogie d'une famille Poirier d'origine acadienne*, Montréal, G. Poirier, 1997, 96 p.

RUNTE, Hans R., *Writing Acadia : The Emergence of Acadian Literature, 1970-1990*, Amsterdam, Rodopi, 1997, 246 p.

SAVOIE, Jacques, *The Blue Circus*, translated by Sheila Fischman, Dunvegan, Cormorant, 1997, 154 p.

SAVOIE, Jacques, *Les Cachotteries de ma sœur*, Montréal, La Courte Échelle, 1997, 91 p.

SAVOIE, Jacques, *Le Plus Beau des Voyages*, Montréal, La Courte Échelle, 1997, 90 p.

SAVOIE, Jacques, *Les Ruelles de Caresso : roman*, Montréal, La Courte Échelle, 1997, 190 p.

SIGOGNE, Jean-Mandé, *Sigogne par les sources*, [édité par] Gérald C. Boudreau, Moncton, Éditions d'Acadie ; Pointe-de-l'Église (N.-É.), Université Sainte-Anne, 1997, 202 p.

SONIER, Livain, *Paroisse Notre-Dame de La Salette de Sheila, déjà 50 ans : 1946-1996*, Sheila (N.-B.), L. Sonier, 1996 ?, 96 p.

SURETTE, Paul, *Atlas de l'établissement des Acadiens aux trois rivières du Chignectou, 1660-1755*, Moncton, Éditions d'Acadie, 1996, 234 p.

SYLVESTER, John, *Splendeurs du Nouveau-Brunswick*, préface de Roméo LeBlanc, Moncton, Éditions d'Acadie, 1997, 72 p.

THIBODEAU, Serge-Patrice, *Dans la cité* suivi de *Pacifica : poésie*, Montréal, L'Hexagone, 1997, 186 p.

VIAU, Robert, *Les Grands Dérangements : la déportation en littératures acadienne, québécoise et française*, Beauport (Québec), MNH, « Paradigme », n° 1, 1997, 381 p.

L'ONTARIO

ANDERSEN, Marguerite, *La Bicyclette : nouvelles*, Sudbury, Prise de Parole, 1997, 89 p.

BEAUREGARD, Alain, *Délire à la dérive : poésie*, Ottawa, Éditions du Vermillon, « Rameau du ciel », n° 19, 1997, 55 p.

BERNARD, Roger, *De Québécois à Ontarois : essai*, réédition, Ottawa/Hearst, Le Nordir, 1996, 183 p.

BODE, Christian, *La Nuit du rédacteur : roman*, Ottawa/Hearst, Le Nordir, 1996, 286 p.

Cahiers Charlevoix 2 : Études franco-ontariennes, Étude en collaboration avec la Société Charlevoix, Sudbury, Prise de Parole, 1997, 487 p.

CARDUCCI, Lisa, *Ville-cœur* suivi de *Cela : poésie*, Ottawa, Éditions du Vermillon, « Parole vivante », n° 33, 1997, 72 p.

*CHEVRIER, Bernard, *Lionel Chevrier. Un homme de combat*, Ottawa, Éditions L'Interligne, 1997, 222 p.

CHRISTENSEN, Andrée, *Miroir de la sorcière.* Livre II : *Sacra privata : poésie*, Ottawa/Hearst, Le Nordir, 1997, 120 p.

CHRISTENSEN, Andrée, *Les Visions d'Isis. Mystères alchimiques en vingt-quatre heures*, avec neuf illustrations de Pavel Skalnik inspirées par le texte, Ottawa, Éditions du Vermillon, « Rameau du ciel », n° 21, 1997, 112 p.

CLAIRE, Anne (pseud. de Nancy VICKERS), *Le Pied de Sappho : conte érotique*, Laval, Éditions Trois, 1996, 192 p.

CLOUTIER, Cécile, *Bagues*, [France], Club Richelieu Bernard-Montpetit de Châtel-Guyon, 1996, 40 p.

CLOUTIER, Cécile, *Le Poaimier: poèmes*, Toronto, Éditions du Gref, « Écrits torontois », n° 9, 1996, 69 p.

*COTNAM, Jacques (dir.), *Hédi Bouraoui, iconoclaste et chantre du transculturel*, Ottawa/Hearst, Le Nordir, 1996, 272 p.

DESBIENS, Patrice, *La Fissure de la fiction: poème narratif*, Sudbury, Prise de Parole, 1997.

DESBIENS, Patrice, *L'Homme invisible / The Invisible Man* suivi de *Les Cascadeurs de l'amour: récits*, nouvelle édition, augmentée d'une bio-bibliographie et d'un choix de jugements critiques, Sudbury, Prise de Parole, 1997, 186 p.

DESCHÊNES, Donald, *Les Voleurs de poules: contes*, Sudbury, Prise de Parole, 1997.

*DESCHÊNES, Donald et Michel COURCHESNE (dir.), *Légendes de chez nous: récits fantastiques de l'Ontario français*, Sudbury, Centre franco-ontarien de folklore et Centre franco-ontarien des ressources en alphabétisation, 1996, 71 p.

DICKSON, Robert, *Grand Ciel bleu par ici: poésie*, Sudbury, Prise de Parole, 1997, 97 p.

DONOVAN, Marie-Andrée, *L'Envers de toi*, Orléans (Ont.), Éditions David, 1997, 106 p.

DORÉ, Martin (dir.), *Jean Éthier-Blais: une vie en écriture (1925-1995)*, Montréal, Hurtubise HMH, 1997, 206 p.

DUHAIME, André, Gordan SKILJEVIC et Louise MERCIER, *Quelques jours en hiver et au printemps*, Orléans (Ont.), Éditions David, 1997, 56 p.

DUMOULIN, Nicole, *La Plupart du temps: récit*, Ottawa/Hearst, Le Nordir, 1997, 132 p.

FLAMAND, Jacques, *L'Étreinte de la pierre*, avec les photographies de l'auteur, Ottawa, Éditions du Vermillon, « Visages », n° 6, 1997, 163 p.

*FORTIN, Robbert, *Je vais à la convocation à ma naissance: poésie et prose-combat*, Sudbury, Prise de Parole; Trois-Rivières, Écrits des Forges, « Trilogie des Amériques », n° 3, 1997, 124 p.

FORTIN, Robbert, *Jour buvard d'encre* suivi de *Choses fragiles: poésie et peintures*, reproductions de douze œuvres de l'auteur, Ottawa, Éditions du Vermillon, « Rameau du ciel », n° 20, 1997, 124 p.

GALLAYS, François et Yves LALIBERTÉ, *Alain Grandbois, prosateur et poète*, Orléans (Ont.), Éditions David, 1997, 219 p.

GERMAIN, Doric, *Le soleil se lève au nord*, nouvelle édition, Sudbury, Prise de Parole, 1997.

GILBERT, Anne et André PLOURDE (éd.), *L'Ontario français, valeur ajoutée?, Actes du colloque tenu à l'Université d'Ottawa le 26 avril 1996*, Ottawa, Centre de recherche en civilisation canadienne-française, Université d'Ottawa, 1996, 128 p.

GROSMAIRE, Jean-Louis, *Le Loup au Québec: roman*, Ottawa, Éditions du Vermillon, 1997, 211 p.

HOTTE, Lucie et François OUELLET (dir.), *La Littérature franco-ontarienne: enjeux esthétiques, Actes du colloque de l'Université McGill, le 17 mai 1996*, Ottawa/Hearst, Le Nordir, 1996, 140 p.

HOUPERT LENGELLÉ, Anne, *Galerie franco-ontarienne: vingt peintres*, Vanier, Centre franco-ontarien de ressources pédagogiques, 1996, 104 p.

IMBERT, Patrick, *Le Réel à la porte: nouvelles*, Hull, Vents d'Ouest, «Rafales», 1997, 186 p.

ISRAËL, Inge, *Le Tableau rouge: nouvelles*, Ottawa, Éditions du Vermillon, «Parole vivante» n° 29, 1997, 214 p.

LACASSE-LOVSTED, Lucienne, *Trop de kilos? roman*, Vanier (Ont.), CFORP, «RoManie», 1997, 110 p.

LACELLE, Andrée, *Bobikoki, mon chat n'aime pas*, illustrations de Carole Rogeau-Labarthe, Ottawa, Éditions du Vermillon, 1996, 24 p.

LACOMBE, Gilles, *Blancs, gris et noirceurs*, Orléans (Ont.), Éditions David, 1997, 160 p.

*LEFIER, Yves, *L'Ontario français, 1613-1995: réalités et fiction: répertoire chronologique commenté de textes*, Sudbury, Institut franco-ontarien, 1996.

LEMIRE TOSTEVIN, Lola, *Khaki: roman*, traduit par Robert Dickson, Sudbury, Prise de Parole, 1997, 247 p.

LEROUX, Patrick, *Implosions*, Ottawa/Hearst, Le Nordir, 1996, 226 p.

LEROUX, Patrick, *Tom Pouce: version fin de siècle: théâtre*, Ottawa/Hearst, Le Nordir, 1997, 161 p.

LEVAC, Roger, *La Petite Crapaude: roman*, Sudbury, Prise de Parole, 1997, 255 p.

L'HEUREUX HART, Jacqueline, *Pique atout! Cœur atout!: récits*, Ottawa, Éditions du Vermillon, «Parole vivante», n° 31, 1997, 159 p.

MARCHAND, Alain Bernard, *Le Dernier Voyage: récits*, Montréal, Les Herbes rouges, 1997, 60 p.

MILLETTE, Dominique, *La Delphinée: roman*, Sudbury, Prise de Parole, 1997, 160 p.

MUIR, Michel, *Innocent comme la foudre: poésie*, Ottawa, Éditions du Vermillon, « Rameau du ciel », n° 22, 1997, 88 p.

OUELLETTE, Michel, *L'Homme effacé: pièce de théâtre*, Ottawa/Hearst, Le Nordir, « Théâtre », 1997, 94 p.

PELLETIER, Louise de Gonzague, *Sarabande: poésie*, Ottawa, Éditions du Vermillon, « Parole vivante », n° 34, 1997, 84 p.

PELLETIER, Pierre-Raphaël, *La Voie de Laum: roman*, Ottawa, Éditions du Vermillon, « Romans », n° 19, 1997, 160 p.

PSENAK, Stefan, *Le Fantasme d'immortalité: poésie*, Ottawa/Hearst, Le Nordir, 1997, 84 p.

RICHARD, André, *Insolences II: essai*, Hull, Lettres plus, 1996, 256 p.

RIVA, Paul de la, *Mine de rien: les Canadiens français et le travail minier à Sudbury, 1886 à 1930*, Sudbury, Prise de Parole, 1997.

SCOTT, Marc, *Contes et récits de l'Outaouais*, Buckingham (Québec), Le Chardon bleu, « Patrimoine », 1996, 158 p.

SOMAIN, Jean-François, *Le Jour de la lune: conte*, Ottawa, Éditions du Vermillon, « Parole vivante », n° 32, 1997, 115 p.

SYLVESTRE, Paul-François, *Homoreflet: poésie*, Ottawa/Hearst, Le Nordir, 1997, 54 p.

SYLVESTRE, Paul-François, *Homosecret: roman*, Ottawa/Hearst, Le Nordir, 1997, 52 p.

TATILON, Claude, *Écrire le paragraphe* suivi de *Corrigés*, Toronto, Éditions du GREF, 1997, 97 p.

TREMBLAY, France, *Souffle d'eau: poésie*, Ottawa, Éditions du Vermillon, « Parole vivante », n° 30, 1997, 86 p.

WHISSELL-TREGONNING, Marguerite, *Mémoires d'enfance: autobiographie*, Sudbury, chez l'auteure, 1996.

L'OUEST CANADIEN

*AUBIN, Marie-Christine (dir.), avec la collaboration de André FAUCHON et Don ULLYOT, *Perspectives d'avenir en traduction / Trends in Translation*, Actes du colloque marquant le dixième anniversaire de l'École de traduction du Collège universitaire de Saint-Boniface, 30 septembre et 1er octobre 1994, traduction Marie-Christine Aubin et Don Ullyot, [textes en français et en anglais], Winnipeg, Presses universitaires de Saint-Boniface, 1995, 210 p.

CHAPUT, Lucien, *Vive la compagnie! 50 ans d'histoire en danse, chant et musique*, Saint-Boniface, Éditions du Blé, 1997, 220 p.

CLEMENTE, Linda M., *Gabrielle Roy: Creation and Memory*, Toronto, ECW Press, 1997, 202 p.

FLANAGAN, Thomas, *Louis « David » Riel: Prophet of the New World*, revised edition, Toronto, University of Toronto Press, 1996, 240 p.

GENUIST, Monique, *L'Île au cotonnier: roman*, Sudbury, Prise de Parole, 1997, 164 p.

HUSTON, Nancy, *Désirs et réalités: textes choisis, 1978-1994*, Arles (Bouches-du-Rhône), Actes sud ; Montréal, Leméac, 1997, 216 p.

LEBLANC, Charles, *Corps mêlés: poèmes variables*, Saint-Boniface, Éditions du Blé, 1997, 76 p.

*LÉVEILLÉ, J. Roger, *Les Fêtes de l'infini: poèmes*, Saint-Boniface, Éditions du Blé, 1996, 152 p.

LÉVEILLÉ, J. Roger, *Une si simple passion: roman*, Saint-Boniface, Éditions du Blé, 1997, 57 p.

*LIVESEY, Robert et A.G. SMITH, *La Nouvelle-France*, traduction Madeleine Hébert, édition originale 1989, Saint-Boniface, Éditions des Plaines, « À la découverte du Canada », 1997, 90 p.

*LIVESEY, Robert et A.G. SMITH, *La Traite des fourrures*, traduction Madeleine Hébert, édition originale 1989, Saint-Boniface, Éditions des Plaines, « À la découverte du Canada, 1997, 92 p.

*LIVESEY, Robert et A.G. SMITH, *Les Vikings*, traduction Nicole Ferron, édition originale 1989, Saint-Boniface, Éditions des Plaines, « À la découverte du Canada », 1997, 92 p.

MACKENZIE, Nadine, *Lis-moi une histoire*, Saint-Boniface, Éditions des Plaines, 1997, 55 p.

MATHIEU, Pierre, *Dix minutes sur scène: théâtre*, Saint-Boniface, Éditions des Plaines, 1997, 47 p.

POLIQUIN, Éric, *La Patriote de l'Ouest et les grands événements du XXe siècle*, Regina, Société historique de la Saskatchewan, 1997, 164 p.

ROY, Gabrielle, *Le Temps qui m'a manqué*, préparé par François Ricard, Dominique Fortier et Jane Everett, Montréal, Éditions du Boréal, « Cahiers Gabrielle Roy », 1997, 76 p.

SAINT-PIERRE, Annette, *Faut placer le père: roman*, Saint-Boniface, Éditions des Plaines, 1997, 345 p.

SAURIOL, Louise-Michelle, *Margot et la fièvre de l'or*, Saint-Boniface, Éditions des Plaines, 1997, 99 p.

SIGGINS, Maggie, *Riel: une vie de révolution: biographie*, traduction de Suzanne Bolduc, Montréal, Québec/Amérique, 1997, 470 p.

LES ÉTATS-UNIS

BABINEAU, René, *Les Exilés et la Louisiane acadienne*, [N.-B.], René Babineau, 1997, 86 p.

BRASSEAUX, Carl A., *Founding of New Acadia : The Beginnings of Acadian Life in Louisiana*, Baton Rouge (La.), Louisiana State University Press, 1996, 288 p.

BRASSEAUX, Carl A., *A Refuge for All Ages : Immigration in Louisiana History*, contribution by Glenn R. Conrad, Lafayette (La.), University of Southwestern Louisiana, Center for Louisiana Studies, « The Louisiana State University Bicentennial », vol. 10, 1996, 716 p.

*CHERAMIE, David, *Lait à mère : interrompu par « L'été et février » : poèmes de l'Acadiana du XXe siècle finissant*, Moncton, Éditions d'Acadie ; Sudbury, Prise de Parole, 1997, 70 p.

RICHARD, Zachary, *Faire récolte*, Moncton, Éditions Perce-Neige, 1997, 129 p.

GÉNÉRAL

ADAM, Dyane (dir.), *Femmes francophones et pluralisme en milieu minoritaire*, actes du colloque du Réseau des chercheures féministes de l'Ontario français présenté à l'IEPO, mars 1995, Ottawa, Presses de l'Université d'Ottawa, « Actexpress », n° 21, 1996, 134 p.

L'Année francophone internationale, 1997, Sainte-Foy (Québec), Année francophone internationale, Groupe d'études et de recherches sur la francophonie, Université Laval, 1997, 352 p.

BOUCHARD, Pier (dir.), *Crise économique et modernisation de l'État : nouvelles tendances en Europe et en Amérique du Nord*, Moncton, Éditions d'Acadie, 1997, 294 p.

BRAQUET, Emmanuel, *Québec, Acadie, une autre Amérique*, Le Pontet (Vaucluse), A. Barthélemy, « Horizons », 1996, 96 p.

CARDINAL, Linda, *L'Engagement de la pensée : écrire en milieu francophone minoritaire*, Ottawa/Hearst, Le Nordir, 1997.

*COUTURE, Claude, *La Loyauté d'un laïc : Pierre Elliott Trudeau et le libéralisme canadien*, Montréal, L'Harmattan, 1996, 160 p.

COUTURIER, Jacques-Paul, en collaboration avec Wendy JOHNSTON et Réjean OUELLETTE, *Un passé composé : le Canada de 1850 à nos jours*, Moncton, Éditions d'Acadie, 1996, 418 p.

DESDOUITS, Anne-Marie et Laurier TURGEON (dir.), *Ethnologies francophones de l'Amérique et d'ailleurs*, Sainte-Foy (Québec), Presses de l'Université Laval, « Ethnologie de l'Amérique française », 1997, 383 p.

GINGRAS, Marcel, *Diefenbaker et le Canada français*, Vanier (Ont.), Éditions L'Interligne, 1997, 256 p.

GRISÉ, Yolande et Jeanne d'Arc LORTIE, avec la collaboration de Pierre SAVARD et Paul WYCZYNSKI, *Les Textes poétiques du Canada français, 1606-1867*. Vol. 10 : *1863-1864*, édition intégrale, Montréal, Fides, 1997, 842 p.

LAVOIE, Thomas et Jean-Denis GENDRON (dir), *Français du Canada-français de France*, Tübingen, Niemeyer, 1996, 405 p.

MARCHAND, Jean-Paul, *Conspiration ? Les anglophones veulent-ils éliminer le français du Canada ?*, Montréal, Stanké, 1997, 236 p.

MARTEL, Marcel, *Le Deuil d'un pays imaginé*, Ottawa, Les Presses de l'Université d'Ottawa, 1997, 203 p.

MOUGEON, Françoise, *Quel français parler? Initiation au français parlé au Canada et en France*, Toronto, Éditions du GREF, 1996, 197 p.

OUELLET, Réal, *L'Aventurier du hasard : le baron de Lahontan : roman*, Montréal, Septentrion, 1996, 438 p.

POIRIER, Donald, *Au nom de la loi, je vous protège ! La protection juridique des aînés au Nouveau-Brunswick et au Canada : essai*, Moncton, Éditions d'Acadie, 1997, 269 p.

SCOUARNEC, François-Pierre, *Francophonie*, Ville Saint-Laurent, Boréal, « Boréal Express », 1997, 126 p.

SILVER, Arthur Isaac, *The French-Canadian Idea of Confederation, 1864-1900*, 2nd ed., Toronto, University of Toronto Press, 1997, 283 p.

TÉTU DE LABSADE, Françoise (dir.), *Littérature et dialogue interculturel*, Sainte-Foy (Québec), Presses de l'Université Laval, « Culture française d'Amérique », 1997, 270 p.

*TURMEL, André (dir.), *Culture, intuition et savoir*, Sainte-Foy (Québec), Presses de l'Université Laval, « Culture française d'Amérique », 1996, 226 p.

THÈSES

BOUND, Joseph Anthony, « The Financial Burdens Experienced by French Canadian Colleges and Universities Outside the Province of Quebec », Ph.D., Purdue University, 1994, 187 p.

COMEAU, Jean Denis, « Attitudes politiques et comportement électoral des Acadiens de la Nouvelle-Écosse », Ph.D., Université de Nice, 1994.

DIONNE, Anne-Marie, « Sollicitation de fonds pour la promotion d'écoles francophones secondaires deuxième cycle du Nouveau-Brunswick », M.A., Université de Moncton, 1996, 87 p.

DOIRON, Melvin, « Évolution, problématique, potentialité et conditions d'appui au développement de nouvelles coopératives en Acadie, Nouveau-Brunswick », M.A., Université de Sherbrooke, 1996, 109 p.

GAUTHIER, Luc, « Le fantastique dans les contes canadiens-français du XIXe siècle », M.A., Université d'Ottawa, 1997, 123 p.

HACHÉ, Denis, « La vitalité ethnolinguistique d'un groupe d'élèves franco-ontariens dans un contexte canadien », Ph.D., Université de Montréal, 1995, 257 p.

HINTENAUS, Brigitte, « Les Acadiens: une minorité francophone entre le maintien de sa culture et l'assimilation dans le Canada bilingue d'aujourd'hui », M.A., Université de Salzbourg, 1997, 147 p.

LANG, Stéphane Denis, « Les enseignants acadiens et la révolution tranquille au Nouveau-Brunswick, 1960-1970 », M.A., Université d'Ottawa, 1996, 129 p.

LE BLANC, Barbara, « The Dynamic Relationship Between Historic Site and Identity Construction: Grand-Pre and the Acadians (Nova Scotia) », Ph.D., Université Laval, 1994, 439 p.

MOISE, Claudine, « Mise en discours d'identités minoritaires: la communauté franco-ontarienne de Sudbury », Ph.D., Université de Montpellier 3, 1995.

NUTTING, Stephanie Susan, « L'inquiétante étrangeté de l'être: le tragique québécois et franco-ontarien », Ph.D., Queen's University, 1996, 331 p.

PARKBURNETT, Wendy Janice, « Une comparaison du parler populaire dans l'œuvre de Molière et dans celle de Marivaux, avec le français acadien traditionnel », M.A., Université de Moncton, 1996, 152 p.

PICARD, Annie, « Faits de variation dans le parler d'adolescents du Nouveau-Brunswick: français acadien et contact avec l'anglais », M.A., Université Laval, 1996, 135 p.

PICOLET-CRÉPAULT, Agnès, « Étude du langage enfantin: les propositions relatives chez l'enfant acadien de six à douze ans », Ph.D., Université de Moncton, 1997, 352 p.

ROTTET, Kevin James, « Language Shift and Language Death in the Cajun French-Speaking Communities of Terrebonne and Lafourche Parishes, Louisiana », Ph.D., Indiana University, 1995, 365 p.

SEXTON, Rocky Lawrence, « Cajuns, Germans and Les Americains : A Historical Anthropology of Cultural and Demographic Transformations in Southwest Louisiana, 1880 to Present », Ph.D., University of Iowa, 1996, 393 p.

WARE, Carolyn Elizabeth, « Reading the Rules Backward : Women and the Rural Cajun Mardi Gras », Ph.D., University of Pennsylvania, 1994, 357 p.

WILLIAMS, Erin L., « Literature as a Tool of Social Control : The Poetry of the French-Canadian Intellectual Elite, 1838-1859 », M.A., University of Ottawa, 1995, 135 p.

Comment communiquer avec

FRANCOPHONIES D'AMÉRIQUE

POUR TOUTE QUESTION TOUCHANT AU CONTENU DE LA REVUE AINSI QUE POUR LES SUGGESTIONS D'ARTICLES:

FRANCOPHONIES D'AMÉRIQUE
UNIVERSITÉ D'OTTAWA
60, rue Université
C.P. 450, succ. A
OTTAWA (ONTARIO) CANADA
K1N 6N5
TÉLÉPHONE: (613) 562-5800, poste 1100
ou (613) 562-5797
TÉLÉCOPIEUR: (613) 562-5981

POUR TOUTE QUESTION RELEVANT DU SECRÉTARIAT DE RÉDACTION:

CENTRE DE RECHERCHE EN CIVILISATION
CANADIENNE-FRANÇAISE
145, rue Jean-Jacques-Lussier
OTTAWA (ONTARIO)
K1N 6N5
TÉLÉPHONE: (613) 562-5877, poste 4001
TÉLÉCOPIEUR: (613) 562-5143
COURRIER ÉLECTRONIQUE: crccf@uottawa.ca

POUR LES NOUVELLES PUBLICATIONS ET LES THÈSES SOUTENUES:

LORRAINE ALBERT
DÉPARTEMENT DES COLLECTIONS
BIBLIOTHÈQUE MORRISET
UNIVERSITÉ D'OTTAWA
C.P. 450, succ. A
OTTAWA (ONTARIO)
K1N 6N5
TÉLÉPHONE: (613) 562-5800, poste 3657
TÉLÉCOPIEUR: (613) 562-5133

POUR LES QUESTIONS DE DISTRIBUTION OU DE PROMOTION:

LES PRESSES DE L'UNIVERSITÉ D'OTTAWA
UNIVERSITÉ D'OTTAWA
542, RUE KING EDWARD
C.P. 450, succ. A
OTTAWA (ONTARIO)
K1N 6N5
TÉLÉPHONE: (613) 562-5246
TÉLÉCOPIEUR: (613) 562-5247

FRANCOPHONIES D'AMÉRIQUE

Revue annuelle: ISSN 1183-2487

		Canada	Autres pays
Abonnement		22,00 $	24,00 $
	TPS 7 %	1,54 $	0
	TOTAL	23,54 $	24,00 $
Au numéro		24,00 $	26,00 $
	TPS 7 %	1,68 $	0
	TOTAL	25,68 $	26,00 $

Numéros déjà parus

- ■ *Francophonies d'Amérique*, nº 1 (épuisé)
- ❐ *Francophonies d'Amérique*, nº 2 .... ________$
- ❐ *Francophonies d'Amérique*, nº 3 .... ________$
- ❐ *Francophonies d'Amérique*, nº 4 .... ________$
- ❐ *Francophonies d'Amérique*, nº 5 ISBN 2-7603-0406-X ...... ________$
- ❐ *Francophonies d'Amérique*, nº 6 ISBN 2-7603-0429-9 .... ________$
- ❐ *Francophonies d'Amérique*, nº 7 ISBN 2-7603-0445-0 .... ________$
- ❐ *Francophonies d'Amérique*, nº 8 ISBN 2-7603-0466-3 .... ________$

Total (transport inclus) .... ________$

Mode de paiement

- ❐ Veuillez m'abonner à *Francophonies d'Amérique* (facturation par retour du courrier)
- ❐ Veuillez m'adresser les titres cochés
- ❐ Ci-joint un chèque ou un mandat de ....________ $
- ❐ Visa ❐ Mastercard Nº ______________________________

Date d'expiration ________________ Signature ____________________

Nom ____

Institution ____

Adresse ____

______________________________Code postal ______________

Service d'abonnement :

PERIODICA

AGENCE INTERNATIONALE D'ABONNEMENT
INTERNATIONAL SUBSCRIPTION AGENCY
C.P. 444, Outremont, QC
Canada H2V 4R6
Tél. : (514) 274-5468
Téléc. : (514) 274-0201
Tout le Canada :
Tél. : 1-800-361-1431

LES PRESSES DE L'UNIVERSITÉ D'OTTAWA

Vente au numéro :
Gaëtan Morin éditeur
Diffuseur exclusif des Presses de l'Université d'Ottawa
171, boul. de Mortagne, Boucherville, QC
Canada J4B 6G4

Tél. : (514) 449-7886
Téléc. : (514) 449-1096
courrier électronique : presses@gmorin.qc.ca

Diffusion en Europe :
Initiatives Santé
26, Avenue de l'Europe
78141 Vélizy, France

Tél. : 01 34 63 33 01
Téléc. : 01 34 65 39 70

∞

Le papier utilisé pour cette publication satisfait aux exigences minimales contenues dans la norme American National Standard for Information Sciences – Permanence of Paper for Printed Library Materials, ANSI Z39.48-1992.

Québec, Canada
1998